本 书 系

国家2011计划·司法文明协同创新中心

系列成果

中国法治实践学派书系

法治评估及其中国应用

钱弘道　著

人民出版社

中国法治实践学派书系编委会

中国法治实践学派书系
顾问和学术委员会

顾　　问　罗豪才

学术委员会（按姓氏笔画排序）

可口可乐帝国。"

而这份自信正是源于这位老总深深懂得无形财富、无形资产的价值。其实，法治对于一个国家何尝不是如此？

2005 年香港法治指数评估的结果是 75，及格线是 50。这个简单的数字代表了香港的法治形象：香港处于较高的法治水平；当然也同样代表香港的财富形象：香港是富有的。2007 年，我去香港考察廉政公署、律政司等机构。我惊诧于香港公务员廉洁的自觉和政府机构的高效运行。这一切很大程度上归功于法治。

第二，好的制度是财富。

有人说，制度创造财富。有人说，制度才是一个国家的核心财富。还有人说，制度是一个国家的无穷财富。我要作个修正：好的制度是财富。因为从古至今，制度眼花缭乱，变化多端。有宝贵的制度遗产，也有扼杀财富的刀斧。

迄今为止，最有代表性的法治定义是古希腊思想家亚里士多德的表述："法治应包含两重意义：已成立的法律获得普遍的服从，而大家所服从的法律又应该本身是制定得良好的法律。"在这个界定中，前者强调"法律至上"，后者强调"法律正当"。正当的法律就是良好的法律制度，这是法治的先决条件。良法正是最重要的制度财富。历史上的恶法比比皆是，它们是垃圾。英国著名的思想家哈耶克在《通往奴役之路》一书中说："很可能，希特勒是以严格合乎宪法的方式获得无限权力的，因而在法律的意义上说，他的所作所为是合法的。但是，谁会因为这种理由而说，在德国仍然盛行着法治呢？"

制度经济学有一个代表性的观点：对经济增长起决定作用的是制度性因素而非技术性因素。我们以前讲科学技术是第一生产力，现在我们必须强调，制度是第一生产力。一个社会如果不能实现经济增长，那是因为该社会没有为经济创新提供激励，也就是说，没有从制度上为创新活动的行为主体得到最低限度的报偿或好处提供保障。

第三，法治精神是财富。

一个人，物质是基础，精神是支柱。没有物质，人不能生存，没有精神，人不能称其为人。精神财富越富足，物质财富的创造力越强大越持久。精神弱者有事求人，精神强者有事求己；精神弱者碰到逆境怨天尤人，精神强者碰到逆境自强不息。

一个国家，没有精神，萎靡不振，那这个国家气数将尽。一个国家，没有法治精神，自由丧失，奴才充斥，那这个国家是把人不当作人。

什么是法治精神？法律至上，法律面前人人平等，法律赋予的自由不受任何人或任何力量的侵犯。一个人只有三样东西最宝贵：生命、财产、自由。法律是生命、财产、自由的守护神。自由是什么？英国思想家洛克说，自由是指不受他人的束缚和强暴。法律的目的不是废除或限制自由，而是保护和扩大自由。一个人在法律许可范围内，可以随心所欲地处置或安排他的人身、行动、他的全部财产。

并不是每一个人都珍惜自由的。有些人唯恐没有做奴隶的机会。一部中国古代文学史，有相当一部分是"没做稳奴隶"的长吁短叹。"卑鄙的灵魂是决不会信任伟大的人物的，下贱的奴隶总是带着讥讽的神情在嘲笑着自由这个名词。"

美国为什么成为财富帝国？原因很多。但我以为最重要的是两点。其一，是美国人的进取精神。美国人的精神传承于早年扎根于此的先人。那些清教徒"以上帝和利润的名义"，坚信懒惰是邪恶的温床，不屈不挠，与天斗，与地斗，斗出来一个个创造财富的神话。马克斯·韦伯在《新教伦理与资本主义精神》一书中描述过早期资本主义时代商人的共性：他们都是清教徒，渴望着通过创造财富为上帝增添荣耀。其二，恐怕最为重要的是，美国继承了英国的政治传统，继承了英国的法治传统，继承了英国的法治精神。英国人最自豪的是他们的"生而自由"。"自由"在英国，不仅意味着对"被统治者"的基本权利的保护，也意味着对"统治"权力的限制。英国的法治精神是法律至上的精神，是生来自由的精神，是包括财

总　序

中国法治实践学派是对法治中国伟大实践的理论回应。

1999 年,《宪法》修正案规定:"中华人民共和国实行依法治国,建设社会主义法治国家。"中国终于选择了法治道路,并将之载入具有最高法律效力的宪法。

2014 年,中共中央出台《关于全面推进依法治国若干重大问题的决定》。这是中国共产党的法治宣言书,是法治中国建设的总纲领。

法治中国建设是一场伟大的政治实验。这场伟大实验的目标是开创一条中国自己的法治道路。这场伟大实验正在给中国带来深刻的变革。反腐败斗争正在改变中国的官场生态,立法正在朝着科学化方向发展,政府正在努力将工作全面纳入法治轨道,司法改革正在朝着公正、高效、权威的目标加快推进,全社会厉行法治的积极性和主动性正在逐步增强。法治正在对全面深化改革发挥引领和规范作用。法治普遍规律的中国表现形式正在展现其不可忽视的影响力。虽然在前行的道路上,有暗礁,有险滩,有种种困难,但全面推进依法治国这场治理领域的深刻革命正在改变中国。

中国法学研究已经出现重大转向,这个转向以"实践"为基本特征。

法治的生命在于实践。走进实践，以实践为师，成为一大批法学家的鲜明风格。"中国法治实践学派"正是对这种重大转向的学术概括。中国法治实践学派以中国法治为问题导向，以探寻中国法治发展道路为目标，以创新法治规范体系和理论体系为任务，以实践、实证、实验为研究方法，注重实际和实效，具有中国特色、中国风格、中国气派。

法治中国的伟大实践必然催生新思想、新理论，必然带来思想和理论的深刻革命，必然为普遍的法治精神形成创造条件。中国客观上正在进行一场持久的法治启蒙运动。在欧洲，发生在17—18世纪的启蒙运动的成就之一是孕育了一个在世界上占主导地位的法学学派——古典自然法学派。古典自然法学说成为新兴资产阶级反对封建压迫和争取民族独立的武器，成为美国《独立宣言》、法国《人权宣言》的理论基础。正是古典自然法学派的出现，私有财产神圣不可侵犯、契约自由、法律面前人人平等、罪刑法定等法治原则才得以提出。正是以古典自然法学派为代表的学术流派的形成，才使得西方法治理论、西方法治精神形成一个系统。启蒙运动、契约精神的弘扬、自然法学派的产生、现代法律体系的构建、西方法治理论和法治精神的形成，是一个合乎历史逻辑和社会实践的有机整体。启蒙运动从根本上打造了西方近现代意义上的法治精神。在中国，法治启蒙运动的一个伴生现象也必然是学派的形成。伴随这样一个法治启蒙运动，法治实践不断推进，法治理论不断创新，法学学派在中国兴起，法治精神终将成为社会的主流精神，法治终将成为信仰。

我们组织力量编辑出版"中国法治实践学派书系"，是为了强化中国法学研究的实践转向，展示中国法治理论的风貌，传播法治精神，支持中国法治的具体实践，扩大中国在世界上的法治话语权。我们每年精选若干具有代表性的著作，由人民出版社出版，形成系列。这些著作具有鲜明的问题导向，注重中国具体实践问题的探索，注重理论的实际效果。我们相信，这套书系一定会对法治中国建设发挥良好作用。

时代赋予我们一种不可推卸的责任，我们不会袖手旁观，我们不会推卸责任。"为天地立心，为生民立命，为往圣继绝学，为万世开太平"是我们从先贤那里汲取的精神，"知行合一"是我们坚守的信条。中国并不缺少高谈阔论，中国并不缺少牢骚抱怨，中国需要的是身体力行、脚踏实地的行动。我们愿意不遗余力地推动中国法治实践学派的发展，我们愿意在法治中国的伟大进程中奉献热血、辛劳和汗水，我们愿意在法治中国的伟大进程中殚精竭虑、鞠躬尽瘁。

法治关涉每个人的权利，法治关涉每个人的财富，法治关涉每个人的命运。让我们大家携起手来，一起行动，共同关注中国法治实践学派，共同编织法治中国梦想，共同为实现法治强国而奋斗！

钱弘道

2017 年 1 月 20 日

目录 C ONTENTS

中国法治实践学派书系
法治评估及其中国应用

前　言

在这本文集是我十余年来对法治评估的思考。

我启动法治评估实验研究的直接背景是 2006 年"法治浙江"战略的实施，当时担任浙江省委书记的是习近平同志。在浙江省委作出关于"法治浙江"的决定之前，余杭区委领导找我商量"法治余杭"建设工作，我建议成立"法治余杭"智库，该意见被采纳。一批法学家被余杭区委、区政府聘请为"法治余杭"专家委员会成员。

2006 年 4 月 15 日，我出席了"法治余杭"建设座谈会。会上，我向余杭区委、区政府提出量化法治、制订法治建设指标体系、测评法治指数的建议，余杭区委主要领导当场表示采纳这一建议。之后，我受委托主持"法治余杭评估体系"课题。浙江大学、中国社会科学院、司法部、国家统计局等多家机构的专家学者参与了课题研究。江平、李步云等著名法学家直接参与支持了法治评估研究工作。

2007 年，我主持完成中国首个全面的法治指标体系——余杭法治评估指标体系。2008 年，我主持出台中国内地首个法治指数——余杭法治指数，入选浙江省改革开放 30 年百件大事和"法治浙江"10 周年"十大法治事件"。"法治指数研究"被确定为司法部委托项目。"法治评估指标体系研究"入选教育部"新世纪优秀人才"支持项目。"中国法治政府建设指标体系研究"被列为教育部重大攻关课题。

2011 年，在浙江省"阳光司法"座谈会上，我提出测评司法透明指数或"阳光司法"指数建议，被浙江省高级人民法院领导采纳。2012 年，我与浙江省高级人民法院合作，推出中国首个司法透明指数——浙江省湖州市吴兴区人民法院司法透明指数，进而推动浙江全省"阳光司法指数"的测评，并被写入最高人民法院首部司法公开白皮书。司法透明指数研究以最高票入选 2015 年"浙江大学十大学术进展"，作为社会科学类成果，这是首次。司法透明指数研究被列为国家社科基金重点课题。同年，我与斯坦福大学学者合作，共同主持完成中国首个电子政府发展指数——杭州市电子政府发展指数的实验。

以上每项课题都是跨学科研究，都是紧扣实践的研究，都必须创新，都带有挑战性。一开始，质疑在所难免，即便是十余年后的今天，各种困惑仍然存在。这无关紧要，因为中国法治评估的理论和实践创新已经在大踏步前进了。

法治评估是一种创新机制。我提出"法治评估是未来中国法治增长点"，以概括表述法治评估的作用和意义。时至今日，余杭法治评估实验产生了重大影响。《人民日报》、《光明日报》、《法制日报》等主流媒体都对相关研究进行了深度报道。法治指数实验所形成的影响被学界和媒体称为"法治指数现象"。法治指数、司法透明指数、电子政府发展指数都是以浙江为实验区域的鲜活样本。随着余杭法治指数的发布，全国各种法治评估活动陆续展开，一些高校科研机构的法治评估研究团队陆续形成，法治评估成为中国法学的一个崭新的热门领域。制定科学的法治建设指标体系成为中共中央《关于全面深化改革若干重大问题的决定》（下称《改革决定》）的重要内容。用法治成效考核领导干部政绩成为中共中央《关于全面推进依法治国若干重大问题的决定》（下称《法治决定》）的重要内容。2016 年，中国法学会法治评估研究方阵正式成立，我领衔首个重点课题"法治评估指标和方法比较研究"。

十余年来，我和研究团队的同仁们一起在创新法治评估理论和实践方面做了不懈努力。我们相继出版了《法治评估的实验——余杭的实验》、《中国法治增长点》、《中国法治指数报告——余杭案例》等系列著作。我们在《中国社会科学》、《法学研究》、《新华文摘》、《中国社会科学文摘》、《浙江大学学报》（人文社会科学版）等重要刊物发表或转载了一系列论文，初步构架了法治评估理论雏形。

我首次提出"法治评估学"的概念。法律出版社出版的《法治评估的实验》是创立"法治评估学"的首次尝试。

我们在《中国社会科学》发表的《法治评估及其中国应用》是第一篇在权威刊物发表的法治评估论文。

我们在《中国社会科学》发表的《论中国法治评估的转型》（中英文）是对中共中央《关于全面深化改革若干重大问题的决定》和《关于全面推进依法治国若干重大问题的决定》的及时回应，可以视为中国法治评估的阶段性总结。在这篇论文中，我们提出中国法治评估面临转型的观点。这种转型表现在法治评估理论化等若干方面。

我们在《法学研究》发表的《法治评估模式辨异》一文提出，法治评估可以分为内部评估和外部评估两种类型，是对学界讨论法治评估模式的回应。

我们在《浙江大学学报》（人文社会科学版）"中国法治实践学派及其理论"专栏发表、《新华文摘》转载的《中国法治政府建设指标体系构架》是教育部重大攻关课题的阶段性成果。我在中共中央党校《中国党政干部论坛》上发表的《司法透明指数》是第一篇关于司法透明指数理论的探讨。我们在《浙江大学学报》（人文社会科学版）上发表的《司法透明指数指标体系探讨》是国家社科基金重点课题的阶段性成果，是我们对测评实验中运用的指标体系的进一步完善。

在法治评估实验的基础上，我提出"中国法治实践学派"概念，可以视为法治评估理论化的更高层次的表达。

2016年，我提出"大数据法治"概念，思考如何运用大数据技术创新法治评估，如何运用大数据技术支撑法治中国系统工程。大数据法治是未来法治系统工程的一种样态。大数据法治具体表现为大数据司法、大数据法治政府等各个方面。量化法治、大数据法治的目标都是具体的法治实效，我把"实效法治观"作为构架"量化法治"、"大数据法治"理论的一个具体指向。从"量化法治"到法治评估实验，从法治评估实验到"大数据法治"，从"大数据法治"再到"实效法治观"，从"实效法治观"再到中国法治实践学派，基本上体现了我的法治评估研究思考轨迹和路线。

法治评估属于法社会学范畴，法治评估学属于法社会学的分支。客观上，十余年来，法治评估学的异军突起，已成为中国法社会学最突出的发展。

我认为，法治评估需要重新定位，法治评估应该贯穿到法治中国建设的方方面面。这一点应当成为共识。中国法治是"实验式法治"，实验式法治的一个必然逻辑是应当进行效果评估。实验的效果，如果可以不经评估，实验就失去了意义。一切实验都要进行评估，法治评估的范畴应该是全方位的。只有通过评估，才能总结经验，进而加以推广。由此可见，法治评估是中国实验式法治的必经环节。

这本文集的出版，一是为了阶段性总结，二是为了抛砖引玉。我希望有更多的学者加盟法治评估研究队伍，有更多更好的研究成果问世。我希望学者们能及时总结法治评估实践经验，及时用科学的法治评估理论指导实践。我希望法治评估机制在全面推进依法治国的过程中发挥更大、更积极的作用。

钱弘道

2017年1月22日

法治是每个人的财富

什么是财富？大家会说，财富是钱，是房子，是车子。改革开放三十多年，难道我们就看到了鼓起来的腰包？就看到了别墅宝马？就看到了一座比一座漂亮豪华的政府办公楼？不，我们还要看到，我们的国家终于有了这样那样的法律，法律就是财富。我们要看到，我们的村民居然可以投票选自己的村委会主任，权利就是财富。我们可以拼命赚钱，不会再怕被当作"资本主义尾巴"，自由就是财富。因此，我们应该从更广泛的意义上来说，我们比以前更富有。

财富是从哪里来的？大家会说，财富是人创造的，是劳动创造的。劳动创造财富没错。但是，为什么"人有多大胆，地有多大产"成了历史笑话？在财富创造的过程中，我们伟大的祖国终于发现有一样东西举足轻重，那就是我们今天这个时代的主旋律：法治。

财富观念需要更新，财富创造的道路需要创新。

一、法治就是财富

关于法治就是财富的理解，我从以下四点讲：

第一，法治是无形资产。

美国总统林肯认为，一个国家——不管整体的力量比局部的总和大多少，完全是由土地、国民和法律体系这三部分构成的。如果一个国家没有一个法律体系，结果会怎么样？典型的样板就是中国的"文化大革命"时代。那是个要人治不要法治的时代，那是一个"一句顶一万句，句句是真理的时代"，那是一个"砸烂公检法"的时代，那是一个共和国的主席拿着宪法作"护身符"、但"宪法顶个球"的时代。那样一个时代，中国拥有辽阔的疆土，拥有富有智慧的国民，但法律体系却是"一穷二白"，这是中国人在那个年代最大的不幸和贫穷。

2005年年底世界银行公布了《2000年国别财富报告》，报告的名称叫 *Where is the wealth of nations*？（《国家财富从哪里来？》）这个报告以2000年数据为基础，统计分析了近120个国家的财富构成基础，分析结果发现，越是富庶的国家，有形资产所占比率越低，无形资产（教育水平、法治程度、劳动者技能、社会诚信度、信息化水平、行政效率、自主创新等）所占比率越高。报告还指出，一个国家无形资产的大小主要取决于法治和教育，两者分别占57%和36%。报告称："此次财富估算最令人意外的，是无形资产具有很高的价值。被研究的样本中，有近85%的国家，其总财富中有50%以上来源于无形资本。"报告的人均财富排名榜中，在被评估的118个国家里，我国排在第92位，倒数第27名。靠前的全是欧美国家，亚洲仅日本跻身于前10名。这些国家的法治指数与教育水平，同样也名列前茅。而排于末尾的倒数10名，多是撒哈拉沙漠以南的非洲贫穷国家，那里教育体系失缺，法治水平很差，腐败盛行。

这个报告给我们很重要的启示。当今世界财富观念已发生变化。评估一个国家的财富不能光看物质财富，还要看非物质的无形财富。在一个国家里，法治是无形财富的最重要的一项，水平越高，这个国家越富。

无形资产的力量有多大，我想，可口可乐公司原总裁杰克·斯塔尔的一句话是最好的注解。他说："如果可口可乐公司资产在一夜之间毁于一旦，只要给我可口可乐的品牌和人员，我又可以在一夜之间建立一个新的产权在内的权利不可随意剥夺的精神。这样的精神是宝贵的财富,这样的精神是创造财富的精神。

法治防止政府采取特别的行动来破坏个人的自由。法治是通往自由的道路。

法治精神要求每个人捍卫自己的自由,捍卫自由就是捍卫财富,捍卫人的尊严。卢梭说:"放弃自己的自由,就是放弃自己做人的资格。"

第四,法治是每个人的财产。

有些人误以为法治是一个国家的财富,跟个人没什么关系。事实上,法治关涉任何人,是每一个人的财产。

前不久,香港大学法学院副院长戴耀廷教授给我发来 2008 年 7 月 2 日至 5 日在维也纳召开世界正义论坛发布的法治指数报告:*The World Justice Project Rule of Law Index:Measuring to the Rule of Law around the World*. 它致力于有关全球各国法治状况的评估。报告的扉页引用这样一句话:"It is extremely important that the rule of law no longer be perceived only as business for lawyers ... It is something for every single person from the rule people in the fields through the fisherman up to the MP's,the judges.Everyone should feel that the rule of law is part of his or her property."

这句话的意思是:非常重要的是,法治不再被看作律师法学家这些人的事务,它是每一个人的事,从农民到渔民,从议员到法官。每一个人都应当把法治看作是他的财产。

个人法治观念和法治素养的叠加才能孕育法治精神。

二、法治创造财富

法治为什么能创造财富,我想可以归纳为三点:

第一,法治创造自由竞争。

网上有篇文章,说:"中国靠毛泽东才能富起来,也只有靠毛泽东才能富下去。"这个提法有意思。我要换个说法："中国靠法治才能富起来，也只有靠法治才能富下去。"有个外国学者说中国的经济腾飞与法治没有关系，这个话很幼稚。改革开放以来，中国制定了这么多法律，难道都是废纸？这些法律难道不是法治的基础？我的结论是，改革开放三十多年，没有法治的进步，中国经济是不可能让世界如此吃惊的。

我还看到网上一篇文章，是炮轰经济学家茅于轼的，说他"已沦为既得利益集团的乏走狗"。怪可怜的，这么大岁数还被人骂。学者难做啊。成思危、厉以宁、吴敬琏、张维宁都挨骂。吴敬琏倒蛮聪明的，现在大力呼吁法治。樊钢更坦率，说经济学家不讲道德，经济学家就是为利益集团服务。

茅于轼前段时间在北大有个演讲，叫《从制度演变看改革以来财富的创造》。他说，有个问题困扰他10年："为什么穷国和富国同工不同酬，干一样的活在穷国的收入低，富国的收入高？"他终于弄明白了。他说，比较全世界的穷国、全世界的富国，确实有一些共同的东西，最重要的特点就是富国都是一个讲人权的、平等的、自由的，以商品交换为主要资源配置的一种方式，穷国基本上在这方面有问题，平等不够，自由不够，人权不够。

财富从哪里来：是市场还是企业创造了财富？自英国经济学家亚当·斯密的《国富论》开始，人类一直在这个问题上争论不休。斯密开创了"看不见的手"这个经济学中最有力量的词，后人误以为这只"手"就是创造社会财富的最主要力量。熊彼特则在马克思劳动价值理论的基础上，明确提出"组织而非市场创造了社会财富"这一命题。他1924年出版《财富增长论——经济发展理论》，指出，创新是企业家的基本职能，靠"创造性的破坏"带来社会财富的不断增加。

钱是人类发明的最伟大的自由工具之一，它的本质属性就是自由。它向富人开放，也向穷人开放。英国作家希莱尔·贝洛克说："对财富生产的控制，就是对人类生活本身的控制。"

财富不能完全由计划来创造或平均分配。完全由计划创造或平均分配财富，就意味着只有一个老板，那就是政府。一个国家就成为一个大工厂，所有工人劳动平等，报酬平等。结果是大家偷懒，大家一起穷。大家可能已经遗忘遭暗杀的托洛茨基。托洛茨基的地位曾仅次于列宁。托洛茨基有句话值得玩味："在一个政府是唯一的雇主的国家里，反抗就等于慢慢地饿死。'不劳动者不得食'这个旧的原则，已由'不服从者不得食'这个新的原则所代替。"这样一个像巨兽一样的老板，吞没了自由，吞没了竞争，扼杀了财富创造的最重要的源泉和动力。

哈耶克论证了计划经济的"集中控制经济"的不可行性，他说"社会主义者的意图是纯洁的，其目标是崇高的，但他们用政府强制手段人为地对社会经济部门进行直接控制是错误的，是对自由市场竞争和进化的破坏"。

法治创造自由竞争，而自由竞争创造财富。计划经济没有竞争，所以计划经济创造不出财富来，在市场经济下创造财富的原因是：一切不是国家的计划决定，而是由市场主体决定。交易的双方都觉得有钱赚，那就干。双方都觉得有钱赚，财富就创造出来了。光一方赚钱，要么被骗，要么无可奈何，但不是常态。

第二，法治创造效率。

经济学上著名的科斯定理说，当交易成本为零，产权制度的安排，对资源配置没有任何影响，总是会达到有效率的结果。但交易成本为零，仅仅是一种假想。于是科斯定理又有第二种解释：当交易成本不为零的时候，不同的产权安排，会有不同的资源配置效率。产权安排依赖于法律。于是，良好的法律就必然产生良好的产权安排，结果是良好的法律降低了交易成本，创造了效率。而这正是法治的追求。

熊彼特则将企业家的共性归之为"创新"。按熊彼特的观点，创新就是对生产要素的重新组合。创新又可分为两类：技术创新和制度创新。制度创新是技术创新的基础，而我一直认为，法治的过程正是制度创新的过程，正是这种不断的创新，才带来效率，才带来财富。

我们说，科学技术是生产力。我们还要说，制度是生产力，法治是生产力。我们要改变观念。我们过去一直把法律作为上层建筑，对经济基础有反作用，后来觉得法律无足轻重，以至于"文化大革命"时一脚踢开法律。结果呢？大家一起穷。所以，我们今天应该有这样的观念，人创造法律，就是为了创造财富，法治是直接创造财富的生产力。

法治天生是为市场经济服务的。在法治的前提下，市场经济才有可能真正发挥价格的作用。价格是一个数的指标，它能发出"数"的信号，引导协调个体间的交流、沟通、需要和变化。这个"数"就像"一只看不见的手"，使社会间的协调行为达到一种"最佳"，从而达到市场经济的高效率。价格的这种自发调整作用就是市场经济的杠杆作用。人的本能是追求"数"的最大化即利润最大化。而一个人追求自己的利益，同时促进了社会利益。

相反，人治天生是与小农经济、计划经济为伴的。在人治前提下，计划经济的价格垄断性不具备这种自发调整功能，它也不能充分利用社会中分散的所有人的知识，从而导致了计划经济的低效率。

第三，法治确保财富的可持续创造。

什么财富可以可持续发展？是房子？不是。我们都在为房子而奋斗，自己要住，还要留给子孙后代。但你买的房子，你买的别墅，甚至那些豪华建筑，没有一座可以成为千年文物，甚至很难成为百年之计。房子的寿命很短。一场地震，那么多的房子成为一片废墟。现代建筑抵抗非常外力和特殊灾害的不安全性，已经成为致命弱点。现代建筑的存续寿命明显不足，普通砖混建筑结构，设计寿命通常是 40 年左右，高层框架结构，也不过百年。所有现代房地产建筑物，作为财富积累到报废清理时止，使用功能全面丧失，物化财富化为乌有，留下一片难以处置的城乡现代垃圾。

江泽民同志在《保护环境，实施可持续发展战略》中说："经济发展，必须与人口、资源、环境统筹考虑，不仅要安排好当前的发展，还要为子孙后代着想，为未来的发展创造更好的条件，决不能走浪费资源和先污染后治理的路子，更不能吃祖宗饭、断子孙路。"我要作个补充，生态环境是可持续发展的重要因素，法治环境是可持续发展更重要的因素，而且是头等重要的因素。我曾去黑龙江伊春小兴安岭和内蒙古呼伦贝尔大草原考察。那个山连山连绵不断的大森林，那个一望无际的大草原，蓝天如洗，白云悠悠，你会在心里祈祷或呼喊："保护好我们美丽神奇的大自然吧！"在小兴安岭，我们开着车，忽然发现几团白烟和红烟，是那样的不协调，是那样的刺眼。白烟是水泥厂，红烟是钢厂。你一定会说，怎么不关闭呢？我也想，怎么不关闭呢？但是，当地同志说，你写文章可不能将白烟红烟写进去啊，我们就靠这红烟白烟哪！

良好的法律是可持续的，好的制度是可持续的，法治精神是可持续的。正是这种好的制度和法治精神让市场进入可持续发展的良性循环，使财富的可持续创造成为可能。而计划、政策、文件、领导批示，都是权宜之计，比起法治精神来，都是暂时的。

因此，财富创造可以用一个简单的公式表示：市场＋法治＝财富的可持续创造。

我们现在经常讲科学发展观。科学发展观的基本内涵是：坚持以人为本，树立全面、协调、可持续的发展观，促进经济社会和人的全面发展。什么叫科学发展？就是科学地创造财富，可持续地创造财富，经济要发展，社会要发展，人要发展。我以为，科学发展，法治是关键。没有法治，谈什么科学发展？

三、法治在创造财富中的障碍

2008 年 7 月下旬，来自理论界和实务界的近百名代表齐聚哈尔滨，参加国务院法制办召开的"深入贯彻落实科学发展观与加快法治政府建设"理论研讨会。我在会上作了关于对法治进行量化评估的主题发言，并建议政府高度重视法治量化评估。会后,《人民日报》发表《未来法治的增长点在哪里》文章,将专家提出来的建议概括为四个法治增长点:有限政府,公众参与,程序控权,量化考评。要真正实现四个增长点,面临很多困难与障碍。其中,最主要的障碍恐怕是以下三方面:

第一,权力滥用。

我常常讲,法治的过程是公权和私权博弈的过程。在这种博弈的过程中,通常是"东风压倒西风"——公权压倒私权。公权压倒私权的手法是滥用权力。浙江某地政府招商引资,关门打狗,以莫须有的罪名逮捕投资商;浙江省另一个地方政府召开会议,发一纸文件,强收工商登记是民营企业有争议企业。

权力滥用是法治和财富创造的头号威胁。腐败力量是法治最大的敌人。滥用权力就是破坏自由,剥夺自由。权力专制、权力滥用是通往奴役的大路。

权力滥用的根子在哪里?

一是权力资源的不正当分配。政治权力是公共财富。谁掌握公共权力财富,要通过竞争,不能通过计划分配,更不能通过潜规则分配。无论是通过计划还是潜规则分配公共权力,都会吸引无耻之徒和卑鄙之伙,削尖脑袋,投机钻营,而这些巧取豪夺的家伙更有成功的希望。结果如同英国著名的思想家哈耶克所说:"最坏者当政"。

二是权力的过分集中。一个官员手里的权力太大。一个批示就不得了。"黑头不如红头,红头不如没头。"法治政府是有限政府,政府的权力无限膨胀是百姓的灾难。法治政府是服务型政府,服务型政府要求政府官员当好"服务员"、"仆人"。"老爷"作风习惯了怎能放得下架子做"服务员"和"仆人"?解决权力过分集中的办法只有一个,那就是分权。有一个说法是,没有分权,就没有宪法。我说,没有分权就没有法治。因为法治是要限制权力,权力集中在一个机构或一个人手里,怎么能限制呢?分权既有横向分权,又有纵向分权。分权比集权更有效率。垄断是对效率的破坏。中国为什么是世界上行政成本最高的国家？我看，权力过于集中、权力滥用、机构臃肿是导致行政成本高的主要原因。

中国清廉指数在世界上为什么排名 74？因为权力财富的不正当分配导致潜规则盛行。潜规则盛行，法律规则被替代，法治的根基遭到破坏。在中国，潜规则无处不在，遍布于商界、政界、学术界、娱乐圈。所谓财富潜规则，就是没有通过法定方式，但实际上影响着财富运转，并被大多数人所遵循的规则。腐败是其主要特征，"黑色收入"是其代表。潜规则导致公共部门丧失公共精神。

人民的福利是最高的法律。政府可以有特权，但这种特权是为人民谋福利的特权。只有为人民谋福利的特权才是正当的。政治权力的一切行动都只是为了公众福利。

第二，公众麻木。

法治雷声大雨点小，公众麻木是一个重要原因。时至今日，不要说很多老百姓不知法治为何物，就连一些党政领导干部依然把"法治"理解为当官的用法律管制老百姓，不少大学生也常常把"法治"和"法制"混为一谈。

公众麻木突出的表现是一个个脑子里装满非法治观念。农村里很多人都把党和国家最高领导人当"皇帝"；很多老百姓选择信访，希望"朝廷"出现包青天；中国人做梦也想做官，出人头地，企业家也千方百计弄个人大代表政协委员当当等，用法治的眼光看，都是封建余毒。这种余毒在人们脑子里似乎一生下来就有，根深蒂固，很难根除。

公众麻木的另一个表现是，政府高举法治伟大旗帜，大力呼吁"法治浙江"、"法治杭州"、"法治余杭"，累得半死，他最多问一句"你瞎忙乎啥呀?"有人演戏，但没人看戏。你说他无知罢，他还很有真理："你傻呀，法律算个啥？有权就有一切。你看，那个阿狗家的儿子当上镇长了，不一下子就发了吗?"

村民选举，贿选盛行。谁给他即刻兑现的好处，就投谁的票。你要问他怎么收人家的烟酒或钞票，他会回答："这世界上还有比这样更好的好事？白给能不要吗？"

第三，表面文章。

我们相信，中央是不想做法治的表面文章的。2004年3月，国务院出台《全面推进依法行政实施纲要》（以下称《行政纲要》），提出"经过十年左右坚持不懈的努力，基本实现建设法治政府的目标"。十年想磨法治一剑，可见心情之迫切，可见要动真格。剩下只有五年多点时间了。中央领导应该着急，政府应当言而有信。我曾说过，过去的若干年和未来的若干年中国法治进入重要的转轨阶段。这个阶段，在法治建设没有作为，对历史不好交代。2008年，国务院发布了《关于加强市县政府依法行政的决定》。2009年，国务院要召开全国依法行政会议。中央政府正在加快法治建设步伐。但是，我仍然担心有些地方会做表面文章，有些领导干部会做表面文章。事实上，一些地方、一些领导干部正在做表面文章。

一个省，一个市，一个县，一把手非常重要。余杭为什么能率先在浙江提出"法治余杭"？为什么余杭能在全国推出内地第一个法治指数，全国第一个全面的县区法治评估体系？因为当时的一把手和后来的一把手都看准了余杭发展的引擎在法治。当然区长、区委副书记、司法局长等主要干部紧密配合也起了重要作用。我把余杭区的干部体现出来的法治觉悟、法治能力概括为法治素养。2008年7月，司法部让我在全国法治城市工作会议上作关于法治指数、法治评估的报告。会上互动时，有人问我，如果借用我们在余杭做的评估体系，需要多少钱？我脱口而出：免费。大家报以热烈的掌声。作完报告，很多代表要我提供评估体系。我说，你先回去问问一把手需不需要。

我在会上说过这样一句话，法治素养应该作为衡量干部素质水平的极其重要的尺度，法治素养差的人就不能当官。过去，"我是法盲"经常挂在领导干部的嘴边，体现领导干部谦虚谨慎、虚怀若谷的风度。如果今天，哪个领导干部还敢大言不惭地说"我是法盲"，那趁早下台，回家陪老婆去。

制定法治指数、对法治量化评估是不做法治表面文章的一种努力。法治应当接受评估。如果各地都热衷于喊喊法治口号，拉拉法治横幅，做几块法治广告牌，唱唱法治颂歌，那法治真的可能要完蛋。

但是，我们坚信，中国的法治是大有希望的。中国将会是法治的美好国度。在这里，我借用卢梭的话作为结尾：

"我愿意生活在一个法度适宜的民主政府之下，我愿意自由地生活，自由地死去，也就是说，我要这样服从法律：不论是我或任何人都不能脱离法律的光荣束缚，……所以我愿意不但国内任何人都不能自以为居于法律之上，而且国外的任何人也不能迫使这一国家承认它的权威。"

| 后 记

2008 年 8 月 23 日，我应邀在浙江人文大讲堂作报告，报告题目是《法治与财富创造》。8 月 26 日，《钱江晚报》发表报告主要内容，标题为《法治是无形的财富》。浙江人文大讲堂网站上第 171 讲消息栏目"字字珠玑"中引用我演讲中的若干表达："法治是国家的无形资产，好的制度就是财富。""法治精神是指法律面前人人平等，权利和自由是法治精神的核心。""谁扼杀财富？权力扼杀财富。权力的制约靠分权。"

如何评判中国法治

有人对中国法治的发展持有不同意见，认为中国在经济上取得了举世瞩目的成就，但在民主、人权、法治上却举足不前。事实是否如此？

答案是否定的。中国在法治方面的成就不应该被无视或贬低。没有法治方面的努力，经济上的任何成功都难以想象。

一、法治在宪法意义上得到最权威的确认

1999 年"依法治国，建设社会主义法治国家"载入宪法，是中国跨进法治门槛的一个最重大的标志。评判中国的法治必须首先考虑这个标志的分量。

法治是一件难事，不可能一蹴而就。我们为"要人治还是法治"争论了许多，最终换来一个结果：法治成为宪法条款。这是一座具有划时代意义的里程碑，它宣告了法治的胜利。

正是宪法这个最高权威的确认，以法治指数为引线的"法治余杭"工程以及其他所有地方政府的法治行动，才有了最根本的依据。各地开展的法治评估实践，实质上就是测定在多大程度上实现了宪法的法治要求。

二、中国共产党从"治国方略"这一制高点上推行法治

政治体制决定了中国的法治模式不同于世界上其他任何国家。中国共产党从"治国方略"这一制高点上推行法治，是在具体执政过程中对宪法要求的贯彻实施，是向人民作出的如何实践"立党为公、执政为民"理念的基本承诺。这就是中国特色。

构建社会主义和谐社会的九大目标中的第一项就是：社会主义民主法制更加完善，依法治国基本方略得到全面落实，人民的权益得到切实尊重和保障。这一目标的核心仍然是"依法治国"。

正因为中国共产党在"治国方略"意义上对法治的推进，形成了转型期中国法治的一个特点：地方党委政府开始用法治水平来衡量政绩，具体表现为地方党委政府用最高文件方式提出法治建设目标，对法治建设提出更高要求，将法治建设作为全面落实科学发展观、加快构建社会主义和谐社会和提高党的执政能力的核心内容。

三、中国特色社会主义法律体系已经形成

良好的法律是法治的前提。中国在立法上的成就是评判中国法治的一个核心内容。中国市场经济的步伐可以通过每一部法律的出台和修改得到印证。与此同时，中国法治的水平可以通过市场经济赖以发展的基础之一——法律体系得到证明。

2011年3月10日，全国人大常委会委员长吴邦国在全国人大会议上宣布，中国特色社会主义法律体系已经形成。

中国特色社会主义法律体系包括七大法律部门：宪法和保证宪法实施的宪法相关法保障公民人身权利、财产权利及商业活动秩序的民法商法；国家管理社会事务的行政法；国家调控经济的经济法；与民生有关的社会

法；规定犯罪、刑罚和刑事责任的刑法；规范诉讼与非诉讼活动的程序法。到 2011 年 2 月，中国已制定现行有效法律 239 件、行政法规 690 多件、地方性法规 8600 多件。

这个体系绝不仅仅是纸面上的死文字，而是中国法治与市场经济相辅相成发展的最有力证据：一方面，市场经济是法治经济，改革开放三十多年的法治努力促成了市场经济的发展；另一方面，市场经济是法治的基础之一，改革开放三十多年来中国的市场经济已经为法治发展打下了良好基础。

以浙江余杭个案为例。余杭出现法治指数，填补了中国法治发展的一个空白，这先行的一步不是偶然的。浙江在中国市场经济的发展过程中扮演着极为重要的角色，是中国经济最活跃的地区之一，浙江的中小企业尤为活跃。家族企业、分工细化、产业集群构成了浙江经济模式的特色。浙江经济模式作为中国式市场经济的产物，同世界上一切市场经济一样，需要法治的支撑。没有法治支撑的经济是脆弱的，是没有生命力的。这样一个沿海经济强省，法治理所当然应该先行发展起来。"法治浙江"目标的提出正是基于一种紧迫的需要——为促进浙江经济社会健康有序发展提供良好的规则和秩序保障。余杭在全国经济百强县位居第 15 或 16，具有比较成熟的法治先行先试的条件，余杭的法治实验带有必然性。

余杭法治指数测定工作历时五年，法治指数稳步上升：2007 年 71.60、2008 年 71.84、2009 年 72.12、2010 年 72.48、2011 年 72.56，这些数字是中国先发地区法治水平的缩影。放大这个缩影，就可以清楚地显示中国法律体系的作用，就可以彰显出中国的法治成就。

四、政府和民众合力推进法治

法治已成为当代中国社会热门词之一，从中央到地方，从学者到官员，从律师到法官，大家都在谈法治，都在从不同角度推进法治，我们的观念和行动发生了天翻地覆的变化。

2004 年，国务院发布的《行政纲要》提出，经过十年左右坚持不懈的努力，基本实现建设法治政府的目标。既表明了中国政府的良好愿望，也表明了中国政府的决心。

在"法治方略"与"和谐社会"的双重奏中，政府官员、学者以及社会其他各阶层走到了一起，形成了联手推动中国法治发展的力量，在中国各地的法治舞台上都可以清楚地看到这样一种风景。

丨 后 记 --

本文原载 2012 年 9 月 14 日《中国社会科学报》，在 2012 年"中国法治国际会议"上的演讲。"中国法治国际会议"由浙江大学法学院、美国托马斯杰斐逊法学院、中国法治研究院联合主办。我与美国托马斯杰斐逊法学院 Susan Tiefenbrun 教授分别担任"中国法治国际会议"中外方主席。

法治评估及其中国应用

在经济全球化的过程中，法治的理念和价值被广泛承认。从国际经济领域的投资合作，到人道援助的成效考虑，一国的法治状况都受到相当多的关注。① 在这种情况下，客观和准确地评估一国法治状况就成为一种现实需要。一些国际组织和国内机构开始这方面的尝试与努力，并取得了一定效果。

近年来，中国内地一些地方的人民代表大会、人民法院开始对相关工作进行量化和绩效考核；浙江、江苏、广东等地政府在推进区域法治化的过程中开始关注以法治评估为契机展开的制度创新。这些法治评估的探索和实践，是对全球法治研究的回应，更是对中国法治发展客观需要的回应。这一背景下，分析法治评估的域外实践，总结中国各地法治评估尝试的特征和经验，在中国语境下探索法治评估方法和技术的具体运用，进而预测法治评估在中国的发展，具有重要的现实意义。

---

① 例如，在为避免跨国经济交往风险而编制的国家风险评估指南中，法治是确定一国是否属于高风险国家的重要依据。

一、域外法治评估的兴起条件、模式和反思

域外法治评估涉及国际社会与国家两个层面。不同层面、不同区域的法治评估，在评估主体、评估目的、评估方法上存在一定差异。但是，作为一种相似的实践，法治评估的普遍兴起必然存在共同的背景因素，分析这些因素是研究中国法治评估实践的一个前提。另外，由于各国经济政治结构状况、法治发展水平的差异，在评估内容方面，一国（地区）范围内的评估实践与别国相比，具有较大的不可比性。而国际层面的评估则由于以国别（地区）为评估对象，使用统一的指标进行对比，因而其评价指标具有更为广泛的意义和适应性。

（一）域外法治评估兴起的条件

域外法治评估的兴起和发展基于多方面因素，既体现了法治本身的发展，也反映了全球化条件下人类联系和合作日益强化，需要对共同关注的目标及状况进行客观评价和认识的尝试与意图，同时，与社会科学领域研究方法的发展和推进也有直接的关系。法治评估本身就是理论上基于评估现实需要而展开的总结和运用。

在一般性的法治研究中，以确定构成法治的各个要素或指标而对法治进行细化分析就是相当多研究中的通行做法。① 例如德国社会学家马克

---

① 季卫东先生对这种细化法治指标（要素）的研究目的进行了分析，认为建立一套法治指数的主要意义可以概括为：（1）对不同社会体制和文化进行比较；（2）为改造权力结构提供更清晰的蓝图；（3）使法制建设的具体举措和绩效的评价趋于统一化。第一项以韦伯的分析为代表，第二项设定改革目标，如法与现代化运动中有关学者的研究，第三项如世界银行全球治理指数有关法治的内容，以及世界正义工程（论坛）的专门法治指数测定，即本文关注的法治评估类型。参见季卫东：《以法治指数为鉴》，见《秩序与混沌的临界》，法律出版社 2008 年版，第 55—56 页。需要指出，此处季先生所谓的法治指数应该是指法治指标。我们可以看到，第一、二项有关示例如马克斯·韦伯、富勒的分析都属于指标的

斯·韦伯认为法治秩序的主要指标是科层制行政活动的持续性、客观性、权责分明、等级化监控、严格区别公与私的关系、禁止官职的买卖和继承、公务员人格独立、专业化，等等。① 美国自然法学家富勒提出了法律八个方面的"内在道德"，包括"法律的一般性"、"法律应该被颁布"、"原则上的不溯及既往"、"清晰"、"不自相矛盾"、"不要求不可能之事"、"连续性与稳定性"、"官方行动与公布规则的一致性"，实质上即是对法治形式正义标准或指标的一个细化，等等。② 这些对法治构成要素的分析相当程度上构成了现实中进行相应评估的学理依据。③ 这些有关法治构成要素的丰富资源既为法治评估提供了广阔的学理依据和资源，也一定程度上加重了法治评估时对法治本身界定的难度，构成国际及国内层面法治评估多样性表现的原因之一。其与当下法治评估的不同在于，前者主要是一种描述界定式研究，后者更强调对构成法治各个要素的量化考察。这种研究趋向可以认为是实证方法在社会科学领域的进一步发展，有关其方法探讨将在后面部分展开。

在社会治理和国际合作实践中，同样存在对人类社会特定方面发展

论证，最终并没有数字化的指数推算和确定。而第三项则以相对客观和量化的指数方式对被选择国家或地区的法治状况进行了评估。

① 参见季卫东：《以法治指数为鉴》，见《秩序与混沌的临界》，法律出版社 2008 年版，第 55—56 页。

② 参见［美］富勒：《法律的道德性》，郑戈译，商务印书馆 2005 年版，第 55—97 页。我国学者也有对构成法治要素（指标）的细致分析，如张文显教授认为根据不同时期法治的原理和各国法治实践，可以把不同法治国家共性化的标志分为形式标志和实体标志。形式标志指法治国家的外在表现方式以及实现法治国家的技术条件。主要包括完备统一的法律体系、普遍有效的法律规则、严格的执法制度、公正的司法制度、专门化的法律职业等。实质标志是指依据法治的精神而形成的理性化制度的确立和运作，涉及法律与政治、公共权力与国家责任、权力与权利、权利与义务等方面的关系。参见张文显主编：《法理学》，法律出版社 1997 年版，第 244—245 页。

③ 如香港法治指数的指标确定及相当程度上就借鉴了富勒的分析。具体可参见本文有关香港指数的说明。

目标（如人口、环境、经济、政府与市场、全球联系等①）进行细化评价的需要。与理论层面的抽象和表述不同，对这些目标的执行情况进行总结、监督，需要更明确易懂的衡量指标和方法。此时，借助统计数据和模型进行评估，以更为客观、具体和量化的方式展开考察受到目标推进者的关注。例如，基于确立和考察人类共同发展的目的，2000 年联合国千年峰会号召所有国家为实现一系列量化的、有时间限制的发展目标而努力，该目标后来成为"千年发展目标"，进而产生了一系列管理计划和评价体系；② 在国家层面，作为验证行政改革目标的一个重要工具，政府绩效评估在一些国家已经相当成熟，并成为公共管理学的一个重要课题。③ 这些国际和一国层面展开的各种评估和尝试可以认为为其后法治评估的进行提供了重要的前提性实践。

法治作为各国和国际社会共同关注的目标，对其发展水平和推进状况进行评价的需要始终存在。在国际层面，通过一定的指标设置和指数推算对一国的法治发展水平进行赋值评估，已经成为分析、评价该国投资水平和制度状况的重要做法，如世界银行全球治理指数中的法治指数，世界正义工程的法治指数，等等。在国家层面，对于后发国家来说，建构型法治的推进更需要一个客观和量化的分析评价标准来衡量法治发展的水平，校准法治建设的局部目标定位。

法治评估受到关注也是经济全球化的一个重要表现。在全球化早期，随着经济贸易联系的加强，对投资环境（如投资风险评估）、交易安全等进行评价的需要也逐渐强化。在这些基于经济因素而开展的评估实践中，

---

① 世界银行《2006 年世界发展指标》五个方面的考核统计数据。参见世界银行本书编写组：《2006 年世界发展指标》，中国财政经济出版社 2006 年版，第 vi、viii、270 页。

② 世界银行本书编写组：《2006 年世界发展指标》，中国财政经济出版社 2006 年版，第 1 页。

③ 参见陈永国编著：《公共管理定量分析方法》，上海交通大学出版社 2006 年版，第 6 页。

法治的重要内容——政府和制度备受强调。① 与专门的法治评估相比，基于经济交往需要而产生的其他评估特点是经济因素与制度因素共同受到关注，而在法治评估中，制度因素则成为主要或者唯一的考察对象。

社会科学研究方法和技术手段的进步，促进了法治评估的发展。在早期，对某一社会问题和目标进行评估的研究以描述和定性分析方法为主，如前述马克斯·韦伯、富勒等关于法治内涵指标或要素的分析。随着自然科学的发展，定量分析方法在社会学科领域开始广泛运用。计算机等技术手段的发展进一步使定量方法得到拓展。在这样的背景下，法治评估成为精确的科学研究过程，以指数形式进行的不同指标的厘定和分析构成法治评估的重要内容。②

（二）世界银行和世界正义工程的法治指数

从 1996 年开始，世界银行连续推出年度《全球治理指数 WGI 报告》，该报告成为衡量被考量国家政府施政水平的一个重要依据。其中，对不同国家的法治状况进行评估并计算相应的法治指数，是世界银行全球治理指数的重要内容。

全球治理指数将治理界定为"一个国家权力运行的传统和机制"，法治是治理的六项下位指标之一。③ 在《全球治理指数报告》中，计算法治指数首先是通过设置多个法治下位变量（指标）而实现的。变量所具有的

---

① 如世界银行《2006 年世界发展指标》中的投资环境指标包含政策不确定性、腐败、法院、犯罪、监管和税收管理、金融、电力、劳动力 8 项指标，前 4 项指标本身就是法治的重要内容。参见世界银行本书编写组：《2006 年世界发展指标》，中国财政经济出版社 2006 年版，第 vi、viii 页。

② 有关国内外法治指数的研究情况，参见戴耀廷：《香港的法治指数》，载《环球法律评论》2007 年第 6 期。

③ 其他五项治理下位指标为发言权与问责、政局稳定与无暴力、政府效能、监管质量和腐败控制，参见 http://info.worldbank.org/governance/wgi/index.asp，2011 年 11 月 5 日访问。

明确性和可观测性使得对法治这一抽象概念进行测量成为可能。全球治理指数的法治指标设置容纳了世界经济论坛全球竞争力报告（GCS）、盖洛普世界调查（GWP）等对法治的多样化理解，并据此对法治指标进行厘定。① 指标设置后需要调查收集相关数据。全球治理指数依据的是来自三十多个不同组织提供的，围绕治理指数设置的上百个个体变量的调查数据。② 全球治理指数还包括对公司和家庭的问卷调查，多种商业信息公司、非政府组织、多边国际组织以及其他公共机构关于相关指标的主观评估，在主体选择上注意地区的均衡和普遍，以保证对法治认识的全面性和代表性。世界银行全球治理指数目前已成为衡量各国法治水平的重要参考。

世界正义工程（WJP）③ 设计了一套衡量国家法治化程度的量化评估工具，目标是建立发展一个强有力、低成本且有效率的方法，可以在较大范围国家间灵敏追踪法治水平在较长时期内的变化。

世界正义工程法治指数的研究由维拉司法研究所和阿尔特斯全球联盟主持，二者共同开发了一套评估法治抽象概念的具体标准，并在印度昌迪加尔、尼日利亚拉各斯、智利圣地亚哥和美国纽约四个城市进行了试验。在法治指标的确定上，世界正义工程试图为世界各国设定一个普遍适用的法治框架体系，但又沿袭了传统的西方法治理念，其逻辑立足点在于对人性的理性怀疑与对权力滥用的担忧。世界正义工程确定的法治指标包括四个原则：负责的政府；经公布且稳定的保护基本权利的法律；可行、公正、有效的程序；可实现的司法正义。在此基础上，确定了 16 个一级指标、

---

① 参见 http://info.worldbank.org/governance/wgi/pdf/rl.pdf，2011 年 11 月 5 日访问。

② 如 2010 年数据涉及非洲指标（AFR）、非洲发展银行国家政策与机构评估（ADB）、亚洲发展银行国家政策与机构评估（ASD）、欧洲银行重建和发展过渡报告（EBR）、世界经济论坛全球竞争力报告（GCS）等 30 个组织机构，参见 http://info.worldbank.org/governance/wgi/pdf/rl.pdf，2011 年 11 月 5 日访问。

③ 2007 年，世界正义论坛被创建为美国律师协会的一个下属机构。2009 年，该组织成为独立的非营利机构。

68 个二级指标，构建了对法治进行充分有效评估的基本框架。① 该框架实际上是对西方法治政府体制的提炼，是西方宪政体制的缩写。

（三）域外法治评估活动的反思

以全球治理指数与世界正义工程法治指数为代表，主要兴起于国际社会及西方发达国家的此类评估实践都致力于提供一套具有普世作用的评估方法。世界银行和世界正义工程两大组织因其各自形成了一套体系化的评估测度方法而成为法治评估的标杆，并在全世界范围内形成了示范效应和国际影响力，引发了持续的"法治指数化"运动，成为各国或地区进行治理评估与法治评估探索的模本。这两大机构的法治指数实践也确实在改善全球治理水平、促进现代法治化方面发挥了评估的战略反馈作用。世界正义工程法治指数尤其被认为是目前全球范围内专门衡量一国法治程度的最有影响的研究。②

在这些国际法治评估的影响下，法治指数逐渐引起学者和执政层的关注，并带动了部分国家的类似尝试和实践。③ 当然，针对这些国际层面的法治评估活动也存在不少争议④，其焦点集中在有关法治指标内容和指数

---

① 参见 http://www.worldjusticeproject.org/rule-of-law-index/，2011 年 11 月 5 日访问。

② 世界正义工程从 2008 年开始逐年公布第一期涉及部分国家的法治指数。当前已公布和编制了三期——2008 年的 1.0 版本，2009 年的 2.0 版本以及 2010 年的 3.0 版本，涉及的国家数目也在逐步增多，从 2008 年的 6 国到 2009 年和 2010 年的 35 国，预计 2011 年覆盖 70 个国家，2012 年达 100 个国家。

③ 如季卫东概括了建立一套法治指数的三方面意义：（1）对不同社会体制和文化进行比较分析，（2）为改造权力结构提供更清晰的蓝图，（3）使法制建设的具体举措和绩效的评价趋于统一化。季卫东所说的第一个方面是国际上法治评估的直接动因，国内的法治评估尝试适合第二、第三方面的追求。参见季卫东：《以法治指数为鉴》，见《秩序与混沌的临界》，法律出版社 2008 年版，第 55—56 页。

④ 如 2008 年我访问斯坦福大学，与有关学者讨论世界正义论坛的法治指数，斯坦福大学有若干位学者就发表了不同意见，认为仅调查三个城市不能准确反映一个国家的法治水平，如中国这么一个大国，不同地区存在着很大的差异。

制定方法两方面。指数制定方法的意见分歧主要体现在技术层面上，而法治指标则反映了长期以来对法治的认知和意识形态的分歧。

过去，学界由于更多地陷入价值意义上的法治探讨，所以诸多的法治认知分歧无法得到解决；现在，国际法治评估活动的开展又迫使单个国家被动地接受评估的结果和法治价值观的植入。我们有两种选择：或者是完全被动接受国际的法治理念和评估结果，或者是在对国际社会的法治评估活动予以足够重视的前提下创设自己的法治理念和评估方法，评估自身法治发展水准和状况，甚至别的国家，在国际社会拥有自身的法治评估话语权。后者无疑应该是我们当然的选择，否则我们在国际政治、经济、法律交流中会形成被动局面。

在法治指标设计的选择上，我们可以将两个概念作为基点：一是法治的共同性，二是法治的差异性。国际法治评估活动体现了基于法治的共同性选取一套标准评估所有国家法治水平的努力。在法治共同性的前提下，国际层面的法治评估具有了在各国间对比的可能，在不同评估方式间也可以进行优劣的判断。中国各地兴起的法治评估活动则体现了基于法治的差异性对单一区域的法治水平进行评估的可能。在法治差异性的前提下，单个国家或地区可以制定自己的评估标准，可以有自己的法治评估话语权。

法治的共同性突出地表现在对法律目的的理解上。迄今，任何法治的理解都不能绕过一个问题、两个角度：一是限制政府权力；二是保障公民权利。无论是热衷"全盘西化"、鼓吹"法律全球化"的学者，还是喜好"法律多元论"、执着"法治本土资源论"的学者①，他们对法治多样化的理解

---

① 如苏力认为，不能过于强调对外国行之有效的法律制度的移植；我国法治之路不同于西方，要在我国建立一个运行有效并有效率的社会主义法治，依据、借助和利用本土的传统和惯例具有重要性；应主要从社会生活中的各种非正式法律制度中去寻找本土资源。参见苏力：《变法、法治建设及其本土资源》，载《中外法学》1995 年第 5 期（总第 41 期）。

和定义都未超出以上两方面的基本限定，其中又更为强调限制权力。[①] 正如塞尔茨尼克所说，法治是一个包含着评估和批评法律决定的各种标准的一个复杂的理想；其基本要素是用公民秩序的理性原则限制官员的权力。1959 年 1 月，在印度新德里召开的国际法学家会议总结了 75000 名法学家以及 30 个国家的法学机构对法治问题的回答，得出有关法治的基本理想是：国家的一切权力必须要根源于法，而且要依法行使；法必须建筑在尊重人类人格的基础上。[②] 前者是限制规范权力的基本表述，后者则是保障权利的基本理念。这样一个国际公认的对法治的基本认知恰恰是设计法治评估指标的核心指向，也是法治可以在国际范围内进行比较式评估的原因所在。

法治共同性和差异性带来的一个明显结果是：一方面，一些国际组织（如联合国开发署、经合组织和世界银行等）和西方评估机构追求在不同国家之间建立一套普遍适用的共同的评估尺度来对世界各国的治理状况进行整体性测量和比较；[③] 另一方面，这种"普适性的标准"面临各民族国家在历史文化、政治制度和经济发展水平方面巨大差异的困惑。而且，这些国际组织大多为发达国家所发起，其评估体系也多为西方学者研制，难免受西方中心主义价值观的影响，使这一"普世价值"深深烙上"西方价值"，尤其是"美国价值"的痕迹。因此，尽管以世界银行为代表的法治评估引领了全球法治评估运动的潮流，但是客观来讲，这种国际性的评估

[①] 从亚里士多德以降，实际上没有学者摆脱法治概念的基本限定。亚氏所言"法治应包含两重意义：已成立的法律获得普遍的服从，而大家所服从的法律又应该本身是制定得良好的法律"，以最精练的语言确定了人治和法治的分水岭，蕴含了"法律至上，限制权力"这样一个法治的总指标。参见亚里士多德：《政治学》，商务印书馆 1981 年版，第199 页。

[②] 张文显：《二十世纪西方法哲学思潮研究》，法律出版社 1998 年版，第 622—623 页。

[③] 参见俞可平：《中国治理评估框架》，见俞可平主编：《国家治理评估——中国与世界》，中央编译出版社 2009 年版，第 5 页。

也一直饱受客观性、公正性和权威性的质疑。①

另外，从基本的形式表现上看，所有关于法治的理解都不同程度地体现为包含多重价值内涵的综合性观念和特定社会状况描述，因此法治更类似于一个集合性概念，这就为核心指标下的分指标确定了基础。例如哈耶克论述法治渊源时，对有关个人自由、有限政府观念的确立、法律至上的意义和价值、"法律平等适用"术语 isonomia（伊索诺米）到"rule of law"的演变，经济自由对法律发展以及个人自由的保障、分权等等进行了全面探讨②，涉及多方面内容的研究，充分显示了法治概念的集合性特点。在具体的法治内涵探讨中，如前所述马克斯·韦伯、富勒，以及我国学者都将法治作为若干内涵或指标的集合概念来论述。

法治的差异性突出地表现在法治文化背景和路径选择上，也决定了国际层面上法治评估的局限性。这种局限表现在国际层面的法治评估无法反映单个国家法治的复杂性和特殊性，也容易引起误解和抵触。

具体在我国，建设"中国特色的社会主义法治"使得中国的法治道路更加具有特殊性，更有别于其他国家。我国国内学者历来对法治路径选择存在较多争执，如强调法治的普世价值、法律多元论以及主张本土论，是多种认识和争议的集中体现。争论要害围绕究竟是全方位吸收人类的法治认识和经验，还是着重基于一国特定情形进行法治化的路径选择而展开。前者如埃尔曼指出："法律条文与制度的渗透很类似于贸易商品进口，这种进口可能对民族经济有所损害，但是在评价这种不平衡时，还要与闭关自守所带来的匮乏相对照，况且不平衡或许还是暂时的"③，对外来资源的吸收持乐观和积极的态度。后者相对强调"与那些具有现代化趋向的法理

---

① 参见俞可平：《中国治理评估框架》，见俞可平主编：《国家治理评估——中国与世界》，中央编译出版社 2009 年版，第 5 页。

② [英]弗里德里希·冯·哈耶克：《自由秩序原理》，邓正来译，三联书店 1999 年版，第 203—220 页。

③ 转引自贺卫方：《法边余墨》，法律出版社 1998 年版，第 19 页。

模式截然不同且彼此冲突的努力"，被有的学者大致归入超越"现代法对抗传统法"这种两分图式的后现代尝试中；① 或者对法治建构中的普适性价值和可能持怀疑态度。

总之，由于法治本身的复杂性和社会情形的多元化，对于法治认识的多样化直接导致了法治评估指标设置的多样化。当前的法治评估实践中，不同于国际层面相对普适的法治评估标准，单一国家或地区层面的尝试更多采取"因地制宜"的个性化制定方案，具有更强的针对性和灵活性。法治评估在国际上主要基于国际交往与合作的现实需要，而在国内则与特定的法治发展压力以及后进国家建构、完善法治的自身诉求有直接的关系。中国的法治评估正是当下中国基于自身独特法治发展路径而展开的。尤其是，相比之下，中国一直以来缺乏自己的法治评估话语权，并在对待国际上涉及中国的评估时处于这样一种状态：一方面，我们常常将国际机构对我国得分较低的评估结果归结为"攻击"和"指责"；另一方面，我们实际上又非常在乎其对我国的排名和得分，呈现出一种矛盾和较为尴尬的状态。而作为在具有历史上形成的独特法治发展路径，以及社会主义法治体系的典型代表，中国应该有自己在法治评估方面的发言权和必要性，在国际视野下结合中国的法治现况创新法治评估模式就显得非常必要和紧迫。

二、中国的法治评估实践

中国的法治评估实践，既受国际上法治评估研究的影响，也是中国法治建设发展的逻辑延伸。国内各地法治评估实践体现出多种模式与形态。对这些不同模式和形态的分析有助于全面认识我国法治评估的状况和特点。中国的法治评估大体分为两个类型或者发展阶段。

---

① 参见邓正来：《中国法学向何处去——对苏力"本土资源论"的批判》，载《中国政法大学学报》第 23 卷第 3 期。

（一）立法司法领域的专项评估

在中国，法治评估在受到关注之前，实践中已经产生对特定领域法律现象的评估考察。此类评估与法治评估具有大体相同的方法论背景，但并不完全等同。

首先是立法后评估。此类评估首先盛行于西方发达国家，主要是由政府或立法机关采取类似检验、测试、数据分析等技术性手段，对立法成本、立法效益、立法效果进行评估的一种活动。[1] 近年来，立法后评估在中国也受到关注。[2] 由于特定的社会背景差异，国内外立法后评估在关注内容和取向上有所不同。[3] 与法治评估相比，立法后评估涉及范围较窄，且主要关注成本效益分析。良好的立法是法治的前提，立法评估可以视作法治评估的一个方面，但无论是评估方法还是评估范围，二者均有明显不同。

其次是司法评估。司法被视为法治发展的重要环节，司法评估本身可以为法治评估提供数据支持。中国开展了依托计算机信息技术进行的以量化为主的标准化考核。一些地方法院制定审判流程规程及相应的审判质量

---

[1]　参见邓正来：《中国法学向何处去——对苏力"本土资源论"的批判》，载《中国政法大学学报》第 23 卷第 3 期。

[2]　2004 年，国务院颁布《行政纲要》中规定"经济探索对政府立法项目尤其是经济立法项目的成本效益分析制度。政府立法不仅要考虑立法过程成本，还要研究其实施后的执法成本和社会成本"，此后，国务院启动了对《信访条例》、《艾滋病防治条例》、《蓄滞洪区运用补偿暂行办法》等行政法规的立法后评估。2011 年，全国人大常委会对《科学技术进步法》、《农业机械化促进法》作为立法后评估的试点对象（参见《积极稳妥开展立法后评估工作——访全国人大常委会法制工作委员会》，载《中国人大》2011 年第 14 期）；地方人大开展的立法后评估，比较有代表性的是上海市。参见许安标：《立法后评估初探》，载《中国人大》2007 年第 8 期。

[3]　有学者指出，大多数西方国家立法后评估对象主要限于立法本身的成本和效益，但对立法体制、立法程序和立法后的实施情况较少评估。这主要是因为这些国家的立法制度已相当成熟，法律制定后基本不存在得不到实施的问题。参见刘松山：《全国人大常委会开展立法后评估的几个问题》，载《政治与法律》2008 年第 10 期。

效率评估体系。① 依托现代信息管理系统进行司法评估的主要意义，在于为法院提供了科学评估审判质量和效率的工具。

最后，其他领域对法治的评估也值得关注。例如，在联合国开发计划署和商务部委托的"中国治理评估框架"课题中，法治被列为该框架下12项善治目标之一，该框架下的法治又包括10项具体指标②，构成法治评估的基本内容。此类评估关注法律状况的整体，不同于前述相对局部的立法司法领域的专项评估③，但其对法治的考察往往更为宏观，且多服务于法治以外的目标，因此同样不能代替专门的法治评估。

（二）法治评估的全面探索

近年来，香港、北京、江苏、浙江、上海、深圳等中国发达地区开始了法治评估的全面探索。这里选取部分地区的法治评估情况，从参与力量、目标、法治的基本要素三方面进行分析，考察其共性和差异，探求中国法治评估的特色、优势和不足。

香港与祖国大陆具有近似的文化背景，其法治化程度相较祖国大陆又具有先发优势。杭州市余杭区推出了中国大陆第一个法治指数就是以香港为首要参照对象。

香港的法治评估由香港社会服务联会（HKCSS）发起，是"香港社会发展指数计划"（Social Development Index，SDI）中的一项。④ 研究者

---

① 如上海、江苏、浙江等省市的法院审判质效评估尝试。参见张国香、宁杰：《审判质量效率评估体系研讨会召开》，http://www.chinacourt.org/public/detail.php?id=189893，2011年11月3日访问；金维、沈法：《构建审判质量效率评估体系》，载《江苏法制报》2005年2月1日；张光宏：《人民法院绩效考评体系的科学构建》，载《浙江审判》2009年第4期。

② 参见俞可平：《中国治理评估框架》，见俞可平主编：《国家治理评估——中国与世界》，中央编译出版社2009年版。

③ 这是其与法治评估的近似之处，但往往因为法治的评估服务于"治理"这样的更宏大主题，法治评估的意义难以得到充分体现。

④ 参见戴耀廷：《香港的法治指数》，载《环球法律评论》2007年第6期。

运用质化和量化相结合的方法制订了 2004 年、2005 年度的指数。在对法治的理解上，研究者首先确定认识法治的两个进路：价值性进路和体制性进路。前者更关注法律是否确认某些基本人权和价值；后者着重考察政府是否通过法律和在法律下行事。研究者认为，就法治的测量要求说，体制性进路范围较窄，但易于指数的确定。根据体制性进路，研究者将法治分解为七个方面的条件和表现：法律的基本要求；依法的政府；不许有任意权力；法律面前人人平等；公正地施行法律；司法公义人人可及；程序公义。① 香港法治指数在数据获取方式上主要采用专家打分，补充采用民众调查，这种方法既通过法律精英层反映了法律运转的现状，又反映了民众对法律的感受，体现了法治运作的整体效果。

余杭法治指数借鉴了香港模式，同时根据大陆法治发展的现实进行了创新。余杭法治指数以余杭区法治建设的 9 个目标——党委依法执政、政府依法行政、司法公平正义、权利依法保障、市场规范有序、监督体系健全、民主政治完善、全民素质提升、社会平安和谐——为依据；② 在此基础上逐层分解，最终形成包括 27 项主要任务、77 项评估内容的指标体系。其评估结构可以用"1（一个指数）4（四个层次）9（九项满意度调查）"来概括：一个法治指数，是以数字方式对年度余杭法治发展水平进行最直观简练的评价；四个层次为总指标、区级机关指标、乡镇指标、农村社区指标；九项群众满意度调查包括党风廉政建设、政府行政工作、司法工作、权利救济、社会法治意识程度、市场秩序规范性、监督工作、民主政治参与、安全感。③ 这些指标设置既与中国大陆的政治经济制度特点相联系，也不可避免会受到当前中国法治发展初期阶段的影响，前者决定了指标较为稳定的基本特征和核心构成，后者则说明部分局部要素的可调

---

① 参见戴耀廷：《香港的法治指数》，载《环球法律评论》2007 年第 6 期。

② 参见余杭法治评估体系课题组：《法治量化评估的创新实践——余杭法治报告》，见《中国法治发展报告 No.6（2008）》，社会科学文献出版社 2008 年版，第 370—372 页。

③ 参见上书，第 366 页。

整性。

由于地区经济政治体制、法治发展水平等差异，香港与余杭两地法治指数在评估方法、对基本概念的认识等方面存在较多差异。

第一，香港和余杭采用了不同的法治指标。香港的 7 条指标主要围绕立法、执法和司法审判，对民主政治、市场经济等法治外围制度和理念关注较少。余杭的 9 条是根据中国大陆地区法治的发展状况以及中国特色社会主义法治的要求设定的，民主政治完善、市场规范有序等构成其法治指标的重要内容。这些体现了对于法治不同内涵认识的指标设置，与我国两地法治发展的不同阶段性有直接的联系。

第二，余杭借鉴香港模式，侧重量化分析技术，同时不忽略定性研究方法，体现了主观判断与客观数据的结合。在客观数据的获取上，余杭的数据信息主体多于香港，如余杭囊括党委依法执政、政府依法行政等方面的数据，香港对这方面则不太关注。其原因一如前述，是香港法治已经得到较充分发展，开始独立于政治、经济基础的必然体现。而余杭虽然在大陆范围内属于经济较为发达的地区，但对作为政治、经济制度全面发展表征的法治来说，其仍然从属于我国法治整体落后这一状况，故而有关法治的基础性要件，如政治上的民主发展，甚至政府依法执政等等仍然是需要关注考核的内容。

第三，余杭的群众满意度调查相较香港更为广泛。每个年度，余杭法治指数要做 1000—1500 份的民意调查，问卷对象涉及街道居民、外来务工人员、农民等各个群体。群体的特征区别于香港，此外，能展开较大规模民意调查也与政府主导和推动有很大的关系。

第四，余杭法治评估的重点在于通过评估发现问题，提出建议，推进法治建设。香港模式在这点上相对淡化。[①] 反映了我国内地法治建设的积

---

① 法治余杭课题组：《余杭法治指数报告》，见《中国法治发展报告》2009 年第 7 期，社会科学文献出版社 2009 年版，第 385 页。

极推进和建构式特征。香港则主要是进行一个法治状况的考察和评析，推进的意图和急迫性并不明显。

第五，香港的评估机构是非政府机构，比较独立。① 余杭的评估机构的评审组是由来自大学、研究所的专家组成②，但其独立性仍遭到一些质疑。③ 为此，评审组专家专门在香港设立了中国法治研究院，后期余杭法治指数均由中国法治研究院完成。

除香港和余杭外，北京④、深圳⑤、昆明⑥、四川⑦等地也开始进行法治评估指标的探索。以北京和深圳的法治评估为例，二者存在如下差异：

第一，在指标设计上存在"既有评价"与"目标设置"的区别。北京指标设置有助于对过去法治建设成效的考察，如在二级指标"民主政治建设"中，相应量化考察指标有"党组织提出的立法建议数量；人大代表选举中的违法案件数量；选民直接选举人大代表参选率"等，这些主要需要基于过去的数据和事实得出。深圳市则主要是设置建设法治政府的目标，

---

① 香港的社会服务联会属于独立于政府之外的民间机构，经费、办公场地、人力都有一定局限。香港法治指数的课题是香港社会服务联会委托香港大学法律学院戴耀廷教授牵头完成的。

② 余杭法治指数设计制定是余杭区委、区政府委托浙江大学光华法学院牵头完成。参见法治余杭课题组：《杭州余杭法治指数报告》，见《中国法治发展报告》2008 年第 6 期，第 386 页。

③ 质疑的问题主要是，政府是否会影响专家们的独立判断，"法治指数"是否会成为一种新形式的政绩工程等。参见《"法治指数"：无公信力则无生命力》，载《新京报》2008 年 4 月 7 日；江德华：《谨防"法治指数"变为"自说自话"》，载《21 世纪经济报道》2008 年 4 月 8 日。

④ 参见杜晓：《北京试行量化考核依法行政》，载《法制日报》2010 年 3 月 23 日。

⑤ 参见周成新、王成义主编：《深圳市法治政府建设指标体系（试行）的解读》，深圳出版发行集团、海天出版社 2009 年版，第 323 页。

⑥ 参见昆明市委法治昆明建设领导小组办公室：《昆明市召开新闻通报会发布〈法治昆明综合评价指标体系〉》，http://www.sft.yn.gov.cn/newsview.aspx?id=1333522&DepartmentId=1，2011 年 11 月 3 日访问。

⑦ 参见四川省司法厅课题组：《四川省"法治指数"构成与法治环境评估体系》，http://www.scsf.gov.cn/sfyj/1287.jhtml，2011 年 11 月 3 日访问。

如在"政府工作法治化"项目下规定了事项内容、完成形式、完成情况、责任部门、进度安排等，属于完全的目标定向，难以评估已发生的事项和情形。

第二，在指标设计上存在着"定性要求"和"定量评价"的区别。北京指标的设置考虑到数据统计收集工作的可行性，并进行了相应的模型设计，为定量研究奠定了一定的基础。深圳指标则以定性要求居多。从国外法治评估实践以及研究方法的发展来看，客观精确的定量分析无疑更符合法治评估的要求。

北京和深圳的实践集中反映了当前国内法治评估的两种基本模式，其共同名称下的不同实践其实存在较大的差异。深圳的尝试实质上仍然属于一种传统的拟定指标的作业或者目标管理模式。而"中国长期实施计划经济制度，近年来又按照社会系统工程的思路在各领域推行目标管理模式（例如检查审判质量的一系列标准），因此人们对拟订指标的作业并不陌生"。其严格说来并不属于当下为检验法治现实状况，运用科学量化的方法测度法治指数的新兴实践。这是分析国内多种评估现象需要注意的。但无论当下的尝试有何种方式和做法，对法治进行评估的意义和价值已经得到基本承认和关注。总体看，法治评估已被认为是当前或转型期推动法治发展的一个抓手。

三、法治指数的测度方法

相比于各国法治现实状况和对法治本身的认识理解，方法的选择和运用具有更大的可比性和可通约性。用指标化或指数化①的方法衡量一国

---

① 指标与指数是两个不同的概念。指标是为了评估的需要，对评估的内容或要素所作的进一步的解释，如将依法行政、遏制腐败作为法治评估的指标。指数是以量化的方式确定指标的权重及其等级，并以一定的公式计算出法治水平的分值作为评估的结果，如香港 2005 年的法治指数为 75 分，余杭 2007 年的法治指数为 71.6 分。指标是评估实践中必

（地区）的法治水平，已然是一种趋势。其根本原因在于，指标化或指数化传递了一种可观测的、标准化的审视法治的方法，这套方法是包括指标、标准、数据、评估主体、数据分析、指数计算等在内的方法体系。

（一）指标的设计

1. 法治基本维度或一级指标的确定

确定指标的方法包括对已有文献、资料的分析，引入专家的理解、讨论等。经验判断法、德尔菲专家评价法、穆迪优选法、相关分析法和聚类分析法等都是行之有效的方法。

在确定指标前，应确定评估的原则或者关键要素。世界银行用以测量全球治理水平的六大全球治理领域，是由世界银行学院在获取200多个国家关于治理的二手资料的基础上，根据全球治理的国际基准对治理的多个方面进行反复比较、排序，剔除不适宜的治理要素，最终筛选出来的。世界正义工程经过与100多个国家的17个专业领域的领导、专家、学者、普通工作人员的长期考察探讨，得出法治的四项基本原则，并经过广泛调研与试点，提炼出评估不同国家法治状况的指标。①

也有一些研究机构用了不同的方法，如人权研究中心和 Bertelsmann 的转型指数引入了外部专家参与治理指标的筛选、确定。② 联合国开发计划署和经合组织的 Metagora 项目在设置治理指标时均考虑不同国家治理的差异性以及对不同国家进行评估方法的差异性，采用了公民抽样调查法。香港法治的"七项条件是从不同有名的法治研究著作中归纳及有系统

不可少的一个要素，有评估必有评估指标；但是有评估未必有法治指数，在中国的一些评估实践中，仅对评估指标进行分析判断，在确定指标的权重时也可能运用量化方法，但最终并不以数值衡量法治水平。

①　转引自赵昕编译：《可以量化的正义：衡量法治水平的十六项"法治指数"》（上），载《人民法院报》2010年6月18日。

②　周红云：《国际治理评估体系述评》，载《经济社会体制比较》2008年第6期。

地罗列出来的",是任何法治实践所不能或缺的七个方面[①]。余杭法治指标的九个方面是余杭区委与法学理论和实践专家反复探讨,通过经验判断,并通过采用德尔菲专家评价法得出来的。[②]

对比不同机构法治指标设置的不同方法可以发现,法治指标方法的选择不仅仅是个方法问题,在更大程度上是与对法治内涵的理解与认知相关的,用何种方法设置法治指标不单单取决于方法本身的优劣,更取决于评估目的、评估层次、评估对象等多方面内容。世界银行等国际层面的法治评估,其指标设置更多考虑的是具有普遍意义的法治理念,突出法治指标对所有评估国家普遍存在的法治核心问题的反映和揭示,强调法治指标的适用性。突出对所有被评估国家法治领域核心问题和关键要素的总体反映和揭示,弱化了法治指标在不同国家的适用差别。中国的法治评估实践,由于国内本身的发展阶段所限,通常更强调作为法治发展基础的制度性要素,包括政治、经济、社会背景等综合性因素。由于不以排序、比较为目的,而是以改善区域法治水平为目的,因此,法治指标的设置通常从各地区的实际情况出发,以揭示地方法治进程和法治状况的改善程度为目的,通常以评估地的法治建设目标为基准,因而具有强烈的国别和地区特色。

2.一级指标的细化和分解

通过上述方法确定的一级指标不能直接用来测量,因为这些指标是原则的、抽象的法治精神的阐述,可测性差。因此,必须对其进行细化和分解,将其转化为明确的、可操作的次级评估指标。

细化和分解一级指标的方法既有定性的,也有定量的。定性的方法主要是指从法治指标的上级指标逐层分解到下级指标的推理方法,也被称为要素评估法或鱼骨图法。在鱼骨图中,鱼头代表法治,鱼的骨架上的刺

---

① 参见戴耀廷:《香港的法治指数》,载《环球法律评论》2007 年第 6 期。
② 参见钱弘道:《2008 余杭法治指数:数据、分析及建议》,载《中国司法》2010 年第 3 期。

（主刺）代表法治的多重价值目标，这些目标进一步细分为法治评估要素，即鱼身上更细小的刺（小刺）。也就是说，在进行法治评估时，首先确定法律的价值目标，并由法律价值目标细化出量化的价值要素。通过对这些要素的评估，进而考察法治的价值实现程度。余杭法治评估在细化评估指标时，先由区级九个目标分解出二级指标，再层层分解到区级机关、乡镇和街道、农村和社区三个层次，最终形成余杭法治指标的"149 结构"①。图 1 以鱼骨图的形式，展现了余杭四个层次的法治指标的分解和细化过程。"149 结构"中的"4"所蕴含的意思是将余杭的法治指标体系划分为"1+3"模式。在图中，鱼身象征"1"，是一个总体性的指标；这个总体性的指标进一步分解为"3"，即围绕鱼身形成的三根主刺。围绕每个主刺，又分化成若干小刺。以区级机关这一层级为例，加强领导、认真开展普法教育依法治理工作、加强基础作用等指标都是区各职能部门法治建设所必需的法治指标；法制宣传、依法执政、依法管理、依法行政等是乡镇与街道这一层面的法治分解出来的体现该层次法治特色的个性指标。

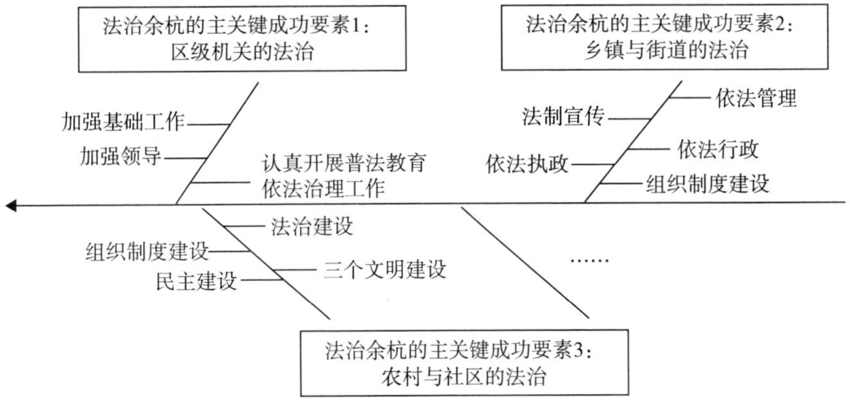

图 1　余杭法治指标的要素分析法：鱼骨图的描述

---

① 参见钱弘道：《2008 余杭法治指数：数据、分析及建议》，载《中国司法》2010 年第 3 期。

3. 权重的设置

法治可以从多个方面来理解，所以，法治评估的指标通常是由多个向度的指标围成的一个指标群。在世界银行"全球治理评估"的六个治理指标中，同时包含了集成指标和单一指标，形成了一个指标体系。不同指标对于评估对象的贡献不能等量齐观，必须通过权重区分不同指标的重要性。

确定指标权重的常用方法也很多。在世界银行 2004 年组织实施的"国家政策与制度评估"项目中，16 项指标被不均衡地分成了 4 组。每组指标的权重被均等地设置为 25%，在每组内，每项指标的权重也相等。只是到了更下一级的指标时，才出现了不同指标之间的差别。在这种情况下，二级指标间的最大差距为 8.33% 和 5%（第三组和第四组 25% 的总权重被分配给了 5 个组内指标，每个指标均占 5%），三级指标间的权重的最大差距为 6.25%（8.33% 的二级指标权重仅被分配给下属的两个三级指标，各自比重占 75% 和 25%）和 1.0%（5% 的二级指标被均等地分配给了 5 个三级指标）。① 所以，不同指标间重要性的大小并不完全是由该指标在政策与制度治理中实际发挥作用的大小决定的，而是由指标的多少决定的。指标被分得越精细、数量越多，则其权重数越小；相反，指标被划分得数量越少，每个指标被赋予重要权重的几率就越大。这样纯粹基于操作的便捷性来设置权重的做法从方法论来看就有一定的合理性，但是对法治本质的反映却在准确度上大打折扣。

香港和浙江余杭在确定法治指标权重时均采用德尔菲法②，通过匿名

---

① 刘铎、程宇编译：《世界银行：国家政策与制度评估》，见俞可平主编：《国家治理评估——中国与世界》，中央编译出版社 2009 年版，第 159—161 页。

② 德尔菲法是以不记名方式征询专家对某类问题的看法，并对专家意见进行统计整理，再将经过整理的调查结果反馈给各位专家，让他们重新考虑后再次提出自己的看法，并特别要求那些持极端看法的专家详细说明理由。经过几次反馈，大多数专家的意见趋向集中。参见何俊德：《项目评估——理论与方法》，华中理工大学出版社 2000 年版，第 36 页。

的方式将事先设计好的权重打分表以信函的方式传送给专家进行重要性评价。香港和余杭的最后权重确定非单独进行，而是同法治指标水平打分融合在一起。每位评审专家对每个指标进行权重评分的同时，也对该指标所代表的法治水平的高低进行打分，由此通过权重与法治水平得分的乘积反映该指标的最终得分。① 不同专家关于同一指标权重评价的平均值将作为最终计算法治指数函数中的一个变量。余杭分别选取了20位内部组和外部组评审成员，对表中所列九项余杭法治建设目标进行逐一权重设置。在设置时，采用的是1到10的绝对数值形式（不同于世界银行项目的百分比形式的权重）。在搜集到每位专家关于每个指标的权重数后，余杭法治评估课题组对不同专家针对同一个指标的权重分数进行了处理。这种处理首先是计算调整后的平均分。调整后的平均分是指所计算的指标权重及指标得分在去掉一个最高分及最低分之后计算的18位评审专家打分的平均值。余杭与香港两地共同的一个特色是，两地不但让评审成员以量化打分的方式参与确定指标权重，还让评审成员用文字描述每项指标权重大小的理由。② 这在一定程度上提高了权重设置的精准度，更为重要的是这种权重设置的科学性是专家根据各法治指标在地区法治发展中实际发挥的作用进行估量的，相对纯粹的方法论增添了对于地方语境的现实考量。

（二）法治指标数据的收集

评估信息与数据的收集，可以直接运用法律统计数据、调查数据，也可以通过不同方法的组合进行数据获取。

法律统计数据大多来自被评估单位或国家统计机关等提供的工作信息

---

① 参见余杭法治评估体系课题组：《法治量化评估的创新实践——余杭法治报告》，第370—372页；戴耀廷：《香港的法治指数》，载《环球法律评论》2007年第6期。

② 参见余杭法治评估课题组：《法治的增长点——区域法治评估的实验》（未刊稿），杭州：2009年，第120页；戴耀廷：《香港的法治指数》，载《环球法律评论》2007年第6期。

（如司法部门的工作报告、年度工作成果等）或统计数据。世界银行全球治理指数获取的数据主要是靠一些机构提供，自主调查比较少。但是，值得研究的是，这些数据能否提供评估所需要的信息？这些信息是否能够充分反映法治现状？如果承认法律统计数据只是对法律现实的一部分记录，那么为了保证法治评估的真实性和可靠性，通过社会调查获取第一手数据就十分必要。

社会调查数据主要是通过测量目标群体对法治指标的主观感知获得的。已有的法治评估大多数是对目标群体进行随机抽样。世界正义工程法治指数所依据的数据主要有两个来源：（1）一般人口调查（GPP），由当地主要的调查公司进行，每个国家选取三个城市、共 1000 名受访者作为代表样本；（2）专家问卷（QRQ），主要对民商法、刑事司法、劳动法以及公众健康专家进行问卷调查。①

香港的法治指数评估同时采用了法律数据和社会调查数据。② 余杭也同时运用了法律数据和社会调查数据。法律数据主要是一些能够反映余杭区法律实践的数据，如被控犯罪人数、挽回经济损失数、反贪局的调查案件数、行政复议案件数、上诉案件率、民商（刑事）法律援助案件数等统计性数据。③ 社会调查数据包括民众法治满意度的主观性认知调查④ 所获得数据等。以组合方式获取法律数据的做法主要是为了弥补单一方法获取数据的片面性、信息不完整性与信息失真的状况。尤其，当既有的法律统计、司法统计无法直接对应于设置的法治指标，以及存在统计失真的情况下，补充运用一手调查信息，是妥当的做法。而且，将民众对法治满意度

---

① 参见 http://www.worldjusticeproject.org/rule-of-law-index/，2011 年 11 月 5 日访问。

② 参见戴耀廷：《香港的法治指数》，载《环球法律评论》2007 年第 6 期。

③ 参见余杭法治评估体系课题组：《法治量化评估的创新实践——余杭法治报告》，见《中国法治发展报告》2008 年第 6 期，社会科学文献出版社 2008 年版，第 388 页。

④ 参见钱弘道：《2008 余杭法治指数：数据、分析及建议》，载《中国司法》2010 年第 3 期。

的主观评价纳入社会调查中不但增强了评估数据的科学性，这本身就彰显了法治评估过程的民众参与和民主化，可以说，法治评估本身就体现了对民主法治化进程的推进。

（三）评估主体、数据分析及法治指数的计算

从主持主体看，法治评估可分为政府主持的评估与非政府组织主持的评估。此外，邀请哪些人参与评估，也是影响评估结果的重要环节。"内部人"和"外部人"的选择是评估中的重要步骤。将公共政策评估中的"利益相关者"理论 [1] 引入法治评估是一种有效的方法，该方法将普通民众作为法治评估主体，在评估中植入了更多民意因素。余杭和香港在评估人员的组成上都同时包括"内部组"和"外部组"。余杭的外部组评估意见占82.5%。[2] 香港的外部组将独立于政府之外的律师、教授和民众作为法治评估的参与者，可信度较高。[3]

法治指数的计算方式因测定方式不同而不同。世界正义工程给每个被调查国家制作了三种剖面图，分别表示国家在要素（factor）、次级要素（sub-factor）的分数以及与同地区或者经济体比较的结果。第一种剖面图反映各项要素得出的总指数。每项要素的分数是组成该项的次级要素的平均分。每个次级要素的分数是包括一般人口调查和调查问卷的相关问题得分的平均分。所有用于衡量每个次级要素的变量被界定在 0 到 1 之间。这种重构变量的平均分用 Min-Max 方法 [4] 进行规范。第二种剖面图代表各

---

[1] 法治评估中的利益相关者是指那些能够直接影响立法、立法活动、立法评估活动或被立法、立法活动、立法评估活动所直接影响的人或团体，包括立法主体、执法者、司法者、社会公众、立法评估活动发起人、立法评估主体以及传播媒介。

[2] 参见钱弘道：《2008 余杭法治指数：数据、分析及建议》，载《中国司法》2010 年第 3 期。

[3] 参见戴耀廷：《香港的法治指数》，载《环球法律评论》2007 年第 6 期。

[4] Min-Max 方法是一种被用于将变量规范化在特定区域范围内（比如 0 到 1 之间）的方法。在数据分析过程中，经常需要对数据进行标准化（normalization），即通过将属性

次级要素的得分。第三种剖面图表示次级要素的最低分和最高分。

世界银行法治指数的测定是先将数据分配到六个法治维度中，再通过利用未观察成分模型[①]处理汇总的数据，进行权重分配。未观察成分模型可以处理测量过程中的误差。研究组将每一个来源地数据重新确定范围，然后构建一个加权平均得出最终的法治指数。通过加权和方差，研究组减少了评估数据的可变性。

香港和余杭法治指数计算运用的都是加权平均法[②]，即先计算出每位评估主体对于每个指标的评价分值，这一分值等于该指标权重的得分与指标等级得分的乘积。然后，运用加权平均法计算出每位评估主体对所有评估指标的评价的总和，即为该专家对评估区域法治总体水平的量化评价。基于每位专家的法治水平评价，在剔除无效的评价（去掉最高分与最低分的方式）的基础上合计出最终的法治指数。

评估实践证明，对法治可以进行量化评估。每种方式都有其优势和不足。因为法治是一项具有价值判断的评估对象，对其客观性评估存在一定限度。因此，法治指数测定方法应最大限度地坚持科学化，这是法治评估发展的一个基本趋势。

（四）法治评估方法的科学性问题

不论法治评估以什么为目的，在哪个评估层次上，已有的域内外法治评估实践都在一定程度上向我们展示了指标设置、数据搜集及指数计算的方法与技术，同时也引起了对于法治评估方法科学性的争论。评估学意义

数据按照比例缩放，使之落入一个小的特定区间，如 [-1, +1]、[0, 1] 等，以进一步分析数据的属性。有许多种数据标准化方法，Min-Max 方法即其中之一。

① 未观察成分模型是经济学中常用的一种估计潜在产出的方法，首先由 Clark（1987年）提出。他利用观察到的变量，如产出和通货膨胀率等，推断未知的变量，如潜在产出的值。

② 参见戴耀廷：《香港的法治指数》，载《环球法律评论》2007 年第 6 期；钱弘道：《余杭法治指数的实验》，载《中国司法》2008 年第 9 期。

上的方法在多大程度上适用于对法治的评估？域外法治评估的方法与技术是否或者多大程度上可以被我国借鉴？法治评估如何才能更科学？这都值得我们思考并深入研究。法治评估不同于经济评估，在讨论法治评估的科学性问题上，我们需要更广阔的视野、更开阔的思路。

法治能否量化？有人对此心存疑虑可以理解，毕竟价值判断是法治评估不可或缺的内容。正因为法治存在主观价值判断，所以我们不能完全套用纯粹的自然科学观念方法。法治很难绝对量化，但也不是说法治绝对不能量化。事实上，许多传统上无法量化的社会科学的对象已出现一种"指数化"的趋势。[①] 但我们必须认识到，法治无论作为一项原则、价值目标抑或具体制度，其内涵都极为丰富，如何化约为数字化的标准的过程极为复杂。一方面，由于民主与法治所具有的国家垄断性特征，体系庞大且作为一个有机的整体发挥作用，使得对法治的评估涉及多层次、多维度的标准；另一方面，法治指标不全是由简单的统计数据或其他容易检测到的实验数据构成，一般会涉及价值判断，并且受制于部门利益与政务公开程度，法治数据的采集并不容易获得[②]，等等情况都会影响法治评估的客观性和准确性。

指标设计直接关系到评估方法的科学性。在法治指标方面，各国是否应该适用全球通用的普适性的指标体系，以及我国各地是否应该适用全国统一的法治指标都存在分歧。更进一步，法治是否可以先行也存在不同意见。有人认为我国各地由于经济社会法律发展的不均衡，不可能存在一个统一的标准来衡量所有地区的法治水平，这是不符合我国法治现实的，应当承认、允许和支持经济先发地区"先行法治化"的现象。[③] 也有人对"先

---

① 民生指数、幸福指数、安全指数等等都是表现。

② 参见占红沣、李蕾：《初论构建中国的民主、法治指数》，载《法律科学》2010 年第 2 期。

③ 孙笑侠持此观点。参见孙笑侠等：《先行法治化——"法治浙江"三十年回顾与未来展望》，浙江大学出版社 2009 年版，第 312—314 页；以及孙笑侠在 2009 年"转型期法治"

行法治化"的正当性与可行性提出了质疑①，认为，提倡地区先行法治与国家层面的法制统一化思想相背离，不可行。这些讨论的深入有助于法治指标设计的科学化。

作为评估原理与方法论在法治领域延伸的跨学科的产物，法治评估除了体现其方法的跨学科特色外，其本身的"问题意识"告诉我们它更是一个关乎政治理性、实质正义的问题。在某种程度上（甚至很大程度上），评估方法的科学性不是通过其自身方法的完善就能绝对实现的。评估有其天然的局限性，必须依靠与方法紧密相关的特定国家、地区政治体制、法治演进模式、民主法治的实现程度等法治资源。唯此，才能实现真正意义上的评估科学化。

评估的一般原理与方法本身并不限定评估的对象与内容，具有"价值无涉"的特性。但是，对于法治的评估、制度的评估、政府绩效的评估等诸如此类社会实践的评估都具有与国家愿景与时代使命相一致的价值导向，这一方面增加了评估方法运用的复杂性与难度，另一方面也提醒我们评估方法只是评估科学性的形式，评估内容本身才是最值得关注与引起重视的实质所在。一味陷入方法论的陷阱中，可能导致本末倒置，滋生诸如评估自发性、盲目化、形式化②的弊端。

全国研讨会上的发言，参见谢小瑶：《社会转型与法治发展——"转型期法治"全国研讨会综述》，载《浙江社会科学》2010 年第 4 期。

① 如林来梵、李瑜青对孙笑侠的"先行法治化"提出了正当性和可行性的疑问，参见谢小瑶：《社会转型与法治发展——"转型期法治"全国研讨会综述》，载《浙江社会科学》2010 年第 4 期。

② 有学者在评价国内政府绩效评估实践时总结评估存在的主要问题：(1) 评估的自发性、半自发性以及跟风效仿现象严重；(2) 评估的运动式、突击式以及形式主义痕迹明显；(3) 忽视开展政府绩效评估的基础性工作。本文认为国内的法治评估实践也存在同样的评估弊端。参见高洪成：《"异体评估"视域下的政府绩效评估研究》，东北大学出版社 2009 年版，第 78—79 页。

四、中国法治评估的特点、问题及应用预测

通过考察、比较、研究国内外的法治评估实践，可以总结出中国当前法治评估的特点与存在的问题，进而对中国法治评估的前景进行预测。

（一）中国法治评估的特点

第一，法治评估的"嵌入性"。"嵌入性"是指中国的法治评估从属于依法治国方略，从属于法治现代化这一框架，属于中国经济体制和政治体制改革的重要环节，具有转型期的时代特点。中国的法治评估是在各地贯彻、落实从属于"依法治国"方略的过程中，按照地方从属于法治现代化建设的总体部署这一框架，在现有属于中国经济体制和政治体制的框架下改革进行的一项法治创新。因此，这种法治评估内嵌于地方政府的法治建设工作之中，作为其中一个环节而存在，这种既有别于域外实践又体现了具有我国社会转型期改革的时代特点的做法，直接决定了我国的法治评估的"嵌入性"特点，其既区别于中国任何一个历史阶段，也区别于任何其他国家。法治评估活动在不同国家有不同的运作方式，不能抛开一个国家制度结构的特点，单独谈论法治评估方式的优劣。

第二，法治评估由政府主导。如前所述，体现在我国的法治评估特点上，除香港外，中国当前在各地进行的法治评估体系主要是由政府主导开展的，或者由政府直接界定编制，如深圳市的做法；或者由政府发起，由有关学术机构承担并主要服务于政府的政策导向和要求，如北京市和四川省的做法。2004 年国务院在《行政纲要》提出："全面推进依法行政，经过十年左右坚持不懈的努力，基本实现建设法治政府的目标"，政府主导模式是一定时期内法治实践需要的产物，是这一特征的集中反映。相比而言，国际上法治评估的发起、主持主体多为国际组织或者民间机构，其并不服务于某一特定的政府。但是，国际组织发起的评估并

不能保证其在发达国家与发展中国家划分视角之下的完全中立。中国的法治评估实践有助于否定"西方中心主义"的价值偏见，这可能是中国实践的重要价值之一。

第三，法治理解广义化。现代化基础的全面建构必然对中国的法治评估产生影响，于是我们看到各地评估法治过程中对法治的广义界定，在成熟地区和国家而言原不属于法治的内容也往往被纳入进行评估。

中国往往将民主等传统上不属于法治或者与法治并列的内容作为法治评估的重要变量。比如，北京市法治建设指标体系在法治的二级指标中纳入了"民主政治建设"项，具体包括选民直接选举人大代表参选率、政协委员提案采纳率、被国家机关邀请参加执法监督的政协委员比率、村委会（居委会）选举结果当场公布率等。这说明了中国正处于法治发展的初级阶段或者上升阶段，与法治相关的制度建设和实践不得不在发展中受到重视。

第四，法治评估区域化。当前，中国的法治评估基本上是在各地开展。① 某种程度上可以说，地方政府推进法治建设的过程中存在一种"县际竞争"② 的现实状况。中国建设法治政府主导模式和县际竞争的现实为法治评估的推广提供了直接的动力。国务院法制办、司法部正在探讨出台在全国范围内进行法治评估的指导性意见，但最终还是落脚于各地的

---

① 《世界银行治理报告》的法治指数、世界正义论坛法治指数是基于同一计算方式和相对稳定的数据来源针对各国的评估，为国别之间的比对提供了较好的参考。而包括我国在内的以国家为单位进行的评估则由于主体视野的局限性或者主要关注于国内法治状况的评估，对国家之间的有效比照性不足。

② 县际竞争最早由张五常在解释中国经济发展奇迹时提出，即以县政府为主体、以一个县的地域为边界的县与县之间相互竞争的发展模式。但郑京平和蔡定剑从不同方面提出了不同看法。参见张五常：《中国的经济制度》，中信出版社 2009 年版，第 24—28 页；郑京平：《中国"县际竞争"发展模式的利弊分析》，载《中国国情国力》2010 年第 9 期；蔡定剑：《理性看县际竞争》，http://news.sina.com.cn/pl/2008-10-11/081316435178.shtml，2011 年 11 月 3 日访问。

评估。

第五，法治评估方法以定性描述为主。国际上相对成熟的法治评估实践都根据一定的计算方法收集数据进行量化统计，并最后得出较客观准确的数字。中国大陆的法治评估则更多停留在定性研究阶段，很多法治评估实践仍然属于传统计划经济思路下的拟定指标作业，尚未进入量化阶段。

（二）中国法治评估需关注的问题

第一，政府主导法治评估可能对中国法治评估的指标设置产生实用性导向。如北京市指标体系框架中的三项一级指标中，"政府工作职能"指标占据主导地位，指标设置直接服务于依法治市的需要。这样的指标设计担当着为政府提供信息和直接服务政府决策的任务，被赋予了太多工具性的期望。法治评估的作用主要应是评价现状、揭示问题，而非解决问题。

第二，由政府规划的指标体系可能受政府政策的制约，具有较强的实用导向性，受限于地方政府的行为机制等因素的影响。一方面，由政府主导介入的法治评估"由于能得到政府和各部门的协助"[1]，易于开展，更具可持续性。另一方面，政府规划的指标体系也容易限制法治评估的作用，指标设置上普遍存在将法治与依法行政混同，将法治简单化为依法行政的倾向，尤其是对公众参与的内容回应不够。公众参与有利于评估过程的透明化和考核内容的问责化，并增强评估过程和结果的可验证性。对于具有实质内容的法治评估，强调公众参与，使得公众对于关系自身切实利益的事项具有一定的决策评价可能，也有利于在评估中强化政府的服务角色和职能。

第三，法治评估对法治的广义界定，反映了中国法治建设对提升其他配套制度的需要。法治的建设和推进需要依托政治、社会和经济的整体发

---

[1] 王称心、蒋立山等：《现代化法治城市评价——北京市法治建设状况综合评价指标体系研究》，知识产权出版社 2008 年版，第 79 页。

展。在考虑法治评估意义和作用时，对政府主导型法治评估的特点扬长避短，找到一个合适的平衡十分关键。

第四，评估区域化过程中指标设置、评估方法等的多样性，一方面反映了各地法治发展水平和对法治推进关注点的差异和侧重，另一方面又限制了各地比照借鉴的可能。这种不同标准之间的考核甚至评分，由于标准不同、缺乏参照系，在很大程度上只能局限于对本地区法治水平的历时性考察，而不能展开横向比对，其效用受到极大的限制。①

第五，深入法治评估方法本身，还需要考虑评估的科学性和有效性的问题。

首先是指法治指标设计和评分比重的科学性问题。从当前中国不同地区的法治评估实践来看，有两个突出问题：其一，除香港和余杭外，其他地区总体上是将政府、党委、法院等机关的依法行为作为指标的基本内容，较少涉及相对人部分（诸如公众参与、民主决策等内容）。党政机关人员对法律法规的制定执行状况有更详细的了解，对于法治也有更专业化的认识，这种侧重固然有利于对法治的精确评估②，但法治的内容远为广泛和复杂，尤其是，法治的基本理念最终是以人为本，以被管理对象和社会为本的。指标设置上存在将法治与依法行政混同，将法治简单化为依法行政的倾向，这种法治指数能否全面反映法治建设的内容是存疑的。其二，中国大陆的法治评估实践中都引入了人数可观专家研究设计法治评估体系，各地基本上都采取了"专家主导、政府支持"的模式。这种模式的

① 这一问题已受到中央政府的注意，统一各地法治评估指标（目前主要是围绕法治政府建设方面）的尝试已经初步展开（参见《国务院办公厅关于推行法治政府建设指标体系的指导意见（讨论稿）》，http://fzzx.gansudaily.com.cn/system/2009/12/10/011384875.shtml，2011年11月3日）。

② 西方社会政府管理部门也强调"内部人员"对法律法规更为了解这一优势。参见Evert Vedung, *Public Policy and Program Evaluation*, New Brunswick：Transaction Publishers, 1997, p.117.

结果是，法治评估中专家在评分比重中占据较大的份额。① 在相当一部分专家没有全程参与或者对评估地区的实际了解较少的情况下，占据如此重要的评分比重，可能会在一定程度上影响评估结果的科学性②，并可能会引起民众感觉与评估结果之间的脱节。

其次是法治评估结果的有效性问题。从宏观角度讲，中国内地的法治评估都是在政府的支持下进行的，而政府支持本身又在一定程度上是县际竞争的产物。如何保证法治评估不以一种新形式旧内容的方式出现，就成为影响其有效性的重要内容。从微观角度讲，法治评估（指数）的目的和价值在于为法治的进展提供一份可资参考的"数据资料"，评估结果显示的不足之处应该成为完善法治建设的重要内容。因此，实现相应的有效反馈与实践应用是影响法治评估有效性的重要方面。

（三）法治评估在中国的应用预测

中国法治评估运动既是对全球化的回应，也是中国特色市场经济发展、国内区域"县际竞争"的产物。在建设社会主义法治国家成为基本共识的前提下，法治评估所具有的工具理性特色与政府推进型的法治建构模式具有天然的亲和性，以地区为基础展开的地方法治评估应在一定范围内伴随法治建设的推进得到推广和应用。

第一，法治评估可以成为当前推进改革和社会管理创新的一个重要手段。随着群众对政府期望值的升高，中国深化改革的难度也在加大。这种情况下，从社会管理的技术层面推进的法治评估，更容易被利益相关方接

---

① 例如，余杭法治指数中"专家组"评分占全部分值的30%。参见余杭法治评估体系课题组：《余杭法治指数报告》，见《中国法治发展报告》No.7（2009），第366页。

② 从信息角度讲，专家提供的是理性信息，而民众提供的是价值性信息；在价值性信息领域，相比于民众，专家并没有任何优势。在法治评估领域，大量信息属于价值性信息而非理性信息（参见王锡锌：《公众参与和行政过程——一个理念和制度分析的框架》，中国民主法制出版社2007年版，第195页）。

受，进而有益于推进法治建设。当前社会管理的加强和创新主要体现为从政府的"包打天下"，到注重社会力量的运用和社会合力的形成。法治评估的特点是政府和公民形成合力推动社会"善治"的发展。法治评估如果能避免自测自评式的政绩考核模式，扩大公民参与，就能形成社会管理创新的合力。

第二，法治评估是中国法治建设的重要增长点。法治发展的具体路径有建构式和进化式两种，前者认为法治秩序可以通过人们的理性、主观努力而建构出来；后者认为法治秩序是不能建构的，只能通过社会的自然演进而逐渐成长。实际上，当代中国的实践是二者共存。① 在这两种路径的共同作用中，经济和社会发展水平较高的东部地区，已经开始率先推进区域法治化。在这些先行地区建构法治的过程中，法治评估既为其提供检验依据，也为其不断完善法治建设指明了方向和重点，更为后进地区和整个国家的法治建设提供了重要模板和直接动力。②

第三，法治评估有利于推动法治政府的建设。政府绩效评估是公共管理学领域的传统议题，从法学角度看，规范政府权力的行使也始终是法治的重要内容，在这方面二者具有相同的目标。法治涉及的内容比政府工作考核的范围更广，法治评估可以借鉴公共管理学的已有成果，更全面评估政府绩效，推动法治政府的全面发展。

有学者指出，可以在现行政治考核体系的经济、社会、认为等指标基础上增加一个法治指标，或称"法治GDP"，使得"各级政府和官员不会唯经济马首是瞻，推行法治就会成为各级官员的理性选择"。③ 当一个地

---

① 孙笑侠、钟瑞庆：《"先发"地区的先行法治化》，载《学习与探索》2010年第1期。

② 钱弘道：《先行法治化与法治评估的创新实践》，见孙笑侠等著：《先行法治化——"法治浙江"三十年回顾与未来展望》，浙江大学出版社2009年版，第312—314页。

③ 此观点由中国政法大学马怀德教授提出。参见袁祥、王逸吟：《中国法治政府奖获好评专家吁法治指标列政绩考核》，http://finance.ifeng.com/roll/20110210/3372826.shtml，2011年11月3日访问。

方将经济与法治并重时，对"法治 GDP"的追求将成为一种新的政绩而受到关注。同时，地方政府在推进法治评估的过程中应避免和克服"法治政绩工程"。

第四，中国建设法治政府主导模式和县际竞争的现实为法治评估的推广提供了直接的动力。首先，政府主导模式是一定时期内法治实践需要的产物。2004 年国务院在《行政纲要》提出："全面推进依法行政，经过十年左右坚持不懈的努力，基本实现建设法治政府的目标"，地方政府存在推动有效法治建设的现实压力。其次，在 GDP 考核标准的重要性不断下降、民生标准不断上升的现实竞争体系，法治评估作为地方竞争优势的一个重要方面，存在不断扩展的可能性。在现实的法治建设中，"县际竞争"的动力机制决定了县、区级国家机关有动力进行法治评估等地方法治创新活动，获取更多的比较优势，从而在推动中国法治建设的同时，为中国法治建设提供更可行的目标和指向。

第五，法治评估的工具理性为法治评估的推广提供了前提。"法治在运行过程中，是有许多操作技术的内容的，如立法技术、执法技术、司法技术等等。这些内容具有一定的中立性、中介性和规律性，可吸纳性较强。"① 在方法层面，法治评估方法具有普遍性，适于进行全国范围内的推广。

最后，法治评估为中国法学研究成果应用于实践，以及学术研究领域的拓展提供了新思路。随着法治目标的确立，如何有效推进法治建设成为学术界研究的焦点。地方法治评估为学术界研究理论成果的应用及检验提供了绝佳的平台。随着地方法治评估的不断完善和"试错"，学术研究与实践操作之间的互动有助于提高学术研究的指向性和研究水准。

在具体研究方法上，法治指数作为法治评估更客观的量化方式是法学研究跨研究成果的一个体现。近年来，中国法学开始走出政法话语和法条

① 郝铁川：《关注现代法治的技术指标》，载《法制日报》2005 年 5 月 19 日。

分析的传统研究，开始注重实证研究、交叉学科的运用，这一方法论转向有可能为中国法学研究的发展提供一个新的突破口。但由于法治评估尚处于探索和试错阶段，其科学模式和未来走向最终需要反复的实践给出答案。

▌后　记

本文原载《中国社会科学》2012 年第 4 期，收入由张文显主编、人民出版社 2014 年出版的《法治中国名家谈》。这是第一篇在权威刊物发表的法治评估方面的论文。法治评估需要理论化。法治评估机制应该在中国推广。学者评价说，这篇论文在法治评估领域起到了引领作用。本文由我与浙江大学法学院博士后戈含锋、王朝霞以及辽宁大学法学院副教授刘大伟合作完成。

法治评估的意义和方法

——以杭州市余杭区为对象的实证研究

中国法治建设正在转轨，法治不再或者也无法停留在表面，而是必须进入真正的创新实践。中国法治建设必须尽快完成从理论到实践的跨越，实现法律思维方式、制度环境和组织模式的实证化转型与全面变革。

对法治建设的现代化、实证化改革而言，法治评估是一项具有重要意义的实践。法治评估实践活动的兴起不是偶然的，它实质上是一个具有深刻时代背景的法治社会变革运动。

杭州市余杭区启动的以法治量化评估为引线的"法治系统工程"，成为地方区域法治建设的一项突出成就。余杭区在全国率先推出县区法治指数和全方位的法治评估体系。通过法治评估活动，一方面有效带动整个区域政府和社会组织的法治转型，另一方面真正改善公职人员的法治服务意识和能力，从而不断满足人民日益增长的法治监督和社会公正的需求。因此，余杭法治评估的活动和成就会在周边甚至全国范围内产生导引作用。

一、法治评估的意义

法治量化评估是针对特定的法治实践和法治绩效进行考核评估。评估的主要内容有法治建设的行动结果是否达到预期目标，普法宣传和法治教育的行动结果是否达到预期目标，法治活动是否对社会公众和特定群体产生影响，等等。这种角度进行的工作能够成为研究我国转型时期法治秩序变革和形成的一个重要切入点，并且有助于进一步探索法治在基层社会中的微观基础和生长条件。

（一）法治评估具有科学性

一般而言，法学研究是通过社会科学的定性研究方法进行的。这一点不同于自然科学依据严格的调查步骤和精密的统计分析工具，按照既定的程序进行抽样调查分析所形成的定量分析。因此，这就让人对采取量化方法从事法治评估是否具有科学性产生疑问。其实，法治评估作为调查、研究法律规范的事实有效性的系统性方法，具有其自身科学性。

社会科学的量化处理方法可以适用于研究法律规范的遵循程度，以及对社会、政治的影响程度。因为法治活动会产生对社会的推动、调控的效果，量化评估有助于对其进行细致深入的分析。例如，世界银行 2006 年出版的《国民财富的来源》报告中分析了国家资本财富问题，其中将法治指数作为国家的无形资产的重要组成部分。通过采用柯布—道格拉斯函数计算无形资产余额时，将法治指数纳入其中，显示出在教育、外汇和法治对无形资产的贡献中，法治的贡献最大，高达 57%。

余杭区建立法治评估体系就是针对余杭法治建设的整体水平和状况进行评估。评估指标及其量化数值均是在借鉴国内外或地区相关法治经验的基础上，结合余杭实际情况进行科学选择的成果。评估体系建立起一个较为客观、能为人们认可与接受的衡量标准，相对准确地把握一个阶段内余杭地区推进依法治理的目标设置是否合理，推进措施是否有效，从而对余杭区法治建设的水平作出恰当、准确的评估和定位。

（二）法治评估具有指导性

法治评估旨在通过对法治的精神实质进行深入剖析和科学概括的基础上，把法治的内在要求分解、细化和量化，转化为一个个可以测评的指标，组成一个体系和系统。从微观上看，每一个指标及其数值要求均具体而客观，构成各部门清晰可辨的努力目标。只有达到或接近某种数值才能符合要求。

从宏观上看，余杭区法治指标体系综合构成了一个全方位的目标要求。各部门必须全面兼顾法治的各项要求，不能偏废和失衡。法治评估可以通过建立一套科学合理的指标体系，将各地、各部门、各行业依法治理的全部内容实在化、具体化、现实化，将一些抽象的概念和名词进行准确的解释和描述，使其具有可操作性。这种内容实在化、具体化、现实化的指标使依法治理工作的目标和要求更加明确，起到了使治理工作实现制度化、法治化的作用。同时，法治评估体系的实施，使我们对治理对象进行检查、监测，某一环节运行不畅，或某项工作没有落实，可以及时发现，并可对照具体标准，借助纠错机制及时予以矫正，从而确保依法治理工作的开展。在此意义上，法治评估体系会在依法治理工作开展的全程中起到督促作用，从而使法治形式主义的情况能得到有效遏制。

余杭区法治评估体系正是通过变虚为实、变抽象为具体，并通过宏观与微观的结合，把法治的原则要求转化为易判别、可操作的具体标准，引导各部门朝着某一方向努力，不仅可以统一各地对推进依法治理的认识，而且可以形成推进依法治理的内在驱动力。同时，通过法治指标体系的评价，可以对不同辖区、不同部门的依法行政水平进行排位，比较和彰显不同地区、不同部门建设法治的努力程度及推进成效，以起到激励先进、鞭策后进的作用。

（三）法治评估具有前瞻性

法治量化评估目的在于构成一个关于法治量化评估的理论模型，在此基础上将余杭区的法治状况作为一个能够例示该模型的制度样本，通过对其各个政府部门和社会领域的描述，勾画出余杭区法治状况的整体轮廓，进而利用此模型来对某一区域社会的法治状况作出某种整体上的统一说明和评估。

测算"总体法治指数"的指标属于"规制性"指标。[①] 这种指标就像一个刻度盘，通过收集有关实际数据和资料，再对照事先制定的明确法治标准，加以数量化的计算，就可以得知某一地区社会是否达到预期的法治阶段性目标。测算"部门法治指数"的指标属于"警示性"指标。[②] 这种指标就像一个警铃，主要是一种负向性的指标，借此指出政府组织应当作为或者不作为的职责事项，从而发挥预防政府行为产生违法偏差的作用。

通过数据的具体化以及数据的比较，不仅能够对各地依法行政的水平和成效作出正确评价，而且能够直接为各地区建设法治的阶段性目标的确立提供客观依据。借助法治指标体系的评估结果，可以观测到法治各项指标的变化情况，测算出某一地区依法行政的发展速度，从而预测该地区依法行政的发展态势和未来走向。因此，各地可以此为依据，结合本地区的经济社会发展规划，统筹确定本地区下一阶段的依法行政推进目标，并切实加以实施，以保障法治建设能沿着预定的轨道快速前进。同时，对法治指标评估结果进行比较分析，可以及时发现制约和影响某一地区工作的主要问题、薄弱环节及其根源所在，从而制定相应对策，使法治建设工作更有的放矢。

---

① 关于"规制性"指标（Prescriptive PIs），参见 Cowell R，Martin S，2003，"The joy of joining up: modes of integrating the local government modernizsation agenda"Environment and Planning C: Government and Policy 21（2），pp.159-179。

② 关于"警示性"指标（Proscriptive PIs），同上书。

（四）法治评估具有广泛参与性

从法治评估所涉及政府的层级来看，有区委、区政府、各机关部门、乡镇（街道）、村（社区）等。这些不同层级的众多部门在参与过程中，不是简单被动的参与，而是一种互动积极的监督和参与。法治余杭评估体系诸多指标都突出了广泛的群众参与性。如区委组织部的指标：人民群众、新闻舆论对党员的满意度和对区党委开展权力监督的满意度分别达到90%以上；区政府法制办的指标：对行政复议、行政诉讼等法律事务的来信来访工作的回复率达到100%。设计的指标很多主要服务于民众。

评估中采用的调查问卷涉及广泛的调查对象，涉及不同的年龄、不同的文化程度、不同的职业群体。如所调查的职业群体有党政机关工作人员、事业单位工作人员、国有企业工作人员、集体企业职员、私企职员、外企职员、个体户、农民、在校大学生等各种对象。调查范围遍及政府各个单位、火车站、汽车站、广场、公园、街头巷尾、店铺摊吧、闹市乡镇以及群众家中等各种场所。

法治余杭评估体系所显示出的广泛参与性是构建和谐社会的重要形式。这种普遍、广泛的政治参与能够使各方利益充分表达出来，这对发现治理问题、确立治理目标、设计治理方案并在实施的过程中对不合理的政策进行必要的调整来说，其作用显然是十分重要的。这种参与是一种持续的参与，每参与一次评估都可以帮助部门了解群众在某一阶段对政府服务的评价和对政府工作的建议，从而促使政府工作不断改进，群众满意度逐渐提高。这样建立在公民广泛、持续参与之上的决策和治理过程，才有可能是合理的和有效的。

二、余杭法治指数的设计

余杭法治指数是通过数字的方式对年度余杭法治发展水平进行的最直

观的评价。法治指数旨在针对余杭区法治建设规划和活动的绩效进行相对客观的评估，是政府治理变革和社会结构变化的测度。其特点是用一个指数来概括度量余杭的法治状况，类似于幸福指数、和谐指数的设计。

指数可以给公众一个简单直观的感觉，且可以用来进行比较。如2007年的余杭法治指数就是一个可以和其他年度相比较的数字，可以作为以后法治评价的基数。在世界银行每年公布的"全球政府监管指数"中，"法治指数"是其中的一个重要组成部分。2004年，香港的一家民营社会公益机构——"香港社会服务联合会"倡导，学术机构、司法机构、公共政策研究机构和公益组织共同参与，也开展了法治指数的研究活动。统计学界和经济学界也已经有不少相关指数的研究。

余杭法治指数具备指数的普遍特点：第一，资料是量化的和可比的；第二，获得数据的方法是统一的和标准化的。同时，它又有一个特殊点：不仅包括一些可统计的资料，而且涵盖了制度环境、价值实现等更宽泛的领域。相应地，它的研究方法也不是由一套绝对精确的数据构成指数体系，而是通过几种不同的方法定性、定量地呈现每个指标的状况，最后由专家评估组依据这些资料，为公民社会的每个法治条件或者说法治要求作出评分。因而，法治指数是统计资料与人们的认知相结合的评价体系，它不是一套严格意义上的统计指数，不具有绝对量的可比性。相比单纯统计指标的优势在于，它关注了动态中的法治状况。

余杭法治指数必须符合余杭法治的实际，反映余杭法治的特点。在指数的具体设计中，课题组选取党委依法执政、政府依法行政、司法公平正义、权利依法保障、市场规范有序、监督体系健全、民主政治完善、全民素质提升、社会平安和谐九项法治的总体目标作为具体的法治条件。

在确定上述法治余杭九大条件的基础上，我们将每一部分的抽象要求具体细化为各个指标。在参考数据的选取中，作为评价依据的客观基础来自两方面：一是与法治状况有关的官方的各项法律数据。二是群众调查问卷所得的数据。问卷调查通过中立的机构进行，得出的结论同样作为客观数据提供给评审者参考。这种方法可以较好地解决如群众法律意识等较难直接统计的数据搜集问题，并且在一定程度上也能克服大家对官方数据所持的怀疑，群众的参与也能使整个法治指数的可信度增强。总之，这两种方式的并用是一种抽象与具象的结合，可以在很大程度上去伪存真，得出较为科学的评估。

九项法治条件构成余杭法治指数的评审内容，包括党委依法执政、政府依法行政、司法公平正义、权利依法保障、市场规范有序、监督体系健全、民主政治完善、全民素质提升、社会平安和谐。其中每个内容都包括内部评审和外部评审两方面的比重和分值。

九大指标共有 50 多个分指标。例如，在与"司法公平正义"相关数据的选取中，采用表格和调查问卷相结合的考评模式。表格的指标内容包括十项，分别是：诉讼案件的二审改判率，法院案件执结率，执行标的额到位率，抗诉案件率，法官、检察官拥有高等法学教育背景的比率，司法人员徇私枉法、滥用职权、违纪违法案件数，年度司法赔偿案件数年度司法赔偿案件数，涉法涉诉进京上访案件数，涉法涉诉引发重大群体性事件数，人民群众对司法工作的满意度。调查问卷内容包含九项，分别是：人民群众对党风廉政建设的满意度，群众对政府行政工作的认同度，人民群众对司法工作的满意度，人民群众对权利救济的满意度，人民群众的社会法治意识程度，群众对市场秩序规范性的满意度，人民群众对监督工作的满意度，群众对民主政治参与的满意度，人民群众对安全感的满意度。

整套工作的完成需要依赖于评估主体的有效工作。法治指数委托中立研究机构制定。在评审的过程中，评审专家分为两个评审组。一是内部评审组。该组人员都是在不同范围内直接参与法治运作的人员，对于法治理念、司法行政实务和余杭法治的现状有深入的了解，其评审的准确性较高。内部评审组成员包括随机抽取的法官、检察官、政府高层工作人员、人大代表、律师等，总人数可为 20 人。二是外部评审组。该组人员包括评估机构挑选的各类与法治相关的非政府组织、学术机构、新闻媒体的人员以及参与过司法诉讼的当事人代表。该组成员虽然不直接参与余杭法治的运作，但其熟悉法治的理念与实践，对余杭法治的现状也有不同的体会，因此其评估结果的好坏也能在一定程度上反映余杭法治的程度。因此可采用其分数作为余杭法治指数的参考数据，与内部评审组的结论作比较，补充调整其结论的偏差。

在数据采样所得出的分析报告基础上，由评估主体邀请9位国内外有较高知名度和专业权威的法学家组成"法治指数评审专家委员会"。评估时，每一个评审成员先对评审表中余杭法治的九个方面要逐一做重要性判断打出权重值；然后结合参考数据和自己对余杭法治的实际观感，在表格上对法治的各个条件，由低到高予以1到100分值的评分；此外，每个评审者对其就每个条件的打分依据分别逐一作书面的解释，以增强结果的公信力。在收集好评审者提供的相关分数后，评审主体即可依相关模型进行指数的计算。

三、法治余杭评估的四个层次

余杭各个部门过去虽有一些考评内容，与法治有关的内容融在其中，但不同部门之间联系相对松散，考评内容不成系统。法治余杭评估要系统化、科学化，要努力克服一般工作考评的弊端。

在评估层次上，具体分四个层次：总指标、区级机关指标、乡镇指标、农村社区指标。通过这样多层次、多纬度的考核方式，既能得出反映余杭整体法治状况的总指标，又能对政府各具体部门的绩效具体考核，还能具体落实到乡镇机关、村社区的法治水平的量化考核。通过从高到低纵向深化和横向展开对各政府机关部门逐个评估方法，使评估体系尽可能囊括众多的利益主体，从而真正体现广泛的参与性。

在指标设计上，考虑各政府机构部门的共性和本身具有的个性特征，分别设计共性指标和个性指标。一方面，应当在政府部门的法治评估标准中设置一般性形式化标准，体现法治对政府机关的共性要求，例如公正程序、信息公开等要求。另一方面，也应当设置特别性形式化标准，体现法治对政府机关的个别性要求。设计足够的软性指标、品质指标、替代型指标。典型如：通过设计问卷调查的方式对民众满意度等无法精确界定的指标考核。

图2 四个层次的评估模型

（一）法治余杭评估总指标

总指标设立"推进民主政治建设，提高党的执政能力；全面推进依法行政，努力建设法治政府；促进司法公正，维护司法权威；拓展法律服务，维护社会公平；深化全民法制教育，增强法治意识和法律素养；依法规范市场秩序，促进经济稳定良性发展；依法加强社会建设，推进全面协调发展；深化平安余杭创建，全力维护社会稳定；健全监督体制，提高监督效能"九个目标。

考核体系采用表格的形式，比如"全面推进依法行政，努力建设法治政府"目标具体如下：

表 1

具体目标	主要任务	考评内容	考评指标	标准分	考评分
全面推进依法行政，努力建设法治政府	1.转变政府职能，创新管理方式 2.完善决策机制，强化制度建设 3.规范行政执法，加强执法监督	1.认真贯彻实施国家法律、法规，改革行政管理方式，充分运用间接管理、动态管理、事前引导和事后监督等手段管理经济和社会事务；2.积极探索行政规划、行政指导等方式，实现行政管理目标；深入开展"依法行政示范单位"创建活动，覆盖率达到100%；3.建立健全各种预警和应急机制，努力提高政府应对突发事件的能力；4.推进政府信息公开，加快电子政务建设，完善行政服务中心体制机制；	1.行政执法主体明晰，体制规范、合法；无执法缺位、越位、错位等状况。每发生一起扣2分。	15	
			2.行政机关中法律专职工作人员达到一定比率，行政执法人员的持证率达到90%以上，每少一个百分点扣1分；"依法行政示范单位"创建覆盖率未达标的扣2分。	20	
			3.制定和出台的规范性文件应向人大常委全备案和公众公布，报备和公布率分别达到100%，每少一个百分点各扣2分。	10	
			4.制定和出台的规范性文件的合法率达到100%。未达到比率的，此项不得分。	10	
			5.行政部门工作人员无重大违法乱纪、失职、渎职的案件。发生一起扣2分，造成特大负面影响的每起扣5分。	20	
			6.无违法和不当行政行为引发重大群体性上访事件，对群体性事件的办结率达到90%以上。办结率每少一个百分点扣1分。	10	

具体目标	主要任务	考评内容	考评指标	标准分	考评分
全面推进依法行政，努力建设法治政府		5.严格按照法定职责行使决策权，完善政府内部决策规则，建立健全公众参与、专家论证和政府决定相结合的行政决策机制； 6.完善行政决策程序，对社会涉及面广，与人民群众利益密切相关的决策事项，应当向社会公布，重大行政决策事项在决策过程中要进行合理、合法性论证	7.行政执法责任制的覆盖率达到100%，执行到位率达到95%以上。每少一个百分点扣1分。	15	
			8.政府各部门对群众投诉案件的办结率达到100%。办结率每少一个百分点扣2分。	10	
			9.无行政复议案件撤销、变更和行政诉讼败诉的案件，每变更一件扣1分，败诉一件扣2分；对公共基金监管不力造成重大损失的，每发生一起扣2分。	20	
			10.行政案件被发回，不得拒绝履行。超过规定期限履行的，每例扣5分；拒不履行的，发生一起，此项不得分。	10	
			11.行政执法行为规范、程序合法。与群众利益密切相关的决策，按法定程序组织听证的比率达到100%。应听证未组织听证的，每发生一件扣2分。	10	
			12.当年新增财力用于社会事业和解决民生保障问题的比例低于70%的扣2分；群众对政府行政工作满意度达到95%以上，每少一个百分点扣1分。	10	

（二）区级机关评估

法治余杭评估体系第二层次设计的目的是用于对区级各部门的考评。首先，根据各政府部门职能的不同，将余杭区政府机构划分为党政机关部门、经济管理部门、综合管理部门、司法部门、执法部门、社会服务部门、公用事业部门共七大部分。这七大部分的每一部分又包括多个具体政府部门，如：司法部门具体包括区人民法院、区人民检察院；执法部门包括区安监局、工商分局、环保局、烟草专卖局等。这种将复杂庞大的政府机构部门纳入七大部分中的方式能化繁为简，便于梳理；能避免遗漏，有助于建立全面、彻底的考核体系。

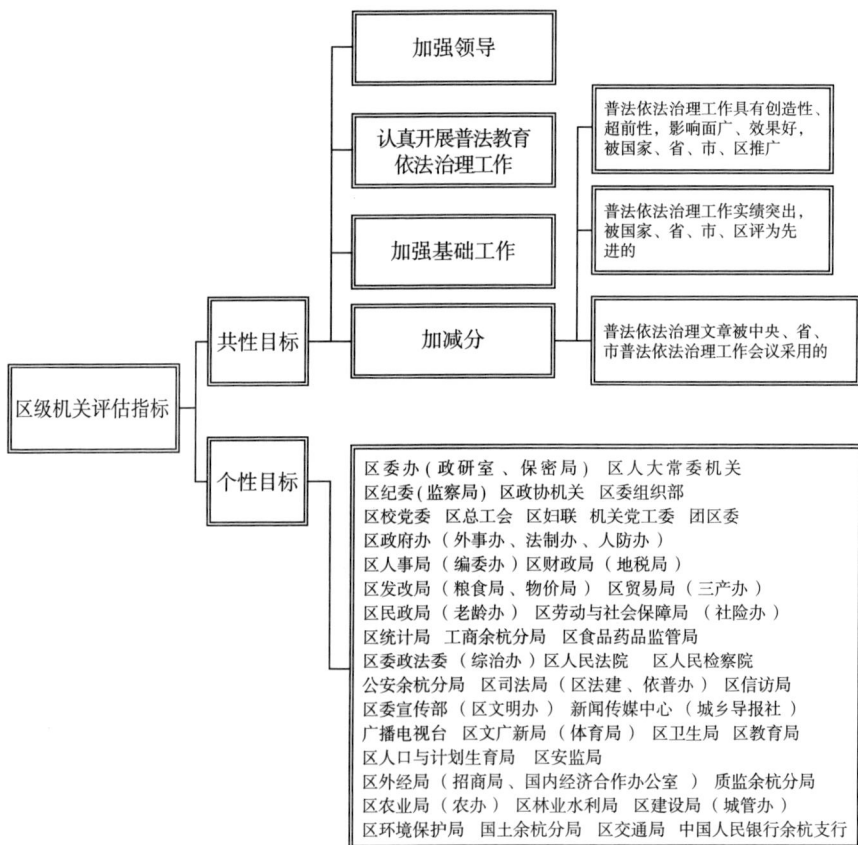

图3 区级机关评估指标体系模型

在这一层次的指标中，包含有各部门法治建设的共性目标和结合部门特色的个性目标。共性目标，如加强领导，认真开展普法教育依法治理工作，加强基础作用等。"加强领导"进一步具体化包括：(1) 制定本部门、本系统、本单位的法治建设和"三五"依法治区"五五"普法教育《规划》。明确目标任务，制订年度工作计划，切实抓好落实；(2)建立健全依法治理普法教育领导机构和办事机构，有明确的领导分工和有专人负责，建立起明确的议事、办事制度并严格执行；(3)加强普法依法治理工作的组织、协调和舆论宣传工作，营造良好的法制氛围等等的考核内容。同理"认真开展普法教育依法治理工作"和"加强基础工作"也都可以细化出相应的考核内容。结合一定的评分标准即可在标准分的基础上对每项考核内容考核打分。

在各部门共性目标的统领下，结合各部门特点设计针对各部门的考核指标。以区财政局为例，除了共性目标中相关指标的套用外，其个性目标的设置充分体现其自身特点。

（三）乡镇、街道评估

法治余杭评估体系的第三层次应用于各乡镇、街道的考评。乡镇是我国最基层的行政组织，它与其上一级行政组织的显著区别在于它直接面对广大群众，具有基层性、群众性等特点。乡镇法治评估指标的设计不仅关系到法治的评估和落实，而且关系到政府行为的规范性。对于这一层次的评估设计，主要结合第一和第二层次的设计经验，阐述考核内容；采用自评和他评结合的方式，辅以规定标准分和评分标准。

在类别上分为组织制度建设、依法执政、依法行政、依法管理、法制宣传五部分。

此层次的设计既有余杭区级层面上的共性指标，也有直接面对基层的个性指标。因此对乡镇评估的指标需兼顾此两方面的特点，有较强的针对性。设计中尽量考虑到这些特点，如以"依法行政（10分）"这一类别为例，主要分为以下三大考核内容：1.党委领导民主法治建设的核心作用得到充分发挥，支持和保证权力机关、行政机关、司法机关依法行使权力（标准分4分）（党委领导民主法治建设的核心作用发挥不明显扣1分；非法干预权力机关、行政机关和司法机关依法履行职责，造成恶劣影响的有一起扣2分）。2.健全依法决策、科学决策、民主决策机制，有关经济社会发展全局和与人民群众利益密切相关的重大事项通过法定程序转化成为当地人民的共同意志（标准分3分）（没有形成依法决策、科学决策、民主决策机制的扣2分；重大事项的决策没有经过法定程序，对群众利益造成损害的有一起扣2分）。3.推进党务公开，建立健全党内情况通报制度、情况反映制度、重大决策征求意见制度、决策失误责任追究制度、党政主要领导权力监督制度（标准分3分）（以上制度少一个扣0.5分，没有按制度执行的有一项扣0.5分）。这一考核内容的划分使得模糊的依法行政要求从指标设置到评分标准逐步作出了明确的阐述，使得其具有切实可行的操作性，使得依法执政不仅仅是一种纸面的文章或者是一种口号。

（四）农村、社区评估指标

余杭村、社区民主法治的发展建设的程度实质上决定了整个余杭的法治发展进程的程度。因此，在指标设计上，我们充分吸取了"民主法治村（社区）"的星级创建标准，力求设计科学、严谨。

例如在村的考评系统中，主要分为组织制度建设（10分）、民主建设（40分）、法治建设（40分）、三个文明建设（10分）四个类别。其中别具特色的"三个文明建设（10分）"包括：（1）村民委员会积极办理本村的公共事务和公益事业，及时向人民政府反映村民的意见，完成年内工作目标（工作落实到位的得1分）。（2）积极开展"星级"文明户创建活动，做到有部署、有检查、有评比、有表彰（工作落实到位的得1分）。（3）做好优待抚恤、养老、抚幼及助残工作，无老人、幼儿和残疾人被遗弃（出现所列情况的每项扣1分）。（4）环境整洁优美、公共卫生良好、有效预防各类疾病发生，未发生甲、乙、丙类传染性疾病（环境脏乱差，影响村容村貌的不得分，引发各类传染性疾病的扣2分）。可以看出，这些具体考核内容的设计无不落实于农村的日常生活，无不贴近于农民的生活状况，无不让农民更加近距离的感悟到法治的真实存在。

社区的指标设计主要分为组织制度（10 分）、民主建设（40 分）与法治建设（50 分）三大类。由于社区与农村之间在自然、社会禀赋各方面都存在着差异性，因此在具体内容上也很不同。

结　语

法治余杭评估体系设计了一套合理化、具体化、数字化的考核评估指标。评估体系涉及了余杭区各个层面，内容涵盖了余杭经济、政治、文化、社会建设的各个领域。从考核的安排上来看，力求做到具体化、目标化、现实化，基本构建了一个横向到边、纵向到底的指标体系，具有较强的科学性、实践性、指导性和鲜明的余杭特色。余杭区将总结经验，推出 2007 年度余杭法治指数，进一步强化思想认识，增强"法治余杭"建设的责任感，真正把这项工作做深、做细、做实、做出亮点、做出特色，余杭的法治建设将会继续走在全省乃至全国的前列。

| 后　记 --

2008 年 7 月 22 日至 23 日，我应邀出席国务院法制办在黑龙江省哈尔滨市召开的"深入贯彻落实科学发展观与加快法治政府建设理论研讨会"。本文是我在会上发言的主要内容，后收入中国法制出版社 2008 年出版的《加快法治政府建设的思考与探索——深入贯彻落实科学发展观与加快法治政府建设理论研讨会论文集》。

2006 年春，习近平同志提出"法治浙江"前夕，我启动余杭法治评估体系课题。这篇文章是较早发表的课题研究成果。

法治评估模式辨异

　　自从 2006 年中国内地第一个法治指数"余杭法治指数"诞生以来，各地纷纷开始类似的探索，各种法治评估体系层出不穷，相关课题和研究成果也爆发式增长，法治评估被视为法治建设的"抓手"，受到理论界和实务界的高度重视。但是，学界对既有的法治评估实践，尚缺乏充分的经验总结和理论升华，① 对法治评估功能及其内部机制的认识也同样不够深刻。纵观我国相关研究，主流观点是将法治指数、法治建设指标、法治政府指标乃至立法评估、司法透明指数、司法公信力指数、电子政府发展指数等所有与法治指标相关的评估体系均视为广义的"法治评估"类型。但在这种广义的、宽泛模糊的法治评估定义下，学者们开展笼而统之的研究，就难以准确把握各种法治评估类型中具体运行环节的差异，也难以推进更有针对性的精细化研究。通过对既有理论和实践的审视可以发现，我国法治评估体系构建在理论和实践中产生了隐匿的话语模式差异，法治评估的原初理论表达隐藏着不完备性。这种不完备性表现在：法治评估的原初理论存在着一元化表达特点，但在实践中实际上发展出了两种性质不同

---

　　①　参见钱弘道、王朝霞：《论中国法治评估的转型》，载《中国社会科学》2015 年第5 期。

甚至相背离的法治评估理想型（Ideal Type），由此，法治评估的原初理论并不能周全地诠释实践中的评估类型，从而也影响了实践中对法治评估中主体、对象、内容、路径等各种要素的安置。中共中央《改革决定》和《法治决定》对建设科学的法治指标体系和考核标准以及用法治成效考核领导干部提出了要求。学术界必须深入分析实践中的法治评估，及时总结经验，尽快实现法治评估理论化转型。本文正是基于这样的考虑，对法治评估的原初理论进行重新审视，力图对法治评估模式作出合乎客观实际情况的分析。

一、法治评估的表达与实践

理论和实践之间存在着巨大的鸿沟，在法治评估领域亦不例外。我国学界出于对法治评估作用的美好愿景，以及理论构建的理想化倾向，经常对法治评估的"理想型"给出一种单一的理论表达，我们把它称为"一元化表达"。这种一元化的理论表达是不完备的，至少是不够深入的。因为在实践中，法治评估的具体形态实际上发生了分化，从而偏离了原初的理论表达。

（一）法治评估理想型的一元化表达

作为我国法治评估较早的实践者和提倡者，笔者对其功能和意义亦有讨论，笔者早前曾提出，法治评估所具有的工具理性特色与政府推进型的法治建构模式具有天然的亲和性，因此法治评估可以成为推进改革和社会管理创新的重要手段，成为中国法治建设的重要增长点，有利于推动法治政府的建设。① 实际上，这是单一考察法治指数第三方评估模式并结合中

---

① 参见钱弘道、戈含峰、王朝霞、刘大伟：《法治评估及其中国应用》，载《中国社会科学》2012 年第 4 期。

国"政府推进型"法治模式作出的结论。但在实践中,法治评估的形态并不是单一的,因而需要从不同形态进行更深入的考察。这一点,并没有引起学界的足够重视。由于缺乏对实践中不同法治评估形态的深入实证研究,学术界对法治评估功能的理论表达过于简单化,乃至形成了一种看似简洁融贯但实际上并不周全的一元化表达模式。

法治评估功能的一元化表达具体表现为两种方式。一种是概要式的表达。例如,在较早的一项研究中,研究者认为,法治指数这种客观定量的研究范式,"为公共决策、权力监督与比较研究提供了新武器",有利于科学决策,有利于监督政府的绩效,有利于促成方法论的突破;[①] 另一种是解构式的表达。例如,国家行政学院课题组将法治评估功能总结为"诠释、深化落实、导引、评测"四种——诠释作用是指将评估体系作为一个客观共识性的认知标尺,以统一政府与民众对法治化标准的认知;深化落实作用,则是将法治化要求具体化、微观化,使其从制度设计迈向实质性落实;导引作用,则是通过对行为的正负激励措施,引导各法治实践主体实现法治化目标;评测作用,则是通过量化考评,掌握法治实践具体效果,以改进今后工作。[②] 各种研究对法治评估体系功能结构的构想几乎均有论述,但大致不出以上两种之藩篱。

笔者认为,这种一元化设想具体是由三个次级命题组成的:描述性的映射命题、关系性的结构命题、指向性的效果命题。"映射命题"描述法治评估体系之基本性质,认为其各项指标应当反映了某种较为优越的"法治"理想类型;"结构命题"论述了法治评估体系与评估对象的关系,认为前者应对后者构成约束和引导作用;"效果命题"则强调了法治评估的目标指向,认为法治评估最终应当促进其所映射的法治理想形态之实现。

---

① 参见占红沄、李蕾:《初论构建中国的民主、法治指数》,载《法律科学》2010 年第 2 期。

② 参见国家行政学院课题组:《法治政府指标体系与作用》,载《中共天津市委党校学报》2014 年第 2 期。

这三个次级命题指向的是一种理想的法治评估类型。但"法治"概念本质上具有多义性，法治评估体系与评估对象存在复杂性，法治评估体系与评估指向范畴存在模糊性，因而，在具体的法治评估实践中，上述三个次级命题内的若干环节中，在其概念解释和实践路径选择上都存在不同可能性。简而言之，一元化表达与我国法治评估实践存在重大的出入，并不能满足评估实践急需的理论指导。

一元化表达大体上沿袭了笔者对法治指数较早的单角度考察路径，虽然表达并不错误，但忽视了实践中大量存在的非第三方评估的客观现象。这种一元化表达及其所包纳的命题群实际上隐藏着不完备性，很可能导致今后法治评估研究的简单化和理想化。

（二）法治概念的多义性及法治评估模式的分化

许多学者意识到，法治评估体系的建立应当首先明确法治之概念。如包万超提出，当前法治评估最根本的问题是对法治政府的标准缺乏一个基本的共识，导致整个评估体系缺乏内在一致性的逻辑，因此他建议在国务院层面上确立中国法治政府的标准，包括上位标准和最低限度标准。[①] 孟涛也强调，"概念化是确立指标的先行步骤"。[②] 但这些观点背后隐藏了一个中国学者们对"法治"概念的一种常见的误解：法治概念的客观论，这种观点认为存在着一种有待发现的所谓"客观正确"的法治概念。

然而，现代语言分析已经指出，"法治"并非一个社会学描述，而是价值性愿景的表达与构建，正由于其合目的性，法治是个"本质上具有争议性的概念"（Essentially Contested Concept），想找到所谓"语义明确和

[①] 参见包万超：《论法治政府的标准及其评估体系》，载《湖南社会科学》2013 年第 2 期。

[②] 孟涛：《法治指数的建构逻辑——世界法治指数分析及其借鉴》，载《江苏行政学院学报》2015 年第 1 期。

意识形态中立"的法治定义是不可能的。①而於兴中也开始认识到这一问题，他提出，法治是一种"语言现象"，是对法治这一概念（Concept）的不同观念化（Conception），作为一种政治概念，对法治的理解必然是多样性的，他甚至据此提出，各种法治评估将法治降到了"技术和工具的层面"，表现出一种机械的简化主义态度，因此其重要性值得怀疑。②

笔者基本同意於兴中关于"法治"概念本质争议性的观点，但反对因此而否定法治评估的正面价值。我国"法治评估"定义产生了模糊性，并进而使得法治评估的主体、对象、范围和内容都产生了争议，要解决这些争议，应当首先对"法治评估"中的"法治"概念赋予一个稳定的内涵。笔者不认同法治概念客观论观点，而赞成张德淼的观点，他认为，法治评估体系建立的首要阶段就是法治概念阶段，应当提出法治的"操作定义"并加以类型化，并以此为基础确定法治评估的制度性进路。③这一思路可以回应於兴中对法治评估价值的质疑：法治评估可以发挥其重大作用，但前提是根据"法治"在不同语境下差异化的"操作性"定义，细致的区分"法治评估"概念的不同类型，并严格的限制其应用范围，才能进一步确定其应有的主体、对象、范围、内容等具体元素。

其实已有学者对法治概念及法治评估类型之关系有了初步认知，例如多名学者在讨论法治评估时，不约而同提及了布莱恩·塔玛纳哈（Brian Tamanaha）教授提出的"厚法治"及"薄法治"的概念，其中大致认为薄法治是指严格遵守法律制度和法律程序，而厚法治则既包括了守法内容，还包含了某些超越性的实质性价值，不同的法治定义导致法治评估的

---

① See Jeremy Waldron, Is the rule of law an essentially contested concept (in Florida), 21 Law and Philosophy, pp.137-164（2002）.

② 参见於兴中：《"法治"是否仍然可以作为一个有效的分析概念?》，载《人大法律评论》2014 年第 2 辑，第 3 页。

③ 参见张德淼：《中国法治评估指标体系的生成与演进——从法治概念到测评指标的过程性解释》，载《理论与改革》2015 年第 2 期。

不同模式。① 前文所述对法治评估构想的一元理论表达中并未体现出法治的多义性这一前提，而在评估实践中，由于作为隐藏前提的对于法治之"厚"或"薄"的理解差异，实际上就产生了不同的"评估"目标之指向：以"厚法治"概念为前提，则评估是为了探索法治所应蕴含的实质价值目标及其实现情况；以"薄法治"为前提，则评估是为了审查国家机关对若干法定责任事项的具体执行和完成情况。

（三）对法治评估模式的初步探索

已有学者在研究中对法治评估进行了初步的类型区分，这些分类基于不同的讨论语境和研究目标，自然都具有相当程度的理论价值和合理性。但这些分类的根据并非基于法治评估体系背后之"法治操作性概念"的根本区分，其目标也并非揭示由此导致的法治评估功能和内部机制的本质差异，因此与本文所要探讨的内容仍有不同。

如笔者很早前曾从评估内容角度提出，我国在评估指标设计上存在"既有评价"与"目标设置"的区别，前者目标是对过去法治建设成效的考察，主要需要基于过去的数据和事实得出，后者则主要是设置建设法治政府的目标，属于完全的目标定向；② 陈柳裕则依照戴耀廷对香港法治指数的分类，③ 认为域外法治指标体系可以分成价值性路径模式和体制性路径模式，前者审视法律的内容是否确认一些实质性基本人权和价值，后者聚焦于政府是否依法行政，他提出，我国的法治政府指标体系基本属于后者，并且存在着各种异化，从而有待于实现由"目标考核型"到"绩效

① 可参见李蕾：《法治的量化分析——法治指数衡量体系全球经验与中国应用》，载《时代法学》2012 年第 4 期；侯学宾、姚建宗：《中国法治指数设计的思想维度》，载《法律科学》2013 年第 5 期；张德淼、康兰平：《地方法治指数的理论维度及实践走向》，载《理论与改革》2014 年第 6 期。

② 参见钱弘道、戈含峰、王朝霞、刘大伟：《法治评估及其中国应用》，载《中国社会科学》2012 年第 4 期。

③ 参见戴耀廷：《香港的法治指数》，载《环球法律评论》2007 年第 6 期。

评估型"的转变；① 而蒋立山则认为，我国对法治评估的愿景有两种形态：
"一幅孤立的法治行进图"或"法治与社会协调发展的整体演进图"，前者
秉持本文所提及的那种法治概念客观论，追求实现某种既定的法治理性目
标，后者则强调法治与社会发展阶段性的联系；② 孟涛则认为，中国法治
评估有两种对象："法治建设"和"法治环境"，前者经常将"法治"窄化
为对党政机构职责工作的评估，而后者则将其扩张为包括了政治、经济、
社会环境等在内的"法治环境"；③ 笔者还曾从评估对象类型出发，将我国
法治评估分为"综合评估"与"专项评估"，其中香港、余杭等地的法治
指数是综合评估，而法治政府建设指标体系、司法透明指数等是专项评
估，汪全胜也认同这一观点；④ 孟涛后来又发展了自己的理论，认为评估
可分为"定量评估、定性评估和建设评估"，定量评估基于实证主义立场，
以标准化方法明确法治概念、界定变量指标、收集数据并计算审查。定性
评估基于诠释社会科学，立足实质法治理论，结合法治价值评判实践。建
设评估是转型时期的过渡性评估，基于法制与法治理论、社会指标理论和
绩效评估方法，由政府主导，旨在推动法治的生成。⑤

　　本文认为，以上各种分类都有一定论证基础，针对特定问题，也作出

---

① 陈柳裕：《法治政府建设指标体系的"袁氏模式"：样态、异化及其反思》，载《浙
江社会科学》2013 年第 12 期；张德淼同样将我国法治评估分为"价值性模式"和"制度性
模式"，参见张德淼、李朝：《中国法治评估进路之选择》，载《法商研究》2014 年第 4 期；
而周尚君在此基础上进一步提出，除了价值性和制度性进路外，还有两者融合的"综合性"
路径，参见周尚君：《法治指数评估的理论反思与前瞻》，载《广州大学学报》（社会科学版）
2015 年第 3 期。

② 参见蒋立山：《中国法治指数设计的理论问题》，载《法学家》2014 年第 1 期。

③ 参见孟涛：《法治指数的建构逻辑——世界法治指数分析及其借鉴》，载《江苏行政
学院学报》2015 年第 1 期。

④ 参见汪全胜：《法治指数的中国引入：问题及可能进路》，载《政治与法律》2015 年
第 5 期。

⑤ 参见孟涛：《论法治评估的三种类型——法治评估的一个比较视角》，载《法学家》
2015 年第 3 期。

了自身的理论贡献。但法治评估的类型学研究还应当继续推向深入，不能只为特定研究任务的需要，而单纯关注各种评估模式中各特定要素的表面区别，还应深入理解我国法治评估实践存在的话语分化，并揭示其背后两种话语模型各自根植的完全不同的学科语境，以及由此形成的对法治评估体系构想的根本差异。本文提出，由于对法治概念"厚"和"薄"的不同理解，中国法治评估存在着分别以"治理"和"管理"为功能核心的两种实践倾向。前者由理论界主导，遵循"厚"的法治观，秉持实验主义的治理理论话语，采取一种实质性、超越性和实验性的外部视角；而后者由国家机关主导，遵循"薄"的法治观，秉持绩效评价的行政管理理论话语，采取一种形式性、执行性和确定性的内部视角。必须在理论上明确区分两种法治评估理想类型，并严格限定其各自的应用范围，在实践中构建一个形式严格区隔的二阶性法治评估体系。

二、治理 VS 管理：两种评估模式理论基点的分化

在我国法治评估的兴起与发展中，其实是有着两种不同的实践主体：以学者为主导的理论界，及以各级政府为主导的实务界。中国法治评估的兴起是两者合作的结果，其根源在于：我国独特的政治文化背景下，各种社会资源高度向国家集中，导致我国形成了国家主义主导下的法治建构模式，[①] 法治评估要顺利推行，也必须获取各级政府的支持，例如，笔者总结多年"余杭法治指数"实践经验后就指出，如果不靠政府提供，各项法治指标数据就很难获取。[②] 然而，这两个群体合作的表象下，隐藏着各自对法治评估的不同理解和诠释，出于各自所处不同的位置及动机，而选择

---

① 参见于浩：《共和国法治建构中的国家主义立场》，载《法制与社会发展》2014 年第 5 期。

② 参见钱弘道、王朝霞：《论中国法治评估的转型》，载《中国社会科学》2015 年第 5 期。

了不同的法治评估路径，必须予以厘清。

（一）实验主义治理理论话语中的法治评估

中国法学理论界对法治评估理论的建构，有其清晰的理论渊源和发展线索。理论界构造的法治评估理论源自对域外法治评估理论的继承和发展，而域外法治评估本就是全球治理理论在法治实践领域之反映的一部分，由于中国的特殊国情，中国法治评估理论强调了这种治理理论中实验性和探索性的一面。

域外法治评估缘起于世界银行自 1996 年每年推出的"全球治理指数"（WGI），它将其所关注的"治理"内容界定为"一个国家现存权威的传统和体制"，而"法治指数"是其 6 个子指标之一；① 而另一个典型则是世界正义工程（WJP）制定的法治指数，世界正义组织自称为一个"独立的多学科组织，其目标是促进世界法治"，而其对法治的定义及法治指标的设计都极为宽泛，以 2015 年指数为例，它制定了 8 个主指标和 47 个次级指标，其中既包括了法律的公开、稳定、民主制定等程序性内容，也包括了法律应维护基本权利、人身和财产自由等实质价值要求；② 而中国最早引入这种评估体系的是香港，香港社会服务联会（HKCSSD）发起了香港法治指数的评估，而该指数是"香港社会发展指数"（Social Development Index，SDI）中的子项目，该指数也采取广义视角，包含了法治的体制性指标和价值性指标，前者强调政府依法行政，后者强调法律保护基本人权和价值。③

---

① 与"发言权与可问责性（Voice and Accountability）、政权稳定与非暴力（Political Stability and Absence of Violence）、治理实效（Government Effectiveness）、规制质量（Regulatory Quality）、腐败控制（Control of Corruption）"等其他 5 项指标并列。参见 http://info.worldbank.org/governance/wgi/index.aspx#home 。

② WJP 对法治内涵的阐述参见 http://worldjusticeproject.org/what-rule-law，具体指标设置参见 http://worldjusticeproject.org/rule-of-law-index。

③ 参见戴耀廷：《香港的法治指数》，载《环球法律评论》2007 年第 6 期。

进一步，这种评估体系是将"法治"视为"治理"的下位概念的。当前中国已经从国家统治、国家管理演变到国家治理阶段，"治理"成为被普遍认同的概念，这不仅仅是一种概念上的"赶时髦"，其本质上是一种国家治理的理念、方式的根本变革。与统治相比，治理是更高层次的社会管理形式，它的基础不是控制而是协调，是多元权力(权利)的持续互动、信任合作与协调平衡。① 从内容上说，在治理话语下的法治评估体系中，正由于其秉持了"厚"的法治概念，因而将法治视为包含了若干实质性价值内容，更重要的是，这些政治价值判断本身必然是竞争性和发展性的，对这些价值之证成必然超出价值内部论证，而要考察其在外部社会中的具体效果，这就进入了社会总体"治理"的范畴；而从主体上说，这种评估体系中正由于其主导者是学术共同体，处于超然于国家权力之外的地位，可以对国家权力运行状况持批判性态度，指出现有秩序的不足，这里，学术共同体与国家权力以更良好的治理为目标，形成了互动和协调的多元化关系结构，这也使得这种评估体系进入了"治理"领域。正如笔者曾指出的，中国法治评估理论同样继承了基于"治理"的外部视角，对我国法治评估体系的认知和定位必须置于"国家治理体系和治理能力"这个角度。②

笔者认为，中国法治评估理论论说者均默示认同这一前提：中国特殊国情要求以"摸着石头过河"的方式，探索"中国特色"的理论和制度构建，而中国法治评估在这一特殊条件下，有其独特的作用机制，服务于一种具体的治理模式。笔者提出，中国法治评估是一种"实验主义治理"模式下法治实践的关键环节。

"实验主义治理"（Experimentalist Governance）理论是当前世界上新兴的治理理论代表，它是对旧的"指令—控制"（Command-control）型治理方式的替代方案，它强调给予一线人员充分的自主权来实现治理目标，

---

① 参见俞可平：《治理与善治》，社会科学文献出版社 2000 年版，第 9 页。

② 参见钱弘道、王朝霞：《论中国法治评估的转型》，载《中国社会科学》2015 年第 5 期。

FAZHIPINGGUJIQIZHONGGUOYINGYONG

而中央主要负责监督基层工作绩效，汇集信息、进行比较，并促进持续性的改进。这一治理方法被认为是一种"递归过程"（Recursive Process），其实质是：对不同条件下实现目标的路径进行对比，并进行比较和学习，以进行临时性目标设定和路径修正。① 而这一治理模式的标准程序包括：（1）中央、地方各部门和外部利益相关者共同制定临时性的框架性目标（Framework Goal）和评价标准；②（2）地方部门被赋予广泛的自由裁量权，以不同方式实现目标；（3）定期评估地方单位执行成果，进行同行评议（Peer Review），以与其他地方部门的方法进行比较；（4）根据评议结果，对治理的目标、标准和决策程序进行修正。③

可见，如果将我国法治实践置于"实验主义治理"视域下审视，则法治评估就是实验主义的法治实践中关键性的第三步，因为理论界作为其主导者，可以开放性的确立各种不同的实质性法治框架目标及评估内容，而各地方各种不同的评估体系设置、或同一评估体系通过不断的调整，就可以用差异化、多样性实践对其效果进行比较，而修正下一步的实践。④ 因此，在这一"治理"话语中，法治评估相对于政府来说，就是外部视角的，其路径是演化性的，其目标是开放性的，其参与主体是多元性的，而其后果则是功能性的。而在国家权力机关主导的另一种法治评估模式，与此理论模式在功能结构上产生了根本性的差异。

---

① See C.sabel & J.Zeitlin, Experimentalist Governance. In：Levi-Faur D（ed.）The Oxford Handbook of Governance, Oxford：Oxford University Press，2012，pp.169-183.

② 原初版本的"实验主义治理"理论，是以国家治理为核心的视角，框架性目标是由国家机关和利益相关者共同制定的，而本文调整了这一理论模式，因为我国法学理论界推动的法治评估中的指标设定并不一定是与权力机关合作制定且向其汇报，但开放性的评估体系生成机制，仍旧可以促成差异化的实践和对比，以为权力机关法治建设决策提供依据，因此仍可以适用这一理论框架。

③ See E.Szyszczak, Experimental governance：the open method of coordination，12 European Law Journal. pp.486-502（2006）.

④ 对于我国实验主义治理框架下的法治实践，可参见钱弘道、杜维超：《论实验主义法治》，载《浙江大学学报》（人文社科版）2015 年第 6 期。

（二）公共行政管理理论话语中的法治评估

早在我国理论界开始形成法治评估理论并推进实践之前，就已经存在国家权力机关主导推进的另一种法治评估构想，它既包括由各级政府主导的法治政府建设评估体系，也包括司法机关主导建立的各种阳光司法考核体系等。[①] 早在 2004 年国务院就颁布了《全面推进依法行政实施纲要》（以下简称《行政纲要》），其中提出，"经过十年左右坚持不懈的努力，基本实现建设法治政府的目标"，自此，各地方政府就纷纷开始设立各种"法治政府指标体系"，并将其视为"推动法治政府建设的主要抓手"和"评测法治政府建设进展情况的客观标准"。之后，2008 年又出台了《国务院关于加强市县政府依法行政的决定》，2010 年出台了《国务院关于加强法治政府建设的意见》。这三部文件提出了建设法治政府的总体要求，为法治政府指标体系搭建了基础框架性依据。而 2009 年国务院办公厅《关于推行法治政府建设指标体系的指导意见》出台，该意见还附有《法治政府建设指标体系总体框架》，更是直接对法治政府指标体系进行了具体的设计。[②]

通过解读党的权威文件，可以更明确地揭示这种构想的实质。《改革决定》中，法治评估的内容放在第九节"推进法治中国建设"第（30）条"维护宪法法律权威"中，该条的目标指向为"坚持法律面前人人平等，任何组织或者个人都不得有超越宪法法律的特权"，而其方法是"建立科学的法治建设指标体系和考核标准"。[③] 而在《法治决定》中，相关内容在第

[①] 两种评估类型最大的可观察差异化特征（当然后文还将论述若干背后的深层差异），是实质评估主体的不同。即使评估内容相同，但由权力机关之外的学术共同体发起的评估就是治理型评估，而由权力机关发起的评估则是管理型评估。而权力机关主导但部分或全部程序委托给所谓独立第三方的评估，按照其权责归属，其实质评估主体仍是权力机关。

[②] 参见栗燕杰、赵凡：《完善法治政府评估体制机制》，中国社会科学网，http://www.cssn.cn/sf/bwsf_fx/201506/t20150624_2045111.shtml，2015 年 9 月 20 访问。

[③] 《中共中央关于全面深化改革若干重大问题的决定》，2013 年 11 月 16 日发布。

七节"加强和改进党对全面推进依法治国的领导"第（3）条"提高党员
干部法治思维和依法办事能力"中："把法治建设成效作为衡量各级领导
班子和领导干部工作实绩重要内容，纳入政绩考核指标体系"。①

袁曙宏以《行政纲要》为核心依据，提出了法治政府指标体系的核心
构想。② 自 2008 年年底深圳市推出全国首个此类指标体系以来，各地法
治政府建设指标体系的构建实践，基本都遵循了这种设想。在这种设想
中，从评估主体来说，指标体系的设立，都是采取政府文件的方式，而考
评执行者一般为同级依法行政（法治政府建设）工作领导协调机构；从评
估内容来说，其考核指标均严格依据《行政纲要》所罗列的内容：合理配
置政府职能和完善行政管理体制、建立健全科学民主决策机制、提高制度
建设质量、理顺行政执法体制和规范行政执法行为、建立防范和化解社会
矛盾的机制、强化对行政行为的全方位监督、提高公务员依法行政观念和
能力，各地指标体系基本是对以上内容进行了细化，并将其分解三级指标
体系；而从评估后果来说，评估都会提出考核评价意见，形成考核评价结
论，甚至与对具体部门的绩效评价相关联。③

可见，这种法治评估构想，和那种实验主义治理视野下的设想完全
不同。这种评估背后秉持一种"薄"的法治观念，即仅关注权力机关对
法定事项的执行情况，是一种权力体系内部的视角。当然，这是由现代
政治理论中的分权理论和科层制结构决定的，也即各权力机关仅能执行
法定权力，自然无权对属于自身法定职权之外的事项进行评估，确切地
说，这些评估都是一种管理型的自我评估。笔者认为，它实际上是行政
管理理论中的"政府绩效评价"。所谓"绩效"，即某组织机构相关活动

---

① 《中共中央关于全面推进依法治国若干重大问题的决定》，2014 年 10 月 20 日发布。

② 参见袁曙宏：《关于构建我国法治政府指标体系的设想》，载《国家行政学院学报》
2006 年第 4 期。

③ 参见陈柳裕：《法治政府建设指标体系的"袁氏模式"：样态、异化及其反思》，载
《浙江社会科学》2013 年第 12 期。

的投入、产出情况，而绩效评估强调对产出和结果（outcoming）的衡量，以反映该组织机构特定权能的效率、效益和质量。绩效评价的英文为 performance measurement，其评价的对象是 performance，也即机构的执行。它评价的是政府在投入既定的情况下，对事先确定的行政性目标的完成效果。① 它体现了权力机关内部作为一个"科层制机关"的特性：仅关注形式的妥当性，对于立法机关或上级机关已确定的目标，在行政过程中应严格执行，而不对其实质性价值进行权衡，也不具体负责这一目标的修正和改进。② 实际上，政府绩效评估在我国已经不是新鲜事，为了解决我国公共行政的效率问题，我国早已引入西方的政府绩效评估方法，建立了庞大的政府内部绩效评估体系。早在 20 世纪 80 年代中期，我国就引入"目标管理"（MBO）技术，通过将组织目标具体分解到各个岗位，考察岗位任职者对组织目标的贡献。从 1989 年起又开始发展了"效能监察"，以评估机关单位管理和经营中的总体效率和质量。21 世纪以来，高层号召构建"科学的政府绩效评价体系"，引发了地方绩效评估大发展。③ 而本部分描述的各种法治指标体系，无非是将与法治相关的"合法性"内容加入了绩效评估体系之中，使其具体评估内容更加丰富和精细化而已。

将这种法治指标体系置于公共行政管理视域下审视，则指标只是权力运行体系的内部要素之一，是对既定的法定职责目标完成效果的内部测评。它并不对指标体系的具体内容进行实质性价值判断，自身也没有对具体评估事项进行改变的权力，更无必要与指标评价单位以外的其他单位进

---

① 参见孟华：《政府绩效评估：美国的经验与中国的实践》，上海人民出版社 2006 年版，第 2 页。

② 需要注意的是，司法机关虽然并不是严格意义上的科层官僚型结构，但在特定层级法院内部仍旧是科层制的管理结构，由其主导的司法透明指数也是一种管理型评估，因为它是内部自我评估，目的是评估本机关对既定法定职责完成的绩效。

③ 参见蓝志勇、胡税根：《中国政府绩效评估：理论和实践》，载《中山大学学报》（社会科学版）2007 年第 1 期。

行横向比较。这种指标体系相对于权力机关来说是内部视角的，其路径是构建性的，其目标是封闭性的，其参与主体通常是单一性的，（当然也有各单位交叉测评的——如浙江在实施阳光司法指数之前采用各法院互相测评，但这是由上级主导的，其本质仍旧是权力体系的自我评价），而其后果则经常是功利性的。

在当前中国法治评估研究中，经常将这种指标体系也视为法治评估的一部分，并将两种法治评估结构相混淆，而实践中由于权力机关的强势，使得政府与学界合作进行的一些法治评估在实践中也倾向于后者。虽然有些研究提出了各种分类，以解释其区别，但无论是所谓价值性—体制性、还是整体性—局部性的区分，都没有揭示这两种评估体系背后理论起点的差异，也就没有认识到两种评估模式在结构功能上存在的根本性差异。实际上，"治理"型法治评估体系与"管理"型法治评估体系在结构和功能上存在着几种本质差异。

三、两种法治评估模式功能结构之辨异

实际上，不少学者已经意识到这两种法治评估类型的存在，但却没有发现两种类型间存在的不可调和的差异。例如，季卫东教授就提出，建立一套法治指数的主要意义之一就是"使法制建设的具体举措和绩效的评价趋于统一化"，[①] 笔者并不认同这一观点，实际上，两种模式在方法、目标、主体和后果上，均存在根本性的差异，是不能混为一谈的。因此，对法治评估模式的正确态度应当是"辨异"而非"求同"，应当深入剖析两种法治评估模式的功能结构，厘清其根本差异，并针对评估目的而区别化适用于不同的情景。具体而言，法治评估的功能结构包括方法、内容、主体和后果四个要素。

---

① 参见季卫东：《秩序与混沌的临界》，法律出版社 2008 年版，第 55 页。

（一）方法论：构建型 VS 演化型

侯学宾等提出，中国法治指数设计中存在着建构主义思维与法治的渐进主义逻辑之间的区分，他认为，我国对法治指数的设计和推进具有强烈的政府主导色彩，是纯粹的建构主义的逻辑，是借助于国家公权力的力量，自上而下地设计和推进法治，以破除一切阻碍法治的社会因素，以公权力的速度和强力获取法治胜利。[①] 实际上这一观点并不完全符合中国的实际情况，不能一概而论：作为绩效评价的"管理"型法治评估之内容并不是权力的凭空构建，而是对法定权责内容的再表达；而"治理"型法治评估则是自发性、地方性和竞争性的，并没有以公权力作为背书的中央设计和强力推行，即使在某些案例中存在官方和独立第三方的委托、合作关系，但第三方所评估的内容是超出法定范围的，评估过程和结果也都具有独立性，也就并非顶层设计的后果。实际上，理性主义的科层官僚制和现代法治国理念共同构造了现代政治秩序，而法治国的分权结构要求，官僚科层机关的运行应该是严格法定主义和形式主义的，应当避免进行实质性价值判断的，是一种理性的非理性（irrationalization of rationalization），[②]在这一体系中，自然无法由行政系统内自行确定法治的具体内涵，而只能执行立法机关或上级已确立的目标。而一些学者也不断强调，应当加强法治评估体系的统一性和权威性，其实也是基于这种顶层构建的设计观念，这种构建性的法治评估体系如果限定在"管理"型法治评估类型中，其实是符合现代法治分权理念的。[③]

[①] 参见侯学宾、姚建宗：《中国法治指数设计的思想维度》，载《法律科学》2013 年第 5 期。

[②] 参见马剑银：《现代法治、科层官僚制与"理性铁笼"从韦伯的社会理论之法出发》，载《清华法学》2008 年第 2 期。

[③] 如杨小军认为，指标设计缺乏顶层设计，因而其权威性有待强化，目标、功能、职责归属也需进一步明确，参见杨小军、陈建科：《完善法治政府指标体系研究》，载《理论与改革》2013 年第 6 期；包万超也认为法治政府的标准缺乏一个基本的共识，导致整个

正如前文所述，"管理"型法治评估的指标也确实是由若干中央或上级权威文件规定的，其评估内容也是该机关法定职责范围内严格法定的事项，而这些文件的出台自然是中央决策机关以及理论智库进行理性设计的结果。以第一个此类指标——2008年出台的"深圳市法治政府建设指标体系"为例，中共深圳市委、市政府出台的《关于制定和实施〈深圳市法治政府建设指标体系（试行）〉的决定》（深发〔2008〕14号）中开篇就指出，"根据国务院《行政纲要》、《关于加强市县政府依法行政的决定》，中共广东省委、广东省人民政府《关于争当实践科学发展观排头兵的决定》，以及市委、市政府《关于坚持改革开放推动科学发展努力建设中国特色社会主义示范市的若干意见》精神，经与国务院法制办协商研究，决定制定和实施《深圳市法治政府建设指标体系（试行）》"，①可以看出，这种指标具有很强的理性设计色彩，其设计指导思想经由严密的权力层级体系由"中央—省—市"层层下达，明确地体现了顶层设计的路径特征。

治理理论，特别是实验主义的治理理论是一种基于结构—功能、信息—反馈、竞争—协调的演化主义决策系统，它反对用纯粹抽象的理论推演来确定实践路径，它在纵向功能上，要求治理采取实践优位于理论、渐进试错的实验实践方式；在横向结构上，则要求治理领域的各基层主体具有充分的实践自主性，以形成差异化实验，才能进一步对比评估及互相学习。因此，"治理"型法治评估并不追求绝对正确和统一的理性构建，恰

评估体系缺乏内在一致性的逻辑，因此建议在国务院的层面上确立中国法治政府的标准，包括上位标准和最低限度标准。参见包万超：《论法治政府的标准及其评估体系》，载《湖南社会科学》2013年第2期；汪全胜也提出，应当建立法治的共识，加强法治评估的顶层设计。参见汪全胜、黄兰松：《我国法治指数设立的规范化考察》，载《理论学刊》2015年第5期。

　　① 方兴业、范京蓉：《市委市政府发布决定实施全国首个法治政府建设指标体系，深圳法治政府建设全面提速，力争用三年左右的时间在我市初步实现法治政府建设目标》，载《深圳特区报》2008年12月24日。

恰相反，这种法治评估体系都是阶段性、暂时性和可变性的。它对目标本身和达成目标的方式，都设定为临时性的，都要进行经验性修正，因此，在一个阶段暴露出来的问题，会在下一个循环中得到修正。① 国外各种法治指数体系，也确实是根据情况变化而不断调整的。笔者也曾指出，政府主导法治评估使得指标设置产生"实用性导向"，"担当着为政府提供信息和直接服务政府决策的任务，而法治评估的作用主要应是评价现状、揭示问题，而非解决问题"。②

这种"治理型"的法治评估体系必然是实验性和差异性的，是逐渐演化的，例如，世界银行的治理指数（WGI）刚出台时，仅包括法治、政府效能与贪污情况三个指标，后来演变为包括"发言权与可问责性、政权稳定与非暴力、治理实效、规制质量、腐败控制、法治"六项指标，而其中法治的次级指标也经过多次调整；③ 世界正义工程（WJP）发布的法治指数 2009 年时评估内容分为 4 个板块、16 项次级指标，2015 年的评估内容则包括了 4 项基本原则、8 个板块（限制政府权力、消除腐败、开放政府、基本权利、秩序与安全、监管执法、民事司法、刑事司法，某些特殊国家增加了"非正式司法"一项指标）和 44 项次级指标。④ 管理型法治评估的内容必须是严格法定的，但上述这些治理型评估的内容则是实验性的，其制定仅需进行价值权衡，具有一定的任意性。可以看出，此类型的评估主体和评估对象都是差异化极大的，并不以法定授权

---

① See Zeitlan, J., and C. Sabel. Experimentalism in transnational governance：emergent pathways and diffusion mechanisms. panel on *Global Governance in Transition*, annual conference of the International Studies Association, Montreal, March.2011.

② 钱弘道、戈含峰、王朝霞、刘大伟：《法治评估及其中国应用》，载《中国社会科学》2012 年第 4 期。

③ See Governance matters VIII：aggregate and individual governance indicators, 1996-2008.World bank policy research working paper, 4978, 2009, p.5.

④ 具体指标可参见世界正义工程官方网站的介绍，http://worldjusticeproject.org/factors，访问日期 2015 年 9 月 21 日。

为边界，其评估动力是自发性的，其评估方式和内容等也都在不断地实验、演化和调整中，而不同的评估体系之间也存在巨大的差异，这正是一种演化型的发展路径。

（二）评估内容：封闭性 VS 开放性

评估内容指法治评估的具体指标设计所指向的实质性内容。两种法治评估模式的评估内容之确定方式同样存在着结构性差异。作为行政绩效评价的"管理"型法治评估，由于其作为行政权力执行性行为的性质，是具有封闭性的。现代政治理论要求，公权力的运行要遵循严格的法定原则，即各公权机关只能就自己法定授权范围内的事项进行管理、评价和干预，也只对自身法定权限之内的事项负责，各种公权力之间是严格分立的。"管理"型法治评估的本质，就是一个公权机关内部对法定职能执行效果的评估，因而，评估内容也就必然严格限定于自身的法定职责。"管理"型法治评估具体指标的设定，就是对法定权限的进一步解释或分解。因而，前文所述将法治评估分为"综合评估"和"专项评估"的分类方法并未反映这一根本差异。如果并非法定权力机关进行的评估，即使评估范围仅限于某一特定领域，但其具体内容并不受法定权限之限制，那么仍然是开放性的；如果某权力机关具有综合性的法定职能，同样可以进行多个范围的评估。

以最典型的"法治政府建设指标体系"为例，自 2004 年国务院发布《行政纲要》以来，对这一指标体系最早和最典型的设计是袁曙宏教授在 2006 年提出的，他提出，《行政纲要》按照依法行政的逻辑结构和行政权的运行过程，明确规定了法治政府的 7 项内在标准，即"合理配置政府职能和完善行政管理体制"、"建立健全科学民主决策机制"、"提高制度建设质量"、"理顺行政执法体制和规范行政执法行为"、"建立防范和化解社会矛盾的机制"、"强化对行政行为的全方位监督"和"提高公务员依法行政观念和能力"这 7 项内在标准，并认为指标体系的设计应以此作为一级指标，再进一步细化出二级和三级指标。① 实际上，有学者统计了此后我国各省市地方政府制定指标体系情况，它们几乎完全按照这一模式设置各项指标，而仅有编排上的细微差异。② 可以看出，这种体系的所有评估内容必然是法律授权的部门职权，而评估的具体事项也只能是这些法定职权的执行效果之体现，而无法对此之外的任何非职权事项进行评估，可以说，这种体系的设置是封闭性的。

"治理"型法治评估具体内容的确定则是开放性的。一方面，现代治理理论中，特别是实验主义的治理理论中，治理过程是超越国家行政体系的，因而其目标是一种所谓的"框架性目标"（framework goal），这种目标要求仅设定若干基本准则，而这些较为抽象的准则保留了充分的解释和探索空间；目标也并非终局性的，其设立与执行是一体的，可以根据经验性反馈不断明确和修正目标；框架性目标也不对具体方法作出规定，而由地方单位自由设定具体路径，③"治理"型法治评估正是这种治理模式在法治实践中的应用，法治概念的本质争议性同样要求其目标设立的开放性。另外，"管理"型法治评估与科层体系内的激励措施相联系，因而其内容必须依体系内的权限设立，而"治理"型法治评估通常仅作为外部决策依据来源之一，并不具有权力支配性，因而无须法律授权，从而具有更大的设置自由度。

在这种"治理"型评估模式中，以世界银行的治理指数（WGI）为例，它将法治与"发言权与可问责性、政权稳定与非暴力、治理实效、规制质量、腐败控制"等其他五项指标并列，而法治指标下的次级指标则涵盖了

---

① 参见袁曙宏：《关于构建我国法治政府指标体系的设想》，载《国家行政学院学报》2006 年第 4 期。

② 参见陈柳裕：《法治政府建设指标体系的"袁氏模式"：样态、异化及其反思》，载《浙江社会科学》2013 年第 12 期。

③ See Sabel, Charles F., and Jonathan Zeitlin, Learning from difference：the new architecture of experimentalist governance in the EU，14 European Law Journa.pp.271-327（2008）.

合同执行、财产权保护、知识产权保护、逃漏税、人口贩卖、暴力犯罪、有组织犯罪、司法程序的公开性、独立性和快速性、征用、国有化等方方面面的内容，且在不同的年度会作出各种调整；①而世界正义工程（WJP）发布的法治指数，则包括以下八个指标：限制政府权力、根除腐败、开放政府、基本权利、秩序与安全、监管执法、民事司法、刑事司法（某些特殊国家增加了"非正式司法"一项），②而香港法治指数则更注重指标的形式性内容，它包括：法律的基本要求、依法的政府、不许有任意权力、法律面前人人平等、公正地施行法律、司法公义人人可及、程序公义；③余杭法治指数则更贴合中国政治国情，其一级指标包括：民主执政优化、建设法治政府、司法公正权威、法律服务完善、市场规范有序、民众尊崇法治、全面协调发展、社会平安和谐监督力量健全。可以看出，这种评估模式对法治的理解是极为开放的，它出自不同的评估语境和目标，可以容纳各种价值性和制度性的内容，这也正符合治理型评估作为一种决策路径对比实验的定位。

（三）评估主体：单一性 VS 多元性

评估主体这里指决定法治评估实质内容及后果的实际权力拥有者，而非技术上的操作者。正如前文所述，权力机关内部是一个科层制的体系，考核和管理的权限都是法定的。而"管理"型法治评估就是这种考核管理的具体方式之一，因此，其主体必然是单一性的，必然严格依照法律的授权；反之，只有拥有法定权力背书的评估才能视为"管理"型法治评估，如果评估者并不拥有此种权限，则这种考核也就不是"管理"型评估了。

---

① See Governance matters VIII : aggregate and individual governance indicators, 1996-2008.World bank policy research working paper, 4978, 2009, p.5.

② 具体指标可参见世界正义工程官方网站的介绍，http://worldjusticeproject.org/factors，访问日期，2015 年 9 月 22 日。

③ 参见戴耀廷：《香港的法治指数》，载《环球法律评论》2007 年第 6 期。

例如，在我国各地的法治政府建设指标体系考核中，普遍规定由同级依法行政（法治政府建设）工作领导协调机构具体负责考核评价的组织实施工作，有学者认为这"既是运动员又是裁判员式的内部考核"，背离了法治政府评估的初衷，[①] 笔者认为此论并不成立，因为"管理"型法治评估本就是科层体系的内部自我绩效评价，不能强行附加其结构本来就不能承载的功能。

例如，在国务院办公厅《关于推行法治政府建设指标体系的指导意见》（讨论稿）中明确指出，"上级人民政府应当定期或不定期地对下级人民政府依法行政和法治政府建设情况进行考核评价。组织工作由上级人民政府依法行政工作领导小组负责，具体工作由政府法制工作机构承担（以下简称考评工作机构）。县级以上地方人民政府参照本指导意见的要求和本级政府法治政府建设指标体系，对所属工作部门依法行政情况进行考核评价。国务院有关部门可以参照本指导意见对本系统依法行政情况进行考核评价"。[②] 可见这种评估的动力是来自科层制体系内部的，是法定职权要求或上级指令的结果，其主体也是严格依据科层体制序列确立的，完全遵循着既有的封闭性权力结构体系的内部运行逻辑，评估主体必然是单一性的。

在"治理"型评估中，由于评估的目的是为进一步的治理决策提供信息和经验依据，并不对评估对象带来实质性后果，无须法律授权，因此评估主体是多元性的，理论上说任何有需要和意愿进行评估者都可以自行开展。如果说"管理"型法治评估是"权力型"评估主体，则"治理"型法治评估则是"能力型"评估主体，前者的主体地位源自法律授予的权力，而后者是否有必要进行评估，则仅需关注其是否具有充分的评估能力和

---

① 参见杨小军、杨庆云：《法治政府第三方评估问题研究》，载《学习论坛》2014 年第 12 期。

② 《关于推行法治政府建设指标体系的指导意见（讨论稿）》，2009 年国务院法制办公室起草。

技术，以为治理发展提供决策依据。另外，"管理"型法治评估是被动型评估，评估主体发起评估的动力是法律授权职责的内在要求（绩效要求）或上级决策，而不是任意的；相反，"治理"型法治评估则是主动性评估，评估主体发起评估的动力是多样性和非强制性的，是自发性行为，自然也是可以自行终止的。总之，治理型评估的能力型要求和主动性特征，决定了这种评估主体的多元性。

比如，"全球治理指数"的评估主体是世界银行，属于国际政府合作组织；而世界正义工程的"法治指数"，则是由美国律师协会、联合国律师协会和泛太平洋律师协会等律师组织操作的；而"香港法治指数"则是由香港的非政府组织"香港社会服务联合会"所运作的。① 可见，治理型的法治评估主体出于不同的动力、社会环境和评估目的，其主体是极其多元化的。需要注意的是，某些官方委托的第三方评估，例如武汉市政府委托麦肯锡进行的政府绩效评估，虽然技术操作是由第三方完成，但第三方只是作为工具性身份参与，各种实质权力依法仍必须保留于相关政府机关，因此实质上的评估主体仍然是政府。而"余杭法治指数"评估由于特殊的主体间关系结构则不在此列，下文将详细分析。

（四）评估后果：功利性 VS 功能性

评估后果是法治评估对评估对象实质上所产生的影响。"管理"型法治评估的对象是科层制中的层级机构。而正如《法治决定》中所要求的"把法治建设成效作为衡量各级领导班子和领导干部工作实绩重要内容，纳入政绩考核指标体系"，地方上的"管理"型评估，也普遍与被评估机构的功利性收益联系起来。正如政治科学的经济学理论所指出的，在公共和私人角色中，科层制中的官僚都是"理性的效用最大化者"，追求扣除成本后的收益最优化，其动机既包括自利动机(权力、货币收入、威望、便利、

---

① 参见孙建：《我国法治城市评估的发展与现状研究》，载《中国司法》2014 年第 3 期。

安全），也包括利它动机（对团体的忠诚、使命责任感、对绩效的自豪感、社会公共利益）。① 而"管理型"法治评估直接与以上动机联系起来，直接影响官僚的收益，例如"晋升锦标赛理论"就认为，在中央集权的控制下，地方政府官员会因为晋升的激励而围绕中央关注的考核指标展开激烈竞争，在此理论基础上，就形成了关于地方法治竞争的预期。②

国务院办公厅《关于推行法治政府建设指标体系的指导意见》（讨论稿）中以专门的篇幅提出"考评结果的运用"问题，要求"法治政府建设指标体系考评结果应当纳入本级人民政府目标考核或者绩效考核体系，作为考核下级政府和政府所属工作部门依法行政和法治政府建设的重要依据，作为政府和政府部门领导干部选拔任用、培养管理、激励约束的重要依据"，③ 这种评估后果直接和官僚的功利性收益相连接，正符合绩效管理中的激励理论。其正面影响是刺激官僚完成既定行政目标；而其负面影响就是各种博弈行为的产生，例如作弊、操纵、美化、创造性解释等行为，从而导致官僚获得最大收益却并未改进绩效，④ 进而影响了评估的真实性。正如侯学宾指出的，有些地方性的"官方"法治指数变异为粉饰地方"非法治"的工具，成为党政官员的"政治秀"而并未发挥其作用。⑤

而"治理"型法治评估的后果则是功能性的。在实验主义的治理体系中，其体系的反馈机制也就是其第三个步骤——同行评议，就是对既有差

① 参见［英］帕特里克·敦利威：《民主、官僚制与公共选择——政治科学中的经济学阐释》，张庆东译，中国青年出版社 2004 年版，第 166 页。

② 周黎安：《中国地方官员的晋升锦标赛模式研究》，载《经济研究》2007 年第 7 期。

③ 《关于推行法治政府建设指标体系的指导意见（讨论稿）》，2009 年国务院法制办公室起草。

④ 参见周志忍、徐艳晴：《绩效评估中的博弈行为及其致因研究》，载《中国行政管理》2014 年第 11 期。

⑤ 参见侯学宾、姚建宗：《中国法治指数设计的思想维度》，载《法律科学》2013 年第 5 期。

异化实验效果进行评估的过程，而这种评估的目的，并非对评估对象的效能的评价，也不会对评估对象带来实质性的功利性影响，其目的是确定实践实验的效果，进而开启进一步的学习和修正步骤，其后果仅仅是治理功能的继续推进。也正因此，纯粹的"治理"型法治评估不会影响官僚的理性效用最大化决策，相反，当官僚进行相关的法治政策决策时，良好的"治理"型法治评估会提供有效的决策信息和经验依据；而"治理"型法治评估的失灵，会影响利他型决策的依据，但却不会刺激官僚的恶性博弈行为。

以世界正义工程的"法治指数"为例，在 2015 年版指数报告中，专门辟出"法治指数的用途"一节，并明确说明，"世界正义工程的法治指数的设计，是通过普通人的经验感知，来为决策者、商业或非政府组织提供可靠的和独立的数据来源，供其评估一个国家对法治的坚持程度，并考察其相对其他类似国家的优缺点，并跟踪其随时间的变化"。① 可以看出，这种评估的根本目标是"服务"而非考核，其目标是为不特定的组织和个人进行决策提供功能性的依据，而不和任意组织个人的利益直接相联系，自然是纯粹功能性的。而权力机关的功利性收益与其并无直接关联，因此也不会产生针对性的博弈行为，但这种评估的结果却可以作为权力机关在行使自身法定职权时的决策依据。

四、法治评估体系的二阶性和一体化

实际上，不少学者在法治评估研究中，已经意识到"管理"和"治理"两种理论语境下评估模式的差异，但尚未就其背后机制进行理性化的深入探讨。如侯学宾认为，从评估主体上看，域外法治指数体系多是第三方独立评估，而我国法治指数体系更多的是政府主导，大多属于一种"自我评

---

① See World Justice Project Rule of Law Index 2015, World Justice Project, 2015, p.18.

估";① 蒋立山认为，党政部门主导的行政化法治工作考核测评中，"对国外法治指数设计的有限价值吸纳与形式模仿，以及对国内党政机关原有工作考核的'科学化'包装"，是其主要技术特征；② 笔者也曾指出，有些地方法治评估形式主义严重，套用一贯以来的内部政绩考核方式，使得法治评估作为一项制度创新的效应并没有得到充分发挥。③ 这些观察都是对我国法治评估状况富有启发的客观描述。但是，还需进一步细致分析两种评估模式内在结构的差异，以避免引起一种误解：即将"类型差异"严重化为"优劣之分"；将"适用范围"的问题扩大为"存在必要"问题，从而完全否认其中之一的存在价值。因此，笔者认为，应当承认两种评估模式各自存在的价值，同时对其各自的功能结构进行细致权衡，重新整合两者在法治建设中的位置，通过区隔与整合的具体方式，构建二阶性和一体化的法治评估体系，力求法治评估总体效果的提升。

（一）区隔：法治评估体系的二阶性

由上文可知，由于其背后理论起点的根本差异，两种法治评估模式的方法、内容、主体、后果等功能结构都存在结构性差异。旧的法治评估理论中对两者的混淆，造成了理论和实践中的思路混乱。因此应当严格的区分两种法治评估类型，明确两种法治评估类型各自的功能作用，根据其不同的性质区隔各自的适用阶段，构建二阶性的法治评估体系。这里的二阶性，指两种评估应当位于评估体系中的不同层级和阶段。

正如前文所述，"管理"型法治评估是在国家权力机关内部运行的，是科层制行政绩效评价之工具；从政治的分权和限权理论出发，权力机关

---

① 参见侯学宾、姚建宗：《中国法治指数设计的思想维度》，载《法律科学》2013 年第 5 期。
② 参见蒋立山：《中国法治指数设计的理论问题》，载《法学家》2014 年第 1 期。
③ 参见钱弘道、王朝霞：《论中国法治评估的转型》，载《中国社会科学》2015 年第 5 期。

的权责都是严格法定的，其评估适用方式也应在形式和实质上严格执行法定原则。形式法定表现为参与者法定和程序法定。首先，评估主体和对象必须符合法定授权，即评估主体只能是科层制上级，或法定、授权的其他考评机关（如法制办），而评估对象必须是科层制中评估者的下级或法定、授权评估对象；程序法定则要求评估标准符合内部规范性文件的法定制定程序，且要具有有效的救济措施和途径，而评估的过程也要充分公开透明，公平合理。而实质法定则包含了内容法定和后果法定。内容法定指法治评估的内容必须是明确的法定职责，如通过对民众的主观评价调查，侧面评估某机关法定职责完成效果，是符合这一要求的，但除法制宣传部门之外的其他部门调查所谓"民众法治意识"，则明显超出了自身的职权。另外，某些超越性或宏观性的政治价值性目标，其性质属于法律发展而非法律执行，已超出了现有法律体系授权，自然就不应由这种模式进行评估；而后果法定是指评估的后果应当是明确和符合法律规定的，这既包括对被评估机构的各种激励措施的合法性，也包括被评估机构针对评估结果的改进或博弈行为的合法性。通过以上措施，将"管理"型法治评估严格限定在公共行政管理实践范畴中，即其仅能适用于权力机关内部对法定职责执行绩效的评价。

对于"治理"型法治评估，则应当严格地与"管理"型法治评估区隔开来。它的评估主体和对象、程序、内容、后果都是相对任意性的，并不需要严格的法律授权。当然，出于评估实效性的要求，以及提供决策依据，甚至推动现有法治实践体系发展的目标，较优的评估主体应当具备相对充分的信息获取、资料分析和理论研究能力；评估程序应当科学合理、低成本高效率；评估内容应当与现有法治体系实践效果直接相关，具备充分的代表性；而评估后果则应当是非强制性和指向性的，它不能直接要求特定机关的特定反馈，但它能为特定机关决策提供有效的参考。需要特别强调，这里的任意性是相对的，与"管理"评估中的积极法定原则不同，这里仅需要法律的消极规制，即：只要这种评估类型的各种因素没有违反现有法律规定，或明显危害社会公共利益，则其就是可以存在的。而这种评估模式，主要应适用于对跨越法定权力分工的法治总体状况的宏观考察上，或对制度体系所负载的法定价值之正当性或充分性的实质性审视上。这就使得两种评估模式在各个层面上严格的区隔开来，避免了概念的混淆和实践的混乱。

（二）整合：法治评估体系的一体化

虽然出于实践效果的目的，两种法治评估类型应当在操作上明确区隔，但由于其根本目标都是促进法治建设发展，两者不应完全孤立，而仍然应当在外部层面上形成合作，以共同形成一个更为完整的法治评估体系，更好地服务于法治建设。这一整合过程包括衔接和协作两种方式。

两种评估模式应当在功能上形成衔接。"治理"型法治评估作为治理体系之决策信息依据，可以在多样性和差异化的法治实践中，寻求较为优越的路径和概念。但这一决策依据，只有最后被权力机关采纳，并进入实践环节，才能最终发挥作用，这种评估也才是有意义的，并且才能与"管理"型法治评估衔接起来，形成完整的法治评估体系。而其进入权力机关实践环节的关键方法，就是合法性检验。对于"治理"型法治评估对现行法治实质价值或实践方式的评价，如果其评价内容实质上不与现行宪法和法律规范的实体内容和权责划分相违背，则该评价可以直接被转化为层级管理中的绩效要求，通过管理型评估进行评价；如果内容超出现行法律规范之外，那么就要经过谨慎且充分讨论后的立法或决策程序，使原本在现行法律体系所未容纳的内容合法化，只有这样，其才能转化为权力机关所必须遵循的内部考核规范。因此，只有经过合法性检验这一衔接环节，"治理"型法治评估断定为较佳的实质性法治价值或法治建设路径，才可以进入相应的"管理"型法治评估体系，两个体系才可以完成初步的衔接和整合。

除了纵向的"衔接"式整合外，两种评估模式间在局部技术性层面上，还存在着横向的"协作"式整合。两种法治评估类型均有各自的不足之处，如"治理"型评估如果没有政府支持，就难于获取数据，而"管理"型法治评估则经常缺乏理论支持和技术手段，且中立性不足而面临较大的博弈压力，因此可以在严格区隔两者作用范围的前提下，对某些两种模式均可容纳的评估内容进行局部的合作，实现效果最大化。以余杭法治指数为例，实际上，余杭存在着两套形式上互相独立的法治评估体系，一套是广为人知的"余杭法治指数"，另一套则是区余杭区委法治建设办公室组织的"法治余杭"建设考核工作。两者联系紧密，甚至经常被混为一谈。其实，"法治余杭"建设考核工作中，区"法治余杭"建设领导小组副组长为组长，"法治余杭"专项工作组牵头单位负责人为成员的考核组。具体步骤包括：开展自查自评、开展镇街民调、分类组织考核、公布考核结果，① 这一体系是典型的"管理"型评估；而"余杭法治指数"，是由中国法治研究院和浙江大学法学院联合主持，评分由民调组、内部组、外部组、专家组评分加权加总得出，与前者形式上是完全互相独立的。但这两个体系在局部内容上却是互相协作的，其中，"法治余杭"建设考核中的"镇街民调"环节，就直接使用了"余杭法治指数"课题组完成的民调环节数据，这就保证了其中立性和真实性，并提高了效率；而"法治余杭"建设考核中的"自查自评"环节材料，同时也会汇总给"余杭法治指数"课题组，并由课题组寄送内外组和专家组，作为其打分依据，这也解决了评审者掌握材料不足的问题；而除了材料分享之外，两个体系的实质评价步骤是各自完全独立完成的。这样，两个体系互相紧密协作，即厘清了各自职责权限，避免了评估效果受损，又充分为彼此创造便利，便于提升评估效率，对两种法治评估类型的协作给出了良好的示范。

综上所述，治理和管理型法治评估的功能结构是存在根本性差异的，

---

① 《关于组织开展 2014 年度"法治余杭"建设考核工作的通知》，2014 年 12 月 9 日，杭州市余杭区"法治余杭"建设领导小组办公室发布。

应当进行严格的区分，实现法治评估体系的二阶性；同时也应积极探索两种法治评估模式的整合，通过合法性检验进行衔接，并在局部内容上进行合作，使两种评估模式有效的整合为一套完整融贯的评估体系，从而极大地提升法治评估的实效性，更好地服务于全面推进依法治国工作，进而推进全面深化改革进程。

后 记

本文原载《法学研究》2015 年第 6 期，2016 年《中国人民大学复印资料》转载，由我与博士生杜维超合作完成。法治评估在中国已经成为热点领域。不少学者已经从多个角度对法治评估开展研究。法治评估模式就是其中的一个问题。对法治评估模式及其相关问题的研究，有助于法治评估理论的深化研究。

本文的基本落脚点在于提出：法治评估可以分为"治理型"和"管理型"两种，法治评估的功能结构存在根本性差异；既要严格区分，又要科学整合两种法治评估模式，提升法治评估的实效性。

论中国法治评估的转型

　　近年来，全国许多地方积极探讨或实施法治评估机制。法治评估体系、法治政府指标体系、司法公开标准等在实践中得到广泛应用，法治指数、司法透明指数、电子政府发展指数、司法文明指数、司法公信力指数、司法公正指数等指数化测评相继出现。时至今日，法治评估已然成为一项地方法治建设的"抓手"。全国各地正在进行的法治评估可根据不同的标准进行分类。根据法治评估内容，可分为综合评估和专项评估。法治指数测评覆盖法治的主要维度，属于综合评估。立法评估、法治政府评估、司法透明指数测评、司法公信力指数测评等侧重法治的某个方面，属于专项评估。根据评估方式，可分为内部考评和第三方评估。目前，全国各地根据国务院指导性意见开展的法治政府考评、最高法院开展的阳光司法考评属于内部考评，浙江余杭法治指数、吴兴区司法透明指数、杭州市电子政府发展指数、浙江全省 103 家法院阳光司法指数等指数类测评基本上属于第三方评估。根据评估对象，可分为省域范围内的地方区域性评估和跨省际、全国性评估。如中国社会科学院法学所国情调研室开展的政府透明度评估、中国政法大学中国法治政府研究院开展的法治政府评估，均属于跨省际、全国性的法治专项评估。①

法治评估面临转型。法治评估存在一些亟须解决的问题，这些问题至少表现在以下若干方面。其一，法治评估虽然成为一些地方法治发展的"抓手"和"增长点"，但有些地方领导并不重视，对法治评估的重要性缺乏认识。一些地方领导心存顾虑，甚至排斥法治评估，担心法治评估束缚手脚，会限制他们手中的权力。其二，有些已经实施法治评估的地方明显缺乏科学的评估机制，形式主义严重。这突出表现在，套用一贯以来的内部政绩考核方式，热衷于做表面文章，热衷于宣传，甚至存在数据造假现象，法治评估作为一项制度创新的效应并没有得到充分发挥。其三，全国各地，无论是综合评估还是专项评估，都存在指标体系和考核标准科学性不足的缺陷。不少地方政府领导干部心浮气躁，急于求成，抄袭模仿，急于创新。其四，法治评估缺乏理论指导。无论指标体系和考核标准的设计、机制创新，还是评估后的数据分析、问题应对都缺乏及时的经验总结和理论升华。

法治评估转型的分界线就是 2013 年《改革决定》和 2014 年《法治决定》的出台。《改革决定》的时间设计到 2020 年，届时，在重要领域和关键环节改革上将取得决定性成果。换言之，对中国发展的重要领域和关键环节来说，2013 年以前和从 2013 年到 2020 年，显然是两个不同的阶段，法治评估也不例外。作为法治建设的一种有效机制，法治评估是《改革决定》和《法治决定》中的重要内容。《改革决定》提出"建设科学的法治建设指标体系和考核标准"，这对全国范围内的法治评估提出了总方向。在这个总方向下，法治评估的定位、实践机制、指标设计、理论导向都会出现带有转型特点的重要变化。《法治决定》将法治纳入考

---

① 中国社会科学院法学研究所国情调研室 2010 年对 43 个较大的市和国务院所属的 59 个部门进行透明度测评。此外，中国政法大学"2011 计划"司法文明协同创新中心开展的司法文明指数测评、中国法学会在部分省会城市、计划单列市试行法治指数的测评，均为跨省际评估。

核，将从根本上改变领导干部的政绩观。把握《改革决定》确定的总方向、《法治决定》的法治考核精神以及法治评估转型的客观要求，促进法治评估转型顺利实现，就成为推进法治中国建设、实现治理现代化必须解决的重大任务。本文试图从定位、机制、量化以及理论升华几方面入手，分析法治评估转型的原因和路径，提出具有建设性、可行性的思路，以期推动法治评估在法治中国建设乃至整个国家治理体系和治理能力现代化中产生重要作用。

一、法治评估的正确定位

法治评估转型需要我们首先要解决定位问题，需要我们对法治评估的地位取得共识。《改革决定》将法治评估与治理现代化紧密地结合在一起，促成了法治评估定位的转型。明确和理顺法治评估地位的重大变化、法治评估与国家治理体系的关系、法治评估与国家治理能力的关系、法治评估的功能及其在国家治理现代化中的作用，是正确定位法治评估的基本要求，也是把握法治评估转型的逻辑起点。

（一）法治评估地位的重大变化

法治评估在中国经历了实验探索、推广、成为改革方向这样一个发展历程。其间，也经历了被质疑的阶段。学术界对法治评估的认识有分歧，各地对法治评估的实践态度也不一样。法治评估是伴随着疑问和质疑往前推进的。有"全国法治试验田"[①] 之称的余杭法治指数实验就曾引发争议。[②] 争论的结果是，法治指数得到了普遍认同，并引导了司法透明指数、

---

① 2008 年，司法部副部长张苏军到余杭开现场办公会，称余杭为"全国法治试验田"，余杭"全国法治试验田"因此得名。

② 2006 年，时任浙江省委书记的习近平同志力推"法治浙江"，杭州市余杭区在全国率先启动以法治指数为枢纽的"法治余杭"工程。余杭实验催生了"司法透明指数"、"电

司法文明指数等各种指数的研究和实践。深圳较早探索法治政府指标体系，其后国务院法制办印发《深圳市法治政府建设指标体系（试行）》，供各地政府参考。浙江省高级法院最早尝试司法透明指数倒逼机制，其后最高法院印发全国各法院参考。《改革决定》出台以前，法治评估基本上处于一些地方自发创新、得到肯定、广泛效仿的阶段。这个阶段，法治评估并没有完全取得共识。

《改革决定》提出"建设科学的法治建设指标体系和考核标准"，这就从最顶层意义上明确了法治评估是实现治理现代化这个总目标的一种有效机制。法治评估的地位因此发生了根本性的变化，这是法治评估转型的一个最明显标志。《法治决定》提出把法治纳入政绩考核作为提高党员干部法治思维和依法办事能力的重点措施，这是法治评估转型的一个重大诠释。由此，全国各地进入必须贯彻《改革决定》和《法治决定》、深入开展法治评估阶段。

根据《改革决定》提出的全面深化改革的总目标"完善和发展中国特色社会主义制度，推进国家治理体系和治理能力现代化"，法治评估的认知和定位必须置于"国家治理体系和治理能力"这个角度。《改革决定》出台前，法治评估与国家治理体系、治理能力之间的关系未能得到有效链接和充分阐述。推动法治评估转型的第一步，需要我们把法治评估与国家治理体系、治理能力统一起来。这种对法治评估地位的认知转型基于下述逻辑和理由。

首先，法治评估与治理现代化的关系是由法治和治理现代化的关系决定的。

中国已经从国家统治、国家管理演变到国家治理阶段，"治理"成为普遍认同的概念。这个演变不单是表述和概念的更替，本质上是一种国家

子政府发展指数"等法治分类指数，在理论和实践界产生了重要影响。余杭法治指数因此入选"浙江省改革开放 30 年百件大事"。参见陈耿忠主编：《区两个案例入选浙江省改革开放 30 周年百件典型事例》，载《余杭年鉴》（2009）。

治理理念、治理方式的进化和变革。① 与统治相比，治理是更高层次的社会管理形式。它的基础不是控制而是协调，是多元权力（权利）的持续互动、信任合作与协调平衡。② 现代国家治理强调在公权力限制与私权利保护中体现政府与民众的友好互动与合作，其内涵直指法治的内核，体现了对法治化治理方式的推崇。《改革决定》第一次提出"国家治理体系"和"治理能力"概念，并作为改革总目标，第一次专门将"推进法治中国建设"单列。法治中国实际上成为国家治理体系和治理能力现代化工程中最关键的内容。而法治评估作为法治的增长点，已经在立法评估、法治指数测评、法治政府评估、司法透明评估等实践中得到有力证明。由此，法治评估是中国治理观念变革的直接产物，是治理现代化的逻辑延伸。

其次，法治评估的内容是国家治理体系、治理能力的核心组成部分。

国家治理体系和治理能力两部分构成国家治理的内容。国家治理体系是制度层面的，治理能力是执行层面的。"国家治理体系和治理能力是一个国家制度和制度执行能力的集中体现。"③ 作为一个制度体系，国家治理体系包括经济、政治、文化、社会、生态文明和党的建设等各领域体制机制、法律法规安排。在各领域体制机制、法律法规安排中，以《宪法》为统领的法律体系是最核心的制度安排。法治考核标准则是对法治中国建设的纲要、目标、要求进行更细化，更具有可操作性的量化设定。"科学立法"是法治中国指标体系的第一个维度。法治评估、法治指数本身是一项制度创新，它把各种法律规定用量化的指标形式体现出来，作为法治工作的一个指南、指针和标准，是通过法治联结在一起的制度，是关系到整个法治中国的一项制度创新实验。④

---

① 参见何增科：《理解国家治理及其现代化》，载《马克思主义与现实》2014 年第 1 期。

② 参见俞可平：《治理与善治》，社会科学文献出版社 2000 年版，第 9 页。

③ 习近平：《切实把思想统一到党的十八届三中全会精神上来》，载《人民日报》（海外版）2014 年 1 月 1 日。

④ 参见钱弘道主编：《中国法治实践学派》，法律出版社 2014 年版，第 199 页。

国家治理能力是"运用国家制度管理社会各方面事务的能力，包括改革发展稳定、内政外交、治党治国治军等各个方面。"① 这种能力核心的体现是法治能力。所谓法治能力，是治理主体运用法治思维、法治方式的水平。这就要求"严格执法"、"公正司法"。"严格执法"、"公正司法"分别是法治中国指标体系的第二、三个维度。

国家治理达到理想的效果是"善治"，其重要标志是"全民守法"。"全民守法"既是治理过程中的要求，也是治理结果的一种状态，是法治中国指标体系的第四个维度。

法治评估内容和国家治理体系、治理能力在上述逻辑中得到了有机统一。要言之，所谓国家治理体系和治理能力现代化，就是使国家治理制度化，使国家治理者善于运用法治思维和法治方式治理国家。

综观国内外的评估指标体系设计，法治评估和治理评估互为表里，仅内涵外延不同而已。在西方发达国家和一些国际组织开展的衡量一国或全球多国治理水平的评估体系（以世界银行的全球治理评估为代表）中，法治指标是核心部分。② 在国内一些专家学者开展的中国治理评估体系研究中，法治指标，以及与法治相关的如公民参与、人权与公民权、合法性、社会公正、政务公开、政府责任、廉洁等都被作为主要的国家治理评估要素。③ 国内外所有的法治指标体系都直指国家或地区的治理水平。例如，余杭法治指标体系的九个一级指标——党委依法执政、政府依法行政、司法公平正义、权利依法保障、市场规范有序、监督体系健全、民主政治完善、全民素质提升、社会平安和谐基本上概括了地方治理的核心内容。由一级指标分解出来的二级指标和更细化的考核标准则更突出体现中国内地

---

① 习近平：《切实把思想统一到党的十八届三中全会精神上来》，载《人民日报》（海外版）2014 年 1 月 1 日。

② 参见 http://info.worldbank.org/governance/wgi/index.asp，2014 年 7 月 3 日访问。

③ 参见俞可平主编：《国家治理评估——中国与世界》，中央编译出版社 2009 年版，第 12 页。

县区的具体治理状况。

（二）法治评估的治理工具功能

法治评估本质上是一种治理工具。[①] 法治评估对于治理现代化，发挥着一种治理工具的作用。这种作用类似于现代管理学中的绩效评估和绩效管理的关系。《法治决定》将法治纳入政绩考核，正是治理工具观念变革和绩效管理创新的突出表现。政绩考核体系的转型使法治评估定位得以具体化，使法治评估作为一种观念嵌入人们尤其是领导干部的头脑，作为一种治理工具进入绩效管理体系，通过"法治 GDP"代替"经济 GDP"，通过用法治思维和法治能力衡量领导干部素质，从而实现对法治评估地位的认知转型。

绩效评估作为一种管理方式，其作用在于推动绩效提升，从而实现管理的现代化和科学化。随着现代管理学的科学管理理念、技术和方法的渗透，国家治理也开始迈向科学治理时代[②]。国家治理的现代化，其要害就在于科学治理。科学治理要求精细化、过程管控、绩效追踪和反馈，其本质是高效能、高绩效。运用运筹学、统计学等原理，采用指标体系和运算模式，按照合理的程序和方法，以量化形式对国家治理状况作出全面的、系统的客观评估，对治理水平进行实时、动态、科学的管控、监测、诊断、反馈，以减少治理的盲目性。法治评估的工具性作用正是通过这样一种治理绩效评估体现出来的。

法治评估通过量化形式促进国家治理的精准化、精细化。长期以来，

---

① 20 世纪 80 年代以来，政府工具理论成为西方公共管理和政策科学研究的一个焦点，参见陈振明：《政府工具研究与政府管理方式改进——论作为公共管理学新分支的政府工具研究的兴起、主题和意义》，载《中国行政管理》2004 年第 6 期。

② 绩效管理和科学管理的概念来自于管理学。治理与管理这两个概念在学科层面上，按照学科的表述习惯混同使用，认为两者为同义。这有别于前文对国家管理和国家治理的区分。

我们对于国家治理的成效停留于思辨式的、质性的追问，难免粗糙。而法治评估借助量化工具使我们得以进入一个诊断相对精准的时代。法治评估这一功能的发挥，体现了自身固有的工具特性。近年来，国内外法治评估的探索和实践不同程度地反映了这种特性。在世界正义工程 2011 年的全球法治指数排名中，在九个维度满分为 1 的情况下，中国得分普遍在 0.5 分以上，各指标处于中等水平。① 余杭自 2007 年开始，历年的法治指数依次为 71.6、71.84、72.12、72.48、72.56、73.66、71.85 分②。这些数字的背后是大量的数据链，正是这些数据相对客观地反映了一个国家或地区的治理状况以及问题症结。尽管我们不能陷入"唯数字论"，但量化的、力求客观的精准式管理一定优于主观的、粗糙式管理。从这个意义上来说，法治评估将国家治理从传统的经验式引向以科学为宗旨的现代化阶段。

　　法治评估促进国家治理形成完整的工程系统。科学化的治理，既包括目标的事先规划，即战略性治理、目标导向的治理，又包括对整个治理过程的管控。治理结果是静态的，治理过程是动态的。只有同时关注结果与过程，才能发挥治理目标的引领作用，及时矫正治理过程中的失误和对目标的偏离。法治评估作为一种国家治理现代化的治理工具，在设计指标阶段，往往将国家治理的目标和要考察的治理过程联系起来。法治政府指标、司法透明指标、司法公正指标，通过系统考量，自上而下地对总目标进行逐层分解，对治理目标进行规划。进入后期的评估实施阶段，各项指标或考核标准被逐一赋值，反映其所代表的治理水平的高低或者治理状态。这个阶段突出的是对治理过程和结果的考察、测评和分析。法治评估由此完成对国家治理的"目标—过程—结果"三阶段

---

① 参见张保生、郑飞：《世界法治指数对中国法治评估的借鉴意义》，载《法制现代化研究》2013 年第 6 期。

② 参见法治余杭课题组：《杭州余杭法治指数报告》，见《中国法治发展报告 No.9 (2011)》，社会科学文献出版社 2011 年版，第 386 页；钱弘道等：《法治评估的实验》，法律出版社 2013 年版，第 241 页。

的全面、动态考察。这种考察将国家治理的全部链条进行整合，形成首尾相接的工程系统。

（三）法治评估的民主参与和监督功能

法治评估有一个突出的功能，就是公众的民主参与和监督。这项功能是传统的政绩考核模式所不具备的。这项功能没有被充分认识，实践中也没有得到有效发挥。要实现法治评估转型，就必须在这个问题上有足够的共识，否则法治评估的作用会被掩盖和淡化。

国家治理体系和治理能力现代化的目标，归结起来就是要实现善治。公民是否能参与国家治理，有效监督国家治理的过程，是衡量善治的标准。公权和私权达到均衡的状态就是善治。公权与私权绝对均衡的状态虽然不可能实现，但可以最大程度地接近。这种均衡主要依赖于民主参与的模式。实践表明，群众路线是改革成功的保证，国家治理必须走群众路线，必须注重民众经验。群众路线应该主要强调听取群众的意见，让群众参与国家治理中来。

国家治理的绩效须通过社会的认可和建构才能得以形成。[1] 缺少社会公众参与或者由政府单方面形成和公布的评估结果，即使内容再充实也不足以反映治理绩效的真实情况。[2] 从这个意义上说，收集公众对国家治理的感知信息至关重要，它有助于争取外部公众对政府的信任和支持，是强化问责机制的重要途径。法治评估作为一种参与机制、监督机制、倒逼机制，能促进公民参与和监督国家治理机制的形成，从而实现善治目标。

---

[1]　Lynn Jr., L.E., H.C., &Hill C.J., "Studying Governance and Public Management：Challenges and Prospects," Journal of Public Administration Research and Theory, Vol.10, 2001, pp.233-261.

[2]　吴建南、杨宇谦：《地方政府绩效评估创新：主题、特征与障碍》，载《经济社会体制比较》2009 年第 5 期。

在我国地方法治评估实践中，余杭法治指数、杭州市电子政府发展指数、吴兴区法院司法透明指数、浙江省阳光司法指数、昆明法治指数、国家"2011 计划"司法文明协同创新中心的司法文明指数等，均通过实地和网络调查、专家和实践工作者积极参与等测评方式，体现民主参与和监督功能。

实践表明，法治评估的这种公众参与和监督功能是有效的。例如，浙江余杭每年公开发布法治指数，客观上形成了一种压力和监督力量。2014年，余杭垃圾焚烧项目事件是一个典型例子。2013 年余杭法治指数为71.85，比 2012 年的 73.66 有明显跌幅。这给余杭区政府带来了更大的压力，进而形成监督力量，倒逼余杭政府在处理垃圾焚烧项目过程中运用法治思维和法治方式。从这个意义上讲，法治评估活动创造了一种公众参与治理、监督公权力的模式，拓展了民主参与渠道，使公众在国家治理法治化和治理能力现代化中的作用得到有效发挥。这种民主参与和法治化治理，正是国家治理现代化的落脚点。

二、法治评估机制的创新

科学的法治评估机制是评估工作有效开展的前提。《改革决定》和《法治决定》出台以前的法治评估，得益于部分地区和领域的领导远见和法治创新魄力。法治评估仍然主要表现为传统的政绩考核模式，没有跳出"自己人考评自己人"的程序窠臼，"第三方评估"模式仍处于实验阶段。政府在法治评估中的角色定位模糊。人们对法治评估的权威性、公信力持有疑虑。由于缺乏高层推动力，法治评估的局部实验也没有对其他地区形成足够的压力和竞争，法治评估对全国法治建设的推动尚未产生理想效果。《改革决定》和《法治决定》出台以后，法治评估成为一种从上至下的一种改革要求，法治评估实践的格局将出现重大转型。法治评估机制的转型或创新，至少表现在评估模式、责任制、竞争机制三个方面。

（一）法治评估模式

中国法治评估模式正在从内部考评向第三方评估转型。法治评估模式的创新重点在如何实现真正的第三方评估。

内部考评模式是一种传统的常规方式，目前各地的法治政府评估大都属于内部考评。内部考评缺乏独立性，公信力低，被考核对象容易陷入"既是裁判员又是运动员"的角色冲突中去，局限性较为明显。

国际上通行第三方测评各类指数。随着世界范围的社会指标化运动的兴起和发展，中国也出现了第三方评估模式。最早采用第三方法治评估的是余杭法治指数测评。从当前法治评估实践可以发现，高校科研机构发挥了重要作用，并且扮演了"第三方"的角色，如余杭实验委托浙江大学和中国法治研究院组织实施，浙江省高级人民法院委托浙江大学开展阳光司法指数课题研究，并委托中国社会科学院法学研究所测评阳光司法指数。①

在法治评估机制转型阶段，评估模式的特点是内部考评与第三方评估将同时并存。作为一种管理方法，内部考评在实践中仍有积极意义。法治评估进入成熟阶段，内部考评依然会作为一种管理方法存在。特别是在"政府主导"法治建设的转型期，官员的法治思维和法治能力的培养是一个重大任务，政府内部考评有其不可否定的作用。但是，第三方评估是法治评估的必由之路，也是法治评估成为治理现代化增长点的要害所在。目前，第三方评估以政府委托为主，这是由当前实际所决定的。其一，协同创新已成为法治实践和理论创新的一种模式；② 其二，中国缺乏民间评估

---

① 2011 年，钱弘道教授向浙江省高级法院提出"司法透明指数"（或"阳光司法指数"）测评建议。2012 年，阳光司法指数成为浙江省高院重点课题，浙江省高院和浙江大学合作研究制定阳光司法指标体系和指数测评机制。2013 年，浙江省高院委托中国社会科学院国情调研室测评阳光司法指数。

② 参见钱弘道：《中国特色社会主义法学理论根植于实践》，载《法制日报》2014 年10 月 25 日。

组织，即便是大学、科研机构，也受制于资金条件限制。这里的难题是如何确保第三方独立，政府不干涉评估。

当前，比较可行的是发挥更多的大学、科研机构担当第三方评估的角色。中国公众参与国家治理和社会事务还不成熟、不充分，学者发挥牵引作用，作为联结政府与公众的桥梁，是一种可行模式。在未来法治评估机制转型和优化过程中，应明确学者与政府的关系定位，逐步扩大专家学者的参与程度，在学者的独立性和其与政府的契合性之间寻求最优化模式。

从长远看，中国的第三方评估模式还有赖于社会组织和公民的有序参与。这就涉及《改革决定》、《法治决定》提出的"法治社会建设"问题。① 社会组织担任第三方评估的角色，是《法治决定》提出的"发挥社会组织在法治建设中的积极作用"的具体表现。当第三方评估成为中国法治评估的基本模式、内部考评走向科学化时，法治评估才会基本完成转型，治理现代化的目标才会初步实现。

（二）法治评估责任制

前述评估模式强调第三方的作用，法治评估责任制则强调政府和官员的责任。

从当前法治评估实践看，政府的主导作用影响全局。一方面是政府的顶层设计，如国务院出台《行政纲要》，国务院法制办研究推出《关于推行法治政府建设指标体系的指导意见》等都直接推动了全国各地的法治政府评估活动的开展。② 另一方面是地方政府先行先试。时任浙江省省委书

① 关于法治评估与法治社会建设的关系，参见江必新、王红霞：《法治社会建设论纲》，载《中国社会科学》2014 年第 1 期。

② 如在省级层面开展法治政府建设指标体系的包括湖北省、广东省、江苏省、四川省、广西壮族自治区、江西省、河北省等，市一级层面的有深圳市、北京市、青岛市、惠州市、苏州市、温州市、藁城市、德阳市、三亚市、渭南市、万源市、湘潭市等，区县级

记的习近平同志倡导"法治浙江"，余杭及时推出法治指数实验。从设立法治评估研究项目，到委托研究、参与研究、制定评估体系，再到委托第三方测评法治指数，法治指数实验的整个过程都有政府组织参与。

"一把手"是个关键变量，这是当下地方法治建设的一个突出特点。各地法治建设的重视程度、方式差异、发展快慢与"一把手"的作用密切相关。这一点可以从余杭实验中得到证明。当学者提出制定法治建设指标体系和考核标准、测定法治指数的建议后，中共余杭区委的"一把手"起到关键作用。① 新的"一把手"接任后，在推进法治评估中也起到关键作用。②

从"政府主导型"的法治发展模式和"一把手"这个关键变量可知，建立法治评估责任制在法治评估机制转型和创新中极其重要。建立责任制的前提是观念转型。此外，还需要相应的组织架构。从中央到地方应当建立具有专门的权威性法治建设领导机构，负责推进包括法治评估在内的各项法治建设工作。建立全面的法治责任制，并将与法治评估相关的内容纳入其中。

法治评估责任制要将所有领导干部的法治水平纳入干部考核机制，并将"一把手"作为考核重点，执行《法治决定》的规定："党政主要负责人要履行推进法治建设第一责任人职责。"干部法治水平的考核应当包括法治思维、法治方式、法治能力、法治气质等法治素养指标，并且作为干部升迁奖惩的主要依据，要在选人用人的实践中认真贯彻落实《法治决定》的要求："在相同条件下，优先提拔使用法治素养好、依法办事能力强的

层面涵盖杭州余杭区、青岛市南区、苏州吴中区、河北永年县、深圳宝安区、贵州普安县、江西修水县、温州鹿城区、江西玉山县、南宁兴宁区等。

① 时任余杭区委书记的何关新采纳学者建议，设立"余杭法治评估体系研究"课题，决定委托第三方测评法治指数。

② 接任余杭区委书记朱金坤重视充分运用法治评估机制和法治指数测评，继续委托第三方测评法治指数，法治指数因此至今延续到第七个年度。

干部"。

在此，应注意如何避免法治评估责任制实施形式化。法治评估责任的落实必须避免以往政绩考核弊端，不应单纯依据政府内部形式化考核结果。要充分采纳第三方的评估结果。可以探索更大范围的民主化测评方法，由公众给出评价，这种民主化的法治评估责任制有益于党委、人大、政府、司法等法治主体责任的有效落实。民主党派作为参政议政的重要力量，有人才聚集优势，应当在领导干部考核中发挥作用，民主党派在用人方面的监督作用也因此更名副其实。

（三）法治评估竞争机制

从中国法治特点看，法治存在一种地方竞争的客观基础。这个基础表现为法治的地方创新现象。一些学者对此展开了研究，赞同"地方法治"这个提法。① 法治的地方竞争是由中国政治格局所决定的。法治的地方化，也就是法治的地方建设，本质上是贯彻中央精神的一种地方努力。这种地方努力不允许超越中央权力，但可在《宪法》范围内进行法治创新。地方政府可以根据《改革决定》和《法治决定》，甚至超越两个《决定》，展开法治竞争。地方竞争现象正是建立法治评估竞争机制的基础。

从实践看，法治评估基本上表现为不同程度的竞争模式。国务院法制办确定法治政府评估导向，在全国范围营造了一种竞争状态。各地的自发实践也是一种竞争，是与所在省市的其他同级区域，以及中国范围的其他同级区域之间的一种竞争。例如，浙江省吴兴区法院的司法透明指数实验，是为了与浙江省乃至全国的地方法院竞争，因为最高法院建立了"司法公开示范法院"的竞争机制，为推动地方法治建设提供了动力源。

---

① 参见付子堂、张善根：《地方法治建设及其评估机制探析》，载《中国社会科学》2014 年第 11 期。

既然法治评估上表现为一种竞争机制，那么就有必要使其成为一种良性、科学的竞争机制。既有的法治评估，往往局限于一时一地，评估结果孤立、零散、碎片化，无法从时空序列上进行横向和纵向的法治水平比较，这限制了法治评估对法治建设的推动作用。因此，根据《改革决定》和《法治决定》对法治评估提出的要求以及法治中国建设的总体布局，建立具有横向可比性的竞争机制，就显得十分必要。这种竞争机制的建立有助于清理过多的绩效考核机制，避免各自为战，工作交叠，浪费资源，法治评估实践因此实现转型和优化。

在创新法治评估竞争机制过程中，要鼓励以法治评估为内容的"试验田"这种有效的竞争机制。① 贯穿于中国现代化发展及社会转型过程中的"试验田"机制，本质是一种试错机制、一种局部先行的非均衡式发展机制、一种从局部到整体逐步推进的竞争机制。这种机制已被实践证明是可靠的、适合中国发展需要的。《改革决定》和《法治决定》出台后，"知识产权法院试点"、"与行政区划适当分离的司法管辖制度试点"等更多"试验田"模式将在法治领域出现。

三、法治量化难题的破解

法治评估转型的核心任务是《改革决定》提出的建设科学的法治指标体系和考核标准。② 法治指标和考核标准是关于法治评估的讨论中最引人关注也是颇多争议的问题。建设科学的法治指标体系和考核标准的难题是

---

① "试验田"通常表现为一种理性的实践，是成本最小化、效益最大化的机制，也常常因为激发实验者积极性而产生各种制度创新。

② 指标一般由指标名称和指标数值两部分组成，它体现了事物质的规定性和量的规定性两方面特点。《改革决定》将"指标体系"和"考核标准"并列，并非意味着两者是截然不相关的内容。法治指标是指经过权重分析、层层分解出来的目标和任务，考核标准是指对分解出来的指标进行量化分值。

如何量化，即解决"科学性"、"客观性"的问题。当然，法治评估过程中数据的获取、指数的计算以及数据的分析等都属于法治的量化问题。法治评估最大的特色就在于量化方法在法治领域的运用。能否破解量化难题，就成为实现法治评估顺利转型的关键。

（一）指标标准的顶层设计和地方创新

《改革决定》提出建设科学的法治指标体系和考核标准后，学界开始探索建立一个全方位的"法治中国建设指标体系和考核标准"。问题是，在中央层面上，是否有必要建立一个"法治中国建设指标体系和考核标准"？法治指标体系和考核标准的建设既需要顶层设计，也需要地方创新。

此处讨论的法治评估，既指法治的综合评估，也指立法、执法、司法等各领域的专项评估。法治指标是一个体系，涉及各个领域对法治目标的理解和定位。既有的法治评估，无论是法治的综合性评估，还是专项评估，都不同程度地存在定性、定量不够科学的缺陷。这是法治评估初创时期的阶段性特点。例如：法治指标尚未达到精耕细作；指标设计追求大而全，种类繁多，可操作性差；法治指标的表述往往不是对法治某一原则下关键要素的具体内容进行客观描述，仍然停留在法治的价值和意识形态层面；民意调查问题模糊，调查问题范围宽泛，令被调查者难以准确把握量化打分，影响民调效果，等等。这些问题得不到妥善解决和优化，法治评估的量化特性在指标设计环节就无从体现。

笔者认为，有必要由中央出面，成立法治指标体系和考核标准课题组，展开专门的深入研究。法治指标体系和考核标准涉及各个领域的法律法规，比一般的部门法立法难度更大，应该有长远的统筹计划。有必要尽快出台中央层面的关于法治建设和考核标准的指导性意见，给出法治中国建设指标体系的基本框架，制定初步的对领导干部进行考核的法治考核标准，供各地参照执行，今后逐步完善。

关于法治中国建设指标体系的基本框架，应当围绕《法治决定》确定的全面推进依法治国的总目标——建设中国特色社会主义法治体系进行设计。其核心内容表现为贯彻中国特色社会主义法治理论，形成完备的法律规范体系、高效的法治实施体系、严密的法治监督体系、有力的法治保障体系，形成完善的党内法规体系，坚持依法治国、依法执政、依法行政共同推进，坚持法治国家、法治政府、法治社会一体建设，实现科学立法、严格执法、公正司法、全民守法。《法治决定》是制定法治中国建设指标体系基本框架最好的依据。

短时间内，一步到位，立刻制定并实施全国统一的、完善的法治建设指标体系和考核标准并不现实。可行的办法是由中央牵头或委托成立的课题组对法治建设指标体系和考核标准进行深入研究的同时，鼓励地方积极创新。中央的指导性意见是法治指标体系的顶层设计，内容可包括一级、二级指标框架，主要是根据宪法法律规定，根据《改革决定》和《法治决定》内容，根据中央有关精神，对法治建设目标、要求进行高度凝练和概括。地方法治建设指标体系设计必须紧紧围绕中央指导意见来进行。这样，可确保全国法治建设一盘棋式推进。但在贯彻中央指导性意见的前提下，要充分发挥地方的创造力，鼓励地方政府根据省、市、县、乡镇、社区农村的不同层次和不同情况，进行实验。这样，地方法治建设指标体系是中央指导性意见的细化，尤其是考核标准，鼓励各地先行先试。从中央到地方的各级法治部门系统可依顶层设计的指导意见，开展本领域的专项评估指标和考核标准的设计。中央层面的顶层设计课题组要跟踪研究各地先行先试的实践，系统分析，总结经验，条件成熟时研制推出全国性的法治指标体系和考核标准。

尽管很多地方开展了法治评估实践，但仍有一些地区至今没有尝试法治评估实践，没有开展对法治指标和考核标准的研究。如果中央及时推出指导性文件，这些"后发地区"应当及时贯彻落实中央的指导精神实施法治评估。已开展法治评估的地区和部门系统，应根据中央精神及时调整指标和标准，同时保留自己的特色，继续深化评估实践，继续创新。随着法治实践的发展和研究的深入，法治指标体系和考核标准将会越来越科学。

（二）法治量化的争论和共识

法治评估的量化方法有一套完整的操作技术，如抽样方法、资料收集方法、数字统计方法等。这一方法强调客观和中立的实证主义方法论立场，将法治评估指标简约为数字和数字之间的关系，强调运用统计分析方法对法治状况进行测评和分析，从中找出法治发展中的问题，并研究对策。[①] 然而，对法治量化问题的认识一直存在分歧。法治指数一经提出，学术界就展开了持续的讨论。讨论的焦点，集中在"法治是否能够被量化"这个问题上。一些学者提出，以分值、百分比、指数等构成的数字化、量化表征在多大程度上是可信的？数值的高低在多大程度上能够反映出法治的实际水平？指数的计算方法是不是科学的？原始数据是否可靠？法治评估是否能够做到完全量化、绝对量化？他们认为，法治不能量化的主要理由是法治定义本身的不确定性。我们认为，不能因为法治定义的不确定性就否定法治的可量化性。法治的界定不需要也不可能千篇一律。某些法治理解不能被量化，不意味着法治绝对不能量化。

围绕法治量化的分歧和争论反映出传统法学和现代法学研究思维和方法的交锋。在法学研究中，逻辑推理、规范演绎、形而上思辨是传统的研究方法，而用量化方法描述法治现象、分析法律问题，是新兴的研究方法。传统的规范法学研究范式对法学家的影响，持久深远、根深蒂固。一些法律学者从绝对量化意义出发理解法治量化，误以为法治量化应像衡量经济发展那么精确。法律现象不同于自然现象，因而法治的量化和客观性也是以特定方式呈现出来的"相对的客观性"，而非"绝对客观性"。从法治评估实践看，法治量化需要理顺两个方面的问题。[②]

---

① 参见文军、蒋逸民主编：《质性研究概论》，北京大学出版社 2010 年版，第 21 页。
② 参见姚建宗：《法治指数设计的思想维度》，载《光明日报》2013 年 4 月 9 日。

第一是真实和虚假的问题。这个问题主要是关于评估数据的真实性的问题。例如，在余杭实验中，法治数据的获取既有来自官方的统计数据，也包括通过社会调查方法获取的数据。来自官方的统计数据，是指各单位各部门在法治建设中与法治相关的各种数据，这些数据可以反映法治某方面的情况。这些通过多渠道搜集可供评估主体参考、作为赋分依据的法治数据是客观的。这里涉及的问题是，这些法治数据是否真实。一些人担忧政府提供的数据往往有人为成分，但在目前，如果不靠政府提供，这些数据的获取就很难获取。

第二是绝对和相对的问题。余杭从 2007 年度法治指数的 71.6 分开始，每年的指数都小幅上升。这些数字是否准确反映其年度法治水平？这里有一个关于法治指数绝对性和相对性的认知问题。法治指数不可能是绝对准确的，只能是相对的，其作用主要是对不同国家或地区在不同年度的法治状况进行比较，也用作对同一个国家或地区不同年份法治状况的比较。我们可选取一些客观数据直接计算法治指数，[①] 但这种方法由于抛弃大量不可量化或者有正负两种性质的数据（如反腐败数据既反映反腐败的力度，也反映腐败的严重程度），计算结果仍然是相对的。

《改革决定》和《法治决定》对建设法治指标体系和考核标准以及法治纳入政绩考核体系作出明确规定，对形成共识意义重大。法治评估的转型，实际上也是在法治量化问题上的分歧减少、共识增多的过程。围绕法治量化问题，争论会继续下去，但随着理论研究和实践的逐步深入，共识会越来越多。

（三）法治量化问题解决的可行途径

法治评估的转型，将突出地表现在法治量化难题的克服上，即在多大

---

① 如司法透明指数和电子政府发展指数就是选取客观数据直接计算法治指数，完全做到了客观化和量化。这两种指数量化方法值得深入研究和借鉴，但仍然存在认识论的"相对性"的问题。

程度上解决了"法治不可量化测评"的质疑，这关系到法治评估的科学性和实效性问题。

目前，国际上的量化评估项目及法治评估实践可分为两种模式：一种是主观和客观兼顾的量化模式，另一种是相对完全的量化模式。

第一种模式以世界银行全球治理评估为例。在世界银行全球治理指数中，对法治这一下位变量的指标设计采用定性和定量相结合的方式。具体测评工作中的数据收集采用问卷调查方式。法治指标广泛容纳多家代表性机构对法治的多样化理解，是一种主观的方法。由此设计出的法治指标涵盖内容宽泛，包括犯罪、警察、司法、政府效能、知识产权等法治的全貌，既有主观性指标也有客观性指标。在这些不同类型指标数据的搜集中，依据的是来自三十多个不同组织机构提供的信息。这些数据通过专门设计的调查问卷搜集，其中既包括客观数据，又包括私营部门、非政府组织和公共部门专家的意见，因而兼具主观性和客观性。在整合不同数据源获得的同一个指标的不同数据时，世界银行采用"不可观测模型"法，以确保指标数据更为精确。

第二种模式以联合国电子政务发展指数为例。全球电子政务发展指数是衡量各国政府利用信息交流技术提供公共服务意愿和能力的综合指数。这一总指标包括在线服务指数、通信设施指数、人力资本指数三个分项指数。每个分项指数都再分解为若干个客观性指标，这些客观性指标各有其直接对应的数据，由此实现对各国电子政务水平的完全量化评估。这是一种接近完全量化的评估模式，但三个客观性指数的量化过程存在差别。如在线服务指数的计算是由专业测评员对国家网站的内容、特征及网页的可读性进行量化赋分，包括四个阶段的评估问卷。每个阶段的表现都有具体的分值区间来表示，绝大多数问题都要求在 1 和 0 两分区间中得以评估。

目前，这两种不同的评估模式在国内均有体现，且根据我国法治发展进行了改造创新，较为典型的可以测评法治指数的余杭模式为例。

余杭的法治指标和考核标准是从定性逐步转化为量化指标的。这个转换过程可分为一次量化方法和二次量化方法。一次量化指的是对某些客观性指标，可以一次实现从定性到定量的设计，如"造成错案冤案等重大责任事故数"、"纪委监察局工作人员违法违纪案件被查处数"等。二次量化指标通常不能一次性实现量化，而是需要层层分解、逐步实现。以依法行政为例，在依法行政指标体系中，先定性设置"转变政府职能、创新管理方式"、"完善决策机制，强化制度建设"、"规范行政执法，加强执法监督"三个定性的一级指标，此后细化分解为 12 个二级指标，其表述相对于一级指标更为具体。在设置权重的过程中，运用德尔菲法。① 最终，法治的每个指标都展示为考核标准的数字形态。

法治评估涉及主观和客观的问题。通常，人们以为法治量化应当是完全客观的，但实际上，余杭模式、吴兴模式以及国际上的法治评估都是主观与客观的结合。比较而言，电子政府发展指数、司法透明指数客观性更强。电子政府发展指数、司法透明指数是量化测评的有效模式。这两项评估的客观性体现在：将指标和标准统一，形成一个分指数的概念；各分指数又有其各自的子指数及由此形成的计算公式；所获得原始数据都是直接可用来计算的，且指数化的计算不再像法治评估中那样由评审主体主观打分。② 根据上述实践经验，法治量化测评可行的途径是综合采用如下两种方式：第一，采用国际上通用的民调方式；第二，通过大量专项量化指标评估法治状况。通过民调指数和专项指数的综合测评，所得出的法治指数是相对客观的。随着评估实践的推进，法治量化将逐步得到跨学科的深入研究，结果会越来越科学化。

---

① 参见何俊德：《项目评估——理论与方法》，华中理工大学出版社 2000 年版，第 36 页。

② 参见钱弘道：《中国信息公开的实证考察——中国法治实践学派的实验》，载《中国法律》2014 年第 3 期。

四、法治评估的理论升华

2013 年《改革决定》出台前，法治评估虽然表面上看起来已成为法学研究热点，但主要停留于地方实验、试错阶段。学界处于总结地方法治评估实践、研究世界上的法治指数的初始阶段，法治评估的理论文章开始出现，但为数不多。《改革决定》和《法治决定》出台后，明确了法治实践的方向和法治理论创新的重大任务，法治评估的经验总结和理论升华成为中国法治评估转型的题中之意。如果不能及时总结法治评估实践经验，并且上升为理论，如果缺乏科学的法治评估理论指导，法治评估的实践转型就难以实现。

（一）创立法治评估学

法治评估实践产生以前，中国法治理论中根本不存在法治评估理论，甚至根本没有"量化法治"、"法治指数"、"法治评估"、"法治指标"、"司法透明指数"、"司法公信力指数"等词汇。

法治评估不仅产生了实践层面的重大意义，也为学术研究增添了一个新的研究领域，为理论研究提供了丰富、真切的现实素材，引发了一场以法治评估为切入点的关于评估技术、法学研究范式、中国法治、政府转型、国家治理等多学科、多领域的相关问题的大讨论。这种讨论必然推动法治评估的理论升华。法治评估理论也是中国特色社会主义法治理论的组成部分。

法治评估理论有多种表现形式，如法治指数理论、立法评估理论、司法透明指数理论等。法治评估学是各种法治评估理论表现形式的基础理论。因而，法治评估学的创立是法治评估理论升华的首要表现。

法治评估学是一个崭新的跨学科的创新领域。法治评估学是法学和评估学的交叉学科。评估学已经发展成为涵盖评估指标、标准、评估方法、评估模型在内的一套理论体系。评估学已经在管理学、社会学、教育学等学科中，作为一种战略管理、目标管理、科学管理、政策分析的方法与工具，发挥对绩效状态的诊断、反馈作用，引导管理实践、社会实践、教育实践等活动。从《改革决定》可以发现评估机制的广泛应用。《改革决定》提出"发展成果考核评价体系"、"国家科研资源管理和项目评价机制"、"公共文化服务绩效考核机制"、"社会稳定风险评估机制"、"干部考核评价制度"等多类评估考核机制。从某种意义上说，科学评估代表了科学管理的一种方向。法治评估学是评估学渗入管理学、社会学后，在法学领域的拓展与延伸。这种渗透或者法学的跨学科研究，具体表现为国内外的各种法治评估实践。这种评估实践延伸拓展到了立法、司法等各个领域，出现了立法后评估、立法成本评估、法治政府评估、案件质量评估、审判效率评估、司法透明指数、民间融资安全指数、食品安全指数等诸领域的评估活动。总体看，从中央到地方，从行政机关到司法机构，从理论界到实践界，都在探讨、实践对于公权力限制、信息公开、私权利保护等内容的量化评估，法治评估已经开始融入中国改革，法治评估已经出现热潮，法治评估学的创立也是情势所然。

法治评估学的深化研究必须走在法治中国建设步伐的前面，否则法治评估的理论准备就跟不上时代要求。跨学科合作，是构建科学的法治评估学的必由之路。法治中国建设作为一个系统工程，必然通过大量数据体现出来。例如，司法改革要求所有案件的立案、分案、庭审记录、录音录像、文书制作、上诉案件电子卷宗移送等全部在网上进行，由此要求司法工作适应大数据、云计算、移动互联网发展大趋势，对海量司法数据进行分布式数据挖掘，必须依托云计算的分布式处理、分布式数据库和云存储、虚拟化技术。中国法学界长期缺乏数据观念，研究方法落后，单纯依靠自己的力量无法适应大数据时代，也无法完成建构科学的法治评估学的任务。在法治评估学领域，要改变传统的个体户式、作坊式的研究方法，要尽早实现法学、统计学、评估学、计算机科学、管理学、社会学等领域的团队合作研究。

（二）通过实践升华法治评估理论

法治评估的理论升华必须主要通过实践实现。法学学科的实践性有"强""弱"之分。法治评估理论表现出"强"实践性，这与法哲学、法制史、法律思想史等其他法学学科有明显区别。

法治评估之所以在世界范围得到推广应用，其最大优势在于它评估的不是书本上或者观念中的法治，而是"实践中的法治"、"行动中的法治"。国内地方法治指数的测评是对年度的法治建设状况、法治目标的实现程度进行测评，对法治存在的问题进行分析，并作为下一年度法治改进或者法治行动调整方案的现实依据。这样，法治评估就起到联结法治理想与法治现实的作用，评估的对象是现实中的法，评估的素材也取之于法治现实，法治的评估属于法治建设、法治运行实践的一个有机组成部分。

以"指标体系和考核标准"为核心内容的法治理解与纯粹理论研究中的法治论述存在区别，中国法治评估与国际上的法治评估所界定的法治内涵存在区别，区别的标准必须通过实践来检验。

法治评估理论的实践性是对《法治决定》"借鉴国外法治有益经验，但决不照搬外国法治理念和模式"的最好诠释。法治既是一个具有一定普遍规律的概念，也是一个具有其民族性、地域性、地方情境性的概念。法治建设是一个普遍性与特殊性如何取得均衡的问题。法治在认知上存在差异是必然的，在实践中存在差异就更为必然。世界法治发展进程中不同的法律移植现象和结果，以及各国形成迥异的法治样式，都充分说明了这一点。法治评估在世界范围内的兴起与推广，表明了评估方法论的可通约性。但与此同时，中国法治评估与西方法治评估在指标构成、评估层次、评估目的、评估方法等方面表现出差异性和多样性。① 法治评估的国内外差异反映的是法治实践的差异。世界正义工程的全球法治指标框架体系是对西方法治政府体制的提炼，是西方宪政体制的缩写。而中国的法治评估更多采用的是"因地制宜"的个性化制定方案，结合中国法治现状创新出中国特色的法治指标体系以及"专家主导、政府支持"的第三方法治评估模式。②"坚持从中国实际出发"，是《法治决定》确定的全面推进依法治国的基本原则之一，而法治评估的实践性正是该原则得到贯彻的体现。

实践和实践智慧是法治评估理论的学术源泉。法治评估理论的实践性与马克思主义的实践观、中国共产党的实践方针一脉相承，并且都在本质上直接指向"实践智慧"。从本质上说，实践智慧联结了对世界的解释与对世界的变革，展现为"应当做什么"的价值关切与"应当如何做"的理性追问的统一，其赋予智慧以实践品格。③ 相比实践智慧在哲学、伦理学、政治学领域得到较早充分研究，其对法学的影响以及在法学领域的应用是相对滞后的。直到分析哲学、实践哲学渗入法学，法学从传统的规范分析、自然法学派逐步转向分析法学、实证法学、社会学法学、功利主义法学、现实主义法学时，法学研究才逐步彰显出"实践"的品格。从某种意义上讲，传统法学向现代法学的转型，也是法学的"实践"转型和"理性"转型。④ 传统法学向现代法学的转型，越来越重视社会实践中的法治经验

① 参见钱弘道、戈含锋、王朝霞、刘大伟：《法治评估及其中国应用》，载《中国社会科学》2012 年第 4 期；王朝霞：《法治评估与法治创新——基于浙江余杭实践的讨论》，载《广西民族大学学报》2013 年第 4 期。

② 参见钱弘道、戈含锋、王朝霞、刘大伟：《法治评估及其中国应用》，载《中国社会科学》2012 年第 4 期。

③ 参见杨国荣：《论实践智慧》，载《中国社会科学》2012 年第 4 期；郑永流：《实践法律观应以转型中的中国为出发点》，载《中国法学》2010 年第 3 期；武树臣：《中国传统法学实践风格的理论诠释——兼及中国法治实践学派的孕育》，载《浙江大学学报》2013 年第 5 期；姚建宗：《中国语境中的法律实践概念》，载《中国社会科学》2014 年第 6 期。

④ 参见刘少杰：《康有为的实证精神及其制度社会学——依据康有为〈实理公法全书〉和〈大同〉的讨论》，载《社会科学研究》2010 年第 5 期。

和法治效果。中国法学界一些学者表现出对"实践"、"实践理性"的关注，如张文显提出"实践中的法理学"，① 还有学者围绕"法与实践理性"、"实践法律观"、"实践法治"② 等问题进行探讨。法治评估理论是中国法学"实践"转型的一个突出代表。

针对法治评估理论这样的"强"实践性，一批学者尝试对法治评估进行学术阐述和理论概括。对法治评估的研究表现出与传统法学不同的方法，而且正在促使法学研究方法的转型。这种实证研究方法，在中国这个特定的场域，在中国转型期这样一个特定的时期，针对法治中国这样一个特定的范畴，在理论上会形成怎样一种认识模式？笔者探讨性地提出"中国法治实践学派"这个学术概念。这个概念是对法治评估实践的理论价值的提升，是探讨法治评估理论化转型的一个角度。中国法治实践学派，或者称为"法治实践的中国学派"，是以中国法治实践为研究对象，以探寻中国法治发展道路为目标，以创新中国法律制度和构建中国法治理论为具体任务，以实践、实证、实验为研究方法，注重现实和实效，构架具有中国特色、中国气派、中国风格的法治中国理论体系。通过中国法治实践学派这个概念，法治评估的方法、特征、实践和理论目标等要素可以得到比较恰当的融合。③《法治决定》很好地表达了中国法治实践学派的任务："围绕社会主义法治建设重大理论和实践问题，推进法治理论创新，发展符合中国实际、具有中国特色、体现社会发展规律的社会主义法治理论，为依法治国提供理论指导和学理支撑。"在世界范围内，完全可能出现一个不同于西方任何一个法学流派、以"中国法治实践"为问题导向的学派。法

① 参见张文显：《书本中的法理学与实践中的法理学》，载《中山大学法律评论》第8卷第2辑。

② 参见许传玺：《从实践理性到理性实践：比较、比较法与法治实践》，载《浙江大学学报》2014年第5期；郑永流：《实践法律观应以转型中的中国为出发点》，载《中国法学》2010年第3期。

③ 参见钱弘道、王梦宇：《以法治实践培育公共理性——兼论中国法治实践学派的现实意义》，载《浙江大学学报》2013年第5期。

治中国伟大实践的成功、中国特色的社会主义法治理论的成熟、法学的繁荣、中国法学学派的出现，应当是同步的。围绕法治评估经验总结、理论概括和升华以及中国法治实践学派的具体内涵、主要特征、历史使命、理论支撑等内容，法学界已有一些学者进行了初步探讨。[①] 中国法治实践学派这个学术概念是否科学，学派形成究竟有多大可能性，如何推进学派的形成和发展，有待学术界深入讨论，更有待中国法治实践的发展来证明。这种探讨有益于法治评估的经验总结和理论升华转型。

（三）法治评估研究方法常规化

法治评估研究范式的常规化是其理论升华的重要方面。如果在法学研究中运用法治评估研究范式成为一种自觉，那么，其方法论意义上的理论转型就得到了实现。法治评估在方法论上表现为实践性、实证性和实验性。这里需要区分实践、实证、实验三个词汇。实践，主要强调哲学基础，强调研究者要亲身参加实践，强调研究者的行动性；实证，强调具体问题的研究方法，与传统法学规范研究方法相对应；实验，是实证研究的一种方法，是将社会科学研究变成类似自然科学的实验。法治评估研究范式的重要特征在于其与传统规范法学研究风格迥异的实证方法。从国内外的法治评估实践看，法治评估研究范式的主要特色在于采用量化方法和社会调查方法。[②] 从法学研究方法角度说，量化和社会调查方法都属于实证方法范畴。

量化法治是法治实践的最新表现形态，也代表着法治实践和研究的一种方向[③]。有学者研究了新中国成立以来的法治认识的整个过程，认为中

---

① 参见钱弘道主编：《中国法治实践学派》，法律出版社 2014 年版。

② 定性研究在法治评估中虽然也较为常用，但属于法学研究的常规方法，所以这里重点分析量化方法和社会调查方法。

③ 参见钱弘道、王梦宇：《以法治实践培育公共理性——兼论中国法治实践学派的现实意义》，载《浙江大学学报》2013 年第 5 期。

国的法治研究正从正名法治、定义法治转向量化法治，量化法治是法治认
识的第三个阶段。① 以量化为主要特点的法治研究是对传统法学研究方法
的一个重大冲击，正在引发法学研究方法的转型。法治评估在很大程度上
推动了法学研究方法向实证法学的转型。这种转型的内容，就是以实证研
究方法大量进入法学研究为标志。法学研究的实证转型又反过来推动法治
评估的理论升华和实践优化。

　　实证研究是通过对研究对象大量的观察、实验和调查，获取客观材
料，从个别到一般，归纳出事物的本质属性和发展规律的一种研究方法。
法学的实证研究倾向与现代化进程中的数字化管理、符号化运动所形成的
"意义世界"有着直接的关联。② 随着自然科学的发展、计算机等技术手
段的进步，定量分析方法在社会科学领域开始广泛运用。在这种背景下，
人们开始不满足于过往的那种抽象层面的定性的、模糊化的分析，开始注
重精确化、客观化，在对人口、环境、经济、社会、政治、法治等人类社
会问题进行考察分析时，开始着重于具体化的、细化分析，对其进展和发
展状态进行定期的观测、考察、监督就成为一种需要。在这种需求下，过
去那种基于理论层面的抽象分析和定性表述的局限性凸显，而亟须一种明
确具体的、客观化的指标化表述，以及对指标表现水平的数字化描述。借
助统计数据和模型，量化评估之风悄然兴起。

　　量化分析不是简单的数字化、数据化，而主要是指标化、绩效理念以
及量化评估技术方法的恰当运用。法治的量化分析开启了对法律现象和法
学问题的新认识。量化法治的研究，也是量化法学的实证研究。法学正出
现一种量化法学的新趋势。法学研究进入量化实证研究阶段是与法治评估
同步的，而法治评估则是近十年的事情。法治评估的兴起与发展带动了学
界关于法学方法论的热烈讨论。这种讨论有望将量化法学、实证法学推向

---

① 张志铭、于浩：《共和国认识法治的逻辑展开》，载《法学研究》2013 年第 3 期。

② 参见黄仁宇：《万历十五年》，中华书局 2007 年版。

法学研究的前沿阵地，使得实证研究成为法学研究的一种常规方法。

法学的实证研究遇到的一个最大问题莫过于"客观性"。中国的法学实证研究受到质疑。[①] 解决法学实证研究的客观性难题，证明法学实证研究方法客观性的存在可能及实现途径，将是法学研究实证转型的一个要害问题，[②] 也是法治评估理论化的要害问题。

实证研究中包括实验方法。实验方法在社会科学领域已经引起重视。在经济学领域有"实验经济学"，那么在法学领域也可以有"实验法学"。法治评估就是一种法学实验。法学研究方法的转型应当包括实验方法的运用。实验是自然科学研究通用的、普遍的研究方法，通过特定场景的设定，对事物的运动轨迹、发展特性和规律进行反复总结、实验，以在试错、纠错中完善理论，发现真问题，形成理论创新。在社会科学领域，研究的对象和问题是与人、社会有关的"活的物体"，虽然它无法像自然科学实验那样在实验室内完成，但是，这并不意味着社会科学研究不需要做实验、不可以做实验。相反，社会科学研究完全可以用实验的方式开展。科学主义视法律为社会现象的一个因子，或者一个内在变量，是可以如同其他社会因子一样，通过社会科学方法进行科学分析的。

法治评估属于社会科学实验。法治评估的理论假设是：法治是客观的，是可观察的、可测的。法治评估的实验也正是依循这样一种研究假设，将一个法治区域作为一个实验室，作为一个区、市、省乃至中国社会文明与进步的一个缩影，由此开展实验活动。法治评估的实验，就是试图通过深入观察、调查、分析像余杭区、吴兴法院这样更小、更容易控制的场域，将实验结果结合到更大的结构中。

[①] 参见任岳鹏：《法的社会实证研究之能与不能》，载《政治与法律》2009 年第 8 期；程金华：《奢侈的学术时尚：法律实证研究》，载《中国社会科学报》2012 年 5 月 9 日；唐应茂：《法律实证研究的受众问题》，载《法学》2013 年第 4 期。

[②] 参见钱弘道、崔鹤：《中国法学实证研究客观性难题求解——基于韦伯方法论的分析》，载《新华文摘》2015 年第 2 期。

实验就是一个"试错"的过程。法治中国建设必须进行许多的渐进实验。法治实验会告诉我们，法治条件处于动态变化中，任何法治理论都必须根据法治条件的变化而变化。中国法治建设并无经验可循，以实验的方式、以探索性的姿态进行法治实验是有效方式。在法学研究中，这种解剖麻雀式的社会科学实验方法可以推广应用。实验方法将传统法学引向法学科学主义，"给出了一种研究中国法治问题的新路径、新技术和新方法"①。现在有不少研究机构和大学建立了政策仿真实验室、社会模拟实验室、社会科学研究实验基地，如中国社会科学院法学研究所成立"法治指数实验室"，浙江大学建立"社会科学实验室"，中国法治研究院建立法治指数实验室。这是一种良好的学术发展趋势。②

五、结　论

综上，可得出如下结论：法治评估正面临转型。《改革决定》和《法治决定》的出台是法治评估转型最重要的标志性事件。《改革决定》和《法治决定》将对法治评估的认识置于国家治理体系和治理能力现代化的框架之中，并引导从法治评估机制、法治量化、法治评估理论等方面实现法治评估的转型。

虽然目前各地政府的自我法治考评仍然具有提高政府管理绩效的意义，但存在的缺陷较明显。第三方评估是法治评估发展的一个重要方向。要让各地"一把手"真正履行"第一责任人"职责，就必须实施法治评估责任制。开展法治评估工作，要鼓励创新实验，要实施竞争机制。在全国范围内，可以先行从顶层设计角度推出关于法治建设指标体系和考核标准

---

① 邱本：《为中国法治建设寻找有效的方法、路径和技术》，载《中国社会科学报》2013 年 7 月 24 日。

② 有关论述参见钱弘道：《中国法治实践学派的界定》，载《中国社会科学文摘》2015年第 1 期。

的指导性意见，同时鼓励地方创新，逐步建立和完善法治建设指标体系和考核标准。通过借鉴国外经验，通过综合评估和专项评估相结合的方式，逐步破解法治量化难题。法治评估学将成为一个崭新的学科领域。在法治评估实践中，中国法治实践学派作为一种有益的学术探讨，是法治评估理论概括和升华的一个产物，也是对改革开放以来法治中国实践的一个理论回应。

后 记

本文原载《中国社会科学》2015 年第 5 期，由我与博士后王朝霞合作完成。本文是法治评估的一个系统总结，首次提出法治评估转型观点，也是第一次在权威刊物讨论中国法治实践学派。本文还提出了法治评估学的基本设想。

法治指数：法治中国的探索和见证

改革开放以来，中国向世界展示了两项最重要的成就：一是经济奇迹，二是法治发展。经济奇迹让经济学家不得不重新诠释经济学，法治发展让法学家们不得不重新审视法治模式。中国的目标不仅是富强中国，美丽中国，而且还是民主中国，法治中国。改革开放三十余年，也是法治中国探索的三十余年。在这三十余年里，中国进行了一系列的法治论证和实践。法治指数就是法治中国的一个探索和见证。

一、"法治浙江"的一项制度创新

中国内地首个法治指数——余杭法治指数的诞生有其深刻的制度创新背景和良好的基础条件。

法治指数出台的整体背景是中国共产党执政理念的根本性转变，即从宪法层面上抛弃了"人治"，确立了"法治"，将依法治国作为中国共产党的治国方略。而"法治浙江"则直接催生了余杭法治指数。2006年2月8日，时任浙江省委书记的习近平同志赴杭州市余杭区调研，主题是"法治浙江"。2月11日，余杭区委邀请专家加盟，"借脑"推进法治工作。2月23日，中共余杭区委提出《关于建设法治余杭的意见》，在全省率先提出

"法治余杭"，成为"法治浙江"的排头兵。5月8日，中共浙江省委作出《关于建设"法治浙江"的决定》。根据学者的建议，余杭区委区政府委托浙江大学牵头，联合中国社会科学院、中国人民大学、香港大学等单位的专家学者，共同探索"法治量化考核评估体系"，率先在中国内地进行法治指数实验。

浙江是一个沿海经济强省，是一个与国际高度接轨的先发地区，在中国市场经济的发展中扮演着极为重要的角色。在浙江这个经济先发地区，法治应该先行先试，制度创新势所必然。习近平同志有这样的表述："浙江省经济较为发达，市场化程度较高，民主氛围也比较浓厚，推进法治建设具有良好的物质基础和社会条件，完全有能力、有信心、有条件，也有责任在建设法治社会方面走在前列，为建设社会主义法治国家作出贡献。"余杭在全国经济百强县中位居15—16位，径山镇小古城村摘取全国"民主法治示范村"桂冠，多年来的普法活动卓有成效。这一系列优势构成了余杭法治先行先试和制度创新的前提条件。

法治指数之所以是一项制度创新，是因为它实现了法治有尺可量。它将庞大繁琐的法律制度规定和运作机制高度浓缩化，变成一些可以量化的、具有高度可操作性的指标。虽然，法治指数的测定除了客观数据外，还包括一些主观性判断，是主客观的结合，但是它实现了法治测度的相对客观性和可比较性，使得法治发展程度更为直观，更为具体。

以往，我们注重立法意义上的制度创新，忽略了更广泛意义上的系统层面的制度创新。一个社会的制度是由大制度、小制度、微制度构成的制度链条体系。只有这个制度链条体系具有相对完整性，并具备修复残缺和断裂的能力，才可能培育出法治文化和法治自觉，实现真正意义上的法治。

法治指数看起来是一个数字，实际上代表一系列极其重要的创新制度组合或"制度束"。不仅法治维度、各子指标的设计是法律制度的符号化创新过程，而且第三方评估机制、民调指数的测定、不同阶层不同比例的评估参与、评估后的整改约束等等制度设计，都反映着不同层级的制度创新。这种制度创新从根本意义上服务于一个目标：为法治培育一个最重要的基础——公民社会。法治指数的评估让非政府组织以及公众的参与成为可能。唯有公众参与，法治才有生命力。法治指数之所以成为"余杭法治系统工程"的枢纽和引擎，原因就在于此。法治指数入选浙江省改革开放30年百件大事、获评浙江省首届公共管理创新等评价，是对其作为"法治浙江"的一项制度创新的认知和肯定。

二、全国法治的一个试验田

专家学者们致力于余杭法治指数的实验，其目标指向当然不是单一县区的法治发展，而是将它作为研究推进中国法治的一个样本，一块试验田。在中国，"试验田效应"已经在产权领域、市场经济领域产生了理想效果。客观上，余杭法治指数已经产生，也正在产生法治领域的"试验田效应"。

2008年4月21日，司法部副部长张苏军到余杭进行法治专题调研，并召开现场办公会。他指出，余杭区大胆探索、勇于实践，在全国率先建立"法治量化考核评估体系"，并出台内地第一个"法治指数"，走在了全省乃至全国的前列，余杭法治建设工作思路清晰，方法得当，措施得力，成效明显，对全国地方创建"法治城市、法治县市区"具有推动作用，"法治余杭"建设已有一个良好的开端，取得了初步成绩。他希望余杭把握好当前开展法治城市创建活动的大好机遇，乘势而上，把"法治余杭"建设推向一个新的阶段，不仅要做省、市法治建设的"试验田"，更要成为全国法治实践的"试验田"。他当场表示，余杭区作为司法部开展"创建法治城市、法治县市区"活动的联系点，要作出样板，共同推进"法治中国"。

要成为真正意义上的试验田，首先要看法治指数对余杭法治的推动效果。余杭法治指数，其意义并不仅仅在于衡量每年度余杭区的法治水平，更重要的是它切实推进了余杭区的法治建设工作。评估指标是余杭法治建设的标准和目标，指数的公布则是压力和监督。正是在这样的意义上，法治指数充分显示了其独特作用——法治建设的枢纽和引擎。

社会管理创新，是化解一系列社会矛盾和风险的过程，也是加强政治正当性、树立政府公信力的过程。在这个过程中，法治评估能够发挥极其重要的作用。余杭的实践表明，法治指数是一项管理创新，是一项有效的管理工具和技术手段。余杭区经过五年的法治指数实验，形成了一套较为可行的法治评估方法和有效的制度约束，促使政府社会管理工作有的放矢，预防行政行为产生违法偏差，激励各部门推动法治建设，在社会管理中发挥了引导、激励、规范和创新作用，为创新社会管理进行了有益尝试。在法治评估的基础上，余杭区建立健全了"实施、监督、参与"的三维法治建设运行机制，形成了"党政齐发动、部门齐动手、基层齐响应"的良好氛围。更为重要的是，余杭法治指数的评估，通过民调、内外组和专家组的评审让不同群体的人参与到法治建设中来，人们的法治自觉得到提高。

法治指数让余杭政府每年"做一次体检"，实现一次考核。法治指数测评为地方发现法治建设和社会管理中存在的问题提供了可靠的依据，法治建设因此获得一个有效的抓手，并取得显著成效。

其次，余杭是否发挥了试验田作用，还要看它对全国的示范和辐射作用，看它是否推动了全国各地的法治建设。余杭法治评估的影响从全国一系列的法治评估活动可见一斑：2011 年 4 月，四川省司法厅完成《四川省"法治指数"和法治环境评估体系》；2012 年 4 月，云南省昆明市发布法治指数，为首家发布法治指数的省会城市；中国法学会正尝试在若干个城市测定法治指数；来自不同省份的考察组让余杭方面应接不暇；全国已经有不少地方正式启动或探讨法治评估活动，有的地方则完全照搬余杭法治评估的做法。

再次，余杭的试验田作用还表现在法治指数直接衍生出其他指数。

2012 年，浙江省高院采纳学者建议，将司法透明指数作为重点调研课题。浙江大学受浙江省高院委托，开展司法透明指数研究，并选取浙江湖州市吴兴法院为实验点。2012 年 11 月 1 日，在"司法透明指数论证会"上，课题组发布了吴兴区法院司法透明指数。广东省高院考察组奔赴浙江，进行专题调研，表示要尽快推出司法透明评估体系。在杭州市委、市政府的大力支持下，经过两年多的努力，浙江大学、国际善治、中国法治研究院合作完成了电子政府发展指数课题。2012 年 12 月 15 日，杭州市电子政府发展指数在"中国法治国际会议"上发布。司法透明指数和电子政府发展指数均为国内首次发布，实质上是法治指数的进一步拓展。可以预测，这两个指数也会像法治指数一样发挥示范效应。

三、中国法治研究的一种新模式

一方面，以"量化"为特点的法治研究是对传统法学研究方法的变革。传统法学更多地停留于法治的理念、观念、精神、原则等维度，侧重于对法律价值的关怀，不可避免地忽视了对法治问题的实证思考。当前中国的法治建设主题，是将法治作为国家市场经济发展和区域经济增长的基点，让法治成为一种常规治理方式，把法治理念、精神以及法律制度与城市、农村、社区、群体等场景因素相结合，进行场景化的法治实践。这种场景化实践的需求带来的一个必然结果是法学研究方法的变革。法治量化研究正是适应了这种需求。传统法学普遍采用的定性研究方法转变为定性和定量的结合。正是从这个意义上说，法治的量化研究是对传统法学研究方法的一项变革，而法治指数理论则是法学研究方法变革的一种产物。

跨学科、团队合作研究是当今国际学术界的一个基本趋势。国际上社会科学研究方法的进步突出表现在学科的交叉研究和实证研究上。实证主义方法论受到人们关注，科学化和准确化的定量分析在社会科学领域的运用逐渐广泛。法治量化的兴起主要就源自于社会科学中的量化研究方法对法学研究的渗透，这种渗透使得社会科学的量化技术与方法适用于研究法律规范被遵循的程度以及它对社会、政治的影响。法治的量化研究就是这样一种符合国际学术发展方向，符合学科交叉渗透趋势，并且符合法治实践发展需要的一种努力。

一系列情况表明，法治指数或法治评估正在成为一个引起学界高度重视的创新领域。中国法治研究院（香港）建立法治指数研究中心。中国社会科学院法学研究所建立了"法治指数实验室"，并在余杭建立了国情调研基地，开展法治余杭的深入研究。《法治评估及其中国应用》在 2012 年第 4 期《中国社会科学》发表后，该项研究很快成为国家社科基金的重大课题；《世界法治指数研究》也成为国家社科基金课题。《法治评估的实验》（法律出版社）尝试建立法治评估学，法治白皮书《中国法治指数报告》（中国社会科学出版社）试图从另一个角度让世人了解中国的法治进程。法治评估成为学位论文的选题，一些关于法治评估的论文相继发表。这些现象均表明，法治指数研究方兴未艾，并且正在形成一个富有挑战性的新领域。

另一方面，以"实践"为指向的法治研究正成为一大批学者的法治研究取向。"中国法治实践学派"的提出直接缘起于发生在浙江的法治指数的实验。在法治指数实验的过程中，江平、李步云等一批法学家齐聚浙江，直接组织或参与"中国法治论坛"、"中国法治国际会议"等各种形式的学术研讨活动。研讨主题涉及法治指数、司法透明指数、电子政府发展指数、中国法治增长点、中国法治模式等与法治相关的内容，学者们始终团结在"法治"这面旗帜下。在寻找中国法治道路的过程中，学者们达成了一个共识：中国正在形成一个新的法学流派——中国法治实践学派。这个学派的特点是：背景是中国的，内容是法治的，视野是国际的，方法是实践的。

法治的一系列实践首先产生在浙江并非偶然。浙江素有追求事功的精神传统。以南宋叶适为代表的"永嘉学派"与朱熹"理学"、陆九渊"心学"

鼎足相抗，反对道学家空谈义理。以南宋陈亮为代表的"永康学派"主张经世致用，反对清谈空谈。浙江吴兴人沈家本承先启后，为中国法制现代化作出了不朽的贡献，成为求实精神的典范。虽然，今天的中国法治实践学派所处的环境不同以往，所承担的任务异于当年，但该学派所表现的求实精神与事功精神传统互为映照。

中国法治实践学派并不局限于一时一地，它由一个包容力极强的群体构成。这个群体的成员致力于制度创新，统合社会学、管理学、经济学、统计学等多种学科的力量，追求法治研究的实证性和实践性。中国法治实践学派的提出符合当今中国的法治研究趋势，适应了中国法治发展的现实要求。实践式的研究最符合中国转型期法治建设的需要。中国法治实践学派的学者们积极参与中国法治建设的实践，与政府、社会各阶层联手共建法治国家、法治政府、法治社会。学者和政府、社会各阶层合作，并形成中国法治发展的主要推动力，这是中国转型期法治发展的重要特征，也是法治中国的希望所在。

| 后 记

本文原载《光明日报》2013 年 4 月 9 日。《光明日报》约我和香港大学戴耀廷、吉林大学姚建宗教授进行"法治指数三人谈"。《光明日报》整版刊发"法治指数三人谈"。本文就是我在"法治指数三人谈"中的内容。我认为，法治指数是法治中国的一种极有意义的探索，也是一项强有力的见证。我提出："中国法治实践学派的提出符合当今中国的法治研究趋势，适应了中国法治发展的现实要求。"

2016 年 8 月 4 日，由浙江省法学会等部门联合举行的浙江省十大法治事件评选活动正式揭晓，我主持出台的中国内地首个法治指数——"余杭法治指数"入选十大法治事件（2006—2016）。

测评法治指数是我 2016 年向余杭区委区政府提出的建议。余杭法治指数是中国内地首个法治指数，填补空白，在国内外产生广泛影响。国内有关高校科研机构、司法部、国家统计局、余杭司法局等理论和实践界人士参与法治评估创新项目。余杭因此被称为"全国法治试验田"。余杭法治指数先后入选浙江改革开放 30 年百件典型事例、首届浙江省公共管理创新十佳案例、中国法治政府提名奖。法治指数的影响被媒体称为"法治指数现象"。媒体和学界戏称我为"钱指数"、"中国法治评估先行者"。《人民日报》、《光明日报》、《法制日报》等主流媒体均予以深度报道和关注。《人民日报》、《光明日报》、《经济日报》均以内参形式报送有关部门和领导。

作为中国基层法治的试验田，余杭法治经验引领了全国县域法治实践。2007 年至今，全国各地前来学习考察 400 余批次，覆盖全国 30 个省，法治量化评估经验被许多地方移植借鉴。同时，也为中共中央十八届三中全会"建立科学的法治建设指标体系和考核标准"、十八届四中全会"用法治成效考核领导干部政绩"等决策的提出提供了实践样本。

中国法治政府建设指标体系的构建

"法治评估"是"运用运筹学、统计学等原理，采用指标体系和运算模式，按照合理的程序和方法，以量化形式对国家治理状况作出全面的、系统的客观评估，对治理水平进行实时、动态、科学的管控、监测、诊断、反馈，以减少治理的盲目性。"[1] 这一量化制度目前已得到推广并成为国家治理的一项重要工具。指标体系是实施法治评估的核心内容。倘若没有对法治指标体系的逻辑模型作准确和合理的论证，法治评估就很容易在操作化过程中发生变异，偏离我们预期的评估目标，甚至得出虚假乃至事与愿违的错误结论。[2] 中共十八届三中全会提出了"建立科学的法治建设指标体系"的重大任务，理论界和实践界必须给出科学的答案。政府的法治指数是国家法治指数的最重要最核心部分[3]，这一事实决定了必须确保法治政府建设指标体系的科学性。

目前，在我国实践领域出现的法治政府建设指标体系由于缺乏顶层设

---

[1]　钱弘道、王朝霞：《论中国法治评估的转型》，载《中国社会科学》2015 年第 5 期。

[2]　张德淼、李朝：《中国法治评估指标体系的生成与演进逻辑》，载《理论与改革》2015 年第 2 期。

[3]　汪全胜：《法治指数的中国引入：问题及可能进路》，载《政治与法律》2015 年第 5 期。

_137

计，各地各种做法差异悬殊，明显存在着科学性问题，① 影响了法治政府评估的功能发挥，导致了评估的"形式主义"。② 在此背景下，构建一套科学、系统并具普适性的法治政府建设指标体系显得尤为紧迫。概念分析在指标体系设计中具有基础性地位。现有实践很大程度上正是因为没有廓清法治政府的内涵边界，从根源上产生了认识偏差，从而导致指标体系缺乏科学性。本文在研究如何全面正确把握法治政府内涵的基础上，结合地方政府和中国政法大学法治政府研究院的实践样本分析，提出中国法治政府建设指标体系的基本框架。

一、如何把握法治政府内涵

法治政府的内涵是指标体系的设计依据，其核心是法治政府的基本构成要素。③ 无论是"世界正义工程"开创的法治指数，我国香港创设的法治指数，还是我国内地首创的余杭法治指数，都以界定法治内涵作为基本前提。同理，法治政府的内涵界定应是科学设计法治政府建设指标体系的逻辑起点，无法回避也不能回避。然而，源自西方"法治"理论的现代法治政府理论，并没有给出法治政府的具体评判标准，为人们随意理解法治政府留下了余地，也造成了法治政府建设指标体系设计的基础性难题。"一切行为都受到法律的严格约束、规范和限制的政府"④，这一简单的法治政府定义已经无法充分概括现代法治政府的基本内涵。多层面与全视角地把握法治政府的内涵特征是构建科学法治政府建设指标体系的内在要求。

---

① 杨小军、陈建科：《完善法治政府指标体系研究》，载《理论与改革》2013 年第 6 期。

② 有些地方法治评估形式主义严重，套用一贯以来的内部政绩考核方式，热衷于做表面文章，热衷于宣传，甚至存在数据造假现象，法治评估作为一项制度创新的效应并没有得到充分发挥。参见钱弘道、王朝霞：《论中国法治评估的转型》，载《中国社会科学》2015 年第 5 期。

③ 王敬波：《法治政府的评估主体、指标与方法》，载《改革》2014 年第 9 期。

④ 王成义：《深圳市建立法治政府研究》，中国法制出版社 2010 年版，第 6 页。

（一）通过量化分析跳出定义困境

基于社会对法治发展水平及其推进状况精确评价的需求，量化法治应运而生。在法治建设过程中，量化法治将抽象的法治理想、法治原则、法治精神转化为对具体的法治目标、法律制度、法治标准的考核评估，具体表现为法治实践中的各种量化评估体系与标准。[①] 它既有助于评价各国的投资环境，又有助于衡量各国的法治发展水平，还可以辅助校准法治建设的局部目标定位。[②] 正是社会发展的现实需求和量化法治的突出优势使其在世界范围内得到了迅猛发展。但是，"我们因无法或不愿真正从定性分析角度寻求对'什么是法治'问题的回答而另辟蹊径，开始了立足定量分析的'量化法治'的突围，而在法治指标设计和法治指数计算中，还是绕不过对法治在内容和形式上的原则界定。"[③] 那么，如何认识量化法治研究中的法治定义？它与传统法治研究中的法治定义有何区别？这两个问题对于认识法治政府的内涵特征同样重要。

量化法治通过设定一个"法治"的工作定义，避免普适主义法治观和国情主义法治观对法治定义的抽象性，为其提供了定量分析的可能，在更加具体、更为直接的意义上联系起法治实践。[④] 法治的工作定义具有很强的可操作性，因而又被称为法治的操作定义。它是将我们无法得到的社会结构、制度及有关人们行为、思想和特征的内在事实，用代表它们的外在事实代替，并通过后者研究和评价前者的操作过程。[⑤] 操作层面上的法治定义具有如下特征：（1）可分解为若干构成要素，且不同构成要素之

[①] 戢浩飞：《量化法治的困境与反思》，载《天津行政学院学报》2014 年第 4 期。

[②] 钱弘道、戈含锋、王朝霞等：《法治评估及其中国应用》，载《中国社会科学》2012 年第 4 期。

[③] 张志铭、廖奕、林海：《"量化法治"的实践之道》，载《检察日报》2013 年 7 月 16 日第 3 版。

[④] 张志铭、于浩：《共和国法治认识的逻辑展开》，载《法学研究》2013 年第 3 期。

[⑤] 风笑天：《社会研究方法》，中国人民大学出版社 2001 年版，第 102 页。

间具有可替代性而非绝对固定；（2）由若干关键要素构成的框架结构而非完整意义上的法治样态；（3）在不同时空情景下存在着个体差异与动态变化。① 量化法治中法治的操作定义很好地诠释了本文关于法治政府的定义性质，可以使量化层面的法治政府定义超脱于传统法治政府内涵界定的纷争，摆脱难以形成定论的定义困境，但要遵循操作定义的规则体系，通过变虚为实，变抽象为具体，把法治政府的原则要求转化为可操作的具体标准，形成推进依法行政的内在驱动力。② 操作层面的法治定义不可能完全等同于价值层面的法治定义，但可以通过一些努力最大限度地接近它，从而使人们更清晰明确地认识法治、建设法治成为可能。法治政府建设指标体系的设计正是建立在操作层面法治定义的基础之上，在实践运作中不宜脱离这个前提而回到法治定义无谓纷争的原点，以免出现法治政府建设指标体系设计上的依据混乱。

（二）遵循整体法治观

法治政府建设作为法治建设的重要组成部分，引发了法治政府建设指标体系构建中的关键一问，即法治政府定义是局部还是整体地展现法治特征？这一问题很大程度上影响着法治政府建设指标体系的科学性。对此，整体法治观给出了恰当的解释。整体法治观强调，要用整体的观点来看待法治，要把法的内在结构、外在联系和发展过程作为一个整体加以认识，并用以指导法治建设的全面推进与发展，使法治发展具有全面的性质。③"整体法治"反对"头痛医头、脚痛医脚"的片面行为与偏离整体的盲动行为，因为这一行为只能让现实法治顾此失彼，并最终使

---

① 张德森、李朝：《中国法治评估指标体系的生成与演进逻辑》，载《理论与改革》2015 年第 2 期。

② 汪波：《中国法治政府建设的基本逻辑》，北京师范大学出版社 2010 年版，第 161 页。

③ 卓泽渊：《论法治的整体性》，载《现代法学》2003 年第 2 期。

得法治建设成为"剪不断、理还乱"的"一团乱麻"。"整体法治"要求把法治作为整体进行观察、分析，强调法治的整体行动。① 根据整体法治观，法治中国建设是法治的整体行动，法治政府建设是法治的分项行动，但它作为法治中国建设的有机组成部分，不能与其他组成部分简单割裂开来，而应与其他法治行动协调共进；如果把法治政府建设作为法治的整体行动，其内部包含的立法、执法、司法、监督、救济等具体行动，同样应协调共融于法治政府建设，不能只顾部分行动而忽视其他行动，否则就违背了整体法治观，就会影响到法治政府建设乃至法治中国建设的进程。这种整体法治观已体现在《法治决定》中，即"坚持依法治国、依法执政、依法行政共同推进，坚持法治国家、法治政府、法治社会一体建设"。

然而，无论是在以往的法治政府建设中，还是现存的法治政府建设指标体系中，都明显忽视了法治的整体性建设。国务院于 2004 年下发的《行政纲要》旨在从行政部门的角度提出推进依法行政的指导思想、基本原则和主要措施，而不是为行政法治提供一个全面的、有学术意义的评价体系。一个显著的问题是，它基本不涉及人大立法和法院司法。② 在现存法治政府建设指标体系中，多数地方没有将"办理人大议案及代表建议率"、"司法机关司法建议的采纳率"等内容作为重要指标进行考核。在法治政府建设中，行政系统的独大化必将割断行政系统与立法和司法系统的联系，对立法系统和司法系统的正常运行造成破坏，可能致其既小觑立法规制又低视司法监督，③ 从而影响法治政府建设的整体效果。鉴于此，法治政府建设指标体系的设计应遵循法治整体观，从立法、执法、司法、守法等各个环节来提取重要指标，才能全面反映法治政府的实质内涵。

---

① 石文龙：《法律变革与"中国法"的生成》，中国法制出版社 2013 年版，第 259 页。
② 何海波：《行政法治，我们还有多远》，载《政法论坛》2013 年第 6 期。
③ 杨解君：《法治建设中的碎片化现象及其碎片整理》，载《江海学刊》2005 年第 4 期。

（三）形式法治与实质法治的辩证统一

自古希腊思想家亚里士多德提出"良法之治"以来，在漫长的法治发展历程中，法治政府的内涵经历了"窄"与"宽"的演变，由此出现了法治政府建设指标体系设计中对法治政府内涵宽窄把握上的难题。形式法治观给出的是"窄"的界定，即认为法治政府就是政府的一切行为都受到法律的严格约束、规范和限制。在此内涵的指导下，英国行政法学者威廉·韦德提出了法治政府的四个基本特征：政府权力需来自法律；政府需依法行权；行政争议需司法裁判；政府与公民受法律同等保护。① 形式法治观为我们设定了法治政府评估的基本内容，即法律的良好程度与适用程度。而实质法治观则给出了"宽"的界定，认为法治的良法之治、公平正义、权利保障、权力制约等价值取向进一步发展，使法治政府内涵发生了突破性的扩展。民主政府、有限政府、责任政府、诚信政府、廉洁政府、高效政府、服务政府等都是法治政府的基本价值取向，或者说都是法治政府的应有之义。② 实质法治观要求法治政府建设指标体系中应包含能够体现民主、服务、诚信、透明、效能、责任等法治价值的相关指标。由此可见，对两种不同范畴的法治政府内涵的把握将直接影响着指标体系的包容度。

法治政府建设指标体系设计应采用哪个范畴的法治政府内涵？杨小军提出："法治政府，就只能是法治政府，而不是包罗万象的'变形金刚'。"③ 他反对将服务政府、高效政府、廉洁政府、诚信政府、民主政府纳入法治政府的范畴。但这种观点面临着很大的质疑。法治发展至当下，单纯的形式法治显然过于褊狭了。我国的法治建设应以形式法治为基础，

---

① ［英］威廉·韦德：《行政法》，徐炳译，中国大百科全书出版社1997年版，第23页。
② 陈洪波：《法治政府建设理论与实务》，湖北人民出版社2010年版，第23页。
③ 杨小军：《论法治政府新要求》，载《行政法学研究》2014年第1期。

以实质法治为导向，坚持形式法治与实质法治的协调和统一。① 在中国全面建成小康社会、全面深化改革和全面推进依法治国的关键阶段，我们不仅需要一个"消极无为"的政府，使其权力限定在法律范围内；我们还需要一个积极有为的政府，在确保公共权力对公民权利的限制最小化的同时，致力于公共福利和人民利益的最大化。② 从已有的法治评估实践来看，指标体系的设计也遵循着形式法治与实质法治相统一的原则。世界正义工程（WJP）通过其创立的法治指数第一次系统且全面地利用各种参数指标成功地衔接了形式法治与实质法治。③ 我国香港与内地余杭法治指标体系的设计同样遵循了形式法治与实质法治相协调统一的原则。因此，在法治政府建设指标体系设计中，不能忽视实质法治的内在要求，应尽量确保对现代法治政府内涵理解上的全面性，这是实现指标体系科学性的关键。

（四）一个发展观的要求

中国法治在自然演进力和社会推进力的共同作用下正不断向前发展，这是一个不争的事实。这一事实使法治政府内涵出现了稳定性与发展性之争。当然，于法治政府建设指标体系的设计与适用而言，稳定性的意义极其重要，因为"历时性比较"客观上要求指标体系保持稳定。但只注重法治政府内涵的稳定性而无视其发展性，会导致据此设计的指标体系有可能缺失应有的引导、预测、评价等功能优势，必须慎重对待法治政府内涵的发展性。

三十多年来，中国法治一直处于缓慢曲折的发展之中。具体到法治政府建设，整个过程经历了四个阶段，即依法办事、行政管理法制化、依法

---

① 袁曙宏、韩春辉：《社会转型时期的法治发展规律研究》，载《法学研究》2006年第4期。

② 汪习根：《法治政府的基本法则及其中国实践》，载《理论视野》2015年第1期。

③ 李蕾：《法治的量化分析》，载《时代法学》2012年第2期。

行政以及法治政府。① 从 1984 年彭真同志提出"依法办事"到 2004 年国务院提出法治政府建设目标，历时 20 年，这 20 年法治政府建设并不十分顺利。在 1999 年 11 月，国务院正式颁布《关于全面推进依法行政的决定》之前 15 年左右的时间里，法治政府建设困难重重，发展缓慢。即便是 1999 年至 2004 年，因为法治政府的界限不清、目标不明，整个建设进程同样并不是十分理想。在结合理论研究成果的基础上，2004 年的《行政纲要》确立了"全面推进依法行政，经过十年左右坚持不懈的努力，基本实现建设法治政府的目标"，提出了"合法行政、合理行政、程序正当、高效便民、诚实守信、权责统一"的基本要求，还设定了八项具体任务，为实务部门提供了前所未有的法治政府建设的细化标准与依据，对系统建设法治政府起到了极其重要的指引作用。自此，《行政纲要》成了实践领域界定法治政府内涵的主要依据，各地政府设定的法治政府建设任务与法治政府建设指标体系都充分证实了这一点。"就所设定的指标体系的架构而言，各地毫无例外地都按照《行政纲要》所规定的法治政府的 7 项内在标准进行展开。"②

随着中国社会经济文化的发展，法治政府建设继续向前推进。特别是中共十八大设定了 2020 年基本建成法治政府的新目标以来，我国对法治政府建设又提出了更全面、更权威的一系列新要求，标志着我国法治政府建设进入到一个崭新的发展时期，也意味着法治政府内涵必定会有新的发展。十八届四中全会吸收理论研究的新成果，总结实践发展的新成就，对法治政府的内涵作出了更全面更清晰的界定。《法治决定》提出，各级政府必须坚持在党的领导下、在法治轨道上开展工作，加快建设职能科学、权责法定、执法严明、公开公正、廉洁高效、守法诚信的法治政府。③《法

---

① 杨小军：《论法治政府新要求》，载《行政法学研究》2014 年第 1 期。

② 陈柳裕：《法治政府建设指标体系的"袁氏模式"：样态、异化及其反思》，载《浙江社会科学》2013 年第 12 期。

③ 黄学贤：《法治政府的内在特征及其实现》，载《江苏社会科学》2015 年第 1 期。

治决定》赋予了法治政府新内涵：强调开放式政府治理，强调价值化政府治理，强调过程化政府治理，强调给付性政府治理。① 2015 年底，国务院又印发了《法治政府建设实施纲要（2015—2020 年）》（以下简称《实施纲要》），明确设定了"政府职能依法全面履行、依法行政制度体系完备、行政决策科学民主合法、宪法法律严格公正实施、行政权力规范透明运行、人民权益切实有效保障、依法行政能力普遍提高"七项法治政府建设的衡量标准。从法治的发展角度来看，法治政府的内涵并不是封闭的、僵化的，相反，随着法治政府建设的向前推进，需要相应的矫正与更新。法治政府内涵的发展性，客观要求在设计指标体系时除了遵循法理要求和《行政纲要》规定外，还应吸纳《改革决定》、《法治决定》、《实施纲要》等新的纲领性文件对法治政府赋予的新内涵，只有如此，才能确保据此设计出的指标体系具有预期的功能优势。

二、法治政府建设指标体系的样本分析

构建法治政府建设指标体系的实践探索已经持续多年。例如，浙江余杭法治评估体系，包括法治政府指标体系，由余杭区委区政府委托浙江大学牵头开展合作研究，并请第三方进行评估。中国政法大学法治政府研究院组织的第三方评估是单纯的法治政府评估。目前，全国各地目前开展的法治政府评估多为政府内部的绩效考核，与第三方评估差异较大。内外部评估都为我国法治政府建设指标体系的构建提供了经验样本。

（一）地方政府评估的样本分析

国务院的《行政纲要》是地方政府设计法治政府建设指标体系的基本依据，但它本身并不是一套严格意义上的法治政府建设指标体系。浙江余

---

① 关保英：《论法治政府的新内涵》，载《南京社会科学》2015 年第 1 期。

杭开展的法治评估实践为地方政府构建法治政府建设指标体系提供了实践经验①，推动了理论界和实务界对量化法治的深入探讨。在理论层面，也得益于一些学者的研究推动，如袁曙宏的《关于构建我国法治政府指标体系的设想》。在此背景下，2008 年，深圳首先发布了《深圳市法治政府建设指标体系（试行）》，随后湖北、四川、广西、广东等地方政府也纷纷出台了自己的法治政府建设指标体系，呈现出全国普遍推行法治政府评估的现象。② 笔者以各地法治政府建设指标体系作为分析对象，选取江苏、贵州、甘肃与广东这四个相关信息公布较为全面的省份作为分析样本，对体制内法治政府建设指标体系进行利弊分析。

1. 各地法治政府建设指标体系总体格局趋于一致

虽然《行政纲要》并非法治政府建设指标体系的顶层设计，但在缺乏专门顶层设计的现实境况下，地方政府普遍将《行政纲要》作为主要参考依据来设计自己的指标体系。这一现象通过比对《行政纲要》内容与各地一级指标便可一目了然（具体请参见表 2）。江苏、贵州、甘肃与广东都将《行政纲要》中的"行政决策、制度建设、规范执法、矛盾防化、行政监督与组织保障"六项重要内容设为一级指标；虽然各地对《行政纲要》中的"政府职能"这项内容态度差异较大，但也只有广东较大程度上忽略

---

① 2006 年年初，当时由习近平主政的浙江发布了《中共浙江省委关于建设"法治浙江"的决定》，余杭区委区政府首先提出实施"法治余杭"，并与浙江大学法学院合作，共同探索建立"法治量化考核评估体系"，引起了各级领导的高度重视和社会的广泛关注。在评估体系出台并实施的基础上，余杭出炉了中国内地第一个"法治指数"。这一事件具有标志性意义。参见钱弘道：《法治评估的实验——余杭案例》，法律出版社 2013 年版，第 47 页。

② 在法治政府建设指标体系设置的实践活动中，存在这样的现实情况，即各地对这种指标体系的称谓并不统一。有的地方将其称为"依法行政考核指标"，如广西、贵州、甘肃等地；有的地方将其称为"法治政府建设指标体系"，如深圳、广东、江苏等地；还有的地方将其称为"法治政府建设（依法行政）考核评价体系"，如浙江等地。这种称谓上的差异由历史与现实两方面原因造就，对各地指标体系设置并没有实质影响。根据法治政府建设这一共同目标，结合国务院 2009 年 12 月完成拟发而未发的《关于推行法治政府建设指标体系的指导意见（讨论稿）》，本文选用"法治政府建设指标体系"这一称谓。

了对这一内容的考核；在"行政能力"这项内容上，只有江苏没有单列为一级指标，但将其作为二级指标归入"组织保障"的一级指标中。地方政府普遍依据《行政纲要》来设置指标体系的做法，使各地法治政府建设指标体系在总体格局上呈现出趋同性。这一现象揭示了地方政府在指标体系设计中对顶层法治政府建设文件的重视程度。

表2　各地一级指标与《行政纲要》规定内容对比图

《行政纲要》	江苏（2015）	贵州（2015）	甘肃（2015）	广东（2013）
政府职能	1.政府职能15%	2.履行职责15% 7.政务公开10%	2.政府职能10% 7.政务公开10%	—— 4.信息公开10%
行政决策	3.行政决策15%	3.行政决策10%	3.行政决策10%	2.行政决策10%
制度建设	2.制度建设15%	4.制度建设10%	8.制度建设10%	1.制度建设15%
规范执法	4.规范执法15%	5.规范执法15%	4.执法体制8% 5.规范执法12%	3.规范执法20%
矛盾防化	6.矛盾防化15%	8.矛盾防化5%	9.矛盾防化10%	5.矛盾防化10%
行政监督	5.行政监督15%	6.行政监督5%	6.行政监督10%	6.行政监督15%
行政能力	——	9.行政能力15%	1.行政能力10%	7.行政能力10%
组织保障	7.组织保障10%	1.组织保障15%	10.组织保障10%	8.组织保障10%

注：①为使表格内容清晰且易于比较，笔者对《行政纲要》内容与各地一级指标做了概括性表述，如需准确表述，请读者查阅原始资料；②各地一级指标前的数字代表它们在各自整套指标体系中所处的位序；③各地一级指标后的百分比代表它们各自被赋予的分值权重。

2.各地法治政府建设指标体系的内在逻辑并不统一

虽然各地法治政府建设指标体系大致格局相同，但各地在设计其指标体系时明显采用了不同的内在逻辑。(1) 从各地一级指标的位序安排来看，没有一个地方是完全按照《行政纲要》内容的先后顺序来设置的，也没有出现两个完全按照相同位序来安排其一级指标的地方（参见表2）。以"制度建设"为例，广东将其放在第一位，江苏将其放在第二位，贵州和甘肃分别将其置于第四位和第八位。同一项指标在不同地方的位序差异之大，明显体现出各地设置指标体系时的逻辑差异。（2）从一级指标数量与内容来看，江苏、贵州、甘肃与广东一级指标分别设了7项、9项、10项、8项，没有一级指标总数完全相同者。相比其他三地，江苏缺少了"行政能力"指标，广东未设"政府职能"指标，甘肃则多设了"执法体制"指标；相比江苏，其他三地则多设了"政务公开"或者"信息公开"指标。由此可见，指标体系设置的内在逻辑是造成各地指标体系差异性的关键因素，是体现整套指标体系设计原则与理念的重要方面。

3. 各地法治政府建设指标赋值存在明显差异

各地法治政府建设指标设置的差异性不仅体现在指标本身，还体现在指标的赋值上（参见表2）。从一级指标赋值来看，虽然各地都采用了百分制，但不存在赋值上是完全相同的地方。（1）从赋值规律来分析，各地采用了不同的赋值方法。江苏与甘肃基本采用了平均赋值的方法，江苏将"组织保障"之外的5项一级指标平均赋值15分，甘肃将"规范执法"与"执法体制"之外的8项一级指标平均赋值10分；贵州与广东采用了区别赋值的方法，贵州按5、10、15三档分值对一级指标分别进行赋值，广东则按10、15、20三档分值分别进行赋值。（2）从指标分值来分析，同一指标在不同地方的赋值也存有明显差异。"矛盾防化"与"行政监督"两项，江苏均赋值为15分，而贵州则是5分；"行政能力"与"组织保障"两项，贵州合计30分，而江苏则合计10分；"政务公开"或"信息公开"项，贵州、甘肃与广东都单列给了10分，而江苏却给了0分。指标赋值不仅体现了各指标的重要程度，也影响着法治政府建设的评估结果，其科学合理性值得重视。

（二）对中国政法大学法治政府研究院的样本分析

中国政法大学法治政府研究院试图提供一套"可以适用全国、覆盖全面、力求科学、注重操作、兼顾定性与定量评价的法治政府评估指标体系"①。从 2013 年至今，中国政法大学法治政府研究院已连续三年在全国范围内开展法治政府建设评估。本文仅对其 2013 年的法治政府建设指标体系进行分析：

1. 法治政府内在要求反映不够全面

为突出可操作性，这套指标体系设置了较少数量的指标，由 7 项一级指标、30 项二级指标、60 项三级指标组成，相比地方政府，在指标体系的规模上有很大的精简（具体请参见表3）。从社会学的角度看，一个指标体系的指标越少就越具有可操作性。②特别是针对适用于全国的指标体系，如果容纳的指标数量过多，会因评测工作量巨大而不易实现。但是，不能因为过于强调可操作性而忽视指标体系的覆盖合理性。指标数量过少，必然会导致不能准确反映法治政府基本特征。

表3　各地法治政府指标体系指标数量统计表　（单位：项）

省市	一级指标数	二级指标数	三级指标数
江苏	7	29	124
宁夏	8	32	115
广东	8	40	108
深圳	12	44	225
苏州	9	29	94
沈阳	8	42	149

2. 指标体系总体覆盖全面但细化层面有缺失

从一级指标来看，基本上涵盖了《行政纲要》中的"政府职能、行政决策、制度建设、规范执法、矛盾防化、行政监督与组织保障"这7项内

① "中国法治政府评估"课题组：《中国法治政府评估报告》(2013)，载《行政法学研究》2014 年第 1 期。

② 钱弘道：《中国法治增长点：学者和官员畅谈录》，中国社会科学出版社 2012 年版，第5页。

容（具体参见表4）。不仅如此，在其指标体系中还包括了一项十分醒目的指标"公众满意度"指标，这一指标主要从行政执法、行政服务、公众参与、政府信息公开四个方面来测评。但在二级和三级指标设置上过于简单、粗疏，难以充分反映一级指标的全貌，最终难免会影响法治政府评估结果的准确度。

表4　法治政府研究院法治政府一级指标及分值、比重

一级指标	机构职能及组织领导	制度建设和行政决策	行政执法	政府信息公开	问责与监管	社会矛盾化解与行政争议解决	公众满意度调查
分值（分）	65	60	40	40	45	20	30
比重（%）	21.7	20	13.3	13.3	15	6.7	10

3. 每一项指标都以外部可观测性为前提

中国政法大学法治政府研究院作为第三方独立评估主体，所用数据并非由官方提供，主要是通过网络搜索、电话核实以及评估者亲身体验等方式获取。因此，它所设计的每一项指标都以外部可观测性为前提，这提高了法治政府评估结果的公信力，符合国际上的通行做法。但将官方数据完全排除在外，势必会降低评估结果的客观性，增大其主观性。同时，因为评估结论难以直接为官方采纳，评估结果的应用将受到局限，毕竟中国法治具有政府主导性。

4. 基本采用平均赋值的方法

前6项一级指标下的三级指标绝大多数为平均每项5分，个别十分重要的三级指标给了10分或8分，如"是否建立了完备的规范性文件制定程序制度"与"执法流程细化及公开"是10分、"政府提供所申请信息的情况"则是8分；"公众满意度调查"由8个具体问题来反映，每个问题平均赋值3.75分。平均赋值方法简单易行，是法治政府建设指标体系权重设定的可取做法。

（三）两种实践体例的差异分析

以上两种实践体例的终极目标无疑都是推进法治政府建设，其设计依据主要是《行政纲要》等法治政府建设方面的纲领性文件。但一种具有官方性质，另一种则具有民间性质，这决定了两者的相同点少、差异处多。相同之处反映共识，而差异之处则反映问题的实质。对两种指标体系进行差异性分析，对两者在未来改进中互相取长补短显得尤为重要。

1.两种指标体系的性质不同

地方政府设计的指标体系，其数据主要来源于政府内部，侧重于内部评估；而中国政法大学法治政府研究院设计的指标体系，数据主要来自于政府外部，侧重于外部评估。因为政府掌握着全面反映法治政府建设情况的大量数据，故内部评估必不可少；但政府为维护自身政绩有可能提供一些不实数据，因而内部评估会影响评估结果的准确性，伴生出评估公信力不足的问题。当然，外部评估也并非看上去那么完美，也有可能因为外部观测数据的局限而不能全面反映法治政府建设全貌。以中国政法大学法治政府研究院设计的"行政执法"这一一级指标为例，仅观测了执法主体的培训与清理情况、执法流程细化及公开情况、执法权力清单、案卷评查、违法行为投诉体验这几方面的网上信息，明显缺少了"行政执法和刑事司法衔接情况"、"执行行政裁量权基准情况"、"执法违反法定程序被诉情况"、"执行执法全过程记录情况"等更能反映执法全貌的关键信息，由此影响了评估结果的准确性。显然，单纯设定内部指标或外部指标都无法取得理想的测评结果。科学的做法是构建同时包容内外部指标的指标体系，并创设内外部数据测评的有利条件，使独立的第三方评估主体将内外部评估有机结合，才能实现更为理想的法治政府评估。

2.两种指标体系的设计功用不同

虽然地方政府与中国政法大学法治政府研究院在设计指标体系的目标上是一致的，即推进法治政府建设，但两者评估效果如何，还有待进一步考证。从理想层面看，地方法治政府的评估结果基于体制内的执行力优势，可以较好地实现指标体系的设计目标。但当前地方政府开展的法治政府评估成了政府内部政绩考核的工具，"部分建设举措停留于应付上级要求、显示'政绩'上，不能有效提升行政权的规范程度。"[1] 加之评估结果往往不对外公开且主要用于政府官员的奖惩与提拔，而不是真正用于改进法治政府建设举措之上，导致指标体系设计初衷并没有很好实现。反观中国政法大学法治政府研究院作为独立的第三方评估主体，在评估过程中确实可以发掘一些实质性问题，但由于缺乏体制内执行力的衔接，其评估结果在用于改进法治政府建设中存在先天障碍。综上所述，两种实践体例在功用设计上各有优势，但在评估目标的实现上都存在明显不足。

3. 两种指标体系的适用范围不同

地方政府的指标体系设计实践具有区域性特征，而中国政法大学法治政府研究院的则具有全国普遍适用的特征。区域性法治政府建设指标体系无疑在本土的适用性上更强，因为某些指标往往具有一定的地域特色，可以很好地与地方政府正在开展的法治政府建设重点工作相衔接。但它的缺陷也很明显，即评估结果只能进行历时性比对，无法实现不同区域间的横向比对，从而极大限制了这种指标体系的功能发挥。中国政法大学法治政府研究院运用其设计的可以适用于全国范围的指标体系，在 2013 年对中国 53 个大城市进行了测评，2014 年对 100 个大城市进行了测评，其评估结果引起了全国上下的关注。两者在适用范围上的差异引起了折中性思考，即采取全国适用但兼顾地方特色指标体系的设计。

4. 两种指标体系的覆盖度不同

在法治政府内涵的呈现上，地方政府指标体系的覆盖度明显更大。指标体系的覆盖度越大就越能展示法治政府的内在要求，从而更准确地测评

---

[1] 马怀德：《法治政府建设要警惕形式主义》，载《人民日报》2014 年 4 月 28 日。

法治政府的建设情况。中国政法大学法治政府研究院设计的指标体系覆盖度较小，主要有两方面原因：其一，指标总量影响了覆盖度，虽然其指标体系在主要内容上并不比地方政府少，但指标总量仅有 60 个，远少于地方政府；其二，内部指标的缺少影响了覆盖度，由于不采用政府内部数据信息而单靠外部观测，只选取外部指标必然会弱化其覆盖度，从而造成不能理想呈现法治政府建设真实状况的问题。由此说明，法治政府建设指标体系在尽量精简的基础上，还必须保证合理的覆盖度，不能单纯追求测评的低成本，否则将产生测评失准的后果。

（四）两种实践体例共存的问题

1.指标体系的目标实现有待保障

两种实践体例对构建法治政府建设指标体系的理想目标都是明确的，即推进法治政府建设。但在实践中，指标体系功能优势得不到发挥或存在功能缺憾，都容易造成目标偏离。比如，地方政府具备适用法治政府评估结果以改进法治政府建设举措的执行力优势，但实践中并没有充分发挥这一优势；中国政法大学法治政府研究院因为不具备执行力优势，尽管其评估结果能够反映实质问题，但政府可能视而不见。如何保证推进法治政府建设这一目标的实现，是法治政府建设指标体系设计中必须认真对待的问题。

2.指标设计依据有待调整

基于《行政纲要》等法治政府建设文件的强执行力优势，两种实践体例都选择以此为据来设计自己的指标体系，在缺乏法治政府建设指标体系顶层设计的情况下，这原本是无可厚非的，但在实践中却产生了一些弊端，比如，因为《行政纲要》等纲领性文件没有充分展示法治政府的内在要求，以之为依据会使指标体系的功能优势无以彰显；不加修正地沿用《行政纲要》等纲领性文件内容做指标而导致指标体系的可操作性差；固守《行政纲要》等前期纲领性文件而忽视新近出台重大文件，从而使指标体系不能反映顶层法治政府建设的新任务和新要求。基于此，法治政府建设指标体系的设计依据应该作出合理调整。

3. 指标体系的实效性还有待加强

法治政府建设指标体系具有引导、评价、预测等功能。但当前无论哪种实践体例都未能充分展现出这些功能优势，从而使其实效性大打折扣。实践中出现评估结果与被评估对象的法治政府建设实际水平相偏离的现象，就是这一问题最直观的反映。以中国政法大学法治政府研究院的实践为例，由于信息收集渠道匮乏而采用的形式判断指标，仅根据"有无"、"是否"、"多寡"、"频次"等形式上的数据进行评价，而不触及相关制度与活动的实效，容易使一些法治政府建设存在形式主义的被评估主体也可能获得较高评价，从而出现评估结果与真实水平相背离的现象。[①] 因此，使指标体系能够最大限度地反映法治建设的实情是指标体系设置中需要突破的难题。

4. 公众参与有待重视

德国评估学家施托克曼·梅耶提出评估具有民主宣传功能与合法性目的，[②] 公众广泛参与评估过程具有现实必要性，可以有效提高评估结果的公信力。但是，从地方政府的指标体系来看，除少数地方如广东、宁夏等地外，基本上缺少了公众参与这一环节。即使广东和宁夏在一级指标中设置了公众满意度这一考核标准，但因其比重过低，还发挥不了公众参与的实质影响力。相对而言，中国政法大学法治政府研究院在此方面的做法更值得借鉴，即在整套指标体系中专门设置了公众满意度这一一级指标，并给予10%的分值权重，以保证公众在法治政府评估中的参与度与影响力。

---

① 赵鹏：《从评估数据分析法治政府建设中形式主义表现及其根源》，载《中国政法大学学报》2014 年第 4 期。

② ［德］施托克曼·梅耶：《评估学》，唐以志译，人民出版社 2012 年版，第 7—8 页。

三、法治政府建设指标体系的重构

法治政府内涵的特征剖析及其指标体系的实践观察，为重构整套指标体系分别提供了理论导向和任务定位。在此基础上，需要结合法治政府评估的实际需求来完成整套指标体系的重构任务。法治政府建设指标体系的重构不仅需要确立宏观目标，还需设定基本逻辑框架，并依据合理的指标筛选和权重分配方法来进一步完成微观建设，这样才能系统地建构起整套指标体系。

（一）法治政府建设指标体系的重构目标

1. 全国适用

为保证法治政府评估制度的功能发挥，我国需要出台一套国家层面的法治政府建设指标体系。虽然国务院法制办 2009 年制定过一份《关于推行法治政府建设指标体系的指导意见（讨论稿）》[①]，但至今还未正式出台；在多年后的今天，该《指导意见》需要进行全面调整与修改。虽然实践领域已经普遍出现法治政府建设指标体系的实际应用，但其功能优势并未彰显。无论是在国际层面上将中国和西方国家以及日本、韩国等进行比较，还是在国内层面上对各个省、地区进行比较，法治评估都应建立在可比性的基础上。[②] 但是，当前我国地方政府设计适用的指标体系明显缺乏横向可比性。近年来开展的地方法治政府评估基本上都以内部考核为目标，虽然指标体系的总体框架相似，但内部指标却有很大差异，只能用于本地区不同时期的法治水平考察，难以实现区域间的横向比较，更无法从整体上

---

① 国务院 2009 年出台的《关于推行法治政府建设指标体系的指导意见（讨论稿）》严格依据《行政纲要》的八项具体任务来设置指标体系。该《指导意见》虽然没有正式施行，但对地方政府设置法治政府建设指标体系起到了重要的指导作用。

② 朱景文：《法治的可比性及其评估》，载《法制与社会发展》2014 年第 5 期。

观测全国法治政府建设状况。虽然不能因此而完全否定其现实意义，但缺乏统一性与可比性的指标体系乱象百出。对于基本的法治政府内涵，地方政府的认识就千差万别，更别说在指标体系的技术操作层面与复杂的后期评估环节了。基于全国范围内开展法治政府评估的实际需求以及地方开展法治政府评估的顶层依据要求，构建一套能够在全国普遍适用的指标体系已成为当前的紧迫任务。正如杨小军等所指出的："没有国家层面的指导和推进，地方上无所适从，所以不少人呼吁法治政府指标体系建设从国家层面进行顶层设计。"① "党的十八届四中全会关于法治政府建设目标的提出，法治政府建设指标体系要全面展开，条件成熟时可以由中央人民政府即国务院出台一个正式的《国务院办公厅关于推行法治政府建设指标体系的指导意见》也未尝不可。"② 国家层面的法治政府建设指标体系具有统一性与权威性，可以实现全国各个地方法治政府建设情况的比较与衡量，也可以指引地方政府和社会组织在兼顾地方特色的基础上构建更具合理性的指标体系。

2. 进路合理

目前法治政府建设指标体系构建存在两种进路：一种是以理论上概括的职权法定、程序正当、公开透明、诚实守信等法治政府内涵为依据，将其转化为评价指标，即价值性进路；一种是以我国法治政府建设的纲领性文件为参照，将其中提出的法治政府建设任务，择其要者转化为评价指标，即体制性进路。③ 当前，多数地方政府与社会组织采用后者。采用哪种进路较为合理，是法治政府建设指标体系构建所不能回避的问题。学界存在很多批判体制性进路的声音，主要认为相关纲领性文件仅仅是确立法治政府建设阶段性任务的依据，并不能全面呈现法治政府的内在要求，如

---

① 杨小军、陈建科：《完善法治政府指标体系研究》，载《理论与改革》2013 年第 6 期。
② 汪全胜：《法治指数的中国引入：问题及可能进路》，载《政治与法律》2015 年第 5 期。
③ 王敬波：《法治政府的评估主体、指标与方法》，载《改革》2014 年第 9 期。

果在这些文件的基础上设计指标体系，自然无法实现指标体系的设计目标。但是，这些秉持价值性进路的学者忽视了以下问题：第一，体制性进路实际上与价值性进路并不矛盾，相反是价值性进路的具体展现，因为法治政府建设的纲领性文件是在学理研究的基础上制定出来并用以指导实践的。第二，法治政府建设指标体系的功能要求更适于采用体制性进路。价值性进路设置出的指标体系体现的是法治政府建设的远期目标，而体制性进路体现的是近期目标，显然近期目标对政府更具现实引领意义。当然，不能因为采用体制性进路，而忽视整套指标体系全面反映法治政府内涵的这一基本要求。笔者认为，在采用体制性进路的前提下，应同时重视价值性进路下法治政府建设指标体系的理论研究，以检视两种进路下指标体系的差距。随着法治政府建设的不断向前推进，应适时调整体制性进路下的指标体系，使其更接近价值层面的要求。

3.功能彰显

从宏观上讲，法治政府的指标体系通过变虚为实、变抽象为具体，并通过宏观与微观的结合，将法治政府的原则要求转化为易于操作、易于判别的具体标准，引导各级行政机关及其工作人员朝着一个共同的方向努力，形成推进法治政府建设的内在驱动力。① 这是人们对法治政府建设指标体系功能的美好期待。但实践中，内部评估中的弄虚作假使评估结果严重失准，不能真实反映法治政府建设的实际状况，自然也起不到推进法治政府建设的作用。因此，建立一套科学的指标体系，最大程度上消除政府造假应付的心理已刻不容缓。否则，地方政府与第三方组织开展的法治政府评估本质上将沦为浪费国家资财、毫无实际价值的活动。

功能彰显的指标体系应具有现实性。理论上，法治政府是一种价值指向，是人们渴望实现的法治目标之一。如果在此基础上构建法治政府建设指标体系，那只能是理想主义。在某种程度上，由于忽略了对法治的背景

---

① 戴浩飞：《法治政府指标体系研究》，载《行政法学研究》2012 年第 1 期。

因素（制约因素）和成长环境的考量，法治理想主义的指数方案所折射的是一种发展中国家对法治急于求成的心理。[1] 由于脱离现实，这种理想的法治政府建设指标体系必然无法实现其推进法治政府建设的预期目标。此外，脱离现实的指标体系往往会表现出明显的形式主义，难以达到法治政府评估的目标与实际效果。如依法行政考核指标体系中的许多指标只能反映县级政府是否做了某方面的工作，而不能反映做得怎么样或实际产生了怎样的效果。这样的考核容易助长依法行政中的形式主义，弱化考核对依法行政的实际推动作用。[2] 法治政府建设指标体系的构建只有结合当前的实际情况，才能成为地方政府可实际追求的目标，才能发挥其预想的实际功能。在使用定性评估的同时，也不能忽略定量指标的客观性价值；在强调全面评估的同时，也要根据我国当前法治政府建设规划确立重点指标；在评估地方政府法治政府建设开展情况的同时，也需评估其质量和效果。总之，只有紧密结合法治政府建设的实际情况，才能更好地发挥指标体系的应有功能。

4.公信力强

具有官方数据支撑的内部指标虽然可操作性强，但会引发对其"自说自话"的质疑，进而影响整套指标体系的公信力。因为在统计数据普遍缺失或失真、或获取成本过高的现实条件下，没有什么数据源比公众自身更了解自己需要什么样的"法治政府"。[3] 对政府的法治化水平，公众特殊的身份决定了它即使不是最佳的评判者，也必定是最终的评判者。[4] 然而，从地方法治政府建设指标体系来看，湖北、苏州等多数地方并未设置社会

---

[1] 蒋立山：《中国法治指数设计的理论问题》，载《法学家》2014年第1期。

[2] 姚锐敏：《县级政府依法行政动力系统存在的主要问题及改善途径》，载《政治学研究》2014年第5期。

[3] 郑方辉、周雨：《法治政府绩效满意度实证研究》，载《广东行政学院学报》2013年第6期。

[4] 汤梅、申来津：《法治政府测评指标设计及其操作实务》，载《湖北社会科学》2009年第4期。

公众满意度这一指标，辽宁、沈阳等地则仅有"代表满意率"和"委员满意率"指标，即使做得最好的广东、宁夏等地也仅在其三级指标中设了"公众满意度"指标。"地方法治评估偏离法治之处在于，将广大的公众参与法治建设的绩效评判排除在外，从而变成完全由党委和政府部门主观自主性的工作安排和目标考核，使得所谓的地方法治建设失去了根本的意义和价值。"① 打造一套具有较强公信力的法治政府建设指标体系，需要在一级指标中设置"公众满意度"指标并配给足够分值，直接引入社会公众对法治政府的评价以弥补内部指数的缺陷。

（二）法治政府建设指标体系的基本框架

法治政府建设指标体系不应杂乱无章，而应有合理的维度来展现其内在逻辑联系。法治政府建设指标体系的基本框架不仅能够将诸多指标规整成秩序井然的体系，还可以全面展现法治政府的内在要求，以确保指标体系覆盖度的合理性，由此决定了确立指标体系基本框架的意义所在。然而，从哪个维度来具体展现法治政府的内涵，仍然是一个存有争议的问题。付子堂等主张"文本、行动与观念"三维度说②，朱景文主张"体系、能力与效果"三维度说③，杨小军主张"制度、行为、系统与效果"四维度说④。以上维度各有特点及其合理性，但在进一步细化指标设置时，笔者认为上述维度都存在不能全面展现法治政府内在要求的局限。如果按"文本、行动与观念"维度来分类，"文本"主要容纳"行政立法"，"行动"主要容纳诸种行政行为，"观念"主要容纳"法治意识"，明显无法完全概

---

① 倪斐：《地方先行法治化的基本路径及其法理限度》，载《法学研究》2013 年第 5 期。

② 付子堂、张善根：《地方法治建设及其评估机制探析》，载《中国社会科学》2014 年第 11 期。

③ 朱景文：《法治的可比性及其评估》，载《法制与社会发展》2014 年第 5 期。

④ 杨小军、宋心然、范晓东：《法治政府指标体系建设的理论思考》，载《国家行政学院学报》2014 年第 1 期。

括法治政府的内涵；如果按"体系、能力与效果"维度来分类，则关涉具体行政行为的诸多指标都难以安排；如果按"制度、行为、系统与效果"维度来分类，从行政管理学的角度来审视是具有合理性的，但从设计者的具体阐释来看，行政系统乃是立法、司法、护法、守法、学法各个层面的法治环境系统，并不是行政管理学层面的行政系统，由此造成了法治行政基础的缺乏，基本的"行政职能"、"组织保障"、"队伍建设"三方面指标都难以安排。学界对法治政府建设指标体系维度的设定尚不周全，需在现有研究基础上做修正性尝试，从而确定一个更理想的基本框架。

笔者提出"行政保障、行政行为与行政效果"这一观察维度。行政法律法规及规章、行政组织、政府职能、行政人员法治素养都属于依法行政保障的范畴，很大程度上影响着行政行为的规范度与行政效果的好坏，由此成为法治政府评估所必须考量的重要因素；行政行为是在行政保障基础上的进一步延伸，主要由行政决策、行政执法、行政监督、政务公开、社会矛盾防范化解这五方面的具体行政行为来表现，直接决定着行政效果，是法治政府评估中尤为重要的考量环节；行政效果是反映整个行政系统的依法行政效能与公众满意度的维度，能够从效果上展现法治政府建设中行政保障的充分与否以及行政行为的规范度。由此形成了行政保障为行政行为提供法律规范标准以及物质和意识上的保障条件，行政行为在行政保障的约束下规范实施，并与行政保障共同衍生行政效果的逻辑联系。在"行政保障、行政行为、行政效果"维度之下，结合前文对法治政府的内涵剖析以及指标体系构建的实践经验与教训，对法治政府作进一步解构，从而构建出以下法治政府建设指标体系的基本框架，具体参见图4。

第一，法治政府建设离不开良好的行政条件的保障。其中，制度建设处于法治政府建设的最前沿，不仅是行政行为的直接依据，也是行政保障其他条件创设的根本。在此基础上，组织领导、政府职能、队伍建设分别从组织建构、职能优化、人才培育角度创设保障性条件。具体来说：（1）制度建设。只有提高行政立法质量，才能夯实依法行政基础。为此我国

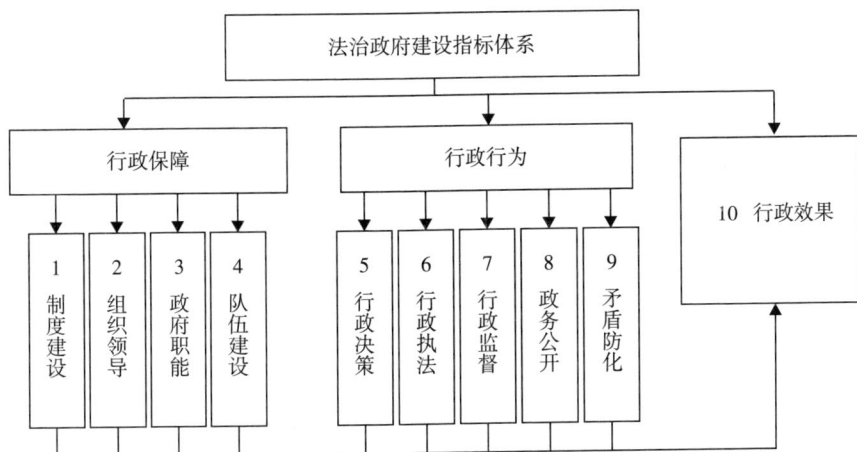

图4　法治政府建设指标体系基本框架图

《宪法》与《立法法》明确规定了行政立法的重要地位，《法治决定》更是明确提出"加强和改进政府立法制度建设。"目前，无论地方政府还是社会组织，在其法治政府建设指标体系中都无一例外地设置了"制度建设"这一一级指标。（2）组织领导。它是"行政组织建设"与"依法行政组织保障"的合成指标，共同构成了法治政府建设的行政组织保障内容。《改革决定》提出的"优化政府组织结构"的任务和《实施纲要》作出的"组织领导和落实机制"的专章规定，分别为"行政组织建设"与"依法行政组织保障"纳入法治政府建设指标体系提供了依据。多数地方如北京、深圳、沈阳等地都将"行政组织建设"设为专门的一级指标，而"依法行政组织保障"更是各地必备的一级指标。（3）政府职能。政府职能转变是行政体制改革的核心，为此中共中央十八届三中全会提出"加快转变政府职能"，十八届四中全会又进一步提出"依法全面履行政府职能"。当前法治政府建设指标体系的构建实践中，除广东、吉林外都将其作为重要指标。（4）队伍建设。该指标又称"依法行政能力建设"，是法治政府建设的人才保障机制。《法治决定》提出："全面推进依法治国，必须大力提高法治工作队伍思想政治素质、业务工作能力、职业道德水准。"现存的法治政府建设指标体系中都设置了"队伍建设"这一考核内容，不仅如此，贵州、甘肃、广东等绝大多数地方将其列为一级指标。

第二，法治政府建设的核心环节是行政行为规范。行政决策、行政执法、行政监督、政务公开、社会矛盾防范化解作为政府的具体行政行为，都应被纳入法治层面来审视与考核。具体来看：（5）行政决策。它既是行政管理的前提与依据，又是行政管理的核心。中共中央十八届三中全会提出"完善科学民主决策机制"，十八届四中全会更进一步提出"健全依法决策机制"，由此产生了各地均将其设为一级指标的现状。（6）行政执法。十八届三中、四中全会都确立了"深化行政执法体制改革"的法治任务，目标在于建立权责统一、权威高效的行政执法体制。实践中，绝大多数地方指标体系中都包含了"行政执法"这一一级指标，不仅如此，很多地方如贵州、甘肃、广东等地还给予了相对其他一级指标更高的分值权重。（7）行政监督。不仅我国《宪法》、《行政监察法》、《审计法》等法律法规对方方面面的行政监督作出了明确规定，十八届四中全会也明确提出，"强化对行政权力的制约和监督。"当前法治政府建设指标体系中都包含了"行政监督"这一一级指标。（8）政务公开。十八届四中全会强调"全面推进政务公开。"当前法治政府建设指标体系中基本包含了"政务公开"这一指标，区别在于指标名称与级别不同。北京、吉林、贵州、甘肃、江苏等地将其命名为"政务公开"，而广东、深圳、沈阳、苏州等地则将其命名为"政府信息公开"。（9）社会矛盾防范化解。十八届三中全会提出了"创新有效预防和化解社会矛盾体制"的任务，十八届四中全会进一步提出了"健全社会矛盾纠纷预防化解机制"的任务。为此各地法治政府建设指标体系中都设置了"矛盾防化"这一一级指标。

第三，法治政府建设要强调实效，行政效果指标负责从整体上反映行政保障与行政行为规范的实效性。行政效果包含行政效能与公众满意度两项指标。行政效能主要通过行政系统内部的统计数据来反映法治建设的实际效果；公众满意度则通过行政系统外部的公众感知来反映法治建设的实际效果。实践中，行政效能指数在各地已普遍运行，为法治政府建设的效能考察提供了参考性经验；目前公众满意度被列入法治政府建设指标体系的情况虽不普遍，但也已有实践探索可供借鉴。广东与宁夏两地在各项一级指标中内设有公众满意度指标，中国政法大学法治政府研究院更是专门设置了在总分值中占 10% 比重的公众满意度指标。

（三）法治政府建设指标体系的权重分配

在法治政府建设一级指标项下，依据导向性与可操作性原则进一步细化整套指标体系。在此基础上，结合平均与有区别的两种赋值法，采用德尔菲法对指标体系进行权重分配，从而形成了整套系统的法治政府建设指标体系。详见表 5。

表 5　法治政府建设指标体系表

一级指标	二级指标	一级指标	二级指标
1.制度建设（10%）	（1）立法依据、计划与制度（20%）	6.行政执法（10%）	（25）行政执法体制（20%）
	（2）立法工作程序（20%）		（26）行政执法方式（20%）
	（3）立法的合法性（20%）		（27）行政执法程序（20%）
	（4）规范性文件监督管理（20%）		（28）行政执法监督（20%）
	（5）立法的后评估、清理（20%）		（29）行政执法保障（20%）
2.组织领导（5%）	（6）机构设置、撤销、调整（25%）	7.行政监督（10%）	（30）行政层级监督与专门监督（20%）
	（7）机构职责确定（25%）		（31）党内监督、人大监督、民主监督（20%）
	（8）机构编制核定（25%）		（32）司法监督（20%）
	（9）依法行政的组织领导（25%）		（33）社会监督和舆论监督（20%）

一级指标	二级指标	一级指标	二级指标
3.政府职能（10%）	（10）行政审批（20%）	7.行政监督（10%）	（34）行政问责（20%）
	（11）宏观调控（20%）	8.政务公开（10%）	（35）办事公开（30%）
	（12）公共服务（15%）		（36）政府信息公开（40%）
	（13）市场监管（15%）		（37）政务公开信息化（30%）
	（14）社会治理（15%）	9.矛盾防化（10%）	（38）社会矛盾纠纷预防和化解机制（15%）
	（15）环境保护（15%）		（39）行政复议信访与投诉（15%）
4.队伍建设（5%）	（16）行政人员管理（20%）		（40）行政调解、行政裁决和仲裁（20%）
	（17）法律知识学习（20%）		（41）人民调解（15%）
	（18）法律知识考查和测试（20%）		（42）信访（20%）
	（19）实践中培育法治思维（20%）		（43）行政赔偿、补偿（15%）
5.行政决策（10%）	（20）法制宣传能力（20%）	10.行政效果（20%）	（44）行政效能（50%）
	（21）行政决策制度（25%）		
	（22）行政决策程序（25%）		（45）公众满意度（50%）
	（23）公众参与（25%）		
	（24）行政决策责任（25%）		

以上法治政府建设指标体系具有以下特点：

1.测评重点向行政行为适当倾斜。尽管行政保障是行政行为规范的前提和基础，其重要性不言而喻，但因为往往不直接作用于行政对象，其非法治化现象所产生的不利影响相对而言不太明显和突出。而在法治政府建设中，对行政行为加强规范见效更快。因此，在法治政府建设指标体系的设置实践中，普遍选择向行政行为适当倾斜。笔者在肯定这一做法的同时又作了适当修正。对行政决策、行政执法、行政监督、政务公开、矛盾防化这五项行政行为赋值总权重高达 50%，而对制度建设、组织领导、政府职能、队伍建设这四方面行政保障的赋值总权重达到 30%。但在行政保障中根据不同指标的重要程度进行分别赋值，制度建设与政府职能分别赋值 10%，组织领导与队伍建设则分别赋值 5%。这种适当向行政行为倾斜的考核标准设计，既有利于对行政行为的合法性引导，也兼顾了依法行政的重要保障条件。

2. **测评内容包括形式与效果**。虽然法治政府建设不能急功近利，但也不能完全不讲究实效。为防止法治政府建设陷入形式主义的泥潭而难以取得实质性进展，在法治政府评估中既要纳入"政府做了什么"的指标，也要纳入"政府做得怎么样"的指标，进行形式与效果的全面测评。基于此，笔者设置了"行政效果"这一一级指标，并给予 20% 的分值权重，通过法治政府建设的表现形式与实际效果来综合反映其实际成效。

3. **测评方式兼容内外部性**。鉴于实践中地方政府开展的单纯内部评估公信力不足的问题，适当引入社会公众参与法治政府评估过程是一个合理的选择。笔者在设置法治政府建设指标体系时，除了设置大量的内部性指标外，还专门设置了"公众满意度"这一指标，并给予 10% 的分值权重。这一权重设置既考虑了公众参与的重要性，也考虑了公众参与能力的局限性。随着公民法治素养与参与意识的提高，指标体系中"公众满意度"的分值权重还可以适当提高。

四、结 语

评估机制在法治政府建设中的应用效果，很大程度上取决于指标体系的科学程度。指标体系的科学性首先建立在厘清法治政府内在要求这个基础上。通过量化分析跳出定义困境，遵循整体法治观，强调形式法治与实质法治的辩证统一，符合发展观的要求，这是把握现代法治政府内涵的关键。实践经验也不容忽视。地方政府与中国政法大学法治政府研究院设计的指标体系，在性质、功用、适用范围、覆盖度上都有明显差异，共同反映了指标体系存在的问题：目标实现有待保障、设计依据有待调整、实效性有待加强、公众参与有待重视。基于理论与实践分析，本文以全国适用、进路合理、功能彰显、公信力强为目标，以行政保障、行政行为与行政效果为基本框架，设计出制度建设、组织领导、政府职能、队伍建设、行政决策、行政执法、行政监督、政务公开、社会矛盾防范化解、行政效果10项一级指标。结合科学的指标设置原则与赋值方法，进一步细化指标体系并赋值，从而构建起完整的指标体系。法治政府建设指标体系的设计难度不小，既需要深入的理论探讨，更需要细致的实践调研，只有将理论与实践研究有机融合起来，才有可能制订出兼具理论合理性与现实可操作性的指标体系。制订和修改完善法治政府建设指标体系自始至终要重视跨学科研究。法治政府建设指标体系是一个不断完善的过程。随着法治政府建设指标体系的具体应用和推广，各种新的问题会逐渐出现，各地政府和研究者要及时分析问题，修改完善指标。

| 后 记 --

"中国法治政府建设指标体系研究"是我担任首席专家的教育部重大攻关课题。本文是课题研究成果的一部分，原载《浙江大学学报》（人文社会科学版）2016年第4期，由我和博士后桂荣副教授合作完成。

中共十八届三中全会提出了"建立科学的法治建设指标体系"的重大任务。法治政府建设指标是其中牵涉面最大的一部分，其设计任务紧迫而艰巨。虽然地方各级政府和学术界都积累了一些有益经验，但目前无论是地方政府考评采用的还是学术界研发应用的指标体系都存在一定缺陷。完善法治政府建设指标体系，需深入剖析法治政府的内涵特征，廓清法治政府的争议边界，紧密结合中国法治政府评估实践经验所揭示的发展趋势和特征，综合运用相关学科知识和研究成果。我们的思路是以全国适用、进路合理、功能彰显、公信力强为重构指标体系目标，在基于行政保障、行政行为与行政效果三个维度的框架下展开设计。

信息割据下的沟通失效与
公共论坛的重建

——发现互联网时代新的公共论坛原则

　　传统的"公共论坛原则"（Public Forum Doctrine）以保障公民平等发言权为目标①。美国宪法第一修正案明确规定"国会不得制定……限制言论自由的法律"，但是联邦最高法院认为宪法规定对传播业垄断发展的新环境失去了有效规制——大报业、大传媒集团对公共讨论的掌控使传统的、以街道、公园等公共场所为载体的言论表达失去影响力，不同社会阶层的人们在发言权的实现能力上差异扩大②。鉴于此，20世纪30年代以来的联邦最高法院通过一系列判例确立"公共论坛原则"，包括1939年的Hague vs. CIO案③，1990年的United States v. Kokinda案④等，明确公民在何种程度上有权利为表达目的而使用公共地产，在保障个人言论自由权的

---

　　①　Harry Kalven, Jr., The Concept of the Public Forum: Cox v. Louisiana, Sup. Ct. Rev 1, 13,（1965）.

　　②　Jerome A. Barron, Access to the Press-A New First Amendment Right, 80 Harv. L. Rev,（1967）, pp.1641-1647.

　　③　Hague v. CIO, 307 U.S.496（1939）.

　　④　United States v. Kokinda, 497 U.S.720, 730（1990）.

同时对政府规制公共地产上公民言论表达行为进行限定①。

传统"公共论坛原则"产生于美国第一次现代沟通危机，这种危机的标志是公众开始对大众传播产生一种矛盾的认识：大众传媒一方面成为公众讨论不可或缺的工具，一方面又在威胁公众讨论本身②。"公共论坛原则"解决了这一问题的矛盾两面：继续发挥大众传媒对言论表达的重要作用，同时维护普通弱势公民平等发声的表达权利。

当代互联网的蓬勃发展给我们带来了极为相似的沟通危机：网络舆论为公众的思想交流、政治参与、民主监督发挥了重要作用，同时也在危及言论自由本身的价值——网络上的论辩交锋总是迅速转化为谩骂指责，经常以毫无实质结果的人身攻击结束。这种浮躁而武断的"辩论"方式无法为培养民主、法治的文化氛围提供任何帮助，反而激化了分歧和矛盾，给社会与政治的稳定带来消极影响。应对互联网所导致的舆论危机和不稳定因素，理想方案是保障互联网言论自由的同时消解网络舆论中的非理性对立与极化倾向，而不能顾此失彼地为了维持稳定而一味限缩公民的言论自由。正是出于这样一种双重需求，有必要在科学认识网络信息发展特征的基础上建立一种新型的公共论坛。

一、互联网变革与"信息割据"

影响社会与政治的不稳定因素主要来自个人或者群体的极端行为，而极端的观念和思想则是极端行为的直接原因。人类的极端思想显然先于互联网而产生与发展，但是后者为偏激观念的强化与泛化发挥了推动作用，这种推动主要通过"信息割据"③来实现。

---

① 赵娟：《论美国言论自由判例中的公共论坛原理——从 2009 年萨姆案谈起》，载《行政法学研究》2010 年第 4 期。

② Samantha Barbas, Creating the Public Forum, 44 Akron L. Rev.809. (2011).

③ "信息割据"这一用法极有可能来自于"网络巴尔干化"，即 Cyberbalkans，见

互联网对大众传媒的革命式影响体现在传播工具和传播主体两个层面：传播工具的便捷、廉价、丰富与普及能够满足各种沟通需求，实现人们自由选择的权利①；传播主体的变革则表现为"受众"与"参众"的同一化和平民化②，传统媒体依靠权力和财富建立起来的壁垒被拆除，人类进入"自媒体"（We Media）③时代。

尽管传播工具的改进带来了传播主体的大众化和信息的无限丰富，"观念市场"却并没有充分发挥其优胜劣汰、自由竞争的信息传播效果。通过互联网的帮助，人们能够超越时空阻隔进行即时沟通和信息获取，但是网络技术的发展也在帮助、诱使甚至强迫人们挑选和过滤信息。以信息为基础的壁垒在一定程度上替代了地理上的阻隔，逐渐呈现出"信息割据"的局面。"信息割据"是指这样一种现象：观念市场的整体性遭到破坏，原本统一的市场被分割成无数大大小小的领域，从而使不同观念之间产生隔阂；观念市场的各个领地——仿佛分形几何学中的图形——趋向于分别独立发展并再次分割，如此循环往复，不同领域之间缺乏信息的有效交流与竞争，而单个领域内部的舆论则趋向片面和偏激。这已经成为中国乃至全球范围内信息传播的显著特征④。

类似地理与政治上的割据，"信息割据"形成的原因和表现非常复杂，而且不同成因之间并不一定直接关联：

Marshall Van Alstyne, Erik Brynjolfsson, "Electronic Communities: Global Village or Cyberbal-kans?" MIT, March 1, 1997. 笔者所论述的"信息割据"与一般提到的网络巴尔干化的最大不同，在于针对中国的特殊情况，跳出互联网的范围，将电视、广播、报纸等传统媒体与互联网纳入"信息割据"的整体格局，从而阐述互联网时代（而非仅互联网上）信息传播和群体观念的特征，为包括主流媒体在内传播媒介提供关于自身定位和传播策略的建议。

① Reno v. American Civil Liberties Union, 521 U.S.844, 870（1997）.

② 黎勇：《谁在使报纸消亡，是新媒体还是"参众"？》，载《新闻实践》2011年6月。

③ Shayne Bowman and Chris Willis, We Media: How Audiences Are Shaping the Future of News and Information, 2003, pp.1-3.

④ 郭秋萍、任红娟：《信息空间巴尔干化成因及其对策研究》，载《情报科学》2012年3月，第331—335页。

第一，不同政治实体出于国家与地区安全、政治稳定、道德水平和公民身心健康等考虑，在不同程度上对传统媒体和互联网进行体制上的约束和内容上的监管，包括中国在内的诸多国家都建立了对传统出版业的系统管理和专门针对互联网的安全监管机制[1]；例如，中华人民共和国国务院 1997 年 12 月颁布的《计算机信息网络国际联网安全保护管理办法》第六条规定："任何单位和个人不得从事下列危害计算机信息网络安全的活动：（一）未经允许，进入计算机信息网络或者使用计算机信息网络资源的；……"该规定直接将公民进入计算机信息国际网络限定为一种必须经过法律或者行政机关许可的行为，使不同人群之间的核心信息库与信息获取能力差异化，在获得许可和未经许可的人群之间建立起信息壁垒。

第二，互联网产业经营者为了盈利和安全而生产相对封闭的产品。首先包括互联网产品，例如著名的网络社交网络 Facebook、Twitter，以及我国的人人网和新浪微博。这些产品之所以相对封闭，因为它们的经营模式继承了网络社区的主要特点，帮助网民对好友、兴趣和其他信息进行"打包"。消费者对自己感兴趣的朋友和信息实施"关联"和"关注"之后，形成类似"茧房"的一个相对封闭的网络环境。[2] 简单回顾互联网产品和服务的历史：从公共信息平台到论坛，到博客和社交网站，再到今天的微博。不难在其中发现互联网产品的发展主线，即人性化和对个人的体验与喜好的注重，这种倾向直接导致以用户为中心的信息分割的形成。除此以外，为了追逐利益，新的互联网"守门人"（以搜索引擎为典型）会与其他企业合作，以广告宣传为目的对互联网上的信息进行人为编排和过滤，

---

① 我国在网络监管方面的法律、法规和司法解释有很多，例如《全国人大常委会关于维护互联网安全的决定》，《互联网信息服务管理办法》，《计算机信息网络国际联网安全保护管理办法》，《互联网 IP 地址备案管理办法》等。

② ［美］凯斯·R.桑斯坦：《信息乌托邦：众人如何生产知识》，毕竞悦译，法律出版社 2008 年版，第 7 页。

例如国内"百度"网站的"竞价排名"手段①，这种过滤行为会导致以搜索引擎为中心的信息分割②。

除了互联网站，上述封闭产品还包括用以连接网络的硬件设备，如苹果手机、平板电脑，微软公司的 Xbox，索尼公司的 PlayStation 等。与传统的个人电脑（PC）不同，越来越多的计算机设备并不直接支持来自不同软件开发者的应用程序，而是将软件应用同设备捆绑在一起，通过封闭、统一的平台进行开发和销售（以当前风靡全球的 IPhone 手机为典型③），这种封闭型计算机成为当前的潮流，大大限制了计算机互联网原来具备的强大的"自我传播"和"自我繁殖"能力④，形成一个以设备为中心、各自为营的相对封闭的信息网络环境⑤。

第三，消费者的自主选择导致观念市场的分立割据⑥。消费者出于群

---

① 对于搜索引擎依靠竞价排名盈利的合法性问题存在争议，请参考李剑：《百度"竞价排名"非滥用市场支配地位行为》，载《法学》2009 年 3 月。

② Jennifer A. Chandler, A Right to Reach An Audience: An Approach to Intermediary Bias on the Internet, 35 Hofstra L. Rev.1095.

③ 相比 IPhone，Xbox 可能不那么人尽皆知。微软公司生产的 Xbox 并不只是游戏机那么简单，其"本质上是一台功能强大的计算机，……（但是）不允许任何人编写软件，也不能在其中运行这些编写的软件。比尔·盖茨将 Xbox 视作未来数字生态系统的核心，……（称之为）'一台专用的计算机'"，请参考 Jonathan Zittrain, *The Future of the Internet: And How to Stop It*, Oriental Press (2010), pp.3-4。

④ 计算机和互联网产品经历了由分到合，然后由合到分的历史阶段：从最早的功能单一的、绑定设备与程序的以 IBM 为主导的计算机产品，到后来个人电脑（PC）完成了硬件和软件的真正分离，从而实现了计算机的综合能力和绑定的解除，再到今天流行的苹果设备、微软 Xbox、索尼 PS，再次实现了手机、电脑与应用程序的初始绑定。对互联网"自我繁殖"能力发展和萎缩的历史过程，哈佛大学的 Jonathan Zittrain 教授做了详细、深刻而有趣的论述，Jonathan Zittrain, *The Future of the Internet: And How to Stop It*, Oriental Press (2010)。

⑤ 北京时间 2012 年 3 月 8 日凌晨，在美国旧金山的芳草地艺术中心新品举办苹果 2012 年首场新品发布会上，新任 CEO 蒂姆·库克将这一朝向封闭网络的计算机产品转向称为"后 PC 革命"，并认为苹果引领了这场革命。

⑥ ［美］凯斯·R.桑斯坦：《信息乌托邦：众人如何生产知识》，毕竞悦译，法律出版社 2008 年版，第 7 页。

体认同感、个人兴趣和政治倾向等方面的需求而将自己包裹在"信息茧房"当中，对于自己不关心或者不认同的信息，网络用户不愿意也有能力不再"浪费"任何时间。上文提到的某些比较封闭的网络产品实际上正是为了迎合大众的消费心理而出现的。在这些产品的帮助下，人们可以更方便地只"关注"自己感兴趣或与自己观念一致的内容。

究其根源，"信息割据"形成的原因根植于人类自身的生活、发展需求。互联网本质上是一种工具，在互联网诞生之前，人类社会也存在其他的网络工具，如邮政系统、交通系统、电报电话系统等。互联网的革命性在于其承载力和速度上的强大，但是作为一种工具，它并不能完全摆脱它的创造者和使用者自身带有的属性。

二、沟通失效及其社会影响

人类有求知的欲望，需要情感的慰藉，但又无法摆脱自私、懒惰、争名逐利等人性弱点，这从根本上导致了"信息割据"局面的形成。"信息割据"对互联网领域最深刻的影响，则是导致普遍的"沟通失效"，这里的沟通失效是指个人之间或者群体之间的思想与话语交流没有产生互补或者增益反应，而只是增加了分歧与隔阂甚至彼此之间的仇视。法学理论界对这种沟通失效有诸多近似研究，罗纳德·德沃金将这种沟通失效称为政治的"不可辩性"（argumentative）[1]，哈贝马斯对"公共领域"的论述同样涉及现代民主国家沟通失效的问题[2]。互联网领域的沟通失效有其特殊的表现形式，主要包括以下三个方面：

---

① [美]罗纳德·德沃金：《民主是可能的吗？新型政治辩论的诸原则》，鲁楠、王淇译，北京大学出版社 2012 年版，第 5 页。

② [德]尤尔根·哈贝马斯：《在事实与规范之间——关于法律与民主法治国的商谈理论》，童世骏译，三联书店 2003 年版，第 164—206 页。

（一）"观念市场"失灵

"信息割据"导致观念市场失灵的原因在于：观念市场以信息和观念的自由流动和自由竞争为前提，但是信息割据在立场相左的不同观念集之间树立起壁垒，使信息和观念的流动局限在"高墙"之内，无法实现不同割据内的信息沟通与竞争。理论上看，"观念市场"的困境源于其"经济人"假设与互联网时代的"参众"个性大相径庭。

"观念市场"是西方言论自由理论的近代发展成果，弗雷德里克·S.西伯特将这一理念的核心概括为：让一切有话要说的人都能自由表达他们的意见。真实的和正确的会存留下来，虚假的和错误的会被抑制。尽管虚假的思想可能会取得暂时的胜利，但是真理会吸引更多的支持力量，通过自我修正过程（self-righting process）达到最终胜利[①]。

这种以自由市场来模拟观念和信息的传播过程的理论在很长一段时间成为人们言论自由信念的支柱[②]，直到古典自由主义经济理论本身遭到挑战。行为经济学的兴起揭示出古典经济学家们一直对市场当中的主体——"人"的行为特征缺乏足够的认识，人们开始意识到，"经济人"的简单预设可能是经济危机这样灾难性后果的深层原因[③]。

观念市场里的"人"是"经济人"还是"社会人"？与商品市场不同，观念市场当中的"产品"——也就是思想——并不存在财产权，因此观念市场里的"生产者"缺乏生产优良信息的产权激励机制[④]；由于信息传播

[①]　[美] 弗雷德里克·S.西伯特等：《传媒的四种理论》，戴鑫、展江译，中国人民大学出版社 2007 年版，第 36 页。

[②]　以商品市场理论来分析观念市场的代表作品，例如 [英] 罗纳德·哈里·科斯：《商品市场与思想市场》，见《企业、市场与法律》，盛洪、陈郁译，三联书店 1989 年版，第239 页。

[③]　[美] 丹·艾瑞里：《可预见的非理性》，赵德亮、夏蓓洁译，中信出版社 2008 年版；董志勇：《行为经济学》，北京大学出版社 2005 年版，第 215—245 页。

[④]　这里指纯思想领域，不包括知识产权，详细论述可参考 [美] 波斯纳：《法律的经

工具的变革，人们获取信息的成本几可忽略不计，因此观念市场里的"消费者"缺乏挑选优良信息的激励机制。两大激励机制的缺失导致观念市场中的人们更加容易受到各种心理因素和社会因素的影响，而不是仅仅关注言论本身的价值。因此，观念市场中的"人"比商品市场中的"人"更加接近"社会人"，而非"经济人"。这些"社会人"摆脱不掉非理性和其他有碍观念市场机制发挥作用的心理特点，包括盲目自信、损失厌恶、懒惰和不想改变现状、冲动和不能抵御诱惑等等。在这个观念市场中，人们基于兴趣和人情等因素会用信息茧房包裹住自己，出于自身的懒惰会不假思索地接受和传播信息，对于谣言、心理暗示技术和某些"洗脑"宣传，缺少经验和反馈的社会人也普遍缺乏抵抗力①。在这个信息繁杂的社会当中，不同信息之间事实上缺乏有效竞争，人们在各自所处的"信息领地"里固执地越走越远，不同的群体所存储的"事实"和价值的差距越来越大。

（二）正反馈环与"群体极化"

基于对"社会人"的认识，一部分经济学家开始用古典经济模型以外的理论来解释经济规律，一个正在流行的系统动力学模型对观念市场中的信息流动有更妥切的解读。这个模型最早的创始人可能是苏格兰理论物理学家兼数学家詹姆斯·克拉克·麦克斯韦。他在 1876 年的一篇控制论论文《论调速器》当中讨论了如何使一个系统保持稳定的问题，并指出系统稳定与否的原因在于"反馈环"（Feedback Loop）②。

济分析》下，蒋兆康、林毅夫译，中国大百科全书出版社 1997 年版，第 344 页。

① ［美］理查德·H.泰勒、凯斯·R.桑斯坦：《助推》，刘宁译，中信出版社 2009 年版，第 18—55 页。

② 关于麦克斯韦的文章和反馈模型更详细的论述请参考 David Orrell, *Economyths: Ten Ways Economics Gets It Wrong*, John Wiley & Sons Canada, Ltd.54, 58 (2010). 利用"反馈环"理论解释经济问题可参考 K.L. Blackstock, G.J. Kelly and B.L. Horsey "Developing and Applying a Framework to Evaluate Participatory Research for Sustainability" (2007) 60

　　所谓反馈环，是指由因果关系链串接而成的闭合回路。反馈环分为"正反馈环"和"负反馈环"。正反馈环使系统趋向不稳定直至崩溃，而负反馈环则使系统在波动中保持稳定。从经济发展的历史来看，房价泡沫的破裂、股市的崩盘都是由于正反馈环的持续循环，缺少负反馈发挥抑制作用的结果。如图 5：A 影响 B，B 影响 C，C 影响 A，那么 A、B 和 C 就形成了一个反馈环。进一步，如果 A 的增加导致 B 的增加（这称为一个"正反馈"），B 的增加导致 C 的增加，而 C 的增加又导致 A 的增加，那么这就是一个正反馈环，比如音响系统中麦克风和功放设备形成的"啸叫"现象；如果 A 的增加导致 B 的增加，B 的增加导致 C 的增加，而 C 的增加却导致 A 的减少（这称为一个"负反馈"），那么这就是一个负反馈环，比如大气层对地球表面高温的抑制作用。

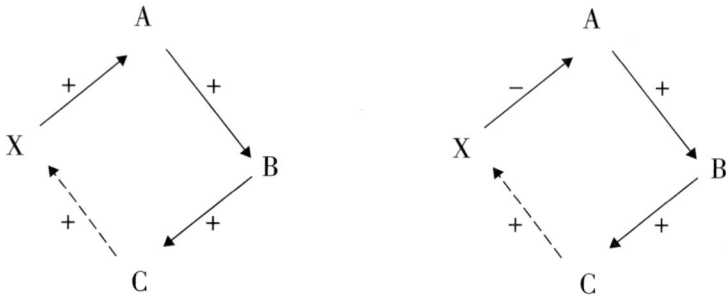

图 5　正反馈环与负反馈环

　　在"信息割据"状况下，单个领地内部群体观念和大众舆论的发展过程很可能是一种不稳定的正反馈环，即所谓的"群体观念极化"（Group Polarization）效应[①]。简单地说，群体极化是指这样一种现象：一个群体的各位成员针对某一问题进行讨论之后，整个群体的观点并没有朝中间立场

Ecological Economics pp.726-742. 利用该理论研究信息流动规律可参考：Alison D. Reeves, "Regulatory Agencies and Regulatory Change: Bre aking Out of the Routine", Environmental Law Review（2011），pp.155-168.

　　① 姜斌：《司法中群体观念的形成机制》，载《浙江社会科学》2010 年第 3 期。

移动，而是会形成比讨论前的任何一个成员都更加极端的结论①。在名誉和信息机制的双重作用下，群体认同感、社会震动、群体中特定成员地位、修辞不对称、格格不入者的退出等多种因素构成相互辅助增长的"正反馈环"，这使人们极易在自己的"信息割据地"内朝越来越极端的方向前进，对于反方向的证据和论点主动或者被动地无视和过滤。

群体观念极化多数时候是无效沟通现象的一种，这种无效沟通在现实和虚拟空间都比较普遍，其危险性也显而易见，过去十年全球范围内猖獗的恐怖主义活动正是恐怖分子集体观念和行为极化的结果。近些年引起人们普遍关注的网络舆论暴力现象，也与群体观念的极化直接相关②。

"信息割据"下群体极化效应更容易发生，同时这种形势下的群体极化蕴藏着更严重的危险：等到彼此分立的极端人群因为某一问题而将目光汇聚到一起，不同社会群体之间的观念矛盾就会异常尖锐。简言之，"信息割据"状况一旦形成，各割据内形成的正反馈环就会导致群体观念朝极化的方向发展，这时国家试图化解社会矛盾需要付出巨大的成本。

需要指出的是，尽管"信息割据"会导致沟通失效和"群体极化"的一系列问题，但是这种极化并不一定总是无效沟通，因为群体极化和群体非理性是两种本质不同的现象。极化人群依靠他们掌握的信息和证据树立观念和采取行动，这完全可能是一种经过思考和协商的理性行为。某些极化群体之所以会产生危害，原因在于他们掌握的信息不足，且朝向一个单独的方向，这种普遍的"孤陋寡闻"理性地支撑着他们的极端观念与行为。这与依靠感性和直觉支撑、缺乏思考和逻辑的非理性行为有本质区别③。

---

① ［美］凯斯·桑斯坦：《极端的人群：群体行为的心理学》，尹宏毅、郭彬彬译，新华出版社 2010 年版。

② 邓晓霞、王舒怀：《网络如何形成"暴力舆论场"——匿名盲目炒作》，载《人民日报》2007 年 8 月 10 日。

③ ［美］凯斯·桑斯坦：《极端的人群：群体行为的心理学》，尹宏毅、郭彬彬译，新华出版社 2010 年版，第 203 页。

正因为如此,"信息割据"和群体观念的极化有可能产生有益的社会效果,甚至为人类文明的进步作出贡献。传统媒体和互联网都能够为弱势群体提供相互联系和团结的平台,使原本分散的弱势力量有机会聚合,通过交流、互助和组织,弱势群体原本微弱的力量才能够被全社会听到,得到多数人的关注和重视。这是一种合乎理性、合乎道德的维护自身权利的行为。简言之,"信息割据"和"群体极化"可能产生积极影响,使隐藏在社会内部的矛盾和不公得到暴露和解决。纵观历史,资产阶级革命、有色人种权利运动、女权运动等历次重大社会变革都离不开极化观念和极化群体的作用①。

(三)"标签化"与社会矛盾

"标签"繁多是"信息割据"社会的显著特征。"标签化"是不同人群之间沟通失效的标志,其本质是对某一"割据地"内部的核心观点或其角色进行定位,将自己不同意或者不喜欢的群体冠以不雅或者有讽刺意味的标签。一个割据的"标签化"经常由其他割据通过暗讽的方式来完成,俗称"扣帽子"、"贴标签"②。

"标签化"倾向至少有两个危险:第一,通过过滤信息实现区分与隔离,将不同观点的人群和媒体分隔开。这种隔离的过程表现为:一旦人们发现对方的标签与自己不一致,那么就倾向于不再认真听取对方所表达的

---

① 凯斯·桑斯坦等学者将具有相同观点的人们组成的小群体中的协商称为"飞地协商",见[美]凯斯·桑斯坦:《设计民主:论宪法的作用》,金朝武、刘会春译,法律出版社2006年版,第15页。

② 近年来存在于我国社会当中的"标签主义"案例繁多,各种"标签"层出不穷:"官二代"、"富二代"、"九零后"、"五毛"、"美分"、"公知"等等。民众主观而仓促的"标签化"倾向引起不少人的担忧,相关报道和评论也很多,如凌河:《"标签思维"如何改变》,载《解放日报》2011年9月19日;曹林:《标签化的谴责批评是人群偏见与分割》,载《新华每日电讯》2011年10月28日;朱隽:《我不想被贴上'富二代'标签》,载《人民日报》2011年4月7日。

一切观点，而是采取简单粗暴的对立分割直接将信息过滤掉①。第二，不同"标签"下的人群倾向于相互进行选择性解读，通过断章取义和片面解释，互相猜疑对方的动机和立场，丑化对方的形象，这些都是无效沟通的典型表现。"标签化"不仅会导致社会各群体沟通失灵、加剧分化，而且会严重激化群体之间的矛盾，破坏协商平台的建立，甚至导致普遍的仇视和争吵。

尽管上文提到的民权运动维护了少数人的基本权利，但是如果不将其影响控制在一定范围之内，强烈的社会震动可能破坏正常的社会秩序，对国家的政治稳定、经济发展、社会进步造成不可估量的负面作用。因此，总体来说，"信息割据"形势下的群体极化效应、标签主义倾向等会割裂不同群体之间的交流和理解，深化不同阶层之间的对抗和矛盾，使群体之间的沟通蜕变成无效的谩骂与攻击，加剧社会的波动（少数情况下可能有益）。

三、信息割据的策略选择与公共论坛

互联网的发展加剧了"信息割据"，导致各个群体之间的沟通失效与矛盾的加剧。这难免引发人们对言论自由价值的反思：既然互联网提供的广阔信息空间可能成为极端观念和极端思想的温床，那我们是否应当进一步采取措施对言论自由进行限制？这种问题的提出源于一种认识错误。正如上文指出的，"信息割据"与沟通失效发生的原因并不在言论自由本身，而在于小圈子的形成和局限于小圈子内部的交流活动，因此，对于信息时代社会稳定的危机治理，关键不在于进一步限制人们言论自由的权利，而在于消解这些小圈子的负面作用。

---

① 国外一些设计巧妙的心理学实验表明：如果人们被告知自己在某个群体中具有明确的成员身份，他们就不大可能会认真听取和考虑"阵营"不同的人们的意见。

在技术层面上，缓解"信息割据"、促进有效沟通至少有两条路径：

（一）结构性改造——拆除割据与信息整合

消除割据、整合信息网络的做法只在若干小范围内存在合理性和可行性。例如，政府各个部门或者市场的各个行业经常从各自利益出发，建立起各自为营的信息平台，以此为基础发展出互不兼容的文件系统、办事程序或者管理方法。对于这种有专门用途的信息网络，由国家机关或者行业协会采取拆除割据、统一平台、资源共享的措施是有效的和可行的，有利于公共信息的公开透明和效率的提高①。但是，将这种做法推广到全部媒体，既不合理，也没有可行性。

"信息割据"形成的根源在于人类对信息的自主选择规律以及由此形成的网络市场经济机制，因此，彻底消除割据实际上是一种违反个人自由和心理需求、破坏市场经济的做法。例如，如果强行消灭"信息茧房"，就必须关闭微博等社交类网站的"关注"和"定制"功能，这等于消灭了社交网站核心价值，剥夺了人们自由选择信息和交往对象的权利，相关措施的可行性也可想而知。对传统媒体的整合也是天方夜谭，各种报纸、电视台的各色观念与独特立场是传媒市场经营的合理策略和传媒行业发展的必然结果。

上文已指出，"信息割据"和群体极化效应有其积极作用，如对弱势群体权利的支持和保护。结构性拆除不但无法完成消除隔阂、维护稳定的任务，还会破坏"信息割据"在帮助弱势群体发声和维权等方面的有益作用。应对"信息割据"和沟通失效的理想方案是在消解其不利影响的同时维持言论自由和思想辩论对国家和社会发展的重要作用，拆除割据、信息整合方案无法在普遍意义上做到这一点。

---

① 广东省法院在这方面作出了卓有成效的改革。广东将法院系统的网站进行统筹整合，建立统一的网络平台（www.gdcourts.gov.cn），走在全国前列。

（二）公共论坛、负反馈以及"意外发现"①

除了社交网站，互联网中还存在着大量的 BBS 论坛。除了一些观念异常封闭、管理者主动筛选论坛内容的网站，BBS 论坛通常比社交网络更少发生割据和极化现象②，原因在于论坛基本不存在"定制"功能，对不同人群和不同观点更有包容性，持有极端思想的人很容易发现对立的观点和反驳自己观点的证据，从而再次考量自身立场的合理性。这种"发现"不是个人主动选择的结果，而是一种被动的"意外发现"，这种意外发现打破了小圈子的封闭影响。对于持有极端思想的人来说，这种意外发现构成了一种负反馈，使他们的极端想法得到反思和中和。

这给我们带来一个重要的启示：消解"信息割据"和群体极化的负面作用，可以通过建立一种开放的、拥有"意外发现之结构"的公共论坛来实现。如果各个领地内的主要观点都能够通过公共论坛来实现碰撞、竞争和中和，那么就可以达到消解极端观念、进而促进稳定的目标。本文认为，这种公共论坛要真正发挥功能，至少需要满足两个条件：

这种论坛不是可供人们完全自由选择的，作为一种温和专制主义（又称为自由主义的专制主义）的场域，这种新型公共论坛不能任由人们想进就进，不想进就可以置之不理，否则就无法实现"意外发现"的效果；如果绝大多数人在日常生活中都不得不时常接触和进入到这个场域，那么这个场域就满足作为公共论坛的第一个条件。

这种论坛必须保持其开放、自由和客观，任何人都可以在论坛当中发表其观点，所有受众也都可以从论坛看到各方面的观点。"信息割据"和

---

① 对于"意外发现的结构"更详细的论述，见［美］凯斯·桑斯坦：《极端的人群：群体行为的心理学》，尹宏毅、郭彬彬译，新华出版社 2010 年版，第 197—201 页。但是桑斯坦在其著作中并没有进一步深入研究实现"意外发现之结构"所必须满足的条件，也没有对建立该结构的各种媒介的条件进行优劣比较。

② 陶文昭：《互联网群体极化评析》，载《思想理论教育》2007 年 9 月。

群体极化越是严重的思想领域，不同群体之间的观念矛盾越大，论坛就越是要对该领域内各派观点保持充分的开放和自由，否则就无法实现对极端观念的撞击、调节作用。

这种公共论坛可以通过各种各样的媒介搭载，前提是这种媒介可以实现上面两个条件。不同的媒介在满足这两个条件的能力上并不一致。比如说，互联网并不是建立这种公共论坛的最好媒介，因为互联网产品的经营是相对市场化的，人们选择产品和信息完全自主自由，对信息的商业过滤行为也会破坏公共论坛的包容性①，因此并不利于第一个条件的实现。而现实生活当中的公园、公共道路、公共广场等则更加能够满足这两项条件，"你在上班的路上或者逛公园的时候可能会有各种各样出乎意料的邂逅，……你无法轻易地使自己与本来不会主动接触或者回避的各种争议和观点相隔绝"②，因此，与互联网相比，现实世界当中拥有充分言论自由的公共场所可能更加适合作为公共论坛的场域。

就我国的现实而言，传统主流媒体——包括报纸、电视、广播等更加适合作为公共论坛的载体。性质上，我国的电视台和广播台属于公共性质，按照法律规定，各级政府都将广播电视事业纳入国民经济和社会发展规划，并将国家财政收入的一部分投入到广播电视的覆盖和节目创作当中③。尽管不少非商业性的官方报纸属于"党报"，但是中国共产党代表

---

① 为了使互联网更好地满足第一项条件，成为更加自由开放的公共论坛，一些学者开始将普通发声者"达至听众的权利"作为言论自由权利的一部分，见 Jennifer A. Chandler, A Right to Reach An Audience: An Approach to Intermediary Bias on the Internet, Hofstra L. Rev.1095.

② ［美］凯斯·桑斯坦：《极端的人群：群体行为的心理学》，尹宏毅、郭彬彬译，新华出版社 2010 年版，第 200 页。

③ 见国务院令第 228 号《广播电视管理条例》第四条，1997 年 8 月 11 日发布，1997 年 9 月 1 日实施。如果将整个广播电视网络可以分为三个部分：广播台和电视台，信号发射、传播设备和线路，以及接收和播放信号的终端设备，那么在我国前两大部分显然属于公共性质，第三部分尽管从物权角度来说一般属于私有财产，但并不影响整个广播电视事业的公共性质。

中国最广大人民根本利益，党报的目标在于引领全国的舆论与价值导向，关注和解决全体中国人民的问题，其功能并非囿于宣传一党之观点，这也体现了我国与西方多党制国家的本质不同。从这个角度来讲，《人民日报》、《光明日报》等党报党刊也具有公共的性质，可以在一定程度上承担"公共论坛"的角色 ①。

四、互联网时代的新"公共论坛原则"

传统"公共论坛"关注公民发表言论的场所。在开放的民主社会中，街道、公园和其他公共场所是公民可以临时征用的、用于公共讨论和政治交流的场所 ②。这种公共论坛的目标在于为普通公民开辟专门的、不被大众传媒垄断的言论领域，以保障宪法规定下公民享有的言论自由权。传统"公共论坛"保障了言论自由的形式，注重政府在何种情况下可以规制公共地产上公民的表达行为，明确公民在何种程度上有权利为表达目的而使用公共地产。然而，传统"公共论坛原则"的倡导者们并没有顾及到：形式上的民主政治与言论自由并不是我们追求的最终目标。如果民主蜕变为形式上的"多数主义原则"，那它仅仅是多数人压制少数人的工具 ③；言论自由的价值并非形式上每个人都有说话的权利，而是人们可以通过健康的辩论和信息的传播互补与进步，政治层面上使每个人的言论能够在观念市

---

① 具体的实施方法有很多，典型做法是在党报一个版面上开辟对某一事件或问题的各方看法，哪怕是极端的看法也应当允许其出现。这样才能吸引持有极端观点的读者，并且让他们在看到反面的观点和论证之后有所反思，从而起到"负反馈"作用。

② Samantha Barbas, Creating the Public Forum, 44 Akron L. Rev.809.（2011）.

③ 正是在这一意义上，德沃金倡导以相互尊重、关怀彼此为前提的"伙伴式民主"；哈贝马斯倡导接受先决条件之语言交流所能达到的"协商民主"。见 [美] 罗纳德·德沃金：《民主是可能的吗？新型政治辩论的诸原则》，鲁楠、王淇译，北京大学出版社 2012 年版；[德] 尤尔根·哈贝马斯：《在事实与规范之间——关于法律与民主法治国的商谈理论》，童世骏译，三联书店 2003 年版。

场中发挥其改良公共政策的效果；在更一般的意义上，衡量一个国家的权利保障民主法治的水平，不能停留于"是否拥有某种权利"、"是否能够参与某个决策"等形式指标，还必须对权利行使的效果和价值实现予以关照。健康辩论、有效沟通不仅要求形式，还是一种社会文化，在作为根本的文化培养成就之前，制度不可能有效运作①，某种程度上这正是中国现代"法律移植"的困境所在②。基于这一背景，新型公共论坛在价值目标上完成了拓展与延伸。

本文所倡导的新型"公共论坛"则旨在校准言论自由的终极意义——沟通、合作、达至公意与追求真理。这种新型"公共论坛"必须超越传统的街道、公园而扩展到具有公共性质的传统媒介与互联网，它要求具有公共性质的媒体从商业化运营当中拿出一小部分领域，用于非盈利性的信息交换与思想交流。新的"公共论坛原则"至少包括以下内容：

（一）公共性原则

公共性原则为"在特定时间、特定地点、特定载体设立'公共论坛'是否合适"制定标准。与传统"公共论坛"的公共性不同，这里的"公共性"是为创造"意外发现"而确立，因此更具有普及性，以保证其有足够能力渗透到一个国家或地区的各个信息领地当中。新型公共论坛不仅包括传统意义上的街道、公园等实体区域，还应当包括公共电视台、公共广播台、公共报纸、公共互联网站。"能否进入其他公共论坛无法进入的信息割据地"是检验一个新型公共论坛是否符合公共性原则的关键标准。

---

① 正是基于上述理由，香港大学的戴耀廷教授提出对法治文化评估的研究。戴教授认为，对法治的全面了解必须从两个维度出发：文化维度和制度维度法治文化的测度主要从普通民众入手，通过对普通公众的法律文化和法治文化水平来衡量一个国家或地区的法治文化。对法治制度评估的全面论述可以参考钱弘道、戈含锋等：《法治评估及其中国应用》，载《中国社会科学》2012 年 4 月；对香港法治评估的论述可以参考戴耀廷：《香港的法治指数》，载《环球法律评论》2007 年 11 月。

② Samantha Barbas, Creating the Public Forum, 44 Akron L. Rev.809.（2011），pp.7-15.

（二）兼容性原则

兼容性原则为"特定内容进入某一公共论坛是否合适"设立标准。兼容性原则要求某一公共论坛的观点库具有代表性和差异性，这里的代表性并非人口数量上的代表性（即并非多数人持有的观点就可以占据更多资源），而是差异化的代表性，即每一种不同的观点（不管其持有者有多么稀少）都可以得到平等的表达机会，并能够不受人为阻碍地"达至受众"。"是否表达了与其他观念群体不同的思想"是检验某一种观念是否符合兼容性原则的关键标准。

（三）有效性原则

有效性原则为"给定内容以特定方式进入并存在于公共论坛是否合适"设立标准。有效性原则为保障各种观念之间的有效辩论而设立，是新型公共论坛当中最重要的原则。沟通的有效性是语言学上的重要问题，哈贝马斯将语言使用者与他人进行有效交往的必要条件归纳为：第一，真实性，即发言者的语句必须反映外在事实并通过语句把外在事实告知他人；第二，正确性，即发言者必须遵守人与人之间进行交往的，双方均予以认同的社会规范；第三，真诚性，即发言者所表达的必须是发自内心的真诚想法并希望受众相信他的真诚[1]。德沃金通过诉诸政治共同体的共识来解决政治辩论失效的问题，将"内在价值原则"与"个人责任原则"作为美国政治辩论的共同前提[2]。

本文认为，公共论坛的有效性辩论首先要求确立基本的辩论规则，例如时间和信息资源的平等分配，禁止人身攻击、恶意标签化等；其次是对

---

[1] ［德］尤尔根·哈贝马斯：《交往行为理论》第一卷，曹卫东译，上海人民出版社2004年版，第291—300页。

[2] ［美］罗纳德·德沃金：《民主是可能的吗？新型政治辩论的诸原则》，鲁楠、王淇译，北京大学出版社2012年版，第8—10页。

语言和论证基本逻辑的遵守，如思维的同一律、矛盾律、排中律和充足理由律以及正确推理的方法，以及社会公理、科学规律等是非真伪标准和价值取向；再次，辩论的诸方有或多或少的共同认识或共同承认的前提，前提共识对于有效辩论具有重要意义，我们可以通过以下逻辑链条示意图来说明：

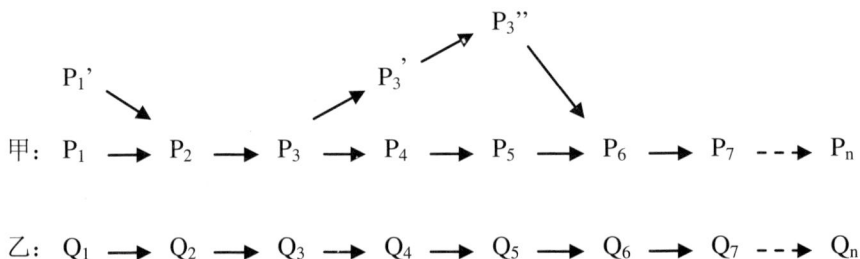

图6

如上图所示，若甲的观点库（P_1，P_2，P_3……P_n）形成从前提到结论的逻辑链 $P_1 \rightarrow P_2 \rightarrow P_3 \rightarrow P_4 \rightarrow$……$P_n$，乙的观点库（$Q_1$，$Q_2$，$Q_3$……$Q_n$）形成从前提到结论的逻辑链 $Q_1 \rightarrow Q_2 \rightarrow Q_3 \rightarrow Q_4$……$Q_n$。双方结论 $P_n \neq Q_n$，甲与乙因此产生争论。甲通过前提 P_1 推导得出 P_n 的路径可能不止一条，但是一场辩论当中甲能够采取的路径显然是有限的，在此不妨假设为两条，另一条路径由图所示为 $P_1 \rightarrow P_2 \rightarrow P_3 \rightarrow P_3' \rightarrow P_3'' \rightarrow$……$P_n$。

在这样一场辩论中，乙要达到驳倒甲的效果可以有多种方式，例如（1）论证甲的某一个逻辑链条不成立，如 P_3 无法推出 P_4；也可以（2）论证甲的逻辑链条内部存在矛盾，例如 P_4 与 P_6 实际上是矛盾的，等等。

若甲和乙的辩论缺乏前提共识，即 $P_1 \neq Q_1$，那么乙的（1）方式缺乏有效性，因为即便甲承认 $P_3 \rightarrow P_4$ 不成立，他仍然可以通过 $P_3 \rightarrow P_3' \rightarrow P_3'' \rightarrow P_6$ 来达到其结论；乙通过方式（2）同样缺乏有效性，因为即便甲承认 P_4 与 P_6 矛盾，他还是可以通过 $P_3 \rightarrow P_3' \rightarrow P_3'' \rightarrow P_6$ 来达到结论。甲甚至可以随时更换其前提为 P_1'，使整个辩论更加复杂化。

若甲和乙在共同的前提下展开辩论，即 $P_1 = Q_1$，由于甲的论证路径有限并假定为两条，那么可以得出 $P_2=Q_2$，$P_3=Q_3$，且要么 $P_4=Q_4$、$P_5=Q_5$，要么 $P_3'=Q_4$、$P_3''=Q_5$。无论乙承认（1）还是承认（2），都有 $P_6=Q_6$，……$P_n=Q_n$，即甲最终承认乙结论 Q_n 的正确性，这意味着（1）和（2）两种辩论方式都是有效的。

简言之，缺乏前提共识的辩论之所以缺乏有效性，因为一方观点对另一方观点的成功反驳并不会加强其自身观点的合理性，辩论于是变得没有结果。反之则不然。

新型公共论坛当中的思想交流受到基本辩论规则的约束、基于公民论辩的共同前提以确保沟通的有效性；公共媒体所具备的普遍性可以使这种交流渗透到各种群体之中，打破信息割据的壁垒，通过对完全自由化的观念市场进行温和调控，消弭极端的对立情绪，搭建有效的沟通平台，实现言论自由的内在价值。

结　语

波斯纳在对言论自由的经济分析中写过这样一段话：在观念市场当中，"决定思想'真理性'的就是这个市场本身，而不是某些最终真实性。因为当我们说某种思想（例如，地球环绕太阳转）是真实的，并不因为我们确信它在实际上是真实的（谁知道？），而是因为全部或大多数有见识的消费者已接受（'购买'）了它。"[①] 这种"真理观"或许并非"真理"，却揭示出了群体观念形成与发展的一种常态。"信息割据"时代的权威观和真相观的特点表现为：每个割据内部的人们都以为自己掌握了"权威"和"真相"，但不同割据里的"权威"和"真相"却并不相同。人们在自己的地盘里与自己人交换和论证着自己所持观点的证据，通过信息流动的正反

---

① [美]波斯纳：《法律的经济分析》下，蒋兆康、林毅夫译，中国大百科全书出版社1997年版，第344页。

馈环巩固着自己的"权威"和"真相"。在这种情况下,所谓"权威"——"最终真实性"的持有者——是难以得到大众的普遍承认的。

面对这样的形势,新型"公共论坛原则"给予我国现实以重要启示:中国传统主流媒体有能力也有义务将"公共论坛"作为超越"信息割据",消解"群体极化",搭建"有效沟通"的重要平台。唯有成为更加开放和自由的公共论坛,让各种极端观点都在公共论坛中得到表达和讨论,才有可能吸引各个"割据"里的受众,而不是被当作"官媒信息"直接过滤掉;在公共论坛实现有效沟通,并适时宣扬主流价值,发挥"负反馈"功能,防止极端思想的肆意泛滥,以最低成本平息极端人群的极端观念和行为。同时,主流媒体具备上文所说的成为公共论坛的必要条件。第一,电视、广播和非商业性的报纸在我国覆盖非常广泛,尤其是广播与电视,是各家各户的必备品,作为日常消遣的重要内容,广播电视节目能够跟公园、公共交通设施一样克服受众的过滤与选择,有能力实现"意外发现"的效果;第二,鉴于传统媒体广泛的覆盖率和信息传播能力,原本无法进入这一媒介各种人群和组织必然乐于通过电视、广播、报纸等传统媒体表达自己的观点,这使我国的传统主流媒体具备搭建公共论坛的号召力。因此,主流媒体完全有能力成为新型的公共论坛,在保障言论自由与公共政策合法性的同时,消解网络舆论给社会与政治稳定带来的不利影响。这样的公共论坛有利于塑造健康、有效的政治辩论氛围,为培养民主、法治、自由的文化环境提供生长空间。

| 后 记 --

本文原载《浙江大学学报》(人文社会科学版)2012 年第 12 期,由我和博士生姜斌合作完成,《中国社会科学文摘》转载。

传统公共论坛原则关注宪法上公民言论自由权利的平等保护,却无法解决互联网时代的沟通无效问题。互联网带来了信息传播工具和主体的变革，但是由于"信息割据"造成的沟通失效，网络发展对政治与社会稳定产生了不容忽视的副作用。这种副作用主要表现在"观念市场"的失灵、"群体极化"、标签化倾向以及由此带来的社会群体之间的矛盾。一种新的公共论坛原则对解决这种无效沟通问题提供了可能方案，这种以公共性、兼容性、有效性为核心的新公共论坛原则试图在充分保障言论自由的同时消减网络传媒的副作用，也为主流媒体如何成为真正的主流、发挥稳定社会的作用提供了启示。

司法正当性获取的途径

——以法国最高法院审议模式为例

中国与法国同属大陆法系国家，法国、德国堪称大陆法系国家的代表。中国的法律学者对法国独特的行政法体系以及以宪法委员会为标志的司法审查制度耳熟能详，但总体上看我们对法国司法的研究与认识仍然停留在碎片式的制度设计层面。本文探讨的法国"二元论"司法模式，与普通法院和行政法院的"双轨制"没有关系，而是指法国司法在法律渊源、司法职能、司法正当性（legitimacy）①与正当化（legitimation）策略上的"二元论"。简单地说，法国法院系统一方面通过其独特的简洁判决和封闭式审判塑造其中立、独立、消极的市民正当性，一方面通过严格、复杂的法官职业评价系统培养法律精英、约束法官权力，从而实现其政策制定、以公共利益为己任的国家正当性。

在普遍强调依靠司法透明、法教义学与判决文书论证推理提高司法公信力与司法权威的今天，法国模式为我们提供了强化司法正当性的另一种

---

① 国内不少学者将"legitimacy"译为"合法性"，将"legality"译为"合法律性"。由于合法性与合法律性在中文当中极易混淆，本文使用"正当性"这一译法。参见强世功：《法制与治理——国家转型中的法律》，中国政法大学出版社 2003 年版，第 10—22 页。

可能。要了解法国法院的这种二元正当性，应当从认识法国法院的司法审议 ① 模式开始。

一、简洁判决、封闭审议与司法消极主义

与势头正劲的美国司法模式相比，法国的司法审议被比较法学家们斥为"落伍"。这种"落伍"主要体现在两个方面：一是以法国最高法院（Cour de Cassation，即撤销法院）为代表的极为简洁的判决书风格，二是以书面审为诉讼程序主体的案件审理模式。

（一）判决书文本分析

法国的司法判决一度由于过于简单而遭受批评 ②，或许正是由于这种过分简单，国内学者才会弃之如敝屣（与他们研究美国司法意见书时表现出的热情大相径庭）。这从起点上阻碍了我们对法国司法制度的深入了解。不妨以 2004 年法国最高法院的一个判决为例：

>......
>
>以法兰西人民之名
>
>最高法院第一民事庭判决如下：

---

① 司法审议（Judicial Deliberation）是一个英语词汇，国内对 deliberate 和 deliberation 的翻译并不一致，苏力教授将 deliberate 译为"慎思"，意味法官为了作出判决而进行的个人规范性思考（见理查德·波斯纳：《法官如何思考》，苏力译，北京大学出版社 2009 年版，第 4 页）。司法制度当中 deliberate 并不一定是法官个人的行为，还可能是程序性安排的集体行为，这时用慎思并不合适。本文采"审议"，在含义上更加契合，但是有被误读的风险，因为现代汉语当中的"审议"经常特指我国的人民代表大会审查评议报告或者法律草案的行为，本文不采此含义，特作说明。

② [法] 雅克·盖斯旦、吉勒·古博、缪黑诶·法布赫-马南：《法国民法总论》，陈鹏等译，法律出版社 2004 年版，第 466 页。

关于唯一申诉理由：

依据民法典第 147 条；

鉴于第一次婚姻没有解除之前不得缔结第二次婚姻；

鉴于，X 先生与 Y 女士 ① 于 1987 年 10 月 21 日在他们的原籍扎伊尔的金沙萨通过代理缔结一夫一妻制习惯婚姻；1992 年 12 月 14 日，在没有解除第一次婚姻的情况下，他们在（法国）伊夫林县（Yvelines）勒慕河市（Les Mureaux）的户籍官前缔结第二次婚姻；X 先生主张第二次婚姻无效的请求被上诉法院驳回，理由是第一次婚姻与第二次婚姻在同一对夫妇间缔结；

鉴于这一情状并不妨碍适用前述法律条文，上诉法院如此判决，因拒绝适用而违反了前述法律条文；

基于上述理由：

撤销巴黎上诉法院 1998 年 11 月 3 日在当事人之间所作判决之全部条款；因此，将案件和当事人返回至该判决之前的状态，并为确保正义，将其发回巴黎上诉法院，另行组成合议庭。

……②

这是一份发表于 2004 年法国《最高法院判决公报》上的（几乎是）判决全文，法语原文判决的总字数不超过 300 字。本文引用时在开头和结尾省略掉的寥寥数字是案件编号、受理法庭、审理日期、类型标注（撤销或维持）等格式化文本。从长度和写作方式上，这是一份标准的、具有代

---

① 应该是出于当事人隐私的考虑，最高法院出版的《判例公报》中的当事人姓名被隐去，并以 X、Y 替代。不表示原判决文书中也是如此。

② Bulletin 2004，I，n° 33，p.28；该判决转引自法国最高法院官方网站 http://www.courdecassation.fr/documents _traduits_2850/20013_25991_2853/_17844.html，对于法国最高法院的主要职能和部分重要案例的判决书，该网站特别提供多语言版本。本文所引用的这个判决的翻译者署名唐觉。

表性的法国最高法院判决文书。由此可以管窥法国法院的判决文书的简洁样貌。通过文本分析我们首先可以总结出法国司法判决书的基本组成部分：

法律依据。表述法律依据时法官仅仅标明条款编号和法条原文，不会做任何解释或者说明。

案件事实。依《法国司法组织法典》的规定，最高法院不对案件进行实质审理。即便如此，判决书对案情的陈述在一般人看来也是过于简要，只有两三句话。判决不会对当事人情况进行介绍，也不会对当事人的行为理由予以说明，仅简单提炼与判决相关的核心事实。

前审情况。当事人上诉的请求和上诉法院的判决与理由，一般也只有两三句话。

判决理由。判决中没有具体的解释和论证而是直接论断——上诉法院的判决违反或符合上面援引的法律条款。

判决结果。即维持/撤销上诉法院的判决；如果必要的话会加上其他附带裁定（例如要求上诉法院"另外组成合议庭"）。

写作特点上，上述五部分的前四个均以"鉴于"（attendu que）开头（第二、第三部分一般合并使用一个"鉴于"），以表明这些都是最终判决的前提。这种将几个段落用"鉴于"连接的写作方法即便在法语中也极不自然，其目标是使判决书格式化："全文只有一个句子组成、只有一个主语"[①]。这个只有一个主语的句子可以概括为："本院以X法律条款为依据；鉴于当事人做了Y行为；又鉴于上诉法院作出的Z判决违反或符合X条款；因此判决撤销或维持上诉判决。"

结构上，法国判决书对三段论的恪守是显而易见的：

---

① 陈林林：《裁判的进路与方法——司法论证理论导论》，中国政法大学出版社2007年版，第1页。

大前提　　　（法律规定）

× 小前提　　（案件事实＋上诉法院裁判）

＝结论　　　（撤销或维持原判）

或者：

大前提　　　（法律规定）

×［小前提 1（案件事实）＋小前提 2（上诉法院裁判）］

＝结论　　　（撤销或维持原判）

内容上，除了论述极度精简之外，与一份我们熟悉的中国法院判决书相比，法国法院的判决书还缺少很多内容，例如案件当事人及其诉讼代理人的具体情况；庭审当中的争议焦点；诉讼当事人申诉和答辩的具体理由等等①。如果与长篇雄辩、论证详尽的美国联邦最高法院司法意见书相比，法国最高法院的判决还要缺少更多内容，其中关键部分如先例对本案适用、区分与影响分析，法官投票情况的介绍，少数派代表发表的反对意见等。

笔者整理了法国最高法院近十年来公布的判决汇编，简单统计发现每份判决书的平均篇幅在一页左右。这种极简主义和形式主义的三段论背后，是法国司法机关对三权分立理念的严格履行。法官似乎是要通过简洁判决向公众表示：法院仅仅是法律的执行者，并非法律和政策的制定者，而法院执行立法机关意志的方式非常简单——通过涵摄和三段论推理即可完成。

---

①　这里有必要强调的是"通常"情况下，对于某些复杂的案件，如果法官迫切地感到有说明的必要，下文提到的某一些内容法官也会予以简要陈述。例如在 2008 年索尼公司、飞利浦公司诉法国经济、财政和工业部的案件当中，法国最高法院针对非法证据问题作出的判决当中简要论述了两家公司申诉理由中的个别条款，见 Bulletin 2008，IV，n°112。

（二）封闭式审理

法国法院的庭审程序被认为是相对封闭的，这容易使外界观察者认为案件审理异常简单，因为公开开庭审理案件的时间非常短，过程也近乎枯燥而缺乏辩论性。我们仍然以法国最高法院的案件审理为例。一旦申诉被登记到法国最高法院，一般经过如下诉讼程序：

表6　法国最高法院诉讼程序与公开性 [①]

序号	程序名称	相关人员	公开性	其他
1	申诉	申诉人、被申诉人、报告法官、庭长	—	—
2	受理	非专任法官	不公开	—
3	书面审理一	报告法官（Rapporteur）	基本不公开	—
4	书面审理二	检察官	基本不公开	最高法院检察总署是公诉机关，其特殊性是在民事、刑事诉讼中都发挥重要作用，代表法律、国家和公众的利益

---

① 　除了另外特别标注内容，该表6以及下面的表7的大部分综合参考下列文献：L. Neville Brown & John S. Bell, *French Administrative Law*, Oxford University Press (1998), p.94；Mitchel De S.-O.-L'E. Lasser, *Judicial Deliberations: A Comparative Analysis of Judicial Transparency and Legitimacy*, Oxford University Press (2004), pp.47-60；John S. Bell, *French Legal Cultures*, Butterworths, (2001), pp.76-83；以及法国最高法院官方网站，见 http://www.courdecassation.fr/ documents _traduits_2850/20013_25991_2853/_17844.htm。

续表

序号	程序名称	相关人员	公开性	其他
5	庭审	报告法官、检察官、庭长、首席法官、其他法官、当事人及其律师	公开	在民事案件的庭审过程中，检察官作为法庭顾问，就座于法官席的一端，诉讼结构上居于法庭和当事人中间 ①
6	合议	报告法官、庭长、首席法官、其他法官、检察官	不公开	检察官可以列席合议，也可以不参加。即便参加，一般情况下也不鼓励其发言，因为庭审中他已经发表了自己的意见
7	判决	报告法官、庭长、首席法官、其他法官	不公开	检察官不能投票

从法国最高法院庭审程序的"公开性"一栏可以看出，法国法院对案件的审理总体上以封闭性为特征。在进行公开庭审之前，法院就已经至少对案件进行了三次不公开的书面审理，以作出是否受理的裁定、案件分配的建议以及报告法官和检察官的书面审理。换句话说，在案件开庭审理之前，报告法官和检察官就已经对所涉事实问题和法律问题做了全面审查，并提出了自己的判决建议，从时间跨度和文件规模看，书面审理几乎完成了整个诉讼程序的大部分任务，庭审之前报告法官和检察官的报告与意见都将对庭审之后的合议和判决产生重要影响。

法国法院诉讼程序的不公开性质还表现在：

第一，受理程序当中，申诉不予受理的裁定理由不公开。对此最高法院官方给出的理由是：这样法官们可以将时间和精力集中在其本职工作上 ②。

---

① Mitchel De S.-O.-L' E. Lasser, *Judicial Deliberations: A Comparative Analysis of Judicial Transparency and Legitimacy*, Oxford University Press (2004), p.47.

② 见法国最高法院官方网站。

第二，报告法官出具的报告（Rapport）、简评和判决拟稿基本不公开。报告法官的书面审理文件被视为私人意见，案件审结后一般由报告法官本人回收。不被回收的报告也被封存于案卷之中不会对外公布。每年仅有1—2篇经过严重裁剪之后的报告被形式性地公布出来。主要公布方式有两种，一是最高法院官方发布的报告，每年一本（在其官方网站上可以下载全本，经过加密，无法复制或编辑）；二是法国的民间法律汇编机构（以达洛法律出版社为代表）出版的最高法院《判例汇编》收录的报告[1]。

第三，检察官的审查意见（Conclusions）基本不公开，《达洛判例汇编》（Recueil Dalloz）每年会发表4—6篇经过重度编辑之后的检察官意见[2]。

法国最高法院一年要审理三万多个案件[3]，但是每年发布的报告法官与检察院的意见总共还不到十篇。从这一比例上看，检察官意见和法官报告的公布无疑是形式主义的：这种公布意在向公众例示法院审理案件的大致过程，而不是给予公众具体监督和审查判例的途径。有必要指出，从20世纪90年代后期起，在欧洲人权法院（European Court of Human Rights）多次施加压力的情况下，法国最高法院对报告法官和检察官文件的保密管理有所放松，案件当事人及利益相关人经过一定程序之后可以相对容易地获取这些文件。但是，这种依申请并限制主体的设计并没有从整体上改变这些文件的不公开性[4]。

第四，法官合议不公开，与大多数采纳合议庭制度的国家一样，整个合议过程是私下进行的，不允许外人参与；除了过程的封闭性，判决书以外的其他合议结果也是不公开的，例如法官对判决的投票情况和少数派的

---

[1] Mitchel De S.-O.-l'E. Lasser, *The European Pasteurization of French Law*, 90 Cornell L. Rev. p.995.

[2] 同上。

[3] 同上。

[4] John S. Bell, *French Legal Cultures*, Butterworths, (2001), pp.62-63.

反对意见。

（三）三权分立与司法消极主义

法国法院极简的判决书和在外界看来极为简单的审理程序不是一种偶然现象，而是自法国大革命之后形成的关于法官角色认知的结果，有深刻的法律理据和历史渊源。《法国民法典》总则第五条明确规定："审判员对于其审理的案件，不得用确立一般规则的方式进行审判。"该法典第一千三百五十一条再次规定："确定裁判的效力只及于曾经判决的事件。"法国大革命期间颁布的《司法组织法典（1790）》第二篇第十条规定："法院不得直接或间接参与立法权的执行，不得阻碍或废止立法机关的命令……否则无效"，该法典第十三条规定："司法职能不同于且将永远保持与行政职能的分离。法官不得以任何方式干扰行政机关的运作，否则无效"①。

上述法律规定的内容和措辞所表达的意图非常明确：首先，司法权应当与立法权和行政权严格分离，司法机关不得以任何形式干预立法与行政部门的职权；其次，司法机关的判决不具备英美法系国家"判例法"的性质，没有一般规则的效果，而只是"就事论事"的判决。今天看来，这种"三权分立"传统理念过于迂腐且不切实际，但是在两百多年的历史当中，经历了多次司法改革的法国法院仍然以其为正当性标尺和重要的工作原则。

二、封闭审议的能动主义实质

尽管通过极其简单的司法判决书和封闭而非公开的审议程序，法国最

---

① Mitchel De S.-O.-L' E. Lasser, *Judicial Deliberations: A Comparative Analysis of Judicial Transparency and Legitimacy*, Oxford University Press (2004), p.35.

高法院试图表现出其司法消极主义与对三权分立的谨慎恪守，这种消极主义仅仅是一种"表象"。这种消极主义的表面化通过各个诉讼程序当中主要人员的工作内容而被彻底暴露出来。

表7　法国最高法院诉讼程序与主要工作内容

序号	程序名称	相关人员	主要工作内容
1	申诉	申诉人、被申诉人、报告法官、庭长	申诉人提交申诉状（mémoire en demande）；被申诉人可以提出答辩状（mémoire en défense）；案件被分送至具有管辖权的法庭①；由该庭庭长指定报告法官
2	受理	非专任法官	如果申诉缺乏依据，由三名非专任法官审查之后作出不予受理的裁决
3	书面审理一	报告法官	报告法官个人对案件进行书面审理。最终提交三份文件：第一，报告（Rapport），平均长度在30—50页，内容包括案件事实陈述，辩诉论点论据分析，法律疑难问题与影响，相关判例、学说等；第二，简评，即报告法官的个人判决意见；第三，判决草拟稿，经常包含多种判决方式，不同的判决结果对应不同的判决理由，形式上均为三段论
4	书面审理二	检察官	案件材料和报告法官出具的报告提交给检察官。检察官进行出面审查并出具意见（Conclusions），与报告法官不同，检察官出具意见的主要标准是确保法律解释的一致性，保障判决符合立法意图、社会福祉和公共秩序②

① 经过多次改革，目前法国最高法院常设的法庭有六个：三个（狭义）民事法庭、一个商事财经法庭、一个社会法庭以及一个刑事法庭；此外最高法院还设有临时性的审判庭，以处理管辖权有争议或者不同的分案方法会导致不同判决结果的复杂案件，包括院审判合议庭（各个庭委派法官组成）、混合庭（由三个以上法庭委派法官组成），见《法国司法组织法典》第二篇、第三篇。

② Roger Perrot, *Institutions Judiciaires*, Paris Montchrestien（1989），p.260.

续表

序号	程序名称	相关人员	主要工作内容
5	庭审	报告法官、检察官、庭长与其他法官、当事人及其律师	报告法官陈述案件上诉审概况以及双方观点；律师可以选择进行口头辩论；最后，检察官发表其独立审查意见
6	合议	报告法官、庭长及其他法官、检察官	报告法官口述其工作并陈述观点；首席法官发表意见；其他法官按资历深浅依次发表意见；庭长最后陈述意见
7	判决	报告法官、庭长、首席法官、其他法官	合议最后直接形成判决，除了判决结果，判决文书的措辞也必须经过多数票同意

从表7中列举出的报告法官和检察官的工作职责可以发现，法庭对案件的审理绝不仅仅是通过简单涵摄和三段论来机械地适用法律条文，恰恰相反：

第一，报告法官在拿到案件之后，必须进一步分析案件事实和双方论点，分析先例（la jurisprudence）对本案的适用与影响，并且引入法学家的学说（la doctrine）观点，综合讨论所涉法律疑难问题对经济、社会和政治的多方面影响，阐述社会发展变化是否导致原法律或判例的过时，等等。经过复杂论证，报告法官最终形成一篇长度在30—50页的报告。不少报告会建议修改或者推翻一系列先前判决所确定的法律解释与适用方法 [1]，从而成为一种"准立法"意见；多个判决草拟稿及其对应的不同理由体现了书面审理的辩论性，与最终判决的概括一致迥然不同。

第二，法国《判例汇编》所编纂的所有判决后面都会有法学家署名的长篇评注，这成为上面提到的报告法官在出具意见时的重要参考。与学术论文一样，这种评注绝对不会仅停留在个案的层面，而是对案件涉及的法

---

[1] Mitchel de S.-O.-l'E. Lasser, *Judicial (Self-) Portraits: Judicial Discourse in the French Legal System*，104 Yale L.J.1325（1995）.

理与政策问题进行全面的、实用主义的阐述和评价。学者将评注发表于
《判例汇编》，法官在审理中援引这些评注并作为判决的参考理由，这种循
环构成了法官与学者的互动工作模式①。法学家在法国司法活动中发挥的
作用可见一斑。

在法国体制下，法律学者对司法活动的外围参与非常自然，因为他们
在身份上就具备官方性质：雇佣他们的法国所有的法学院和法学研究机构
均属于法国国家大学教育系统的一部分；从进入法学院开始修习法律，到
后来从事法学研究，学者均由国家资助并受国家教育系统指导；法律从业
者的学业考试和资格认证也由国家严格规制②。因此，法国所有的法律学
者都不可避免地带有官方学者的身份属性。法国最高法院任职的部分法官
是从法律学者当中直接选拔出来③，其他能够参与这种选拔的则几乎都是
官方系统内部人员④，这是法国法学家半官方身份性质的最好证明⑤。

第三，检察官的主要职责是维护法律解释的统一性、保障社会福祉与
公共利益，这直接突破了"就事论事"的限制，是典型的实用主义政策考
量。后文的分析将进一步表明，对公共利益和法律统一设置专门职权代
表，是法国二元论司法的重要表现。

第四，封闭的合议为各位法官展开坦诚、直接、广泛的辩论提供安全

---

① 在大陆法系的另一个代表国家德国，同样存在类似的学者与法官的互动模式，请
参考黄卉：《论法学通说》，载《北大法律评论》2011 年第 2 期。

② Mitchel De S.-O.-L'E. Lasser, *Judicial Deliberations: A Comparative Analysis of Judicial Transparency and Legitimacy*, Oxford University Press (2004)，p.39.

③ 见法国最高法院官方网站，http://www.courdecassation.fr/documents_traduits_2850/20013_25991_2853/27861_38498_11984.html。

④ 在极少数的例外情况下，法国法院才会从律师当中选拔法官，见[法]勒内·达维：
《英国法与法国法：一种实质性比较》，潘华仿、高鸿钧、贺卫方译，清华大学出版社 2002
年版，第 62 页。

⑤ 从学者当中选拔法官，在"法官职业主义"者看来是不可思议的，但是在职业主
义已经完全制度化的美国，身处司法体系内部的理查德·波斯纳却有完全不同的看法，见
波斯纳：《法官如何思考》，苏力译，北京大学出版社 2009 年版。

空间，以最大限度地达至疑难问题的最优解。在这一点上，英美法系的陪审团制度发挥了类似作用，尽管二者的区别也很明显——前者主体为职业法律人，后者为外行人。封闭式合议是法国司法的重要传统，参加合议的法官们的辩论绝不仅仅局限于法条主义的适用问题，而是扩展到实质正义和社会效果等各个层面①。由于对实质正义的理解分歧和价值观的巨大差异，对法律疑难问题的开放公共辩论往往无果而终，公共探讨经常陷入"不可辩性"的旋涡②，而成为永无休止的争论和言语攻击。职业的法律人士分享辩论的共同前提，有遵守辩论的语言规则的认知和自觉，再加上为秩序与效率而必要的集体决断，封闭探讨通常比开放的公共辩论更加有效。

由此可见，本文第一部分描述的三段论式判决与法律对司法消极主义的严格规定都只是一种"表象"。在这种表象的背后，是封闭式审理程序试图掩盖的司法能动主义。对于这种司法消极主义的"虚伪性"，最高法院自己也不可能认识不到。相反，在对自身职权所做的介绍中，最高法院大方地承认：

> 经过十九世纪的发展，如今的最高法院获得了广泛认同的权威。这种法律和道德上的权威导致立法者们将众多其他职能委托给最高法院。……即使这些超出了他们的司法职能范围。③

诚然，位于一个国家司法系统金字塔的顶端，最高法院要处理的是整个国家法律体系中的疑难问题。一旦最高法院对某一项法律的解释做了限

---

① Mitchel de S.-O.-l'E. Lasser, *Judicial (Self-) Portraits: Judicial Discourse in the French Legal System*, 104 Yale L.J.1325（1995）.

② ［美］罗纳德·德沃金：《民主是可能的吗？新型政治辩论的诸原则》，鲁楠、王淇译，北京大学出版社 2012 年版，第 38 页。

③ 见法国最高法院官方网站，http://www.courdecassation.fr/documents_traduits_2850/20013_25991_2853/27861_38498_11984.html。

定，任何"此解释仅适用于该案"的宣称都只能成为一种象征性的表达而已。事实上，除了民法典上简单的五个侵权责任与准侵权责任条款①，法国的整个侵权法体系都是由司法裁判和学者论著建立起来的；私法上其他众多制度，包括不当得利、合同义务的强制履行等均由法官与学者共同设置和完善②，"在法国民法典中很难找到一个条款没有经过——在1804年不可能预见的——含义加深或者重要的限缩或扩张"③。法国法院对公法体系的建构同样功不可没，这是众所周知的行政法院制度的独特优势所在。与民法不同，法国并没有系统的、法典化的行政法，除了宪法中的若干条文、议会制定的零散法律和与行政事项有关的条约，行政法院的"判例"（Jurisprudence）是法国行政法的最重要的渊源，"行政法上有很多原则在法律没有规定的情况下，由判例产生"④，这里的"判例"主要是指法国最高行政法院（Conseil d'État，直译为法国参政院⑤）作出的一系列简单判决，这些比上面提到的普通法院判决还要简洁的判决在很大程度上构成了法国行政法的规则体系⑥。

三、法国司法模式批判

这样看来，以最高法院为代表的法国司法似乎陷入矛盾和自欺欺

---

① 《法国民法典》第1382—1386条。

② André Tune, *Methodology of the Civil Law in France*，50 TUL. L. Rev. p.459，pp.465-466（1976）.

③ John P. Dawson, the oracles of the law（Ann Arbor, Mich: University of Michigan Press 1968），p.401.

④ 王明扬：《法国行政法》，中国政法大学出版社1989年版，第15—16页。

⑤ 法国参政院，又称法国国务委员会，是法国政府中的最高行政和司法监督机构，其职能既包括为行政机关提供法律意见或者作出决定，同时也是法国行政法院系统中的最高法院。

⑥ L. Neville Brown & J. F. Garner, *french administrative law*，pp.28-31（3d Ed. Butterworths 1983）.

人：一方面通过简洁判决和封闭审议以表现其对三权分立与消极司法的恪守，另一方面又进行"暗箱"辩论并与学者互动形成政策性的、有实际规范效力的"判例"体系。无怪乎法国司法模式遭到众多比较法学家的挞伐。

（一）对法国模式的批评

社会法学派鼻祖罗斯科·庞德认为，法国法院的判决对演绎式三段论的恪守是一种法律发展落后的表现，法国司法卡在了过时的司法角色理念和美国式的现代实用主义之间动弹不得①。约翰·梅里曼则描述法国司法"功能狭窄，机械主义并且缺乏创造性"②。法国本土著名法学家阿道夫·图费和安德烈·董科也认为，由于判决书的过简和不透明，法国"判例法"当中充斥着未经解释和看似武断的区别标准，以及过时的法律原则和难以理解的学说棘丛③。

如果说庞德等人的批评局限于裁判文书的说理不明，约翰·道森的批判则对准法官群体的动机，道森认为，法国的审判模式是一种"腹语术"，这种表里不一的审议模式使法官实际上不受"有效的判例法技术的约束，这种技术通过对意见理由的陈述和由此带来的责任实现对法官权力的限制"④。

---

① 庞德将法律的发展划分为五个阶段（加上他后期补充的"世界法"，一共是六个阶段）：原始阶段、严格法阶段、衡平法与自然法阶段、成熟阶段、社会化阶段。依照此种划分，恪守形式、道德无涉的法国司法在理念上尚处于古老的"严格法"阶段。参见［美］罗斯科·庞德：《法理学》第一卷，余履雪译，法律出版社 2007 年版，第 313—333 页。

② John Henry Merryman, *The Civil Law Tradition*, Stanford University Press (1969), pp.36-42.

③ Adolphe Touffait & Andr6 Tune, Pour une motivation plus explicite des ddcisions de justice et surtout celles de la cour de cassation, 72 Revue Trimestrielle Du Drorr Civile 487(1974). 转引自 Michael Wells, *French and American Judicial Opinions*, 19 Yale J. Int'l L.81, 1994.

④ John P. Dawson, the oracles of the law (Ann Arbor, Mich: University of Michigan Press 1968), p.415.

道森的批判从法国司法模式的正当性问题出发，指出了本文将要回归的主题。法律漏洞、规则模糊和冲突而引发的疑难案件使法官必须拥有某种灵活解释法律的权力，由于法律稳定性的要求和立法机关动态能力的有限，法官的这种权力得以制定一般规则而成为某种"准立法权"，作为非民意代表的司法系统而享有立法权力，法院由是遭遇了正当性困境。在道森看来，这种正当性问题必须通过限制法官权力以尽量削减，司法的正当性在一定范围内转化为对司法权力的控制问题。因而，记录详尽论证理由、承载法官个人责任以备公众监督、改进的司法判决书，以及公开、透明、充斥着辩论的庭审程序就成为"司法立法"从正当性困境中突围的唯一路径。

（二）为法国模式辩护

比较法学家们对法国司法审议模式的批判同样也是美国司法模式得到更多认同的理由。辩论性（包含反对意见）的、对理由进行充分论证的司法判决以及公开透明的司法审议确实对约束法官行为、限制恣意裁判有重要意义，但是将这些作为司法正当化的唯一路径而将法国模式全盘否定，却未免武断。

依哈贝马斯的论断，正当性危机是一种直接的认同危机[①]，司法的正当性问题本质上同样是社会与公民对司法的认同问题。在现实中，司法的正当性通过司法权威、司法公信力和司法与民意之间的关系展现出来。从社会和历史的角度观察，法国大革命之后确立和完善的法国司法模式显然经受住了国内正当性的检验。19世纪以来经历多次司法改革的法国法院系统，至今保留作为其制度核心的司法审议模式。在欧洲人权法院作为"局外人"对法国司法系统施加压力之前，法国国内的法律学者会偶尔从学术角度抱怨这种模式对法律体系的完善造成了障碍，但是法国

---

① ［德］哈贝马斯：《合法性危机》，曹卫东译，上海人民出版社2000年版，第65页。

模式在国内社会和公众的认同上并没有遭遇什么问题。换句话说，学者的抱怨并不等同于民众对司法公信力的怀疑。上文提到的最高法院对自己的评价——"法院获得了广泛认同的权威"——并不是什么自我溢美之词。法国法院系统的正当性确实得到牢固确立，其职能的持续扩张就是最好的证明。

如果实践确实是检验真理的标准，那么至少在某些意义上，法国司法审议模式有其符合国内需求的正当性渊源以及控制法官权力的其他方式：

首先是历史传统与规范渊源。众所周知，大革命之前的法国司法权是贵族特权，强大的贵族司法经常与国王权力展开对抗。然而，就法国大革命的主体——广大第三阶层民众而言，他们对鱼肉百姓的司法贵族的入骨仇恨跟对国王的仇恨并没有什么区别，这奠定了大革命期间和之后很长一段时间内法国司法改革的基调，即铲除贵族司法，限制司法权力。于是我们可以理解上文提到的《法国民法典》与早期《司法组织法典》对司法权力进行严格限制的条款。行政法院系统的建设也是对法国司法权进行限制的典型例证——法国建立独特的行政法院的初衷与其说是为了限制行政机关的权力、保障依法行政，不如说是让司法机关不得插手与政府相关的诉讼，避免司法权对行政造成干预①。

法国司法至今仍然传承与恪守大革命期间司法传统的最重要表现是其对法律渊源的审慎区分。在法国法律体系当中，正式的法律渊源包括宪法、欧盟法律、国际条约、国内立法机关颁布的成文法（lois）、习惯法和法律原则。而上文提到的最高法院的判例（la jurisprudence）与法学家学说（la doctrine）尽管对司法裁判和法律体系的完善发挥了重要作用，却一直不是法国承认的正式法律渊源，而只能作为不具备规范约束力（bind-

---

① 宋智敏：《法国行政法院制度评析》，载《法制与社会》2008 年 2 月。

ing）的参考渊源①。这也是为什么在法国法院的判决书当中，作为三段论大前提的永远是成文法或其他正式渊源，而不可能是先例和学说②。

其次是法官权力控制的程序与制度设计。上文已经指出，现代司法权的正当性问题一定程度上转化为对法官某些权力（以"准立法权"为代表）的控制问题。除了规范渊源，法国司法模式还建立了另外一套——被道森等比较法学家们忽视的——法官权力控制机制。这套复杂机制至少包括：（1）司法审判的内部制衡，法国法院的绝大多数判决都是由三名以上法官组成合议庭来审理③（英美法系国家则以独任审理为主），其目的是在个案诉讼上对法官形成横向的权力监督；（2）精英主义的职业选拔与竞争制度，由于法国的"法官是一种离开法律学校便可以从事的职业"④，法官遴选的开放性加剧了竞争的激烈程度。在法国，从初审法院到最高法院，法官职业构成职业级别的位阶，高级别的法官意味着专业水准、政治地位以及薪酬待遇的提高⑤，因此法国建立了一套严格、公平、透明且注重专业性的法官晋升制度⑥，这种职业评价与晋升激励能够提高法官的职业水准，有效约束法官权力⑦。与此同时，以行政法院为代表，法国法官职业体系与行政官僚体系的相似度很高，这给法官权力的纵向辖制提供了制度保障⑧。

---

① John Bell, Sophie Boyron, and Simon Whittaker, *Principles of French Law*, Oxford University Press（2008），pp.14-16.

② 何勤华主编：《法国法律发达史》，法律出版社 2001 年版，第 50—51 页。

③ ［法］勒内·达维：《英国法与法国法：一种实质性比较》，潘华仿、高鸿钧、贺卫方译，清华大学出版社 2002 年版，第 60 页。

④ 同上书，第 62 页。

⑤ 王世民、杨永波：《法国司法改革与法官教育培训制度》上，载《法官教育》1999 年 12 月。

⑥ 刘新魁：《法国司法官制度的特点及启示》，载《中国法学》2001 年第 5 期。

⑦ Dudhir Hazareesingh, *Political Traditions in Modern France*, Oxford University Press（1994），pp.65-96.

⑧ Ezra N. Suleiman, *Politics, Power, and Bureaucracy in France: the Administrative Elite*. Princeton University Press（1974），pp.80-94.

四、"市民—国家"二元论——法国司法模式的重新解读

法国大革命时期的司法理念受孟德斯鸠的三权分立理论与卢梭的社会契约论影响。这一传统司法学教义将司法权本质锁定为"判断权",作出"判断"的标准则是人民制定和承认的法律。这种被动的、消极主义的司法权完全在解决纠纷的语境下运行:由于法院的职能是公正解决纠纷,因此(1)法官必须保持中立,不得偏袒任何一方;(2)法官必须保持独立,不能受"三方结构"①之外的权力和利益的干扰;(3)作为裁判依据的法律不得溯及既往;(4)司法权必须与立法权和行政权分离,以保障其中立性和独立性;等等。

"作为从市民社会传统继承而来的经典'司法权',是一项独立的权力,这种权力根植于社会公信力,它是先于国家,先于权力而存在的一种权威。"②确实,由于民众和社会对解决纠纷的刚性需求,法院作为纠纷解决的第三方,在社会当中获得了某种近乎天然的正当性。"法院的基本社会逻辑,或可被察觉到的正当性,依赖于争议双方就把争议提交到第三方解决达成一致"③——在马丁·夏皮罗的这一著名论断当中,"可被察觉到的正当性"是一种市民性④的正当性,是司法作为一种"判断权"的正当性。

然而,传统教义忽略的重要一点是,解决纠纷不是一国司法的全部:司法机关首先是国家机关,彻底的"去政治化"是一种沉溺于市民性司法

---

① [法]马丁·夏皮罗:《法院:比较法上和政治学上的分析》,张生、李彤译,中国政法大学出版社 2005 年版,第 2 页。

② 程春明:《司法权及其配置:理论语境、中英法式样以及国际趋势》,中国法制出版社 2009 年版,第 27 页。

③ [法]马丁·夏皮罗:《法院:比较法上和政治学上的分析》,张生、李彤译,中国政法大学出版社 2005 年版,第 52 页。

④ 将孟德斯鸠式司法定义为"市民性司法"的论述可以参考林来梵、刘练军:《论宪法政制中的司法权》,载《福建师范大学学报》(哲学社会科学版)2007 年第 2 期。

无法自拔的空想。作为国家机关的法院有义务也有权力超越解决纠纷的三方结构而履行更多其他职能。这些职能至少包括：

第一，社会管理。作为国家机关的法院不可避免地参与对社会经济、政治和秩序等各个方面的管理工作，而这项工作经常要求法院突破传统教义与"三方结构"，使以判断权为核心的司法原则遭到破坏。例如，为维护秩序和对抗犯罪，大部分刑事诉讼由检察院代表国家来起诉犯罪嫌疑人，于是形成了一个国家机关（法院）审理另一个国家机关（检察院）起诉个人的诉讼结构，这就从本质上突破了纠纷解决第三方的中立性原则，使刑事诉讼中的法官更像是一个社会管理者而非纠纷解决者。

第二，公共利益。法院在司法裁判中考虑公共利益在大多数人看来是再正常不过的事情，恐怕即便是坚守传统司法学教义者也会对此表示认同。但是，在审理原告与被告之间的纠纷时，作为国家公务人员的法官将公共利益作为影响裁判的因素，恰恰是将"三方结构"之外的其他人的、社会的或者国家的利益强加到当事人身上，这是职业的需求，却是司法不独立的表现①。公共利益和国家利益的强行引入很可能导致在"三方结构"模型下看起来极不公正的判决②。

---

① ［法］马丁·夏皮罗：《法院：比较法上和政治学上的分析》，张生、李彤译，中国政法大学出版社 2005 年版，第 38—41 页。

② 以著名的"银行劫案"为例：强盗打劫银行，他用手枪指着一位顾客的脑袋，威胁银行出纳"如果不交钱就开枪打死他"。银行出纳没有因此而交钱，结果强盗开枪打死顾客并逃脱法网。顾客家属将银行告上法庭。若单纯以纠纷解决的三方结构的视角来看，更公平的解决方案显然是银行承担对死者家属的赔偿，因为毕竟在这次罪案当中银行没有遭受任何损失，而死者却失去了生命。尽管银行柜员的行为没有违反任何法律，但是在道义上他可能有"紧急情况下见死不救"的嫌疑。然而，如果本案交由法院来审理，法官则很可能有理有据地作出——在前一视角看来——极度不公正的裁判：银行不用承担任何责任，因为这样法院可以鼓励银行坚持不向劫匪妥协。而理性计算下的劫匪则会倾向于放弃劫持顾客这种抢劫手段，因为他们从这次裁判可以知道劫持顾客不对银行构成任何威胁。于是，从公共利益还是从解决纠纷出发，同一案件的裁决结果可能大相径庭。案例选材自 Ward Farnsworth, *The Legal Analyst: A Toolkit for Thinking about the Law*, the University of Chicago Press（2007），pp.3-7.

第三，法律解释与法律统一。与社会中分散的纠纷解决方式（例如中间人、民间调解）不同，作为国家机关的司法系统出于权威和效率的需要必须保持裁判规则的统一性。因此，面对法律的漏洞或者过时，一般的制度安排是由处于司法系统顶端的部门通过判例或其他方式对法律作出权威的解释。法院的这种行为（1）将经过法院解释的规则作为裁判当前案件的依据，违反了法律的不溯及既往原则；（2）突破了解决纠纷的职能和司法权与立法权的分离而行使了准立法权。

法院偏离甚至背离其"判断权"性质而参与和行使其他国家职能的内容和例证还有很多，国家需要"被动性"的司法来处理纠纷，也离不开"主动性"的司法来实现社会控制、维护公共利益和修补、统一法律。对传统理念的这种偏离对司法正当性带来的挑战是：单纯依靠纠纷解决已经无法充分论证司法职能的完整正当性。现代司法——尤其是在法院拥有宪法审查权的国家——已经大大超出解决纠纷与基础裁判的职权范围，必须依赖其作为国家机关的国家正当性。

法国司法审议模式的典型意义在于：司法在履行其职能时努力将其市民性与国家性划分清楚，从而形成一种独特的司法"二元正当性"模型。法国最高法院中的法官与检察官的职能分配堪称法国司法二元论的缩影：

最高法院公诉机关的使命、权力以及权限都十分特别。……最高法院公诉机关的首要职能便是确保法律解释的一致性，并与立法意图、社会利益以及公共秩序相符。此外它不仅要确保在最高法院，还要在地方各级法院确保判例的统一①。

与大多数国家不同，法国最高法院的检察官在民事案件的审理中发挥了重要作用——在以"三方结构"模型为范本的民事诉讼程序结束之前，位于审判席的检察官则代表公共利益、社会秩序和法律统一，从国家机关

---

① 见法国最高法院网站，http://www.courdecassation.fr/documents_traduits_2850/20013_25991_2853/27861_38498_11984.html。

而非市民性的纠纷解决者的角度提出其对判决的建议。坦白地说，这种职能设置并不是不可或缺的，因为在其他国家，民事审判当中的法官自己也会将公共利益与法律的统一作为裁量因素，但是法国司法坚持了这种二元论：将公共利益等政策性因素在庭审过程中尽可能隔离出来，于是才有法国检察官的这种独特的职能。

简言之，对于在历史传统中形成的、社会对三权分立、司法独立和司法消极主义的市民正当性认知，法国法院通过三段论式的简洁判决来满足和维持；而对于司法必须承担的维护公共利益、保障法律统一的政治角色，法院则以共和主义为理念，依赖国家政治正当性基础，致力于选拔、教育和训练一小部分精英人士，通过庭审分工与封闭辩论的审议模式，以进步和稳定兼备的方式从事政治性的司法决策工作[1]。

与法国模式相对，我们更加熟悉的美国司法体制则强调当事人的参与、法庭辩论与详细论证并公开透明的判决。美国的制度特色也不是偶然：作为判例法国家，美国从来都毫不掩饰地赋予法官们以"立法"的权力，这种完全超越纠纷解决职能的"国家性"而非"市民性"的权力给法院和法官们带来的正当化压力是巨大的。另外，美国的司法系统也没有法国那样集权主义、行政化的审级制度，没有受过高等教育的、通过国家主导的评价机制的法律人群体以及官僚阶层化的权力约束系统。这意味着，美国模式必须将司法控制与司法判决正当化的任务统统交给司法意见书和庭审程序本身来承担。正因为如此，美国司法判决凸显法官个人色彩，论证细致且口语化，必须在判决书上署名以作为承担责任的表示，少数派的意见也必须公布，因为持反对意见的法官（在日后判例被推翻的情况下）得以因此减轻其职业责任。对于美国法官来说，司法意见书以及其中包含的法律论证融合了对司法的市民正当性与国家正当性的双重考验。

---

[1]　Mitchel De S.-O.-l'E. Lasser, The European Pasteurization of French Law , 90 Cornell L. Rev.995.

可见，在司法的市民正当性与国家正当性视角下，法国采取的是一种二元化路径，将两种正当性分别由不同系统来承担；而美国采取的则是一元化路径，将两种正当性结合由单一系统来承担。二者之间的这一深刻差异决定了法国司法与美国司法在制度外观上的显著区别。

五、余论：法国模式的中国启发

中国的法律学者经常纠结于司法改革与政治体制改革的关系问题。对法国司法模式深入观察在正当性层面上使这一问题清晰化：一个国家的司法正当性在多大程度上根植于该国的政治正当性之中？不同的国家对这一问题的回答经常是迥异的。在法国这样一个司法二元化国家，法院对于政治体制正当性的依赖异常显著，倘若脱离公众和社会对国家政治正当性的认可，脱离根植于共和主义体制下的公平、有序、严格的法律职业培养、选拔与评价机制，仅依靠如此简单和缺乏辩论性的司法审议，法院的司法正当性无疑将遭受巨大挑战；而美国的情况则大不相同，作为历史上一度陷入"弱权"困境的美国司法权，坚持走的是一条民主主义的道路，通过判决和程序的亲民性来独立争取其国家正当性与市民正当性的双重政治资本，借助民众力量通过各种方式与其他政治参与者进行抗衡①，最终得以确立其"司法至上"的政治地位。

我们可以理解，为什么在今天的中国，人们普遍寄希望于司法透明、判决书上网、法教义学以及法律论证技术这一条美国式司法改革道路：在政治体制改革举步维艰的情况下，我们的法院无法像法国一样依靠现代国家的政治正当性来树立其权威和社会认同，而只能向美国法院学习，

---

① ［美］基斯·威廷顿：《司法至上的政治基础——美国历史上的总统、最高法院及宪政领导权》，牛悦译，北京大学出版社 2010 年版，第 67 页。

依靠自己的程序改革和判决说理来争取民众。然而，恐怕怀有这种期望的人们最终只能失望地认识到，我们的法院在体制上更接近法国而非美国。

司法审议模式上，我国采用跟法国相似的合议制度①，除非采用简易程序或者其他一些简单案件，我们国家法院的一审均由三名或者三名以上法官共同审理。除了形成法官之间的合作与监督，合议制度的主导理念是在对案件进行封闭、自由、充分的辩论之后作出整体性、一致性、确定性的判决意见。所以，尽管我们的判决书上也会有法官和书记员的署名，但是判决的作出更像是集体决定而非个人决定，跟美国式个人色彩浓烈的、辩论式的司法意见书有着理念上的不同。

中国司法对国家政治体制正当性的依赖同样根深蒂固，这种依赖甚至比法国还要更强。我们的法官们处于法国式的行政化、集权化的官僚层级体系之中：授予法律职业资格的司法考试由国家主导；法官的遴选还必须经过国家公务员考试；法院和政府使用同一套行政级别体系；法官也有行政性的职业考评以及复杂的层级化的晋升制度；在高度行政化的司法系统当中，权力的纵向辖制和横向竞争都会牵扯和耗费法官们大量的精力，这使他们从根本上不具备与其他权力部门抗衡的启动力和持续力。这种背景下司法机关的自主改革仿佛蚍蜉撼树——绳子的这一端是满头大汗的拔河者，而绑在树干上的绳子的另一端却纹丝不动。

司法正当性的中国特色同样不容忽视。通过对法美司法制度的比较，我们可以发现，国家对司法的干预程度与司法权威之间并不是必然负相关，关键的影响因素在于国家干预的方式与国家政治体制本身的正当性。法国行政法院系统的国家干预色彩极其浓烈，但是这并没有导致行政法院

---

① 《中华人民共和国法院组织法》第十条第二款规定："人民法院审理第一审案件，由审判员组成合议庭或者由审判员和人民陪审员组成合议庭进行"；《中华人民共和国民事诉讼法》第四十条规定："人民法院审理第一审民事案件，由审判员、陪审员共同组成合议庭或者由审判员组成合议庭。"

权威与正当性的丧失①，因为国家的干预为法院培养了一批廉洁、智慧的司法精英，这一群精英有能力作出合乎社会、经济发展要求的决策，他们的权力也得到了有效的国家控制。这些都是法国对司法进行国家干预的正当性证明。中国社会主义法治理念的重要特点之一，是我们的法院必须坚持和服从国家的领导核心——执政党的领导，这种具有中国特色的政治权力结构使中国司法所依赖的国家正当性部分地具化和强化为依赖执政党的领导的政治正当性。"议会通过多党竞争和民选程序获得了作为法律权威载体的资格，中国共产党通过党内民主同样可以获得作为法律权威实际载体的资格"②，这是西方与中国在司法的国家合法性上的重要区别。"党的领导的合理性和正当性来源于建立在民主集中制基础上的决策程序，来源于集体的民主决策而不是一个或几个领袖、负责人的擅断或专制"③，从党领导法院的方式上看，中国司法也在走法国式的共和主义道路④。在现行"党领导法院"的体制下，只有执政党的领导的正当性牢固树立，司法的国家正当性才可能完整；反言之，如果国家政治体制的正当性出现危机，严重依赖这种正当性的司法也不可避免地陷入合法性危机的旋涡当中。这正是中国司法改革与政治体制改革的结合点所在。

法美模式的对比提醒我国司法改革的呼吁者，如果中国司法坚持选择一元化道路，坚持靠近美国而不是法国，那么除了强调司法透明和判决书推理，必须同时强调法官职业群体的行政官僚体制的改革。绩效考核制度、级别评估制度和行政化的权力阶层制度则是这一改革的核心内容。

---

① Alec Stone Sweet, *The Birth of Judicial Politics in France: The Administrative Elite*, Princeton University Press, （1974）.

② 谢鹏程：《论社会主义法治理念》，载《中国社会科学》2007 年第 1 期。

③ 同上。

④ 黄生成：《中国共产党执政合法性面临的新挑战及对策探析》，载《兰州学刊》2007 年第 10 期。

| 后 记 --

本文原载《国外社会科学》2014 年第 2 期,由我和博士生姜斌合作完成,原题为《法国二元论司法的正当性分析——法国最高法院审议模式的考察与启示》。

以最高法院为代表,法国司法模式的显著特征是三段论式的简洁判决和近封闭式的诉讼程序。尽管该模式受到了比较法学家和法国国内一些学者的批评,法国司法在其本国社会的正当性却极少遭遇挑战。这种"反常"现象的原因在于:法国传统上形成了社会对三权分立与消极主义司法权的认知,从而使其外在的审议模式获得市民正当性;同时,当必须超越其市民性职权范围而履行其作为国家机关的政治职责时,法院则依靠其程序安排、司法官僚体系和精英主义的职业选拔与评价机制树立起来的国家正当性。这种司法正当性的"二元化"与美国司法模式形成鲜明对比,也给中国的司法改革带来启示。

法院改革的五个着力点

中国毫无疑问正在走向法治时代，没人能逆转这个潮流。在这样一个伟大的史无前例的法治进程中，法院应担当怎样的角色？这是一个非常需要深入思考的问题。法官是法治的专门队伍，法院是法治专门机关，执掌司法大权，维护司法公正。中国的法治化水平，一管窥全貌，仅从"司法公正"这个维度就能知高低。一个国家，如果在人们眼里，司法公正度过低，法治成就便无从谈起。《法治决定》中指出："公正是法治的生命线。司法公正对社会公正具有重要引领作用，司法不公对社会公正具有致命的破坏作用。""生命线"、"引领"、"致命"这三个词汇形象准确地表述了司法在法治建设中的重要性，也凸显了人民法院的时代使命。审判独立、严格司法、有效监督、提高素质、锐意创新五方面是确保法院护航法治中国建设取得良好效果的关键。

一、审判独立

司法改革的主要任务是司法制度的改革和完善。《改革决定》明确提出司法改革目标："深化司法体制改革，加快建设公正高效权威的社会主义司法制度。"《改革决定》和《法治决定》都强调完善司法管理体制和司法权力运行机制，这是当前司法制度改革的主题。这一主题中包含着一个关键词，那就是"独立"。司法独立是中国法学界讨论司法改革和法治建设问题的焦点，也是其他国家审视中国法治化水平的着眼点。"司法独立"这个词，不是资产阶级的专利，我们完全可以使用。要在世界法治竞争中赢得"法治话语权"，关键看我们在理论上如何运用"法治话语"，在实践中如何实践"法治话语"。回顾"民主"、"人权"、"法治"这些词汇，我们以前大批特批，一概斥之为资产阶级的虚伪幌子，将其视为资产阶级的专利，一概扔掉，使得我们在话语权方面处于被动局面，今天它们都已经成为中国社会主义核心价值观。"司法独立"也应当是中国特色社会主义法治所追求的重要原则和核心价值观。

中国有自己的司法独立原则和模式。中国《宪法》第126、131条明确规定：人民法院和人民检察院依据法律独立行使审判权和检察权，不受行政机关、社会团体和个人的干涉。根据这个宪法原则，中国的司法独立是指审判权和检察权的独立。司法改革也必须紧紧围绕宪法规定的审判权和检察权独立展开。我们不能说，中国根本没有司法独立，中国的审判权和检察权独立不属于司法独立，中国的法治是不讲司法独立的。我们可以说，中国与其他国家在司法独立方式上是有区别的。对法院而言，司法独立是指在"坚持中国共产党的领导"下的审判独立。这与中国共产党领导下的民主和法治是一个道理。无论是民主，还是法治、司法独立，中国都有自己的特色，首要特色是中国共产党的领导。《法治决定》将"坚持中国共产党的领导"置于全面推进依法治国五项原则的首位，提出要"把党的领导贯彻到依法治国全过程和各方面"，并且强调"政法委员会是党委领导政法工作的组织形式，必须长期坚持"。当然，党对司法的领导是有界限的，绝不意味着可以直接干预司法权的具体行使。

党的领导和审判独立之间的关系如何协调，是一个非常值得深入研究的问题。我们不实行"三权分立"，但又要确保审判独立，这就给我们提出了重大理论和实践的创新任务，我们需要破解难题。

法院的职责是审理案件、定分止争、定罪量刑，需保持中立，不偏不倚，保证独立裁判。为了"完善确保依法独立公正行使审判权和检察权的制度"，《法治决定》有创新。诸如，省以下法院、检察院人财物统一管理，探索设立跨行政区划的人民法院和人民检察院，办理跨地区案件，这些举措都可能有助于独立行使审判权和检察权，但真正实行起来，情况可能比预想的更复杂，效果可能并非那么理想。

《法治决定》规定："各级党政机关和领导干部要支持法院、检察院依法独立公正行使职权。建立领导干部干预司法活动、插手具体案件处理的记录、通报和责任追究制度。"这是《法治决定》的一个突出亮点。但是，这里也隐藏着难题。有些领导干部插手具体案件，是无法记录的。比如，一个地方的"一把手"，不管是通过电话还是见面，向法院领导打招呼，没法记录；法院领导对法官口头指示，法官心领神会，不敢记录。中国这么一个特别讲人情、"官大一级压死人"的社会，很难杜绝以"打招呼"形式干扰独立办案。显然，防范领导干部干预司法活动、插手具体案件处理的更具可操作性的制度有待建立。

审判独立的难题还有很多。例如，中国的干部选拔任用制度就构成了审判独立的难题，而且十分突出。现行干部选拔任用制度存在悖论。《法治决定》强调"要善于使党组织推荐的人选通过法定程序成为国家政权机关的领导人员"，但"党组织推荐"常常异化为"一把手"的意志。只要法院领导的升迁命运主要依赖于党委组织部门、"一把手"的赏识，干部升迁的指挥棒就会永远影响法院领导的理性选择，党委政府干涉司法就难以避免。领导干部选拔任用制度亟须改革。同样，只要法院不改变行政化色彩浓厚的缺陷，法官永远陷于官僚式的升迁苦恼中，审判独立永远存在重大局限。法官晋升有待破除以院长、庭长为特征的行政官僚制，确立科学的法官等级制。

审判独立的制度不是孤立的。为了实现审判独立，我们需要创新与审判独立相配套的一系列制度，创造一切可能的条件。

二、严格司法

《法治决定》提出"严格司法",并用专条加以具体规定。作为党的文件,如此突出强调严格司法,还是第一次。严格司法是对具体司法行为的基本要求、核心要求,主要内涵就是严格办案。法官有了独立的审判权,接下来就是严格办案。最高法院院长周强在《人民日报》上发表解读《法治决定》的文章《推进严格司法》,认为:"严格司法是破解司法难题的主要抓手。"这句话说得正确,但是,严格司法这一命题是个"老大难"。我们有很多好的法律,就是因为司法不严格,影响了法律的良好实施效果。尽快破解严格司法这一难题是法院护航法治中国建设的又一关键点。

《法治决定》提出了严格司法的要求,即"事实认定符合客观真相,办案结果符合实体公正,办案过程符合程序公正"。这一要求可浓缩为程序公正和实体公正,其着重点就落在"公正"这两个字上。一个法官,一个法院,老老实实、不折不扣地按照公正的要求去做,就是严格办案。为了保证严格办案,《法治决定》抓住了一个要害:"实行办案质量终身负责制和错案责任倒查问责制,确保案件处理经得起法律和历史检验。"

中国近年来出现了多起重大冤假错案,中央多次被震动。习近平同志在中央政治局学习会上指出,要努力让人民群众在每一个司法案件中都感受到公平正义,所有司法机关都要紧紧围绕这个目标来改进工作,重点解决影响司法公正和制约司法能力的深层次问题。《法治决定》确定了"要努力让人民群众在每一个司法案件中都感受到公平正义"这个目标。建立办案责任制是实现这个目标的重要途径,也是严格办案的必然要求。法官的权力是什么?法官影响甚至决定着他人的权利实现与命运。有权力就应有责任。谁办案,谁负责,而且要终身负责。据不完全统计,2014年已有12起冤假错案得到纠正,其中有9起是命案,2起抢劫案,1起非法买卖枪支案。12起案件中,多数被无罪释放的当事人称受到过刑讯逼供或诱供。例如，河南省的杨波涛 13 年前因一起强奸杀人碎尸案，在看守所被关了 10 年，一直未能被定罪。其间，他经历了商丘市中院 3 次判决极刑，河南省高院 3 次裁定撤销原判、发回重审。最终，检察院以事实不清、证据不足为由撤销了对他的起诉。杨波涛曾向媒体讲述他遭遇的刑讯逼供：十几个昼夜不能睡觉，被拳打脚踢、强灌屎尿。内蒙古呼格吉勒图从案发到被枪决仅 62 天，案卷中有明显的诱供和逼供的痕迹，呼格在检察机关也表述过自己被逼供的情况，却没能得到调查。呼格吉勒图再审改判无罪。呼格吉勒图案专案组组长、呼和浩特市公安局副局长冯志明，因涉嫌职务犯罪遭到调查。上述冤假错案，无论是否存在刑讯逼供，都必须根据责任大小追究相关案件承办人的责任。公安抓错人，检察院没有把好关，法院没有守住最后一道防线，都应该承担责任。目前，处理冤假错案相关责任人不够严格。只有从严追究责任，才能培养办案人的责任感。千万不要小看一次冤假错案。习近平同志在关于《法治决定》的说明中再次引用英国哲学家培根的名言："一次不公正的审判，其恶果甚至超过十次犯罪。因为犯罪虽是无视法律——好比污染了水流，而不公正的审判则毁坏法律——好比污染了水源。"培根的名言非常形象地表达了冤假错案对司法公正的危害性。理论和实践工作者共同破解如何防止冤假错案这个难题已刻不容缓。

三、有效监督

《改革决定》单列第十部分规定"强化权力制约和监督体系"。《法治决定》对司法活动的监督也作了专项规定。最高检察院检察长曹建明在《人民日报》上发表解读《法治决定》的文章《加强对司法活动的监督》，认为对司法活动的监督是"解决司法突出问题的治本之策"。这句话说得正确，但监督何其难。《法治决定》提出："坚决破除各种潜规则，绝不允许法外开恩，绝不允许办关系案、人情案、金钱案。坚决反对和克服特权思想、衙门作风、霸道作风，坚决反对和惩治粗暴执法、野蛮执法行为。"潜规则长期盛行不衰，很难破除。特权思想、衙门作风、霸道作风根深蒂固，积重难返。

我们一直有监督，检察院是宪法规定的法律监督机关，纪检、监察、人大等组织也在发挥监督职能。但监督效果却并不理想，原因在于现有监督机制尚存缺陷。要达到对司法活动监督的良好效果，应着重抓以下三点：

第一，以权力来制约权力。这是权力的本质和运行规律的必然要求。监督需要强调权力的平衡和抗衡。例如，在公检法之间，重要的是强调权力的互相制约，而不是互相配合。长期以来，我们的公检法在政法委领导下，过于强调合作。"文化大革命"时期，公检法甚至合并为一家。配合与监督并行是一个悖论。现在我们要改变各自分工、互相配合的老思路，强化公检法相互之间的权力制衡，才能真正取得良好的监督效果。在法院内部，同样应强调权力制约，强调用程序规范司法权的运行流程。程序法治与实体法治恰似鸟之两翼、车之两轮，缺一不可。唯有强调程序，才能厘清上下级法院之间、平级法院之间、法院领导与法官之间的关系，才能保证法治公正的实现。

第二，以权利来制约权力。人民群众享有广泛的制约公权的权利。司法机关应自觉接受人民群众监督，并及时回应社会关切。人民群众只有在司法参与中才能实现有效监督。为此，《法治决定》专门单列"保障人民群众参与司法"这一项内容。人民群众可以通过司法调解、司法听证、涉诉信访等司法活动参与司法。人民陪审员制度也属于人民群众参与司法的途径，而且是重要途径。虽然参与途径有了，但人民群众参与司法的难题并没有得到根本解决，目前人民群众参与司法仍有很大局限性。比如，人民陪审员制度长期以来一定程度上就是个形式，单纯增加陪审员数量不等同于良好的监督效果。保障人民群众实现司法监督，还需做更深层次的制度创新。

　　第三，以司法公开强化权力监督。阳光是最好的防腐剂。只有公开，才谈得上人民群众的监督。为此，《法治决定》规定："构建开放、动态、透明、便民的阳光司法机制"，"杜绝暗箱操作"。司法公开要走在政府政务公开的前面，要全方位公开，要真正落实"以公开为常态、不公开为例外"原则。最高人民法院大力推进审判流程公开、裁判文书公开、执行信息公开三大平台建设的行动，反映了法院深化司法公开的决心与力度。但总体看，司法公开还远远不够，应当扩大范围，注重公开的实际效果。例如，"法院的行政管理"必须作为司法公开的重要维度，社会公众有权了解法院人事、财务等情况，而且人事、财务等问题直接影响司法公信力和法院威信，但目前法院一般都强调三大平台公开，忽略行政管理维度的公开。又如，裁判文书公开，只考虑公开数量是绝对不够的，更重要的是强调裁判文书的理由，因为裁判理由是否充分是判断司法公开水平高低的重要指标，但许多已公开的裁判文书裁判理由明显不充分。又如，虽然法院通过门户网站、微博等形式公开大量信息，但信息公开受到电信基础设施、人力资本局限，司法公开并没有起到应有的效果。根据杭州市电子政府发展指数的测评，13个县市区普遍存在电信基础设施指数、人力资本指数不高的情况，很多家庭没有电脑，或者平时不会使用电脑、很少上电脑。再如，司法公开内部考核效果不理想。到目前为止，全国只有浙江省实行司法透明指数第三方测评模式。相比之下，第三方测评比全国其他地方的法院内部考核明显更科学、更具有公信力。司法公开的水平，要让第三方评判，要让群众评判。由此可见，司法公开虽然是近几年全国法院取得明显成绩的一项工作，但与权力监督目标之间存在很大距离。司法公开要做真文章，不能搞形式主义。

四、提高素质

　　制度第一重要，仅次于制度的是人的素质。法官是否优秀，关键是看其职业素养和专业水平。是否有一支优秀的法官队伍，是法院在法治建设中能否起到护航作用的重要因素。《法治决定》特别强调"加强法治工作队伍建设"。

要建立一支优秀的法官队伍，要把握关键的三点：

第一是遴选。法官选人用人方式有诸多弊端，需要创新。其一，遴选办法要创新。如中央《关于司法体制改革试点若干问题的框架意见》提出"在省一级设立法官、检察官遴选委员会"就是一个很好的探索。其二，遴选范围要广泛。《法治决定》提出："建立从符合条件的律师、法学专家中招录立法工作者、法官、检察官制度。"其三，遴选程序要统一公开。《法治决定》规定："初任法官、检察官由高级人民法院、省级人民检察院统一招录，一律在基层法院、检察院任职。"其四，遴选要注重实践经验。《法治决定》强调："上级人民法院、人民检察院的法官、检察官一般从下一级人民法院、人民检察院的优秀法官、检察官中遴选。"

第二是培训。法官队伍要不断培训，既要重视专业培训，也要重视法治素养的培训。一些法官专业水平不高，忙于升迁、应酬等各种杂事，放松理论学习。一些法官的法治思维很差，缺乏法治理念和精神。法官培训要作为一件有计划的重要任务来抓。法官应该在法治思维、法治方式、法治精神方面作出表率。法官应该学习法家提倡的"劲士"精神。"劲士"精神是忠于国家，忠于法律，不畏强权，不谋私利，不惜以身殉职的精神。"劲士"精神并不过时。"劲士"的理想是"君臣上下贵贱皆从法"，这个理想和法治精神也不矛盾。历代清官都具备"劲士"精神，他们不徇私情，不贪钱财，敢于不畏权贵，伸张正义。"清官"虽然服务于人治时代，但他们的"劲士"精神正是当代许多法官缺少的。我们不需要古代人治模式下的"愚忠"，我们需要的是一身正气。今天的法官应通过接受全方位的培训，树立起一种怀抱法治理想的"劲士"精神。

第三是考核。要把法治素养作为考核法官的重要指标。《法治决定》的一个亮点就是规定了考核领导干部的新指挥棒："把法治建设成效作为衡量各级领导班子和领导干部工作实绩的重要内容，纳入政绩考核指标体系。把能不能遵守法律、依法办事作为考察干部的重要内容，在相同条件下，优先提拔使用法治素养好、依法办事能力强的干部。"《法治决定》强调："抓住立法、执法、司法机关各级领导班子建设这个关键，突出政治标准，把善于运用法治思维和法治方式推动工作的人选拔到领导岗位上来。"如何用法治素养考核司法机关的领导班子和法官，是一个新课题。要防止长期以来考核中存在的形式主义，要研究出一套科学的考核指标和方法来测评法官的法治素养。法官是公正的形象，对法官要有高标准、严要求。

五、锐意创新

《改革决定》和《法治决定》并没有一劳永逸地解决今后发展的一切问题。恰恰相反，这两个重大决定提出了众多亟待我们破解的难题。不仅如此，实践中还会不断出现新难题。这决定了我国法院面临着创新的艰巨任务。改革就是创新。这个创新，既是实践的，也是理论的。

《改革决定》和《法治决定》出台后，司法体制改革明显提速，司法实践创新出现了新面貌。2014 年 11 月至 12 月，北京知识产权法院、广州知识产权法院、上海知识产权法院相继建立。知识产权法院是司法改革的"试验田"。知识产权法院的创新试验将促使相关制度配置更加科学化，例如庭审程序简化、非审判人员大幅减少、法官助理席位增加、法官遴选高标准以及院长、庭长办案常态化等措施都有助于提高审判效率。知识产权法院打破过去案件审理模式，改变民事、行政和刑事案件分别审理的格局，实现民事、行政"二审合一"，可望统一知识产权案件司法审判标准，促进司法审判的公正实现。2012 年 12 月，作为跨行政区划法院试点的上海第三中级人民法院和北京市第四中级人民法院成立。中国一直实行司法管辖区与行政区划高度重合的体制，地方法院的人财物完全受制于地方，地方政府干预司法司空见惯。设立跨行政区划人民法院，是排除地方政府干扰审判、克服地方保护主义的创新实践。2012 年年底，最高人民法院发布新闻，根据中央批准的试点方案，最高人民法院第一巡回法庭设在深圳市，第二巡回法庭设在沈阳市。两个巡回法庭将于 2015 年年初受理、审理案件。巡回法庭相当于最高法院的派出机构，审级等同于最高法院，法官由最高法院各业务庭选派，判决效力等同于最高法院的判决。巡回法庭就地审理重大行政案件、跨区域民商事案件，有利于方便当事人，有利于防止地方干扰司法。这是一项有制度规定、实践中一直没尝试的创新。上述举措是法院实践创新的鲜明例子。经过实践，本来属于改革创新的制度可能被修正否定。例如，跨区法院的尝试之前，指定管辖、提级管辖、交叉管辖、相对集中管辖等已经探索多年，但受制于司法管辖区与行政区划重合这一体制性因素，效果不明显。同样，跨区设立法院，也不是一件一厢情愿的事情，也会发现这样那样的困难，这些困难只有通过实践创新才能得到最终解决。司法制度只有在这样的实践创新中才能得到不断完善。

法院还承担着法治理论创新责任。这是法院实践创新的必然延伸。司法实践经验需要不断总结，司法理论创新需要植根于司法实践。《法治决定》提出了法治理论创新任务："围绕社会主义法治建设重大理论和实践问题，推进法治理论创新，发展符合中国实际、具有中国特色、体现社会发展规律的社会主义法治理论，为依法治国提供理论指导和学理支撑。"这个任务不仅仅是理论界的，也是实践界的。经验表明，协同创新是法治中国实践和理论创新的可行途径。

客观上，法院在不断创新司法实践的过程中推进了司法理论的创新。司法理论是法治理论的重要组成部分，司法理论的创新主要应该依靠实践探索与实验。例如，浙江省湖州市吴兴区法院的司法透明指数实验和浙江全省 103 家法院阳光司法指数测评，就是典型的例子。一方面，司法透明指数或阳光司法指数是一项有关司法公开机制的实践创新；另一方面，它为司法理论创新提供了最鲜活的素材。司法透明指数从无到有，不仅得到中央领导、最高院领导的充分肯定，而且成为国家社科基金的重点课题，并引领司法文明指数、司法公信力指数等更广领域、更多课题的创新。司法透明指数的测评，首先要解决司法公开指标的设计，这就必须解决司法公开的原则、目标、范围、可以量化的指标、评估模式等一系列理论和实践问题。正是"第三方"测评司法透明指数的实验，才凸显了中国法院系统"阳光司法"内部考评以及法院内部绩效考评排名的缺陷。尤为重要的是，在司法透明指数、法治指数等实验基础上，学界出现了"中国法治实践学派"这个崭新的学术概念。学者们正是在总结了司法透明指数等实验的内容、宗旨、方法论特色的基础上提出中国法治实践学派这个概念的。围绕中国法治实践学派，专家学者不仅在《中国社会科学报》、《光明日报》、《法制日报》等主流媒体发表有关讨论文章，而且还创设专门的学术讨论平台，《浙江大学学报》开辟了"中国法治实践学派"专栏，《中国法治实践学派》系列著作不定期出版。中国法治实践学派从无到有，成为一个引起理论界和实践界热烈讨论的话题。中国法治实践学派的出现预示着中国法学研究方法的转型，表现出了中国法治理论研究的特色，勾画了中国法治理论发展的一条可行途径。

司法透明指数研究项目是浙江省高院和浙江大学的合作项目，并选取湖州市吴兴区法院为实验点，这是一种有效的协同创新模式。国内已经出现许多类似的协同创新例子。这种协同创新将成为法治中国建设的一种模式，一种特点，一种趋势。

总体看来，法院的实践和理论创新已经取得不少成绩，但与法治中国建设要求相比远远不够。一些法院领导的法治实践和理论创新意识还比较低，一时还难以适应当前法治中国建设的大形势。全国法院应当在中央统筹的前提下，充分把握《改革决定》和《法治决定》精神，积极发挥主观能动性，在实践和理论创新中勇于探索，勇于创新。

｜后　记 ┄┄┄┄┄┄┄┄┄┄┄┄┄┄┄┄┄┄┄┄┄┄┄┄┄┄┄┄┄┄┄┄┄┄┄

　　本文是我在中共中央十八届四中全会后应邀出席浙江省高级法院召开的司法改革咨询专家座谈会上的发言，后发表在广西自治区党校《桂海论丛》2015 年第 5 期。我曾多次应邀在广西自治区党校给领导干部讲课。本文也是《桂海论丛》的约稿。这是我多次答应约稿后的第一篇稿子，总算没有食言。

　　司法公正是衡量中国法治水平高低的关键维度之一。中共中央《法治决定》为中国司法改革指明了方向。根据党的十八届四中全会精神，法院改革应着重在五个方面进行突破：审判独立、严格司法、有效监督、提高素质、锐意创新。审判独立是司法改革和法治建设问题的焦点。严格司法是对具体司法行为的基本要求。强化权力制约和监督体系是解决司法突出问题的治本之策。加强法治工作队伍建设能更好地发挥法院的护航作用。加强实践和理论创新使法院能更好地适应法治中国建设的要求。司法改革经验需要不断总结，并上升为司法理论，成为中国特色的社会主义法治理论的重要组成部分，这正是以"实践、实证、实验"为方法论特色的中国法治实践学派的重大任务。

司法公开的价值重估

——建立司法公开与司法权力的关系模型

2009 年年底，我国法院系统开始新一轮的司法公开化改革。当年 12 月，最高人民法院向各级地方法院印发了《关于司法公开的六项规定》和《关于人民法院接受新闻媒体舆论监督的若干规定》，迈出新阶段司法公开化改革的第一步。本文试图打破目前理论界和实务界对司法公开以"监督"为核心的僵化认识，以"法院—媒体／公众"关系为分析对象，提倡以提高司法公信力为基础，以独立审判、保障判决执行、强化司法权力为主体的多元化的司法公开改革目标。通过对司法公开如何实现其多元价值目标分别提供解释模型，我们能够发现，相比上述两份官方文件，司法公开改革的手段与措施尚需丰富和深入，才能全面发挥司法公开理念对中国司法现代化的推动作用。

一、对司法公开价值认知的单一性

上述两份文件的开头分别阐述了推进司法公开、督促法院接受媒体监督的目的，即"保障人民群众对人民法院工作的知情权、参与权、表达权和监督权，维护当事人的合法权益，提高司法民主水平，规范司法行为，促进司法公正"①；"进一步落实公开审判的宪法原则，规范人民法院接受新闻媒体舆论监督工作，妥善处理法院与媒体的关系，保障公众的知情权、参与权、表达权和监督权，提高司法公信"②。

从表述上，我们不难解读出最高人民法院对司法公开价值目标的认识，即（1）保障公众与媒体对法院的监督权；（2）促进司法公正，维护当事人合法权益；（3）规范法院活动，提高司法公信。从各地方法院开展的司法公开改革措施上也可以看出，评价司法公开水平的各项指标均以"监督司法、防治腐败、提高公信力"为核心目标。③事实上，这也是目前司法理论界和实务界对"法院—媒体／公众"关系和司法透明意义的普遍认识，这种认识将司法公开的价值目标聚焦于对法院活动的监督④，这种监督与司法独立可能产生的矛盾⑤，以及司法裁判处理公众监督过程中发出的意见的方法论⑥。

---

① 最高人民法院：《关于司法公开的六项规定》，见最高人民法院官方网站：http://www.court.gov.cn/qwfb/sfwj/jd/201003/t20100331-593.htm。

② 最高人民法院：《关于人民法院接受新闻媒体舆论监督的若干规定》，见最高人民法院官方网站：http://www.court.gov.en/qwfb/sfwj/jd/201003/t20100331-3593.htm。

③ 齐奇、朱深远：《"阳光司法"在浙江的实践与思考》，载《法治研究》2012年第1期。关于浙江、上海等地方法院司法公开改革的报道同样以监督司法、防治腐败为主要内容，把"阳光是最好的防腐剂"作为思想亮点。

④ 从现有文献看，法律学者对于司法公开问题主要关注的是公众与传媒监督司法、监督的方式与范围限度、公众与媒体监督与司法独立之间的矛盾等。总体而言，这些研究不约而同地将司法公开的价值目标设定以"监督"为核心。参见贺卫方：《传媒与司法三题》，载《法学研究》1998年第6期；顾培东：《论对司法的传媒监督》，载《法学研究》1999年第6期；卞建林：《媒体监督与司法公正》，载《政法论坛》2000年第6期。

⑤ 参见谭世贵：《论司法独立与媒体监督》，载《中国法学》1999年第4期；侯健：《传媒与司法的冲突及其调整——美国有关法律实践评述》，载《比较法研究》2001年第1期。

⑥ 参见顾培东：《公众判意的法理解析》，载《中国法学》2008年第4期；周永坤：《民意审判与审判元规则》，载《法学》2009年第8期；陈林林：《公众意见在裁判结构中的地位》，载《法学研究》2012年第1期。

不可否认，这种以"司法—民意"矛盾关系为中心的探讨观照了中国司法面临的现实问题。随着转型期社会矛盾的激化以及网络时代民众政治参与度的提高，中国法院面临着公众认同感与司法公信力的考验。在近年来引发全民热议的各类"公案"当中，法官和学者们尽管在法律解释和司法方法上存在激烈争议，但是对法院公信力流失的严峻形势恐怕很容易取得一致。公众在"原始正义感"的激发下对司法判决产生的不满总会在不同程度上演变为对司法是否存在腐败、审判是否独立的合法性质疑①——该状况的反复发生和不断强化，使职业法官乃至整个司法系统产生了紧迫的危机意识，这恐怕是最高法院推进司法公开、吸纳公众监督的直接原因。

尽管如此，目前法理学界和法院系统对于"司法—媒体／公众"关系②的认知却显得过于执着和单一。"执着"体现在学者和法官们对"公案"影响的过分关注，这种过分关注导致一种"只见树木，不见森林"的观察方法：公众的言论自由、传媒的新闻自由与审判独立之间似乎只剩下一种矛盾关系——在司法权力受到公众监督的同时必须审慎处理公众监督与独立审判之间的冲突。

我们必须承认，公案确实将司法与民意的紧张关系推向高点，但在从司法权威的视角看，法院公信力的流失却显然不是由个别公案所致——民众在公案审理过程中表现出的对司法廉洁和审判独立性的强烈质疑，其实只是他们在长期日常经验中积累的、对司法公正和独立感到失望的伺机爆

---

① 这种现象在"吴英案"、"胡斌交通肇事案"的审理过程中体现得尤为显著，暂且将法院在处理法律和事实问题上的技术和水平搁置不论，在公众当中存在相当影响力的"法院侵吞当事人财产"、"嫌疑人顶包"等说法都是缺乏证据的、对司法活动根本正当性的感性质疑。

② 有必要指出，从现有学术脉络上看，"司法—民众"与"司法—媒体"这两对关系存在显著差异。但是，最高法院将两个《规定》文件一并印发本身说明了这两个问题的本质关联。后文的分析可以体现出，就司法公开的价值目标而言，将"法院—媒体／公众"作为一对关系链条来探讨同样具有重要说明性价值。

发，这种集中爆发可能会让我们产生"问题仅仅出在个别特殊案件或者个别法律规定上"这种错觉。但是，如果我们将视野从个别"难办案件"的棘丛中挣脱，就不难发现，矛盾和冲突显然不是媒体／公众与司法独立／公正之间关系的主要成分。非但如此，公众失望的背后恰恰反映了他们对司法独立与司法公正的期望和支持。本文认为，在更一般的意义上，司法与媒体／公众之间主要是一种正向关系——司法公开的目标则是培养这种正向关系：通过司法公开的策略强化司法权。

改革的价值目标最终决定了改革的政策手段与具体措施。尽管司法公开与司法权强化之间的正向关系经常需要以公信力为基础，但这并不表示提高公信力的改革举措与正向关系的培养应当分步实施、分离进行。恰恰相反，无论是在法治发达国家还是欠发达国家，这种正向关系的培养与司法公信力的提高都是同步进行的。结合一些实例，下文将通过博弈论的方法建立两个分析模型，从不同角度对"司法—媒体／公众"正向关系进行探讨，将这一对模型与中国实际情况相结合，能够为当前中国司法公开改革措施提供补充建议。

二、"司法公开—判决执行力"模型 [①]

法院判决的执行效果是司法拘束力和司法公信力水平的表现，同时也反过来影响司法拘束力和公信力：如果判决经常沦为一纸空文，那么当事人与潜在当事人就会倾向于不再依靠司法解决问题，因为在"纠纷解决"这一商品的市场中，法院并不是唯一的供给者 [②]。作为司法公开的重要内容 [③]，执行公开对法院判决执行力的积极作用在于将司法执行的信息

[①]　感谢何博博士对本部分写作提供的帮助。

[②]　J. Roland Pennock and John W. Chapman, *Compromise in Ethics, Law, and Politics*, New York University Press（1979），p.191.

[③]　最高人民法院：《关于司法公开的六项规定》，见最高人民法院官方网站：http://

转换为一种与当事人信誉 [①] 相关的、"信号博弈"模型中的一项高成本信号，通过法律和社会的双重压力机制促使当事人对判决的依法履行。

"信号博弈"（Signaling Game）模型描述的是一种博弈双方在信息不对称情况下的博弈 [②]，这一模型的主要内容可以简化为：

博弈参与者：信息发出者（也称为领头者）S 和信息接收者（也称为追随者）R；

条件和策略：1. S 自知自己的类型、状态或属性 t，R 对 t 一无所知；

2. S 根据 t 向 R 发出或真或假的信息 $M=\{m_1, m_2, m_3, m_4, \cdots m_i\}$；V；

3. R 接收了 M，但是仍不确知 t；

4. R 根据 M 采取回应行动 $A=\{a_1, a_2, a_3, a_4, \cdots a_j\}$；

收益影响因素：t，M，A

信号传递博弈最大的特点就是博弈过程中信息不对称导致双方缺乏信任 [③]。在现实生活和市场经济中，信息不对称的博弈无时无刻不在发生，无论是自然人还是企业之间的合作，都必须基于对对方拥有达成合作目标意愿的信任。由于陌生人（或者不知名的企业）之间缺乏必要了解，除非借助其他辅助工具，否则合作关系由于信息匮乏而很难实现。这些辅助工具可以是双方签订的合同、担保，也可以是显示个人尊重传统习俗的举止、礼仪，甚至可以是彰显个人实力的奢侈品或者黄金时段的电视广告等等，这些工具都在发挥"信号"功能——表示发出者是有诚意、有信誉、"贴现率低" [④]、注重长远利益的潜在合作者。小波斯纳将这种信号定义为

www. court. gov. cn/qwfb/sfw j/jd/201003/t20100331_593. htm。

① 对信誉机制在法律运作过程中的作用，参见张维迎：《法律制度的信誉基础》，载《经济研究》2002 年第 1 期。

② Cho, I-K. & Kreps, D. M., Signaling Games and Stable Equilibria. Quarterly Journal of Economics 102: pp.179-221（1987）.

③ ［美］朱·弗登伯格、［法］让·梯若尔：《博弈论》，姚洋等译，中国人民大学出版社 2002 年版，第 283—285 页。

④ 所谓贴现率低的人，是指那些为了当前利益而牺牲预期利益时，只愿意付出较小

"在加入某一关系之前先担负巨大的、可观察的成本"①，是否愿意付出这种成本是相互陌生的人们对诚实合作者进行鉴别的重要手段。当一个参与人有耐心并且计划比较长远，他最可能愿意用短期成本去建立其声誉，因为现实当中的博弈通常是重复进行而不是一次性的②。

就司法公开与判决执行而言，如果司法程序、判决执行不公开或者公开不够，判决执行所能依靠的资源就只有被执行人的自觉和法院的强制力：对于承担不利判决的当事人而言，法院依靠其自觉履行经常是不切实际的；司法部门分配到的有限资源又必定使其强制力捉襟见肘，这正是当前我国法院判决执行率低下的真实写照。在这种情况下，执行公开能够发挥"制造信号"的功能：一旦司法程序具备相当的公开性，法院公开的信息也就成为附着到当事人身上的一种重要"信号"。小波斯纳对信号定义当中的"可观察"要素，正是"公开"的本质所在。由于司法公开带来的判决公信力，当事人是否及时依法履行判决是其"贴现率"高低，是否遵守法律规定、合同约定以及司法程序，是否具备合作精神和良好信誉的重要标志。

由此可见，司法公开能够将法律领域和社会领域连接起来，成为司法裁判进入当事人以及潜在当事人的社会信誉机制的渠道（见图7）。这样，判决执行除了依靠当事人的自觉、法院的强制力，还通过司法公开将社会信誉机制和当事人的预期利益转化为迫使当事人履行判决义务的筹码。有策略的司法公开对司法判决的执行力而言发挥了"四两拨千斤"的杠杆作用，杠杆的一端是一纸判决，另一端则是当事人的社会评价和预期利益。

代价（利息）的人；相反，所谓贴现率高的人，则是指那些为了当前利益而牺牲预期利益时愿意付出较高代价的人。因此，贴现率低的人比贴现率高的人更加注重长远利益，更有合作的诚意。

① ［美］埃里克·波斯纳：《法律与社会规范》，沈明译，中国政法大学出版社2004年版，第27—35页。

② ［美］朱·弗登伯格、［法］让·梯若尔：《博弈论》，姚洋等译，中国人民大学出版社2002年版，第323页。

可见，司法公开使社会评价和长远利益成为当事人拒不履行或拖延履行司法判决的巨大成本，对迫使当事人及时依法履行判决发挥重要功能。

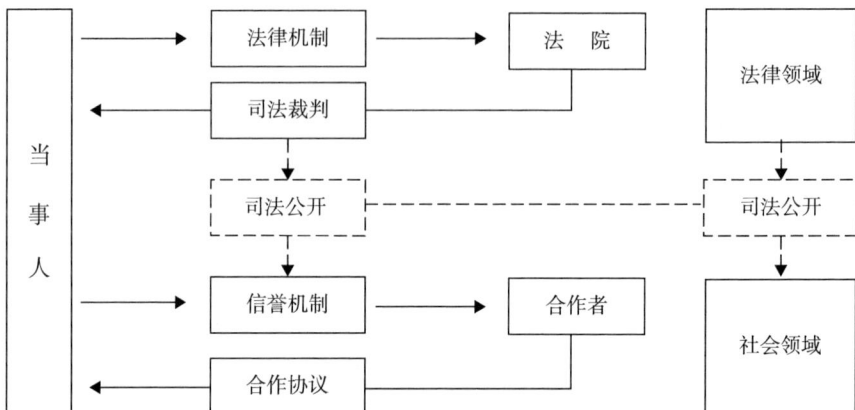

图 7　司法公开对于判决执行的杠杆作用

司法公开要发挥提高判决执行率的杠杆功能并不是没有条件的，这些条件至少包括：（1）公众在一般意义上对判决正当性的认同，如果人们普遍认为法院通常是不公平的，那么是否及时依法履行判决就无法成为衡量当事人信誉的"信号"；（2）司法公开的信息对当事人必须具有某种长期附带黏连性，而不是一经公布就弥散消失①。

三、"司法公开－司法权强化"模型②

司法权在国家政治结构当中的弱势地位是法治欠发达国家的普遍状

---

①　就现有法律制度来看，《公司法》、《证券法》对上市公司信息披露制度的规定中包括了公司"重大诉讼"这一内容，这本质上正是将司法公开的信息作为企业信誉及其增值能力的一部分，这一手段在判决执行率的提高上同样可以运用，见《中华人民共和国公司法》第 146 条，《中华人民共和国证券法》第 65、67 条。

②　该模型主要受到 Emory 大学政治科学副教授 Jeffrey K. Staton 及其著作的启发，Staton 对建立司法审查制度国家（在其著作中主要是指墨西哥）的法院非常注重公共关系的原因进行了探讨，通过博弈论方法对公众强制机制的作用方式进行了分析，见 Jeffrey K.

况。理论上看，这似乎是由司法权本身的性质和功能设置决定的 ①。当现实当中无财权、无军队又不是民意代表的司法机关，一旦在某些国家成为一种拥有宪法解释权甚至能够左右总统选举的强大政治力量，人们反而要探究其原因和合法性问题 ②。

　　巴基斯坦前总统佩尔韦兹·穆沙拉夫曾经因为首席大法官乔杜里为首的最高法院不愿宣布其第三次选任合法，于 2007 年解散了整个最高法院，并将近六十名法官解职。然而，仅仅几年之后的今天，以现总统"扎尔达里贪污案"和前总理"吉拉尼蔑视法庭案"为标志，巴基斯坦最高法院政治地位骤然上升，动辄凌驾于政府之上，将国家领导人推上被告席，俨然成为国内对抗行政权的最强政治力量 ③。可见，司法权地位的强弱转化并不像通常认为的那样，必须经过长期的政治磨合和制度演化，尽管演化而来的制度一般更加稳定和持久。强化司法权力的政治基础很可能一直存在，只是由于偶然因素没有发挥作用。从现有研究成果来看，"公共强制机制"（Public Enforcement Mechanism）可能是这一政治基础的最佳解释模型，这一机制可以概括为：民众是司法机关政治力量的根本来源，在司法正当性（Legitimacy）基础上，民众通过选票或者其他政治途径迫使民意代表和行政机关尊重司法独立和法院判决，从而巩固司法机关的政治权力。上文提到的巴基斯坦最高法院首席大法官乔杜里在被解职期间及重新上任后获得的极高民意支持，是其带领下的最高法院在本国政治地位上升

Sta-ton, *Judicial Power and Strategic Communication in Mexico*, Cambridge University Press (2010), pp.22-40。

　　① ［法］托克维尔：《论美国的民主》上，董果良译，商务印书馆1988年版，第110页。

　　② 相关著作如［美］基斯·威廷顿：《司法至上的政治基础——美国历史上的总统、最高法院及宪政领导权》，牛悦译，北京大学出版社2010年版。

　　③ 相关新闻见《巴基斯坦政府向最高法院让步》，和讯网2012年11月10日，http://news.hexun.com/2012-11-10/147812104.html；"巴最高法院宣布穆沙拉夫2007年实行紧急状态违宪"，新华网2009年8月1日，http://news.xinhuanet.com/world/2009-08/01/content-11806861.htm。

的主要原因。

在公共强制机制看来，司法权的强化至少需要两个条件：第一，司法公信力和公众对司法正当性的一般认同；第二，关于司法裁判的信息必须为公众知晓，即司法公开与透明①。下文通过建立一个法院和行政机关在行政诉讼当中的博弈模型，来分析司法公开、媒体曝光与否对行政机关和司法机关行为的影响。由于行政诉讼是法院和行政机关权力博弈的典型情况，因此，这样一个模型对司法公开和司法权强弱之间的关系具有相当的说明性（见图8）。

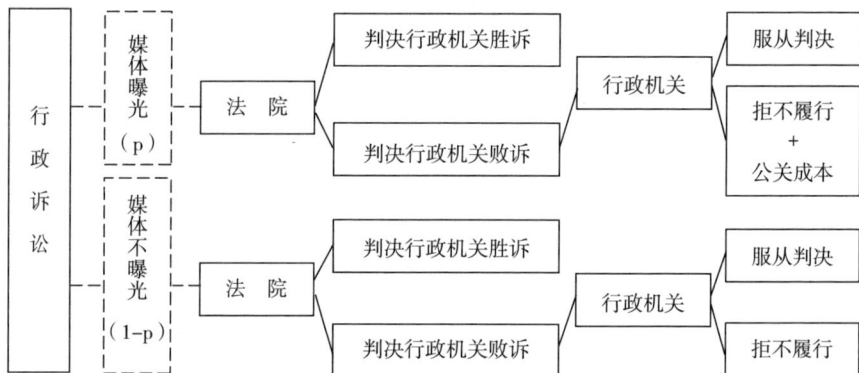

图8 司法公开与媒体报道在法院—行政机关博弈关系中的作用

上述行政诉讼博弈模型以两个假定为基础：首先，媒体曝光和公众知悉程度是一致的，媒体曝光的程度 P 代表一个百分比，因此有媒体不曝光程度为 1-P；其次，法官的法律分析已经完成且没有形成最终判决，模型中法官进行的是实用主义考量，包括政策偏好、司法机关和法官个人的政治收益与成本等。该博弈模型的其他相关要素包括：

参与者：法院和行政机关（被告）

---

① 关于两个条件的具体论述，见 Georg Vanberg, *The Politics of Constitutional Review in Germany*, Cambridge University Press, pp.13-30, 2005。

双方策略：1.法院策略 Ac={判决被告胜诉，判决被告败诉}；

2.行政机关策略 Ae={服从判决，拒不履行}。

收益：1.双方起始收益均为 0，若法院判决行政机关胜诉，双方收益仍为 0；

2.法院判决行政机关败诉，行政机关服从并履行判决，则法院获得收益 $a_e > 0$；行政机关拒不履行判决，则法院付出成本 $C > 0$；

3.法院判决行政机关败诉，行政机关服从并履行判决，则行政机关必须付出（因变更、撤销等造成的）成本 $a_e > 0$；行政机关拒不履行判决，则行政机关因违法（受到公众指责）必须付出公关成本 $b > 0$。

该博弈的纯策略子博弈完美均衡可以通过图9表示[1]，即（1）法院策略：当媒体曝光、公众知悉程度大于 P_1，且行政机关履行判决义务的成本小于 b 时，法院倾向于判决行政机关败诉；当媒体曝光、公众知悉程度小于 P_1，且行政机关履行判决义务的成本小于 b 时，法院倾向于判决行政机关胜诉。P_1 为行政机关拒不服从判决时法院付出的成本与自身加上行政机关服从判决时法院获得的收益的比值。（2）行政机关

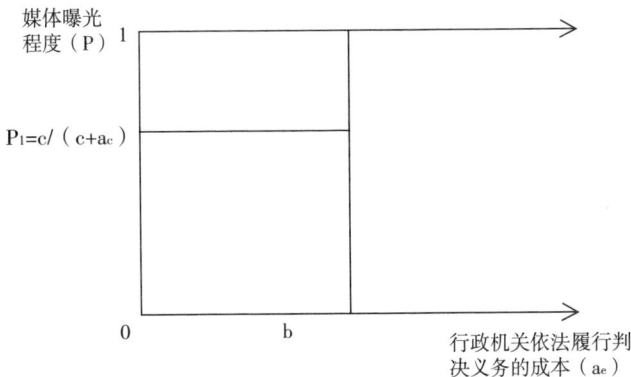

图9　法院—行政机关博弈策略示意图

---

① Jeffrey K. Staton, *Judicial Power and Strategic Communication in Mexico*, Cambridge University Press (2010), pp.22-40.

策略：当行政机关依法履行判决义务的成本小于当其拒不服从判决时必须付出的公关成本，其是否履行判决义务受到媒体曝光、公众知悉程度的直接影响；如果依法履行义务的成本大于其拒不履行判决时必须付出的公关成本，无论媒体曝光与否，行政机关总是倾向于拒不履行法院判决。

上述模型通过量化方法说明了司法公开在司法权与行政权的博弈中发挥的作用，这种作用至少体现在两个方面：

第一，行政机关服从法院判决通常有其限度，这一限度就是法院因拒绝履行判决而违法之后必须付出的公关成本（b）。如果这一成本小于行政机关依法履行判决的成本（a_e），无论媒体是否对案件进行曝光，政府都会倾向于（以不予理会或者政治冲突的方式）对抗或压制司法权。这种广义上的公关成本既可能迅速兑现，也可能经过长时期缓慢显现。前者例如在多党选举制国家，政府违法的成本直接表现为执政党的选票损失；后者例如在我国，政府违法的成本会缓慢积累，通过民众对政府的不满、法治衰微和社会不稳定性因素的增加显现出来。通过司法公开提高司法公信力，提高民众对法院践行法律的认同度，本质上就是在提高行政机关的公关成本，通过司法约束行政权力，降低政府违法的可能性。

第二，司法公开、新闻传媒对强化司法权具有积极作用。首先，媒体曝光将会增加政府的公关成本，公关成本是政府决定是否服从判决的重要考量；其次，在司法权与行政权的博弈过程中，媒体曝光的程度与可能性对于司法权约束行政权力的能力和倾向有重要意义。媒体曝光程度与行政机关拒不服从司法约束时法院必须付出的成本（c）正相关，而与行政机关依法履行判决时法院获得的收益（a_e）负相关，也就是说，在司法公开和媒体曝光情况下，依靠媒体和公众向政府施压是法院面对政府违法给自己带来损失时的重要策略。

四、两个模型的中国化

司法判决执行难、行政权和司法权的力量失衡是我国在树立司法权威道路上面临的两个重要难题①。上面两个分析模型告诉我们，司法公开一方面能够通过"声誉效应"②，联合社会和市场的力量对当事人形成激励机制，提高法院对判决的执行力，另一方面通过"民意强制机制"强化司法权对行政机关的约束能力。这两个模型要发挥实际效果并不是没有条件的。因此，能否成就或者如何养成相关条件，是司法公开能否充分发挥强化司法权威的功能，而非仅仅起到监督司法作用的关键。

（一）"司法公开—判决执行力"模型的中国问题

司法公信力在该模型中发挥着重要作用。如果判决的合法性和正当性无法得到社会公众的一般认同，那么拒不执行判决就无法成为博弈参与人"不守规则"、"目光短浅"的信号，也就难以对当事人的声誉、合作机会和预期利益产生损益影响。但是，司法公信力在该模型中的影响力是有限度的，也就是说，离开了对法院的社会认同，执行公开并非完全无法发挥信号作用，因为不执行判决至少意味着当事人很可能会遭遇法律困境，例如被法院强制执行，或者被胜诉一方追讨债务，这样的信息同样会对其潜在合作机会造成负面影响。所以，至少在"司法公开—判决执行力"模型当中，司法公信力的基础作用不是绝对的。就我国现实而言，尽管司法公信力尚未完善，执行公开仍然能够对提高判决执行率产生有益作用。尤其

---

① 参见贺日开：《论司法权威与司法改革》，载《法学评论》1999 年第 5 期；景汉朝、卢子娟：《"执行难"及其对策》，载《法学研究》2000 年第 5 期。

② ［美］朱·弗登伯格、［法］让·梯若尔：《博弈论》，姚洋等译，中国人民大学出版社 2002 年版，第 323 页。

是针对我国判决执行难的主要根源——司法的地方保护主义体制[①]，执行公开所形成的声誉效应能够帮助法院绕开与当地关联关系的直接接触，一定程度上抵消强制执行不得不遭遇的困难。

"司法公开—判决执行力"模型的第二个必要条件是，与判决执行有关的信息必须与当事人形成附带黏连性，而不仅仅是一次性公布那么简单。一种兼具信用卡账户的信用记录和不动产登记制度双重特点的"判决执行情况公开查询制度"是一种不错的选择：随着我国电子政务的发展，法院系统对互联网的应用日趋成熟并成为司法透明化的重要渠道[②]。司法机关可以通过其网站建立"判决执行情况公开查询系统"并与其他现存信用体系进行链接共享。跟银行账户的信用记录一样，对于不及时执行判决的法人和自然人，法院应当公布其执行情况，并载入其专门的执行信息"账户"。对于不及时执行判决的法人（例如公司），这一信息除了登记于法人账户，还可以登记于相关负责的自然人（例如董事、监事、高级管理人）账户。跟不动产登记一样，这一账户当中的执行信息和案件简况随时可供第三方查询，以便真正成为当事人信誉的一部分，发挥督促、激励当事人的功能。

（二）"司法公开—司法权强化"模型的中国问题

与判决执行力不同，司法公信力在司法权强化模型当中的基础作用几乎是决定性的。在"公众强制机制"发挥作用的三个条件当中，首要条件就是一国司法的正当性与司法权威。如果公众缺乏对司法权威的认同，法

---

① 季卫东、徐昕：《"执行难"的理论争鸣：公力救济与私力救济之间的竞争与互补》，载《时代法学》2007年第1期。

② 由浙江大学钱弘道教授主持的"司法透明指数"研究项目将法院网站建设水平作为司法透明程度的重要尺度。参见彭波：《浙江出台首个司法透明指数用看得见的方式实现公正》，载《人民日报》2012年12月21日；《我国首个司法透明指数诞生》，载《人民日报》2012年11月2日。

院就无法利用民众和媒体对行政机关形成有效约束，面对可能与行政机关发生冲突的案件时，法官经常选择规避甚至枉法裁判。这样看来，除了正在进行的司法公开问题之外，公众强制机制在我国还面临着两个"国情"问题。

第一是中国民众对司法独立和程序正义的认同问题，因为这种认同是对司法权威认同的必要组成。如果民众不认为法院应当依照法律程序独立审判，那么法院判决屈从于政府或者个人的情况即便公布于众也无济于事。基于近些年来的一些公案，不少学者对我国民众的法治观念和对司法的尊重程度表示失望和担忧，他们认为中国民众在原始正义观念的驱动下完全不会顾及司法的独立性和程序正义①，因而我国不具备公众强制机制的基础。

有必要做的一个区分是，除了像"许霆案"这种法院依照法律却作出了社会不接受的判决的"难办案件"②，有多少引发公众争议的判决是与司法独立审判直接相关的？不妨以"刘涌案"③为例，当犯罪嫌疑人由死刑改判为死缓而引发舆论喧哗时，能否直接认定公众不懂得司法审判需要独立性？笔者认为，在这种情况下，司法的独立性根本就不在围观民众考虑范围之内。坦率地说，"刘涌案"第一次改判所引发的主要"喧哗声"是认为"罪犯'上面有人'"，换言之，反对者们并不是不理解"刑讯逼供所得证据违反了程序正义"，而是已经认定改判死缓是司法腐败和权力交易的结果，根本就不具有正当性和合法性。这样一来，司法的独立性就无从谈起，因为判决的合法性是其独立性的前提。可见，在作出"中国公众对

① 孙笑侠：《司法的政治力学——民众、媒体、为政者、当事人与司法官的关系分析》，载《中国法学》2011 年第 2 期。

② 苏力：《法条主义、民意与难办案件》，载《中外法学》2009 年第 1 期。

③ 2002 年 4 月，刘涌被辽宁省铁岭市中级人民法院以组织、领导黑社会性质组织罪等多项罪名一审判处死刑。次年 8 月，刘涌被辽宁省高级人民法院改判死刑，缓期两年执行，引起舆论哗然。两个月之后，最高人民法院对刘涌组织、领导黑社会性质组织一案经再审后作出死刑判决。

司法独立审判和程序正义缺乏认知"① 这个结论之前，我们必须谨慎。在很多情况下，民众并非不尊重审判独立，而是直接认定某些司法机关不具有独立所必需的合法性前提。因此，民众对司法独立的破坏经常只是一种表象，其本质仍然是司法公信力缺失的问题。只有在民众开始信任司法的廉洁和公正之后，我们才能够客观评估他们对司法独立性的尊重程度。而笔者相信，如果将来司法能够建立起公信力，我们就会发现，中国民众对司法独立性的认知和尊重并不像目前学者们想象的那么糟糕。

第二是司法工作人员对司法独立和程序正义的认同问题。"公众强制机制"在中国遭遇另一困境恐怕是法官本身的身份认知和观念问题。在不少人（甚至包括法官）看来，"在中国，法官这种职业与其他公务员相比……是没有特殊之处的"②。这种悲观的看法认为，法官群体在面对与行政机关冲突时的避让、屈服甚至请示是自主自觉的，因为他们本来就把自己看作是层级化行政体制的一部分，"名义上的决策者与实际上的决策者之间的分离"③ 是法官自主选择的结果。所以，所谓"法院通过争取民众来向行政机关施压"这种想法的前提是不存在的，因为中国的法院总是自觉倾向于跟行政机关站到一起，哪怕这种站队与依法裁判存在冲突。

不能否认上述情况的存在，但是将中国法院的独立性做彻底否认，将法官在面对与行政机关可能发生冲突时追求程序正义、依法判决的意识全盘否定，同样是一种极端的、不切实际的悲观主义。因为即便我们将法院彻底行政化，甚至将法院看作一个行政机关，不同行政部门之间的权力牵制仍然存在。只要承认法官群体的基本理性，就必须承认他们也会为自己权力的最大化作出努力，而法律和程序则是他们作为"弱者的武器"，与

---

① 贺卫方：《司法独立审判需要广泛的公众认知》，载《南方周末》2011 年 12 月 8 日。

② 陈斯：《我们需要什么样的法官——基层法官的忧思与展望》，见《司法制度讲演录》第 1 卷，法律出版社 2008 年版，第 435 页。

③ 贺卫方：《司法独立审判需要广泛的公众认知》，载《南方周末》2011 年 12 月 8 日。

行政机关进行权力博弈的工具①。司法公开一旦制度化，"公众强制机制"同样可以成为法院博弈工具的重要部分，为强化独立审判、树立司法权威提供服务。

结　语

司法公开改革在我国面临着多重任务，其中不仅包括防治司法腐败、提高司法公信力、改善对司法的社会认同度，还应当通过强制公开副卷等方式减少行政对司法的干预，加强法院独立审判能力，加强法律和司法对行政机关的约束，通过执行公开提高判决执行力度，等等。对于公众舆论与新闻媒体，法院和法官们在认识上应当有所转变：媒体、公众与法院不仅仅是监督与被监督的关系，更应该是一种政治力量上的互助与共生关系。对于媒体对司法判决可能产生的误读，法院不可因噎废食，而是应当设置新闻官制度，主动发布和纠正与诉讼和案件相关的信息，向公众传达法院判决的法理依据和司法理念；案件执行情况不仅需要公开透明，还需要建立开放查询和信用记录功能，发挥社会声誉对提高执行率的激励作用。从最高法院印发的规定文件和地方法院主要改革措施来看，目前法院系统对司法公开的任务设置尚显单一，无论从理念、价值还是具体手段上，司法公开改革都需要更加立体和完善。

| 后　记 --

本文原载《政法论坛》2013 年第 4 期，由我和博士生姜斌合作完成。

---

① 　参见贺欣：《为什么法院不受理这些纠纷?》，见《司法制度讲演录》第 1 卷，法律出版社 2008 年版，第 270 页；贺欣：《为什么法院不接受外嫁女纠纷——司法过程中的法律、权力和政治》，见苏力编：《法律和社会科学》第 3 卷，法律出版社 2008 年版。

这是我主持司法透明指数课题后开始进行的司法公开理论研究。

中国法院系统进行的司法公开化改革将司法公开的主旨定位为对法院的公众监督和媒体监督，地方法院在改革措施上将公众和司法权的主要关系局限为制约与被制约的关系。通过两个模型可以说明公众、媒体与司法权的正向关系。第一个模型通过诉讼活动对当事人声誉的影响，分析司法公开如何通过"信号"机制提高法院判决执行力；第二个模型从"公众强制机制"出发，分析司法公开对于法院与行政机关在权力博弈中发挥的重要作用。这两个模型说明，在强调公众和媒体对法院活动进行监督的同时，我们忽视了公众、传媒对司法权的强化作用，当前司法公开改革从理念到具体措施尚需补充完善。

司法透明指数的缘起

司法透明指数是在怎样一个背景下产生的？

首先，大背景是中国共产党执政理念的根本性转变。中国共产党执政理念的一个根本性转变，是从宪法层面上抛弃了"人治"，确立了"法治"，依法治国成为中国共产党的治国方略。而实行法治究竟到了什么程度，要看政府保护公众权利到了什么程度。公众享有知情权、参与权、表达权、监督权。司法透明指数的根本落脚点是要保护公众的知情权、参与权、表达权、监督权。

"权为谁用，情为谁系，利为谁谋"，这是执政理念的基本问题。中国共产党强调"以人为本，执政为民"，强调"权为民所用，情为民所系，利为民所谋"，那么，无论是政府行政权力还是司法权力的运行，都必须让公众知道，让公众参与，让公众评说，让公众监督。

我们强调管理创新，管理创新的要害是什么？是要让公众参与。让公众参与，就可以让无数的眼睛看住权力，权力滥用就会得到有效遏制。所以，司法透明指数不是法院自己评自己，而是中立机构的客观评估，公众参与是基本内容，实际上就是一种管理创新。

我们的政府开始从管理型政府向服务型政府转变。服务型政府必须公开。不公开就不叫"服务"。被"服务"的公众都不知道你服务了什么，那叫什么"服务"?

这样,司法公开就成了自然而然的话题。用司法透明指数来检测司法公开程度也就成了自然而然的途径。因此,在中国共产党执政理念发生根本性转变的大背景下,司法公开具有必然性,司法透明指数的产生也同样具有必然性,司法透明指数的产生是中国共产党执政理念转变带来的一种结果。

其次,从司法领域看,司法透明指数的产生源于中国司法改革这样一个重要背景。这一点显而易见。中国司法改革是个十分复杂的话题,碰到了许多难题。一些在宪法层面上的体制问题是无法在短时间内有答案的。最高法院近几年力推司法公开,出台了有关司法公开的规定和标准。这是司法改革走出困境的一种选择。司法必须公开。司法改革可以先从内部机制改革完善开始。浙江省高院在齐奇院长领导下,高度重视"阳光司法",推出"阳光司法工程",也出台了阳光司法实施标准。我正是在 2011 年 8 月 25 日浙江省高院召开的"阳光司法咨询专家座谈会"上提出司法透明指数建议的。

最后,司法透明指数的出现是跟社会科学指标运动分不开的。我们在搞余杭法治指数的时候,大家还在积极讨论法治指数是否可以量化的问题。今天,大家已不太去纠缠争论法治是否可以量化这个问题了。实际上,早在 20 世纪 60 年代中期,美国的一些经济学家,社会学家,统计学家和规划、计划、管理、未来研究等方面的专家学者,掀起了一场社会指标运动(Social Indicator Movement)。这场运动涉及社会发展战略、国情评估、生活水平质量等诸多方面。社会的计划、规划、管理、政策等等问题都被纳入指标量化研究范围。社会指标在决策实践中的作用引起人们高度重视。为什么国际上会出现一个社会科学指标运动呢?在社会指标运动之前,经济方面的社会指标及其研究占了统治地位。随着现代社会的发展,人们越来越深刻地认识到仅仅用经济指标不可能全面反映出社会的真实状况,由此开始对第二次世界大战后全球范围内经济先导的发展战略进行反思，认为需要一种更为全面的社会指标来整体评价衡量人类的生活状况，社会的发展应当是全面的发展。

社会指标运动的势头到现在没有减弱，中间虽然有起伏，但仍然是方兴未艾。现在大家知道的国际上影响力大的指数有人类发展指数、清廉指数、公民社会指数、法治指数等等。法治指数有"世界正义论坛"的法治指数，有世界银行治理指数中的法治指数，中国有香港法治指数，还有余杭法治指数。

中国内地不仅有余杭法治指数，还有一个不叫"指数"的法治评估活动。司法部王公义主任很了解各地的法治评估活动。很多地方都在积极研究和实施法治评估，深圳、湖南等地出台了相应的法治评估指标体系。在这样一个法治评估活动热潮的背景下，我想，司法透明指数的出现就是一个顺理成章的结果。所以司法透明指数是社会指标运动的产物，尤其是国内外法治评估活动的产物。

为什么司法透明指数会产生在浙江这么一个地方？有偶然的因素，也有必然的因素。浙江作为中国先发地区，有一些工作走在全国前面也是情理中的事情。先发地区，法治可以先行。特别是浙江省高院推出"阳光司法工程"，并且做得有声有色，在司法公开方面作出了样子。没有浙江省高院的支持，没有齐奇院长的支持，司法透明指数不可能这么顺利产生。中国的事情常常需要领导的远见，特别是"一把手"的远见。余杭的法治指数同样与"一把手"的远见分不开。这是中国的政治现实和特点。胡锦涛同志倡导"协同创新"，我们很赞成，但学者们单方面的巴掌是拍不响的。学者的智慧必须与具有领导的远见卓识结合，才能变成推动社会进步的力量。这个社会特别需要具有远见卓识的领导。

余杭法治指数客观上推动了司法透明指数在浙江的产生。我们测评余杭法治指数历时五年，包括测评启动前的一年研究，实际上已经六个年头。今年是法治指数总结回顾年。余杭法治指数在国内外产生了重大影响，几乎所有的主流媒体都做过深度报道。这个法治指数在浙江省获得首届十佳公共管理创新奖，入围浙江省 30 年改革开放的百件大事，获得中国城市管理进步奖，余杭荣获全国首批法治先进区。国内许多地方到余杭考察，借鉴余杭经验开展法治评估活动。所以，法治指数这么一个事件推动了一个区域和全国法治的进程，这样一个认知应该是客观的。

我是受浙江省高院委托来主持这个课题的。这个课题任务很艰巨，国内有"司法透明度"调查，但不是"司法透明指数"测定，国外虽然有相关的研究，但也没有现成的模式可以搬用。中国的事情很多是没有现成答案的，必须创新。我肩负着大家的期待，所以我这里表个态，一定努力把这个研究工作做好。

我在法治指数研究过程中得出一个经验：在中国做事最好选取一个试验点。着手研究司法透明指数时，我就考虑到选取湖州市吴兴区。为什么选取吴兴呢？一个原因是我与吴兴区有合作基础，吴兴法院曾经承办过一次商法年会。另外一个原因是我下意识地想到了沈家本。对中国法律起到承前启后作用的沈家本就出生在湖州吴兴。沈家本是非常了不起的法律改革家，是中国近现代法学的奠基人，是第一个为中国引进西方法律体系的法学泰斗。我很想借沈家本这样一个法律文化背景，以期沈家本的承先启后工作与我们今天的创新研究有一个很好的链接。沈家本对我们今天的法律工作者来说，是一种莫大的精神支持。我们今天做的司法透明指数，是在推动中国的司法透明改革。我们应该踏在沈家本的肩上来做研究，来推进中国的司法透明改革。

到目前为止，我们的研究大约进行了半年，初步有个方案了。今天大家拿到手的是司法透明指数的指标设计，这是我们今天要讨论的核心内容，希望大家提出批评。最高法院和浙江省高院设计的司法公开标准主要落脚在司法过程方面的内容：立案，庭审，执行。我们扩大了指标设计的维度。我在牛津大学、剑桥大学访问期间，研究了很多外文文献，我也和一些国外的学者探讨司法公开的范围，回国后专门赴宁波、温州做了认真调研。最后我们的思路定格在两个维度，一个是行政管理，一个是司法过程。司法过程当然是司法公开的关键内容，但仅仅局限于司法过程这个维度是不全面的。在行政管理和司法过程两个维度之下，我们设立六个一级指标。第一个行政管理维度，包括人事管理、财务运行、公众交流。第二个司法过程维度，包括立案、审判、执行。六个一级指标下，每项设计若干二级指标，加总100个二级指标。这些指标范围较大，"新面孔"较多，与最高法院和浙江省高院的司法公开标准不同，但也有些借鉴了最高法院和浙江省高院的司法公开标准。这些指标今天拿出来供大家讨论，讨论之后，结合大家提的意见，我们再认真修改完善。谢谢大家！

| 后 记 --

本文是我在"2012中国法治论坛"上的发言，载《中国法治实践学派》第二卷。

2012年，我在牛津大学、剑桥大学访学。5月，我专门从英国回国，组织"中国法治论坛"。论坛结束后，我又返回英国。

5月29日，"2012中国法治论坛——司法透明指数研讨暨法治指数评审回顾"在浙江宾馆召开。论坛由浙江大学和浙江省高级人民法院联合主办，浙江大学光华法学院和浙江省湖州市吴兴区人民法院承办。来自中国社会科学院、司法部、国家统计局、北京大学、清华大学、中国人民大学、中国政法大学等单位的专家学者以及地方法律实务部门的同志齐聚一堂，围绕司法透明指数的意义、指标设计、评估方法以及基层法院进行司法透明指数试点的示范意义和推广等内容展开。江平、李步云等一批著名学者出席论坛。浙江省高院院长齐奇等司法实践界同志出席。新华社、《人民日报》、《光明日报》、《经济日报》、《法制日报》、《浙江日报》等主流媒体以及其他地方媒体记者参加了论坛。

司法透明指数是浙江大学与浙江省高院的合作课题。我受浙江省高院委托主持开展司法透明指数的研究，并选取浙江省湖州市吴兴区人民法院作为指数实验的样本。司法透明指数实验具有重大的理论和实践意义，是回应新时期民众对司法公开新要求、新期待的有益探索。

司法透明指数的指向与机制

改革开放以来，中国向世界展示了两项最重要的成就：一是经济奇迹，二是法治发展。经济奇迹让经济学家不得不重新诠释经济学，法治发展让法学家们不得不重新审视法治模式。中国的目标不仅是富强中国，美丽中国，而且是民主中国，法治中国。改革开放三十余年，也是法治中国探索的三十余年。在这三十余年里，中国进行了一系列的法治论证和实践。法治指数就是法治中国的一个探索和见证。

司法公开既是一项重要宪法原则和基本诉讼原则，又是实现司法公正的基本保障和重要途径，更是法治社会的本质要求和重要标尺。中央高度重视司法公开工作，党的十八届三中全会《改革决定》明确规定"推进审判公开、检务公开"。四中全会《法治决定》进一步规定"构建开放、动态、透明、便民的阳光司法机制"。最高人民法院发布《关于全面深化改革的意见》，具体规定"到 2015 年年底，形成体系完备、信息齐全、使用便捷的人民法院审判流程公开、裁判文书公开和执行信息公开三大平台"。

当前，人们指责司法机关"司法不公"、"司法腐败"，一个重要原因就在于司法过程不透明，存在暗箱操作。因此，维护司法公正、治理司法腐败的重要途径之一就是推进司法公开工作，实现司法透明。从目前看，司法透明指数评估是推动司法公开的一项有益尝试。

一、为什么推行司法透明指数

司法透明指数，或称"阳光司法指数"，是通过设计一套司法透明指标和评估方法对司法运行透明状况进行相对客观的量化评估机制。笔者在 2011 年提出的司法透明指数建议被浙江省高级人民法院列入 2012 年重点课题。浙江省高级人民法院与浙江大学合作完成的司法透明指数研究成果已被及时应用到实践中，并写入最高人民法院首部《中国司法公开白皮书》，其所体现出来的效果明显不同于内部的司法公开考核，最突出的作用是它的倒逼功能。它体现出来的探索意义和示范价值已得到中央政法委和最高人民法院领导的充分肯定。司法透明指数对司法公开具有指引作用，是司法改革的突破口，是公众行使权力、监督司法的理性通道，是提高司法公信力、树立司法权威的长效机制。

司法透明指数对司法公开有指引作用。司法透明指标设计明确了司法公开的目标。通过对司法公开原则指标化、具体化，将繁杂的司法公开工作化繁为简，有侧重地指引司法公开工作。对这些指标的量化评估，可以在司法实践中构建一种目标管理责任机制。

司法公开必须追求实效。庭审过程公开、裁判文书上网、案件信息查询、公众开放日都是司法公开的方式，但效果究竟如何，需要作出评估。缺乏效果评估的司法公开是盲目的、缺乏科学性的，甚至是形式主义的。事实上，司法公开工作目前所反映出来的弊端也正好印证了这一点。司法透明指数评估恰好对症下药，因为它首先要解决的是效果问题。

浙江的司法透明指数先行先试引领了司法公开的一种方向。一些地方开始研究学习浙江的做法，例如河北省高级人民法院制定了《阳光司法指数评估暂行办法》，江苏宿迁市中级人民法院发布了《宿迁法院阳光司法指数评估体系》。

司法透明指数的作用不仅能够指引司法公开，甚至对整个司法改革都具有导向作用。司法透明指数让司法公开走向了量化，是数字化管理在司法公开中的应用，促使司法公开科学化、制度化、实效化，是大数据时代司法改革的必然方向。从这个意义上讲，司法透明指数是开启司法改革的一把钥匙。司法文明指数、司法公信力指数等相继产生就是有力的说明。

司法透明指数是公众参与、监督司法的理性通道。监督国家机关是《宪法》规定的公民基本权利。但受多种因素的影响，公众对司法进行有效参与、监督渠道比较有限。司法透明指数将司法透明水平以量化方式展现给社会公众，相对于传统的司法公开方式而言，开启了公众参与、监督司法的理性通道。司法透明指数评估是由外部中立机构来主持并由广大公众参与完成的，这在很大程度上引入了公众参与。可以说，司法透明指数评估强化了司法的外部监督力量。这是公众参与、监督司法的一项制度创新，有助于提高公众民主参与意识、激发公众参与法治的热情。

司法透明指数是提高司法公信力、树立司法权威的长效机制。司法透明指数评估能整体上推进司法改革，提高司法公信力，树立司法权威。其原因在于：首先，司法透明指数是一种倒逼机制，促使司法机关大力推进司法公开工作。其次，司法透明指数有助于改进司法机关的管理方式，提高司法效率。再次，司法透明指数评估，对司法干警形成了一种压力，能有效发挥对司法审判人员的行为约束力，从而有助于提高司法工作者的素质，塑造司法人员的良好公众形象。最后，通过司法透明指数评估，可以在不同司法机关之间形成良性互动的竞争机制。

二、司法透明指数反映出当前司法公开存在的问题

近年来，我国司法公开工作有了很大进展。最高人民法院力推"阳光司法"，最高人民检察院推动检察案件、检察政务、检察队伍检务公开。但是，当前司法公开水平离法治意义的司法透明仍存在很大距离，司法公开工作并没有形成高度公信力。以点带面，通过考察浙江全省 103 家法院

的司法透明指数，并对全国其他司法机关开展相关调研，我们大致可以梳理出以下几个问题。

一些司法机关的"一把手"重视程度不够。无论是地方政府的法治建设，还是司法机关的司法公开工作，都直接与"一把手"的重视程度密切相关。笔者在法治指数、司法透明指数的调研中发现，政府机关干部、法官检察官都表示，如果"一把手"不重视，相关的法治建设工作就难以有效开展。杭州市余杭区之所以能够推出中国内地第一个法治指数，是因为时任浙江省委书记的习近平同志推行"法治浙江"建设。在此前提下，余杭区委主要负责人的决策起了关键作用。浙江省湖州市吴兴区人民法院之所以能够推出全国首个司法透明指数，并随后在浙江推广，也是因为浙江省高级人民法院主要负责人的决策起了关键作用。相反，有些司法机关的主要领导对司法公开认识不足，或者担心司法公开会约束权力，态度消极，直接影响了司法公开工作的开展。

司法公开工作整体上存在观念阻力。除了"一把手"重视程度之外，干警的司法理念也是重要影响因素。他们对司法公开的认知没有达到相应高度。在公开场合，他们也会强调司法公开的重要性，但内心却没有真正地彻底认同，主要表现为司法公开的理念尚没有完全深入人心，一些司法干警观念滞后，思想保守，对司法公开的新要求和信息化建设适应能力差，积极性不高。此外，由于司法公开对司法干警的工作要求提高，工作量增加，不少干警产生畏难情绪，甚至部分干警心生抵触，影响了司法公开工作的实质性推进。

"选择性公开"现象带有普遍性。全国法院的司法公开主要体现在审判流程、裁判文书、执行信息三大平台，而在人事、财务等涉及行政管理方面的信息公开明显薄弱，甚至落后于党委政府机关。即便是审判流程、裁判文书、执行信息三大平台的内容，也大量存在选择性公开现象。与法院司法公开相比，检务公开一般局限于检察机关的性质任务、职权职责、机构设置、工作流程等与检察职能相关的内容以及检察工作报告、重大决策部署等内容，属于检察工作一般事务性信息的公开，其具体案件信息公开程度相对落后。

司法公开创新举措实效不强。一方面，对于司法机关的一些创新举措，如网站建设，由于平台建设不完善，信息公开范围有限，公开方式不合理，影响到公众及时全面地获取信息；另一方面，因为全国各地在电信基础设施、人力资本、在线服务等方面差异较大，部分地区跟不上司法公开的要求，宣传力度也不够，导致不少地区司法公开举措的社会公众知晓度较低。如果单纯评估网站信息，评估得分并不会太低，但并没有形成与之相当的公信力。例如，2013年吴兴法院司法透明指数为0.74，而民调指数仅为0.64，相差10个百分点。再如，中共中央十八届三中全会《改革决定》要求"增强法律文书说理性，推动公开法院生效裁判文书"，十八届四中全会《法治决定》要求"加强法律文书释法说理，建立生效法律文书统一上网和公开查询制度"，但司法公开实践中，已经上网的法律文书说理性不足是一个普遍现象。

司法公开的机制保障不到位。司法公开涉及范围广泛，部分应公开的信息内容欠缺制度规范，许多司法干警对司法公开内容不熟悉。司法公开考核缺乏激励机制，责任追究和惩处手段不强，部分规定流于形式，措施的落实得不到保障。人力配置不足。一线办案人员抱怨一方面要办案，另一方面还要做司法公开工作。行政人员抱怨行政事务繁杂，司法公开工作缺少人手。司法公开并没有在司法机关内部真正成为一种常态化的工作。

三、司法透明指数的推广与应用

司法透明指数是一项创新举措，是当前进一步深化司法公开改革的新途径，也是在司法领域探索社会管理创新的有益尝试。司法透明指数实践的经验具有重要推广价值，值得高度重视。通过总结司法透明指数的实践经验，笔者提出以下几点建议。

不断加大司法透明指数评估的推广力度。科学选取和设定司法透明指标，推广实施司法透明指数评估机制。继续鼓励司法机关与高校科研机构合作，协同创新，跟踪研究。通过开展全国司法机关司法透明指数的评估和比较分析，不断总结经验，逐步完善评估指标和方法，使司法透明指数评估更加科学化，进而促进提高司法透明水平。

扩大司法公开范围，满足人民群众对司法透明的期待。目前司法公开在范围上还存在一定的局限性。对于有利于自身的事项，例如机构信息、诉讼指南、裁判文书等，做到了基本公开；而对人民群众更为关心的事项，例如庭审情况、裁判理由和依据、执行情况等，远未做到及时全面公开；而对人民群众较为关心的行政管理事项，诸如法官、检察官基本情况、司法机关年度财务预算等，还没有切实做到向公众公开。这反映出现阶段司法公开的意愿与公众期待之间存在着"供求"上的结构失衡，司法信息公开并没有在更大程度上反映公众需求。司法公开要充分考虑人民群众期待公开的事项，将司法公开工作从司法过程逐步扩展到人事管理、财务运行等行政管理方面，以更好地推动司法公开工作的深入开展。

引入第三方评估机制，确保公信力。为更好地实现司法透明评估的科学化和客观化，必须引入第三方进行评估。所谓第三方评估，是指由关联主体之外的机构担任评估主体，以确保评估程序与结果的独立、公正、可信。司法透明涉及的两大主体是司法机关与当事人，司法透明指数评估不宜由司法系统自己来做，必须由没有利益关系的独立机构来实施评估。当前阶段，大学等科研机构可以作为第三方评估机制的主导者。长远看，应有更多的社会组织担任第三方评估机构。

采用司法透明评估的民调方法，让公众参与评估。在司法透明指数评估机制中，应突出民意调查的重要地位。由第三方评估机构主导民调，深入民众，并将涉诉当事人及代理人作为重要民调对象，让人民群众参与评判。第三方机构将民调结果纳入司法透明指数的测算体系中，反馈给司法机关，促使司法机关改进司法公开工作。

司法机关要为司法透明指数评估创造条件。司法机关应作为司法透明指数评估工作的支持者和积极倡导者，应为开展民调、数据采集等工作创造便利条件，制定司法透明评估的长效工作机制，促进司法透明指数评估顺利开展。这是由当前中国的法治条件决定的。大学等科研机构以及相关社会组织由于科研经费、数据收集等客观原因，会在评估中遇到种种困难，司法机关的支持十分必要。

建立司法透明指数评估结果与奖惩机制相挂钩的配套机制。充分发挥指数在提升司法公开水平上的作用，使其真正成为实现"阳光司法"的牵引机制。这就需要建立司法透明指数评估责任和激励机制。如果评估结果与奖惩无关，那么评估工作就是浪费资源，就会陷入形式主义。司法机关"一把手"要承担主要责任。司法透明指数评估结果直接作为考核司法机关领导干部的法治成效指标。在同等条件下，优先提拔法治成效高的领导干部。司法透明指数评估结果长期很差的司法机关，要根据奖惩机制采取相应的措施。

| 后 记

本文原载于《中国党政干部论坛》2015年第4期。这是我公开发表的关于司法透明指数的第一篇文章。

司法透明指数或"阳光司法指数"填补空白，写入最高人民法院首部《中国法院的司法公开》中英文白皮书（2015），形成国际影响力。

司法透明指数或"阳光司法指数"是我于2011年首先向浙江省高级人民法院提出的建议，被列入浙江省高级法院2012年重点课题。此前，中国社会科学院《法治蓝皮书》用的是"司法透明度"一词。浙江大学与浙江省高级法院开展合作研究，并选取浙江省湖州市吴兴区人民法院作为实验点，我主持该课题（浙江省高院院长齐奇主持另外一个小组）。2013

年，"司法透明指数研究"获国家社科基金重点课题立项，我担任首席专家。

2012 年，中国第一个司法透明指数——吴兴区人民法院司法透明指数正式发布。这是中国首次用指数形式向世界公布司法透明状况，被学者称为"司法改革的钥匙"。中央政法委书记孟建柱、最高人民法院院长周强、最高人民法院常务副院长沈德咏均高度肯定司法透明指数的示范价值和探索意义。

研究成果在实践中得到应用。浙江省高级人民法院委托中国社会科学院法学研究所运用该成果对浙江省三级 103 家法院开展阳光司法指数测评。河北省高院委托河北省社会科学院应用该成果对全省三级法院测评司法公开水平。江苏以及全国其他地方也陆续探索应用该成果。

司法透明指数是一种创新机制，它通过设计一套指标和评估方法对司法透明状况进行测评。专家认为，司法透明指数对司法公开具有指引作用，是司法改革的突破口，是公众行使权力、监督司法的理性通道，是提高司法公信力、树立司法权威的长效机制。2013 年，《改革决定》规定："推进审判公开、检务公开。推动公开法院生效裁判文书。"2014 年，《法治决定》确定"构建开放、动态、透明、便民的阳光司法机制"。

司法透明指数实验和实践直接推动了中国法治理论创新。基于司法透明指数等项目的一系列实验、实证、实践工作，"中国法治实践学派"应运而生，得到了李步云、张文显、公丕祥、武树臣、张志铭、郑永流、邱本等一大批著名法学家的鼎力支持，并在国内外形成广泛影响力。《中国社会科学报》、《光明日报》、《法制日报》、《华尔街日报》等媒体就司法透明指数、社会信用体系建设以及中国法治实践学派等内容专题采访课题组成员。《中国社会科学》、《新华文摘》、《中国社会科学文摘》、《法学研究》等权威刊物相继发表或全文转载司法透明指数研究团队论文。《浙江大学学报》（人文社会科学版）推出"中国法治实践学派及其理论"专栏。《中国法治实践学派》文集每年不定期出版，成为推进该学派发展和司法透明指数研究成果推广的学术平台。2016年2月，《中国社会科学报》二版头条发表文章:《在探寻中国法治道路上不断前行 法治实践学派正发展壮大》。

浙江、江苏、河北先后建立中国法治实践学派研究基地，一大批法学家直接走进实践，协同创新，对中国法治实践和理论正在产生重大影响。

2016年4月，司法透明指数研究成果以远超第二的高票数荣登浙江大学十大学术进展榜首。

2016年，司法透明指数选入"法治浙江"十年"浙江省十大法治事件"（2006—2016）20件大事。

司法透明指数评估指标探讨

在中国全面深化司法公开改革背景下，司法公开远远超出了庭审公开与判决公开的固有含义。中国法院通过构建开放、动态、透明、便民的阳光司法机制，全面公开司法信息，增进公众对司法的了解、信赖和监督。为客观测评司法公开工作的开展情况，全面展现司法公开的成果、不足及问题，司法公开评估应运而生。本文考察司法透明指数吴兴实验、浙江法院阳光司法指数、河北法院阳光司法指数三个案例，着重分析其指标体系的共性与差异。当下司法透明指数评估的目标应定位于，持续推进司法公开，督促法院保障公民获得公正裁判权与知情监督权；指标设计的前提在于，明确司法公开的内容、性质、范围、对象和载体；适应评估实效性要求，调整评估维度，优化、完善具体指标设计。

一、中国司法公开的全面深化及其功能强化

司法公开的核心含义是"审判公开"。在中国当下司法政策背景下，司法公开内涵明显扩展。在监督司法、维护公正的基本功能基础上，司法公开被赋予了新功能，且与多种司法体制或机制改革问题相关联。"维护司法公正、治理司法腐败的重要途径之一就是推进司法公开工作，实现司

法透明"①，现已成为实务界和学术界的共识。

（一）司法公开广度和深度的拓展

"司法公开意味着国家负有责任和公民享有权利。司法公开是国家的责任，它不依赖于任何利益方的请求"②，"司法公开措施必须突破具体案件的庭审公开而扩大到人民法院的所有事务公开"③，仅是一种学理分析。实践中，因为公开成本之大，没有任何国家的法院能够把所有司法信息都公之于众；且不分巨细、不加选择地公开，也会造成公众对司法信息的"熟视无睹和资源浪费"。④ 公开的信息应是对司法公正产生影响的信息，但如何确定对司法公正产生影响的信息范围，却取决于立法者和司法政策制定者的判断。

在中国，司法公开是一项诉讼原则。《宪法》第一百二十五条规定："人民法院审理案件，除法律规定的特别情况外，一律公开进行。"三大诉讼法对审判公开做了相似规定，即审判信息是应予公开的信息。当前中国司法公开实践已经远远超出了现行法规定。近年来，最高人民法院意在于案件审判之外扩大司法公开空间，先后制定了《关于司法公开的六项规定》(2009)、《关于人民法院接受新闻媒体舆论监督的若干规定》(2009)、《司法公开示范法院标准》(2010)、《关于推进司法公开三大平台建设的若干意见》(2013)、《关于人民法院在互联网公布裁判文书的规定》(2013)、《关于人民法院执行流程公开的若干意见》(2014) 等规范性文件⑤，不断细化

---

① 钱弘道：《司法透明指数的指向与机制》，载《中国党政干部论坛》2015 年第 4 期。

② 高一飞：《国际准则视野下的司法公开》，载《河南财经政法大学学报》2014 年第 2 期。

③ 高一飞：《走向透明的中国司法——兼评中国司法公开改革》，载《中州学刊》2012 年第 6 期。

④ 王晨光：《借助司法公开深化司法改革》，载《法律适用》2014 年第 3 期。

⑤ 1999—2014 年，最高法院发布关于司法公开的规范性文件多达 13 份，其中有 10 份文件是 2009 年以后发布的。参见最高人民法院《中国法院的司法公开》，人民法院出版

司法公开范围、内容、途径、时限等方面规定。《关于全面深化人民法院改革的意见——人民法院第四个五年改革纲要》（2014—2018）（以下简称《四五改革纲要》）将"构建开放、动态、透明、便民的阳光司法机制"作为7项重点改革任务之一。①

在当下司法政策背景下，司法公开实践发生了如下转变：第一，司法观念的转变。最高法院不断重申，司法公开并非法院想为即为的权力，而是一项宪法原则，也是法院的法定义务与职责，引导各级法院与法官重新确立司法公开观念；第二，公开内容的转变。"从审判公开拓展到立案、庭审、执行、听证、文书、审务等各个方面，从面向当事人公开拓展到面向全社会公开，从结果的公开拓展到依据、程序、流程、结果的全面公开"②（应予公开的司法信息范围见表8）；第三，信息交流模式的转变。司法公开不再囿于法院的部门意识和法官的个人意识，而是由此前的单向公开转向双向互动式公开（法院与当事人、媒体、公众的交流互动）；第四，公开手段、途径的转变。公开途径从传统的以旁听审判和书面公开（纸质文档）为主，转变为依托多种信息技术（热线、门户网站、短信、微博、微信等）公开司法信息。

表8　应予公开的司法信息范围

司法信息种类		司法信息内容	公开对象
机构人员信息	机构信息	法院地址、交通图示、联系方式、管辖范围、下辖法院、内设部门及其职能、投诉渠道等	社会公众

社2015年版，第4页。

①　参见最高人民法院：《关于全面深化人民法院改革的意见——人民法院第四个五年改革纲要》（2014—2018）（法发〔2015〕3号），中国法院网，http://www.chinacourt.org/law/detail/2015/02/id/148096.shtml，2015年2月4日。

②　最高人民法院：《中国法院的司法公开》，人民法院出版社2015年版，第2页。

续表

司法信息种类			司法信息内容	公开对象
机构人员信息	人员信息		审判委员会组成人员、审判人员的姓名、职务、法官等级等	社会公众
	名册信息		人民陪审员名册，特邀调解组织和特邀调解员名册，评估、拍卖及其他社会中介入选机构名册等	社会公众
指导类信息	司法公开指南		审判流程、裁判文书和执行信息的公开范围和查询方法等	社会公众
	指南类信息	诉讼指南类信息	立案条件、申请再审、申诉条件及要求、诉讼流程、诉讼文书样式、诉讼费用标准、缓减免交诉讼费用的程序和条件、诉讼风险提示、可供选择的非诉讼纠纷解决方式等	社会公众
		执行指南类信息	执行立案条件、执行流程、申请执行书等执行文书样式、收费标准、执行费缓减免交的条件和程序、申请强制执行风险提示等	社会公众
	审判指导文件		司法解释、审判业务文件、指导性案例、参考性案例、可公开的司法调研成果等	社会公众
诉讼案件信息	诉讼案件基本信息	立案信息	案件名称、案号、案由、立案日期等	当事人
		审判人员信息	合议庭组成人员的姓名、承办法官与书记员的姓名、办公电话等	当事人
		庭审公告信息	开庭公告、质证公告、听证公告等	社会公众
	诉讼案件流程信息	审判流程节点信息	已立案、已确定合议庭成员、庭审已排期、合议庭审议中、审判委员会审议中、裁判文书已开始送达、裁判文书已送达完成、案件已归档等	当事人
		审判流程基本信息	诉讼程序启动信息、诉讼程序进展信息、举证信息、送达信息、诉讼材料信息、裁判文书公开信息等	当事人

续表

司法信息种类			司法信息内容	公开对象
执行案件信息	执行案件基本信息	立案信息	当事人名称、案号、案由、立案日期等	当事人
		执行人员信息	执行法官与书记员的姓名、办公电话等	当事人
		执行公告信息	听证公告、悬赏公告、拍卖公告等	社会公众
	执行案件流程信息	执行流程节点信息	已立案、已确定执行人员、执行申请审查中、执行裁判文书已开始送达、执行文书已送达完成、已采取执行措施、已采取强制措施、案件已归档等	当事人
		执行流程基本信息	执行程序启动信息、执行程序进展信息、送达信息、执行材料信息、执行裁判文书公开信息等	当事人

注：1. 上述司法信息内容和范围分类依据《关于推进司法公开三大平台建设的若干意见》（法发〔2013〕13 号）、《关于人民法院在互联网公布裁判文书的规定》（法释〔2013〕26 号）、《关于人民法院执行流程公开的若干意见》（法发〔2014〕18 号），中国法院网，http://www.chinacourt.org/index.shtml，2014 年 10 月 1 日；

2. "执行程序进展信息"包括执行申请审查、执行程序变更、执行措施、强制措施、财产处置、债权分配和执行款收付、执行和解、执行结案、执行异议或复议、执行申诉信访或督促监督、暂缓执行、中止执行、终结执行、失信被执行人的信用惩戒等。

　　中国法院启动多媒体、多渠道、多元化的公开途径，不断创新司法公开方式，"探索立体化、全方位、一站式、互动性的司法公开服务"①，司法公开的广度和深度不断拓展。目前，中国法院科技化法庭建设迅速推进，全数做到同步录音录像的法院不断增加，同时各级法院门户网站、"三大平台"（审判流程信息、裁判文书、执行信息公开平台）和官方微信、微博等新媒体也陆续投入使用。就此而言，司法公开在描述意义上使用，而司法透明、阳光司法则在理想意义上使用。

---

　　① 最高人民法院：《中国法院的司法公开》，人民法院出版社 2015 年版，第 2—3 页。

（二）司法公开功能及关联机制

《世界人权宣言》和《公民权利与政治权利国际公约》对司法公开的表述是"公开审判"。美国与欧洲大多数国家的做法是：一般只要做到公开庭审和宣判，不设置制度障碍，保障关心案件的人能够及时全面地了解到案件审理情况，司法公开的义务即已履行完毕；所有裁判文书均在网上公开是对高审级法院的要求（例如最高法院[①]），初审法院裁判文书公开上网的数量较少；允许对庭审进行录音录像的立法例较为少见，禁止模式更为常见[②]；司法实践中，民众没有进一步公开司法信息的要求，比如要求庭审直播。有实务界人士认为，与世界各国相比，在文书上网、庭审直播等方面中国法院的公开程度"毫不逊色"，甚至是"有过之而无不及"。[③]作为司法原则和诉讼制度，法院将审判活动向社会公开，中外并无明显差异。因较为彻底地实行当事人主义的对抗制诉讼模式，西方国家的司法公开是"剧场式"公开；比较而言，因职权主义诉讼方式有所保留，加之司法政策要求主动、及时、全方位、多渠道公开司法信息，中国司法的公开更接近于"广场式"公开。[④]

中国的政治体制及司法体制改革对司法公开改革及司法公开模式产生决定性影响。中共中央十八大和十八届三中全会强调推进权力运行公

[①] 例如文书栏目是美国联邦最高法院门户网站首页设立的八个板块之一，提供裁判文书、审判记录、庭审辩论等司法信息。参见美国联邦最高法院门户网站，www.supremecourt.gov，2015-2-2。

[②] 各国是否允许对庭审进行录音录像存在三种模式：1.开放加例外模式，允许录播但法官有权对媒体行为进行限制，如美国州法院系统和意大利法院系统；2.禁止加例外模式，原则上不允许录播但可申请特殊许可，如法国、荷兰、我国台湾地区的法院系统；3.绝对禁止模式，即不允许录音录像但允许旁听者做笔录，如美国联邦法院、英国及我国香港地区的法院系统。参见高一飞：《司法公开基本原理》，中国法制出版社2012年版，第320—336页。

[③] 王韶华：《司法公开，还有很长的路要走》，载《人民法院报》2014年6月29日。

[④] 范明志：《从审判方式看推进司法公开理由》，载《人民法院报》2014年1月27日。

开化、规范化，并明确提出推进审判公开、推动法院生效裁判文书公开、确保权力在阳光下运行等要求。十八届四中全会对司法公开提出更高要求，即构建开放、动态、透明、便民的阳光司法机制。为贯彻中央关于进一步深化司法体制改革的总体部署，以司法公开改革为重要突破口，解决制约司法公正、影响司法公信力的体制机制障碍[①]；并有效应对诉讼社会[②] 和新媒体时代的到来，将司法公开原则落实成为能够满足人民群众知情监督权、保障当事人诉讼权利的具体措施，进而提升司法权威和司法公信，中国法院实施阳光司法工程建设，全面深入推进司法公开改革。这既是时政之要求，也适应审判工作的客观需求。

中国法院不断出台司法公开改革措施，其目标已不限于接受公众监督，防止司法腐败的单一定位；还在于完善司法服务，提升司法信任，树立司法权威，强化司法权力。若将前者视为以"司法—民意"矛盾关系为中心，后者则是基于"司法与媒体／公众"之间的"正向关系"。[③] 无疑司法公开的多项作用是期待性（非实然）的。例如最高法院不仅期望通过公开裁判文书，约束法官的自由裁量权，推进法官的职业化进程，推动裁判标准统一，提供学术研究资源，促进社会诚信体系建设；且寄望于通过公开裁判文书，从制度和技术上抵御外来干预，"秘密是正义最大的敌人，司法公开是有效抵御外部干预的最佳盾牌。"[④] 质言

---

① 参见周强：《深化司法公开　促进司法公正》（在全国法院司法公开工作推进会上的讲话），载《人民法院报》2014 年 1 月 27 日。

② 近年来全国法院受案量不断增加，2008 年超过 1000 万件（1139.2 万件），2014 年达到 1566.2 万件，中国已进入诉讼社会。数据来源于《最高法院工作报告》（2008）、《最高法院工作报告》（2014），中国法院网，http://www.chinacourt.org/index.shtm，2015 年 3 月 17 日。

③ 钱弘道、姜斌：《司法公开的价值重估——建立司法公开与司法权力的关系模型》，载《政法论坛》2013 年第 4 期。

④ 贺小荣：《裁判文书为什么要上网公开》，载《人民法院报》2013 年 11 月 29 日。

之，"以公开促公正，以公正立公信，以公信树权威"①，司法公开改革体现出"功利性特征"，而非单纯基于"价值属性"赋予司法公开的"理想品格"。②

"四五改革纲要"再次强调，"让人民群众在每一个司法案件中感受到公平正义"是法院工作的目标，"司法为民、公正司法"是法院工作的主线。推进司法公开改革与如下众多司法体制机制改革问题关联甚密：党政机关对司法的信任和支持对于推进司法公开改革尤为重要，改革本身应服务党和国家的工作大局；为防止司法公开改革"沦为只触及皮肉不触及灵魂的表面文章"③，应保障司法机关依法独立审判；包括司法公开改革在内，司法改革的成效很大程度上取决于如何优化法院内部职权配置，健全审判权运行机制；司法公开改革被视为司法人民性的"试金石"④，改革的重要目标是创新和落实便民利民措施；对于法官而言，司法公开改革是内部施压，提升审判质效、加强法官队伍建设是改革的必然要求。⑤

---

① 参见最高人民法院：《关于确定司法公开示范法院的决定》（法 [2010]383 号），最高法院门户网站，http://www.court.gov.cn/xwzx/rdzt/sfgkxcyhdzt/zdwj/201010/t20101021_10302.html，2010 年 10 月 15 日。为总结推广各地法院推进司法公开工作经验，发挥先进法院的榜样作用，最高人民法院先后（2010 年、2012 年）授予 200 家法院为"司法公开示范法院"。

② 陈忠林：《推进司法公开应注重把握三个关系》，载《人民法院报》2014 年 6 月 19 日。

③ 王晨光：《借助司法公开深化司法改革》，载《法律适用》2014 年第 3 期。

④ 最高人民法院司法改革领导小组办公室编：《司法公开理论问题》，中国法制出版社 2012 年版，第 7 页。

⑤ 参见最高人民法院：《关于全面深化人民法院改革的意见——人民法院第四个五年改革纲要》（2014—2018）（法发〔2015〕3 号），中国法院网，http://www.chinacourt.org/law/detail/2015/02/id/148096.shtml，2015 年 2 月 4 日；最高人民法院《关于切实践行司法为民 大力加强公正司法不断提高司法公信力的若干意见》（法发〔2013〕9 号），中国法院网，http://www.chinacourt.org/article/detail/2013/10/id/1114339.shtml，2013 年 9 月 6 日。

二、对三个司法公开评估案例的考察与评析

在全面深化司法公开背景下，如何对司法公开工作状况作全方位、多角度、综合性评估，并且通过一组最具代表性的指标来客观反映司法公开的实际水平，总结经验、发现问题、改进工作，这是各级法院面临的新课题。作为"进一步深化司法公开改革的新途径、探索社会管理创新的有益尝试"，通过指数测算对司法公开工作进行动态监测，司法透明指数等司法公开评估应运而生且迅速发展。① 目前国内影响较大的有三项评估，分别是司法透明指数评估吴兴实验、浙江法院阳光司法指数评估、河北法院阳光司法指数评估。②

（一）司法透明指数评估吴兴实验

浙江高院与浙江大学合作开展的司法透明指数课题研究、浙江省吴兴区法院司法透明指数实验，积极创新司法公开机制，拓展司法公开平台，开司法公开评估实践之先，是一项"富有远见的具有填补空白意义的

---

① 钱弘道：《司法透明指数的指向与机制》，载《中国党政干部论坛》2015 年第 4 期。司法透明指数化设想由钱弘道教授于 2012 年提出。在此后的两年间，各大传统媒体与新媒体关于司法透明指数的报道已超过百万条，多家法院启动了司法透明指数（或阳光司法指数）评估工作。

② 江苏省宿迁市中级法院于 2014 年 9 月启动"2321"阳光司法体系，即"两网三微两中心一指数"，"一指数"为阳光司法指数评估。福建省三明市中级法院于 2014 年初启动阳光司法指数评估。这两项评估均未委托第三方，在司法系统内的影响力也远不及本文的三个评估案例。此外，北京法院较早实现了审判、执行信息面向公众集中公布，并于 2014 年委托中国社会科学院法学所对本市三级法院司法公开工作进行评估，该市司法公开工作及阳光司法指数评估的重心在于面向当事人公开审判、执行流程信息，以及面向公众公开裁判文书。浙江法院阳光司法指数与北京法院阳光司法指数的评估方均为中国社会科学院法学所，前者早于后者，两者的指标体系略有不同，故本文仅考察浙江法院阳光司法指数。参见李林、田禾主编：《中国法治发展报告》（2015），社会科学文献出版社 2015 年版，第 267—268 页。

举措"，同时对于"阳光司法工程"建设具有长远意义。① 司法透明指数评估在如下方面作出重大突破：第一，在指标设计上，实现了对司法公开工作的实时监测。指标定格于两个维度——行政管理和司法过程，行政管理维度下设有3项一级指标（人事管理、财务运行和公众交流）、19项二级指标，司法过程维度下设有3项一级指标（立案公开、审判公开和执行公开）、28项二级指标，基本覆盖司法工作全过程（见表9）；第二，从47项二级指标中选取与民众知情监督权联系最紧密的10项指标作为民意调查内容。以当事人、律师为重点民调对象，将公众评价引入到司法透明指数评估是全新尝试；第三，合理设定各项指标的权重。审判公开是司法公开的核心，故指标权重向"司法过程"倾斜，该维度的3项一级指标占司法透明动态监测指数权重的55%。

表9 司法透明动态监测指标体系(2012—2014年度)

一级指标	二级指标	一级指标	二级指标
人事管理（14%）	1. 人员任命	立案公开	25. 立案信息告知
	2. 法官基本信息		26. 申诉信访必理必复
	3. 奖励惩戒情况	审判公开（26%）	27. 公民旁听庭审
	4. 近亲属从事律师职业情况		28. 对未旁听人员提供服务
	5. 离任情况		29. 开庭公告
	6. 法官审判业务绩效		30. 媒体报道庭审情况
	7. 法官申报个人财产		31. 定案证据当庭认证

---

① 钱弘道：《司法透明指数研究报告》2012年，未刊稿。

续表

一级指标	二级指标	一级指标	二级指标
财务运行（10%）	8. 诉讼费收支	审判公开（26%）	32. 审判组织情况告知
	9. 罚没款项公开		33. 延长审限、中止诉讼告知
	10. 年度财务预算		34. 审判委员会讨论案件告知
	11. 财务制度及相关文件		35. 电视网络庭审直播
	12. 法院"三公"经费		36. 同步录音录像
公众交流（20%）	13. 生效裁判文书上网		37. 网上预约查询服务平台
	14. 裁判文书说理		38. 电子化阅卷
	15. 与媒体、公众互动		39. 公开选任人民陪审员
	16. 接受人大、政协监督	执行公开（16%）	40. 申请执行指南
	17. 特约监督员监督		41. 权利义务告知
	18. 法院门户网站建设		42. 执行进展告知
	19. 审判管理信息		43. 执行信息查询
立案公开（14%）	20. 网上立案服务	执行公开（16%）	44. 执行终结、中止告知
	21. 立案信息查询		45. 评估或拍卖机构、拍卖时间
	22. 诉讼指南		46. 利用网络平台进行司法拍卖
	23. 诉调对接工作		47. 执行听证
	24. 受理情况告知		

注：除指标 13 "生效裁判文书上网"为 8 分外，其余 46 项指标均为 2 分，指标体系总分以 100 分计算。

客观、中立的第三方评估产生了明显效果。经过加权计算，试点单位吴兴区法院 2012 年度司法透明指数为 0.616，2013 年为 0.644。"司法透明指数评估"课题组认为，吴兴区法院处于司法公开的"初级阶段"。吴兴区法院院长周文霞坦言，"司法透明指数的指标设计具有前瞻性和指导性。法院要达到及格线并不容易，需要通过努力才能达到。这样的指标设计更能倒逼法院改进工作和管理，促进司法公开公正，从而改变以往法院内部考核中，很多法院都能拿高分甚至满分的情况。"① 课题负责人钱弘道教授认为，"司法透明指数是当前司法工作与改革的一部分。这项评估是司法工作的前端，主要发挥诊断、反馈的作用，同时对司法改革起着基础性的信息支撑作用。……指数体系不是为评估而评估，不是仅仅做现状的传声筒，而是要在实践层面上，分析现状背后的原因，寻求司法改革之路。"在司法透明指数评估实验中，吴兴区法院作为单个实验点，尽管不存在与其他法院相比较的情形，但评估实验对推进该院司法公开工作作用显著。在 2013 年度浙江法院阳光司法指数测评中，吴兴区法院以 70.44分高居榜首。②2014 年度测评中，吴兴区法院继续保持前列，名列湖州市第一名，连续两年被评为"浙江省阳光司法优秀法院"。

在"司法透明指数动态监测指标体系"（2012—2014 年度）基础上，浙江高院联合浙江大学研制了"浙江法院阳光司法指数评估体系"（2012年度）。该评估体系共包括 7 项一级指标（立案公开、庭审公开、执行公开、听证公开、文书公开、审务公开、工作机制）和 26 项二级指标（见表 10）。评估主体分为内部组和外部组：内部组由法院工作人员组成，使用《阳光司法指数评估表》进行评估；外部组为受委托的第三方评估机构，使用《问卷调查表》进行评估。2013 年 3 月 28 日，最高法院周强院长在浙江省高院《关于实施阳光司法指数评估体系的报告》上批示："浙江省高级人民法院实施阳光司法指数评估体系对于深入推进司法公开具有探索意义，望抓好落实，为全国法院提供经验。"③

---

① 彭波：《用看得见的方式实现公正》，载《人民日报》2012 年 11 月 21 日。

② 李林、田禾主编：《中国法治发展报告》（2014），社会科学文献出版社 2014 年版，第 237 页。

③ 钱弘道：《司法透明指数研究报告》2013 年，未刊稿。

表 10　浙江法院阳光司法指数评估指标体系(2012 年度)

一级指标	二级指标	一级指标	二级指标
立案公开 (15%)	1.立案信访窗口便民、标准、规范（65%）		14.被执行人失信信息曝光度（15%）
	2.案件信息录入及时准确完整（35%）		15.执行裁决听证率（15%）
庭审公开 (30%)	3.公开开庭率（25%）	听证公开 (5%)	16.听证程序透明度（100%）
	4.诉讼权利义务和重大程序事项告知率（30%）	文书公开 (20%)	17.裁判文书公开度（50%）
	5.定案证据质证度（10%）		18.裁判文书上网率（30%）
	6.庭审录像率（5%）		19.裁判文书查询便利度（20%）
	7.庭审旁听便利度（10%）	审务公开 (15%)	20.法院门户网站透明度（40%）
	8.一审陪审率（10%）		21.公众开放日开展情况（20%）
	9.诉讼档案查询便利度（10%）		22.新闻发布常态化（20%）
庭审公开 (30%)	10.执行案件信息录入及时准确完整（20%）	审务公开 (15%)	23.自觉接受监督情况（20%）
执行公开 (15%)	11.执行评估、拍卖公开度（20%）	工作机制 (5%)	24.司法公开的组织保障（30%）
	12.执行措施透明度（10%）		25.司法公开信息化（50%）
	13.执行款物管理、处置公开度（20%）		26.司法公开责任追究率（20%）

（二）浙江法院阳光司法指数评估

受浙江高院委托，2013 年年初中国社会科学院法学研究所成立"浙江法院阳光司法指数"课题组。该课题组选取司法公开工作的核心事项作为 2013 年度测评内容，首次用于测评的指标体系包括 5 项一级指数、31 项二级指标（见表 11）。

表 11　浙江法院阳光司法指数评估指标体系（2013 年度）

一级指标	二级指标	一级指标	二级指标
审务公开 （15%）	1. 法院门户网站（25%）	裁判文书 公开 （20%）	16. 网上公开（35%）
	2. 联系渠道（15%）		17. 裁判文书栏目更新（20%）
	3. 人员信息（20%）		18. 对上网文书进行技术处理（10%）
	4. 公众开放日（10%）		19. 裁判文书检索（15%）
	5. 新闻发布制度（10%）		20. 裁判文书意见反映渠道（10%）
	6. 统计数据（20%）		21. 裁判文书查询（10%）
立案庭审 公开 （35%）	7. 立案信访窗口设施（5%）	执行公开 （10%）	22. 执行案件信息查询系统（10%）
	8. 诉讼指南（5%）		23. 执行措施透明度（20%）
	9. 诉讼权利义务告知（40%）		24. 被执行人失信信息曝光（20%）
立案庭审 公开 （35%）	10. 案件信息查询系统（15%）	执行公开 （10%）	25. 拍卖公告（15%）
	11. 开庭公告（5%）		26. 执行标的物拍卖（20%）
	12. 同步视频室（5%）		27. 执行款物管理（15%）
	13. 公开庭审率（5%）	保障机制 （10%）	28. 组织保障（15%）
	14. 定案证据质证率（5%）		29. 信息化建设（45%）
	15. 庭审录像（15%）		30. 案件档案电子化（20%）
			31. 司法公开投诉渠道（20%）

　　浙江法院阳光司法指数评估的创新在于：第一，测评对象为浙江三级法院，2013 年度对 103 家法院进行测评，未参与测评的仅有 2012 年新设的杭州经济技术开发区法院和 2012 年移交地方的杭州铁路运输法院；第二，指标设计基于审务管理、审判执行工作、组织保障三方面内容，进行 5 大板块（审务公开、立案庭审公开、裁判文书公开、执行公开和保障机制）测评，在权重设置上侧重于审判执行工作过程与结果（3 大板块权重

占75%);① 第三,评估工作坚持"三个一"原则——一个标准、一个机构、一个尺度,测评结束后对全省三级法院统一排名。尽管浙江高院排名不理想且部分板块落后,但坦然面对,如实公布,得到社会各界的普遍赞誉。2013年12月9日最高人民法院召开"浙江法院阳光司法指数新闻发布会暨司法公开研讨会",最高法院沈德咏常务副院长肯定浙江法院阳光司法指数评估具有首创性质和示范价值,最高法院周强院长批示予以推广。

"浙江法院阳光司法指数"课题评估周期为三年,2014年度用于测评的指标体系包括4项一级指标、18项二级指标(见表12)。2014年度测评结果呈现出两大特点:第一,该年度测评注重司法公开工作的实质性、便捷性,在得分难度加大的情况下,三级法院总体分数仍较2013年有大幅提升,浙江法院司法公开工作进步显著;第二,与2013年相比,本年度受评法院(105家)名次有较大变化,在推进阳光司法工作中各级法院呈现良性竞争局面。②

表12 浙江法院阳光司法指数评估指标体系(2014年度)

一级指标	二级指标	一级指标	二级指标
审务公开 (20%)	1. 网站建设(20%)	(40%)	10. 定案证据质证率(10%)
	2. 法院概况(10%)		12. 庭审录音录像(25%)
	3. 法院文件(15%)		11. 诉讼档案电子化(15%)
	4. 人员信息(25%)	裁判文书公开 (10%)	13. 裁判文书公开平台(60%)
	5. 工作报告(20%)		14. 裁判文书不上网公开审批(40%)

---

① 李林、田禾主编:《中国法治发展报告》(2014),社会科学文献出版社2014年版,第221—222页。

② 李林、田禾主编:《中国法治发展报告》(2015),社会科学文献出版社2015年版,第250—252、260页。

续表

一级指标	二级指标	一级指标	二级指标
审务公开（20%）	6.统计数据（10%）	执行公开（30%）	15.执行指南（20%）
立案庭审公开	7.诉讼指南（15%）		16.执行拍卖（35%）
	8.诉讼权利义务告知（25%）		17.举报电话有效（15%）
	9.诉讼信息查询（10）		18.执行措施透明（30%）

（三）河北法院阳光司法指数评估

为全面落实最高法院关于司法公开工作的各项要求，规范三级法院的司法行为，切实维护当事人合法权益，满足公众对司法工作的知情权、参与权、监督权，促进司法公平、公正，2014 年 7 月河北高院出台《阳光司法指数评估暂行办法》。河北法院阳光司法指数评估指标体系共设有 7 项一级指标和 27 项二级指标（见表 13）。据此对全省法院司法公开工作进行量化打分，直观反映工作状况，及时发现、改进问题。①

表 13　河北法院阳光司法指数评估指标体系(2014 年度)

一级指标	二级指标	一级指标	二级指标
立案公开（15%）	1.立案信访窗口便民、标准、规范（40%）	执行公开（15%）	15.执行案件信息查询便利度（20%）
	2.12368 诉讼服务热线办理满意度（20%）		16.执行评估、拍卖公开度（20%）
	3.审判流程信息查询便利度（40%）		17.执行措施透明度（11%）

---

① 参见河北省高级人民法院《河北法院阳光司法指数评估暂行办法》，河北法院门户网，http://www.hebeicourt.gov.cn/public/detail.php?id=19333，2014 年 7 月 15 日。

续表

一级指标	二级指标	一级指标	二级指标
庭审公开（30%）	4.公开开庭率（20%）	执行公开（15%）	18.执行款物管理、处置公开度（20%）
	5.诉讼权利义务和重大程序事项告知（15%）		19.被执行人失信信息曝光度（15%）
	6.定案证据质证度（15%）		20.执行裁决听证率（15%）
	7.庭审录像率（10%）	听证公开（5%）	21.听证程序透明度（100%）
	8.庭审直播录播率（10%）	审务公开（15%）	22.法院基本信息和工作信息公开度（40%）
	9.庭审旁听便利度（10%）		23.舆论引导工作情况（30%）
	10.一审陪审率（10%）		24.自觉接受监督情况（30%）
	11.诉讼档案查询便利度（10%）	工作机制（5%）	25.司法公开的组织保障（30%）
文书公开（20%）	12.裁判文书公开度（50%）		26.司法公开信息化（50%）
	13.裁判文书上网率（20%）		27.司法公开责任追究率（20%）
	14.裁判文书查询便利度（30%）		

  2014 年 11—12 月，内外评估组完成了对河北省 188 家法院的首次评估工作。评估结果显示，全省法院立案公开、流程公开工作有明显改善，门户网站和新媒体建设速度较快，司法公开制度建设趋于健全，但信息公开和服务功能尚未有效发挥，例如裁判文书平均上网率不高，执行案件信息公开程度偏低。足见司法公开改革在硬件建设和平台建设上容易完成，在短时间即可达到公开要求，但信息公开和服务功能提升却远非短期可以实现。

  相对于司法透明指数评估与浙江法院阳光司法指数评估，河北法院阳光司法指数评估的特点如下：第一，政策背景明显有别于前两项评估。

2013 年年末以来，在最高法院的统一部署下，"三大平台"建设获得实质性进展。河北法院系统在信息化基础差、底子薄的前提下，加强顶层设计，统一调度、一步到位，迅速搭建起司法公开平台；第二，采取内、外部评估相结合的评估方式。外部评估由河北省社会科学院法学所承担，以问卷调查和实地查验为主要评估方法。内部评估包括三个步骤，先由各法院完成自评，再由省高院相关部门按照职能分工逐一核查并进行打分，省高院司法公开工作领导小组办公室（研究室）负责汇总相关部门的分数，形成内部组评估得分；第三，评估对象是全省三级法院。首次受评法院达 188 家（河北省现有 191 家法院），河北法院阳光司法指数评估是目前国内受评法院最多、规模最大的一项司法公开评估；第四，强化司法公开责任。为加大司法公开工作推进力度，河北高院要求，各级法院根据 2014 年度评估结果，有针对性地制定 2015 年司法公开整改措施和工作计划，于 2015 年 3 月底前上报本院。各级法院党组负责加强对司法公开工作的研究、部署和检查。2015 年评估仍不及格的法院，主要领导需说明原因，因消极懈怠贻误工作将予以处理。①

（四）三项评估的共性与差异

三项评估均旨在通过一套科学合理的评价体系，准确测评法院司法公开工作状况，评估均由中立第三方承担（全部或部分评估工作），且均重在对审判执行公开情况进行测评。上述三项评估开展期间，中国司法公开改革逐步从硬件建设和平台建设转向落实信息公开和司法服务，相关制度逐步健全，故三项评估的指标设计存在一定差异，对此不应给予高低、优劣的简单评价。基于司法政策、评估对象的差异，设计不同指标体系，恰恰适应司法公开评估实效性要求。

---

① 参见河北省高级人民法院：《关于 2014 年度全省法院阳光司法指数评估的情况通报》，河北法院门户网，http://www.hebeicourt.gov.cn/public/detail.php?id=21680，2015 年 2 月 27 日。

1. 评估的共性所在

第一，均有第三方参与评估。司法公开评估是法院系统与科研机构协同创新的成功实践，为院校联手搭建多向、跨界、分层合作交流平台积累了有益的经验。2012年浙江省高院与浙江大学合作首创"司法透明指数评估体系"，以吴兴区法院为试点开展司法透明指数评估实验，评估工作由浙江大学钱弘道教授主持完成。此前钱弘道教授主持完成了中国第一个法治评估项目（余杭法治指数），此后又主持完成了第一个电子政府发展指数项目。钱弘道教授团队的研究是创立法治评估学的首次尝试，法治指数、法治评估现已成为学界高度重视的创新领域。浙江高院于2013年委托中国社会科学院法学所作为独立第三方，对浙江三级法院实施阳光司法指数评估。同年，受托方对浙江省103家法院司法公开情况进行客观监测、量化评估、统一排名，引起国内外司法理论界和实务界的高度关注。司法透明指数评估吴兴实验与浙江法院阳光司法指数评估是浙江高院"阳光司法工程"的重要内容，这使得浙江法院在司法公开方面成为全国法院的表率。2014年9月25日，河北高院和中国社会科学院法学所联合主办"依法治国与司法公开研讨会"，20位专家与河北法官深入研讨"司法公开"各层面问题，提出众多有益建议。[①] 受河北高院委托，河北省社会科学院法学所完成了2014年度河北阳光司法透明指数的外部评估工作。

第二，均高度关注司法过程公开。三项评估均对立案、庭审、判决、执行公开设立一级指标，且占绝对权重。在司法透明指数评估指标体系中，立案、庭审、执行公开三项一级指标占全部指标权重的55%；在浙江法院阳光司法指数评估2013年度、2014年度指标体系中，上述指标分别占全部指标权重的45%、70%；在河北法院阳光司法指数评估指标

---

① 会上多位专家指出，本轮司法公开改革定位为向当事人公开和向社会公开，增加程序透明度是改革的核心，公开侧重点是审判过程和判决理由，庭审公开极为重要。参见史凤琴：《推进司法公开 提升司法公信——"依法治国与司法公开"研讨会观点集萃》，载《人民法院报》2014年10月22日。

体系中，上述指标（包括听证公开在内，为四项指标）占全部指标权重的65%。就一级指标看，权重最高的是庭审公开指标：在司法透明指数评估指标体系、河北法院阳光司法指数评估指标体系中，庭审公开分别占26%、30%；在浙江法院阳光司法指数评估指标体系中，立案公开与庭审公开被合并为一项指标，2013年度、2014年度立案庭审公开指标分别占35%、40%。

第三，更为关注司法信息向当事人公开。相对于保护公众的知情监督权，立案公开、庭审公开、执行公开指标设计均更为关注保护当事人的诉讼权利；立案信访窗口设施、诉讼指南、执行指南、网上立案等指标设计，也旨在为潜在的当事人提供更好的司法服务；庭审旁听便利度、一审陪审率、电视微博直播、执行裁决听证、公开执行、被执行人失信信息曝光、标的物拍卖、公众开放日、新闻发布会等指标用于测评法院对社会公众公开司法信息状况，旨在扩大公众对司法的关注度，提高公众参与和监督司法的积极性，上述评估项目有助于保障当事人获得公正裁判。概言之，相对于对公众的司法公开，三项评估指标设计都更为关注司法信息对当事人公开。浙江高院与河北高院在确定阳光司法指数评估体系的目的与功能时，均将保障当事人的合法权益，置于保障社会公众对司法活动的知情权、参与权、表达权和监督权之前。①

2. 评估的差异表现

第一，指标设计依据有别。司法透明指数评估指标体系最早设计完成并用于评估实践。推行民调指数是一项全新尝试，主要根据最高法院《关于进一步加强民意沟通工作的意见》（2009）。司法过程公开维度的指标设计参照现行法、最高法院《关于司法公开的六项规定》（2009）、《司法

---

① 参见浙江省高级人民法院：《浙江法院阳光司法指数评估体系》（2012），浙江法院新闻网，http://www.zjcourt.cn/content/20130604000047/20130604000283.html，2014年7月10日；河北省高级人民法院：《河北法院阳光司法指数评估暂行办法》，河北法院门户网，http://www.hebeicourt.gov.cn/public/detail.php?id=19333，2014年7月15日。

公开示范法院标准》（2010）、《浙江法院阳光司法实施标准》（2011）。行政管理维度的指标设计主要参考最高法院的人事、财务规定；课题组也借鉴了美国律师协会为人权组织"开放社会司法倡议"（Open Society Justice Initiative）提供的《司法信息获取报告》（*Report on Access to Judicial Information*，2009）①、世界银行的《司法信息获取与司法透明》（*Access to Information and Transparency in the Judiciary*，2010）② 关于司法信息分类及司法信息公开范围的研究成果。

浙江法院阳光司法指数评估指标体系以现行法律法规、最高法院有关司法解释和指导意见，以及《浙江法院阳光司法实施标准》（2011）、《浙江法院阳光司法实施标准考核计分办法》（2011）、《浙江法院阳光司法指数评估体系》（2012）等规范性文件为依据。河北法院阳光司法指数评估指标体系参照的标准主要有最高法院《关于司法公开的六项规定》（2009）、《关于推进司法公开三大平台建设的若干意见》（2013）、《关于人民法院在互联网公布裁判文书的规定》（2013）等文件，以及河北省高院各职能部门制定的具体工作标准和考核办法。就各项具体指标设置而言，这两项评估的指标体系与"浙江法院阳光司法指数评估体系"（2012 年度）的重合度较高③。

---

① Thomas M. Susman and Margaret S. Moore: *Report on Access to Judicial Information*，2009.3，http://www.google.com.hk/url?sa=t&rct=j&q=Thomas+M.+Susman%2C+Margaret+S.+Moore+of+Ropes+and+Gray+LLP:+Report+on+Access+to+Judicial+Information%2C+2009& source=web&cd=1&cad=rja&ved=0CB4QFjAA&url=http%3A%2F%2Fwww.right2info.org%2 Fresources%2Fpublications%2Fpublications%2FAccess%2520to%2520Judicial%2520Information% 2520Report%2520R-G%25203.09.DOC&ei=ULCMULuaFsSaiAequ4HQDQ&usg=AFQjCNH-rmyJaH1MthRpLXrwtwRDXjFGwg，2012-6-15.

② Álvaro Herrero and Gaspar Lopez: *Access to Information and Transparency in the Judiciary*，World Bank Institute，2010.3.1. http://wbi.worldbank.org/wbi/Data/wbi/wbicms/files/ drupal-acquia/wbi/Herrero%2C%20Lopez%20-%20Transparency%20in%20the%20Judiciary. pdf，2012-7-1.

③ 例如，"河北法院阳光司法指数评估指标体系"（2014 年度）与"浙江法院阳光司

第二，对非个案审判执行公开内容的指标设置有别。司法公开的核心是审判公开，需公开信息包括立案、听证、庭审、送达和执行等整个案件流程中产生的流程节点信息、法律文书和多媒体记录等。审判执行信息公开情况均是三项评估的重心。三项评估指标体系在评估内容方面的明显差异表现为，对法院管理类信息公开的指标设计、归类、权重设置有别。

司法透明指数评估由民意调查指数和动态监测指数两部分构成，动态监测指数包括行政管理公开指数、司法过程公开指数，未设立审务公开、工作（或保障）机制这两项一级指标，相关评估内容被纳入其他指标之内。浙江法院阳光司法指数评估、河北法院阳光司法指数评估均设有审务公开、工作（或保障）机制一级指标，河北法院阳光司法指数评估还设有听证公开一级指标。鉴于中国法院浓厚的行政管理色彩，实质性地影响到司法过程和结果，司法透明指数评估将行政管理作为一个评估维度，但将公众交流归入行政管理欠缺合理性。此外，司法透明指数评估部分指标的评估内容和权重也需重新调整，例如相对于全国法院司法公开整体实践而言，设立人事管理、财务运行两项一级指标明显超前；立案公开与庭审公开的二级指标评估内容需进行整合优化；裁判文书公开权重偏低，评估内容需增加、细化。

浙江法院阳光司法指数评估、河北法院阳光司法指数评估的一级指标设计主要依据最高法院《关于司法公开的六项规定》（2009）设定的司法公开六方面工作内容，但这六方面工作依据四项标准进行分类，标准模糊导致子项相容——司法程序（立案公开、庭审公开、听证公开）、裁判结

法指数评估指标体系"（2012 年度）名称一致的指标多达 22 项。在名称不一致的指标中，除了指标 2"12368 诉讼服务热线办理满意度"为新设以外，另外 4 项指标（指标 3"审判流程信息查询便利度"、指标 15"执行案件信息查询便利度"、指标 22"法院基本信息和工作信息公开度"、指标 23"舆论引导工作情况"）仅是对"浙江法院阳光司法指数评估指标体系"（2012 年度）5 项指标名称和评估内容（指标 2"案件信息录入及时准确完整"、指标 20"执行案件信息录入及时、准确、完整"、指标 22"法院门户网站透明度"、指标 21"公众开放日开展情况"、指标 22"新闻发布常态化"）的有限调整。

果（裁判文书公开）、程序兼结果（执行公开）、司法管理（审务公开）。上述分类在理论上欠缺合理性，在内容上存在交叉重叠，地方法院对部分工作内容难解其意，故实际执行情况较差。依据此规定设立一级评估指标，存在的具体问题如下：首先，该规定仅关注审判执行工作公开，没有考虑到法院人事、财物等行政管理公开，非审判执行工作的公开情况被笼统地纳入"审务公开"之列；其次，望文生义，执行公开指标评估内容应包括执行流程和结果，但执行文书公开不在此一级指标评估范围内；再次，基于对司法程序的一般理解，听证公开与庭审、执行公开的评估内容部分重合；复次，尤其是"审务"一词语义模糊、外延宽泛①，审务公开指标试图囊括除个案审判执行外其他司法信息公开情况。最高法院对"审务"的解释是"审判管理工作"，以及"与审判工作有关"的其他管理活动。"审务公开"具体包括公开法院工作的方针政策、各种规范性文件和审判指导意见，以及非涉密司法统计数据、分析报告；公开重大案件的审判情况、重要研究成果、活动部署等；建立健全过问案件登记、说情干扰警示、监督情况通报等制度，向社会和当事人公开违反规定程序过问案件的情况和人民法院接受监督的情况。②"公开重大案件的审判情况"与庭审、执行、听证、文书公开有所重合，显然不是要求各级法院采取常规的公开方式，而是采取召开新闻发布会、邀请人大代表、政协委员旁听庭审、参与执行，组织公众开放日等方式扩大公开范围、提升公开效果，但这很难认为是具有管理性质的审务内容。此外，将法院网站建设情况纳入审务公开一级指标评估内容的合理性也有待商榷。

---

① 调研期间，笔者咨询审判管理部门工作人员如何理解并执行"审务公开"。得到的答复是，除了审判执行公开，其余公开事项均被纳入"审务公开"。基层法院对"审务公开"目的、内容不甚明了，甚至有受访者回答，"明白要执行，不明白也要执行，这是最高院的规定"。

② 参见最高人民法院：《关于司法公开的六项规定》（法发〔2009〕58号），最高人民法院门户网站，http://www.court.gov.cn/xwzx/rdzt/sfgkxcyhdzt/zdwj/201010/t20101020_10262.html，2009年12月8日。

三、司法透明指数评估指标体系的调整和优化

如前文所述，司法公开评估对司法公开工作具有监测、评估、引导、规范等功能。目前评估工作尚处于探索阶段，随着党中央关于政治体制改革、法治建设重大决议的出台，最高法院不断推出司法公开改革措施并制订出最新一轮司法改革方案，司法公开评估应根据时政形势、司法政策、社会需求，不断进行调整和完善。作为首个应用于司法公开实践的指数评估，经历了三年实验阶段（2012—2014 年），司法透明指数评估需要及时总结试点经验，对指标体系进行全面修订，从而有助于研究成果的应用和推广，推动法院系统司法公开机制创新。司法透明指数评估指标体系的调整、优化，需深入探讨评估的目标定位、指标设定的基本考虑、评估维度与具体指标设计等三方面问题。

（一）指标体系构建的初衷与目的

司法事业的理想是追求正义，"四五改革纲要"的中心议题在于，"着力解决影响司法公正、制约司法能力的深层次问题，确保人民法院依法独立公正行使审判权，不断提高司法公信力，促进国家治理体系和治理能力现代化"；司法公开改革目标定位于，"建立中国特色社会主义审判权力运行体系，必须依托现代信息技术，构建开放、动态、透明、便民的阳光司法机制，增进公众对司法的了解、信赖和监督"[1]。司法透明指数评估应服务于上述理想及目标。

从权利依据的角度看，司注公开之正当性在于保障公民获得公正裁判权与知情监督权，这不仅是当事人的权利，同时也是公众的权利。司法公

①　参见最高人民法院：《关于全面深化人民法院改革的意见——人民法院第四个五年改革纲要》（2014—2018）（法发〔2015〕3 号），中国法院网，http://www.chinacourt.org/law/detail/2015/02/id/148096.shtml，2015 年 2 月 4 日。

开应当以公民的司法信息需求为导向，不仅"要求法院行政管理必须透明，要求司法过程必须透明"①，还要求实现法院与当事人、公众的交流畅通。司法透明指数评估的初衷在于通过对司法公开工作进行动态测评，客观展示司法公开的成效、不足及问题，督促受评法院及时整改；评估的目的在于，发挥指数评估的导向鞭策作用，持续推动司法公开，最大限度地保护当事人的诉讼权利和公众的知情监督权，"以公开促公正、保廉洁、提公信"。②

对于普通人而言，旁听庭审、参加公众开放日更像是观看"表演"；媒体旁听庭审、出席新闻发布会是为了找到新闻素材；除了专业人士，鲜有人能在阅读浩如烟海的裁判文书时乐在其中。社会公众对于司法公开情况的信息反馈是意见性的，不具利害关系性。当然，作为"形象工程"建设，以"最大限度"地实现旁听权为重心③，法院与社会公众的交流互动是极为必要的，但其影响范围和实践效果不能过高估计。推进司法公开工作，法院即便有"十八般武艺"，也必须根据案件的社会关注度（或曰"公共性"）来"出招"。换言之，法院通过司法公开意在拓宽公共交流空间，但这一空间在个案裁判中具有伸缩性，即"对公众不甚重要的案件中，只有裁判中的当事人和法官；有较广公共性情形下的法律学说、大众传媒，甚或整个社会。"④ 这并非法院选择性公开，而是由案件自身性质决定的。

学界和实务界（包括最高法院）对司法公开的制度设计建立于如下想象，即在多数情况下司法公开代表着一种社会群体性期盼，而实践中司法公开主要是涉案当事人的个体追求。"因为每个人都是自己权利的最佳判断者，无论一个国家机构如何值得信赖，都不可能比信赖自己的程度更

---

① 钱弘道：《司法透明指数研究报告》2012 年，未刊稿。
② 最高人民法院：《中国法院的司法公开》，人民法院出版社 2015 年版，第 26 页。
③ 高一飞：《司法公开基本原理》，中国法制出版社 2012 年版，第 313 页。
④ ［比］马克·范·胡克：《法律的沟通之维》，孙国东译，刘坤轮校，法律出版社 2008 年版，第 266 页。

高。诉讼当事人出于自己利益而关心诉讼，公众作为潜在的当事人而关注审判权的运行。"① 法院日常工作是审理大量的普通案件，而非大案要案，前者不会引起社会的广泛关注，但却反映出司法机制常规运行状况。在绝大部分案件审理过程中，也唯有当事人有及时全面地了解司法信息的需要和要求；并且有监督法院及其工作人员履行司法公开职责的意愿和积极性。出于利害关系的考虑，当事人会更为主动地反馈司法公开途径畅通与否，以及司法服务的质量与效率。②

司法公开主旨在于公开审判权的运行情况，法院对当事人诉讼权利（即公平受审权，包括知情权、陈述权、辩论权、申请权、申诉权等）和实体权利（获得公正裁判权）应予以高度关注和积极回应。在制度设计上，应保障实现当事人对审判活动充分知情和有效参与。长期以来法院对"审判公开"的解释范围较为狭窄，公开问题只是在"程序违法"或回避方面可以作为当事人寻求救济的理由，当事人从司法公开中受益有限。这种情况已有所转变，仔细阅读近年来最高法院的相关规范性文件会发现，绝大多数的司法公开措施是针对当事人设计的，这在《关于推进司法公开三大平台建设的若干意见》中表现得最为明显。"四五改革纲要"强调"建立以审判为中心的诉讼制度"，加强对当事人诉讼权利保护。③ 若将诉讼权利保护引入司法公开制度设计，将监督权交给当事人（如扩大上诉理由范围），会有意想不到的效果。④ 司法透明指数评估指标体系调整侧重于测

---

① 范明志：《从审判方式看推进司法公开理由》，载《人民法院报》2014 年 1 月 27 日。

② 调研期间，法官们向笔者介绍本院门户网站的使用者主要是当事人和律师。实行公众开放日申请制度的目的在于，解决供需平衡问题，便于公众有序参与司法活动，但实际报名者寥寥无几。典型案件公开审判时，参与旁听的群众绝大部分是法院主动邀请的。

③ 参见最高人民法院：《关于全面深化人民法院改革的意见——人民法院第四个五年改革纲要》（2014—2018）（法发〔2015〕3 号），中国法院网，http://www.chinacourt.org/law/detail/2015/02/id/148096.shtml，2015 年 2 月 4 日。

④ 最高人民法院司法改革领导小组办公室编：《司法公开理论问题》，中国法制出版社2012 年版，第 2 页。

评法院对当事人公开司法信息的情况，将相关指标作为核心指标，并赋予其较高权重。

（二）指标体系调整的基本考虑

在当下司法公开含义扩展政策背景下，司法透明指数评估指标体系将根据"四五改革纲要"的议题和要求，明确司法公开的内容、形式、范围、对象、性质等重要事项并厘清其内部关系，"分清主次、突出重点，以问题为导向"[①]，这是指标体系调整和优化的基本考虑。

1. 从审判执行公开到司法行政公开的逐阶递进

从内容上看，司法公开包括审判执行公开和司法行政公开两个方面。审判执行公开是司法公开的重心，即以法院审理、执行工作为基础，涉及审判权、执行权运行过程（审判流程、执行流程）及结果（裁判文书）的公开，其核心是公开个案审判执行信息；司法行政指法院审判管理工作以及与审判执行工作相关的其他行政管理活动（人事管理、财务管理），司法行政公开的核心是公开与审判执行工作相关的司法管理信息。

"四五改革纲要"突出强调，保障审判在诉讼制度中的"中心地位"。[②] 目前司法公开改革的重心定位于审判执行信息公开。随着司法体制改革进程的推进，司法公开内容应从审判执行信息向司法行政信息递进公开。

2. 实现司法流程与裁判结果的一体化全程公开

司法权行使方式是司法裁判，个案审理过程与裁判结果是司法裁判的基本构架，庭审是审理过程的关键性环节。"四五改革纲要"明确要求，"确保庭审在保护诉权、认定证据、查明事实、公正裁判中发挥决定性作用，

---

① 最高人民法院司法改革领导小组办公室编：《司法公开理论问题》，中国法制出版社2012年版，第2页。

② 同上。

实现诉讼证据质证在法庭、案件事实查明在法庭、诉辩意见发表在法庭、裁判理由形成在法庭。"[1] 通过建立庭审公告和旁听席位信息公示及预约制度，加大对受社会关注案件的庭审公开力度，设立媒体旁听席等措施，进一步完善庭审公开制度，增加庭审透明度是当下司法公开工作的重点。质言之，实现"在场感"或曰落实"参与权"应作为本轮司法公开改革的出发点和落脚点。[2]

就司法裁判的基本架构而言，审判公开是流程公开与结果公开的统一体：司法流程公开主要体现在立案、庭审、执行、听证等各个司法环节中，其主旨在于及时、全面、准确地向当事人提供流程信息；结果公开主要体现在裁判文书公开上，而裁判文书说理性（裁判理由、裁判依据）是文书公开最重要的评估指标，文书公开的对象不仅是当事人，还包括社会公众。实现司法流程与裁判结果的一体化全程公开，也意味着司法公开改革应遵循从形式公开到实质公开的立体式公开模式。

3.实现裁判文书全面公开辅以不公开之理由公开

纠纷本来是当事人间的私事，但诉之于法院，相关诉讼信息则需向社会公开，这是当事人启动公力救济后需为司法公开、司法民主和司法公正付出的必要成本。"最大限度公开"司法信息是国际社会普遍认可的原则。

尽管如此，在具体落实全面公开原则时亦应注意公开的例外。需要说明的是，不公开不是基于司法公开兼有维护社会权益的公共属性与保障当事人诉权的私权属性，故应坚持全面公开与有限公开相统一[3]；而在于个案司法信息不公开更有助于维护社会公共利益（基于维护社会道德、公共秩序或国家安全的理由，以及基于维护司法利益的考虑），或者裁判涉及

---

① 最高人民法院司法改革领导小组办公室编：《司法公开理论问题》，中国法制出版社2012年版，第2页。

② 汪世荣：《司法公开重在取得实效》，载《人民法院报》2014年8月14日。

③ 李静：《略论司法公开的功能、体系及保障》，载《人民法院报》2013年12月25日。

的问题与当事人私生活利益密切相关,但与公共利益的关联性较小,此乃对司法公开的必要限制。① 质言之,在公开与否的问题上,当事人隐私权让位于公共利益。现行法及审判管理规范性文件要求对特定案件裁判文书不予公开,目前法院应将不公开理由公开,或者在公众拟获取不公开裁判文书时告知申请者不公开的原因。

4. 对当事人、对社会公众的公开各有侧重且明确主次

保障当事人(及其代理人)的诉讼权利、保障社会公众的知情监督权,均是司法公开的目标,但向两类对象公开的司法信息内容各有侧重:保障当事人获得全部诉讼信息,继而有效参与诉讼,了解并理解判决根据和理由,接受并服从法院判决,乃是司法正义的基本要求。向当事人公开司法信息,亦能够使其有效监督司法活动的合法性和公正性;保障社会公众获得必要的司法信息、获得旁听庭审的机会,积极回应公众对重大案件的关注和质疑,亦是法院的工作职责。

当事人是审判的参与者,与审理过程和裁判结果有直接利害关系,对当事人公开的事项应该比对社会公众公开的事项更为具体。司法公开重点对象应是当事人,公开重点定位于社会公众则会导致司法公开改革"本末倒置"。唯有法院在日常审判执行工作中,充分保障当事人的公平受审权和公正裁判权,才能逐渐积累起公众对司法公正的信任。

5. 在公开形式上综合使用传统载体与现代载体

随着法院系统信息化建设的迅速推进,司法公开的形式不仅限于查阅卷宗、旁听庭审。在充分利用报纸、广播、电视等传统媒体的同时,法院应充分发挥现代媒体传播快捷、更新迅速、便于交流等特点,提升信息化应用水平,运用门户网站、"三大平台"、微博、微信等自媒体,开展电视微博直播、公众开放日、新闻发布会等活动,搭建起集权威信息发布、业

---

① 高一飞:《国际准则视野下的司法公开》,载《河南财经政法大学学报》2014年第2期。

务查询办理、庭审直播、民意沟通等为一体的司法公开平台。

这意味着，一方面，综合使用传统载体与现代载体，扩大司法公开的广度与深度，目的在于让来自社会各个行业、不同阶层、诉讼能力不等的当事人更容易接近司法，迅捷、经济地获得司法服务，及时得到司法救济，从而改变当事人不敢、不想、无力启动司法救济，将诉讼作为迫不得已救济途径的局面；另一方面，司法公开需要扩大司法信息的传播面，提高全媒体环境下法治先行的传播力和影响力，法院不能照搬传统媒体的思路，传统载体与现代载体应"由单纯鼓动宣传向发挥综合功能转变"，即摒弃单纯"说服性传播"功能定位，确立"发布信息、对话沟通、实事服务、数据分析等综合性功能"。①

综上，司法透明指数评估指标体系将侧重于审判执行公开工作，并重点评测诉讼权利义务和重大程序事项告知、庭审公开、裁判文书说理性、不公开裁判文书事由公开、执行款物管理与处置透明度、拍卖透明度等方面工作情况。评估资料主要是纸质卷宗和电子诉讼档案，辅以法院审判管理系统、"三大平台"、门户网站的数据信息。

（三）指标体系的优化和完善

司法公开评估不同于案件质量评估或审判质效评估，受到司法辖区经济社会发展状况、人口数量、案件数量、案件类型等因素影响，同时受到法院审级、法官数量、司法辅助人员配置、办案经费保障等司法资源差异制约。调整、优化后的司法透明指数评估指标体系具有普遍适用性和推广应用价值，可供各级各地法院和科研机构作为开展司法公开评估的参考以及指标设计的蓝本。

1.指标调整的整体情况说明

司法透明指数评估指标体系仍保留民意调查指数和动态监测指数两部

---

① 张守增：《简论人民法院新媒体的功能定位》，载《人民法院报》2014 年 5 月 7 日。

分的基本构成，司法透明动态监测指数定格于司法行政公开①与审判执行公开两个维度。基于此前三年度的评估实践，笔者认为《司法透明指数评估调查问卷》的问题以具体、明确为宜，为便于受访者将问卷问题与受评法院建立起直接联系，应结合每一年度受评法院推出的司法公开措施和审理的有重大影响案件，对调查问卷逐年进行调整。

司法公开以审判执行公开（即公开审判执行流程与结果）为核心，以司法行政公开（公开与审判执行工作相关的审判管理、人事管理及财务管理信息）为补充，以司法公开保障机制为支撑。故审判执行公开应作为评估的重心，司法行政公开应作为评估的延伸，目前司法公开保障机制亦是评估的重要内容。

司法行政公开维度除了保留人事管理公开、财务管理公开一级指标外，另设审判管理公开指标（舍弃使用"审务公开"②这一歧义性概念），

---

① 在最高法院的规范性文件和重要报告中，"审判执行"（或"执法办案"）含义清楚，针对的是个案的审判执行工作，有时涉及信访工作，"法院管理"含义模糊。例如《人民法院工作年度报告》（2014）将审判管理、队伍建设、党风廉政、司法行政、信息化建设、接受监督、新闻宣传、对外交流等八方面工作均纳入"法院管理"之中。其中"司法行政"主要针对法院财务及经费问题，具体包括财务管理、经费保障、基础设施及装备标准化建设、司法技术辅助等。参见《人民法院工作年度报告》（2014）"管理创新篇"、"执法办案篇"，最高人民法院门户网站，http://www.court.gov.cn/zixun-xiangqing-13846.html，2015 年 3 月 18 日。本文中笔者使用"司法行政"一词，指法院的各项管理活动。"司法行政公开"维度旨在测评法院对涉及审判执行工作正常运转的管理工作信息公开情况，既包括审判管理信息公开，也包括人事、财务管理信息公开。"司法行政"一词也符合英美国家的司法实践。美国联邦最高法院与英国最高法院的行政管理事务均注重推进司法公开，建设现代服务型法院，重视科技创新及信息技术在审判工作中的运用。参见黄斌、杨奕编译：《美国联邦最高法院 2014 年年终报告》，载《人民法院报》2015 年 1 月 16 日；黄斌、杨奕编译：《英国最高法院 2014 司法年度报告》，载《人民法院报》2015 年 3 月 27 日。

② 有学者认为，审判管理是解读"审务"一词内涵的关键。参见高一飞、莫湘益：《论审务公开》，载《电子政务》2012 年第 12 期。法院审判管理职能的典型表现是案件质量评估或审判质效评估。2014 年 12 月，最高法院决定，取消对各高级人民法院的考核排名；除保留审限内结案率等若干必要的约束性指标之外，其他评估指标仅是统计分析的参考性指标，作为分析审判运行态势的数据参考；禁止各级法院以保证结案率为由，年底不受理案

目的在于约束高审级法院或院庭长的审判管理权，克服监督指导工作中的行政化倾向。使得审判管理权相对于审判权处于辅助性、服务性地位，以保证主审法官和合议庭的裁判主体地位。

审判执行公开维度设立审判流程公开、执行流程公开和裁判文书公开三项一级指标，各项二级指标评估内容在原指标体系（原立案公开、审判公开、执行公开、公众交流等四项一级指标下的二级指标）基础上进行调整（见图10）。根据10位专家对各部分指标权重的独立打分，"司法透明指数评估"课题组对指标权重设置进行调整，考虑到审判执行公开是司法透明评估的重点，因而权重略有上提（占70%）。

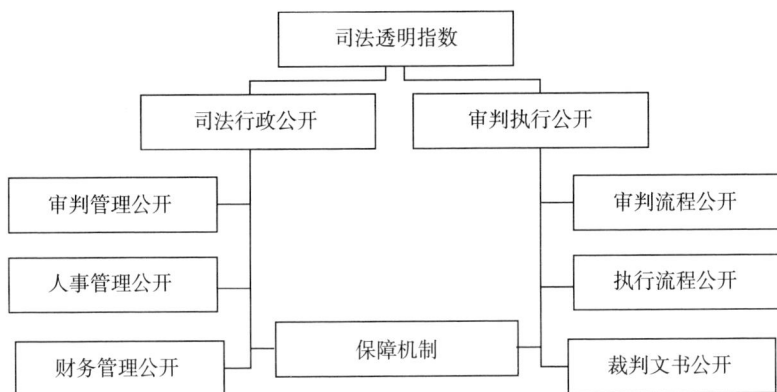

图10 司法透明指数测评指标体系构成

司法公开工作需要有完善的组织、制度保障，同时需要有相应信息技术、基础设施来确保其正常运行。强有力的保障能力对于深入推进司法公开，将司法公开落实到审判执行工作的各个环节是极为必要的。需要说明的是，通过顶层设计、统筹规划、统一建设，近年来司法公开的组织保障、制度建设、信息化建设获得了迅速推进。最高法院确定的近期目标

件的做法；同时要求各高级法院，取消本地区不合理的考核指标。参见《最高法决定取消对全国各高级人民法院考核排名》，人民网，http://legal.people.com.cn/n/2014/1226/c42510-26284167.html，2014年12月26日。

是，到 2015 年年底，形成体系完备、信息齐全、使用便捷的司法信息公开"三大平台"，建立覆盖全面、系统科学、便民利民的司法为民机制。[①] 长远看，在硬件设施、信息化建设水平趋于一致的前提下，司法透明指数评估的重心将更为明确，即围绕审判执行公开，发挥评估的督导作用，不断提升司法公开的质量和效果。

2. 调整优化后的指标体系

司法透明指数评估将司法行政公开、审判执行公开两个维度作为指标设计的基本结构；将审判管理公开、人事管理公开、财务管理公开、审判流程公开、执行流程公开、裁判文书公开、保障机制等七项一级指标作为指标体系的板块组合，设立二级指标 42 项（表 14）。

表 14　司法透明动态监测指标体系(2015—2016 年度)

一级指标	二级指标	一级指标	二级指标
审判管理公开（10%）	1. 机构信息（30%）	执行流程公开（20%）	22. 特定人员及单位参与旁听、特定案件新闻发布会（5%）
	2. 审判文件、审判工作及名册信息（30%）		23. 诉讼诚信记录和惩戒（5%）
	3. 指导性或参考性案例（20%）		24. 执行措施透明度（20%）
	4. 案件质量评估或质效评估（20%）		25. 听证、悬赏、拍卖公告（10%）
人事管理公开（5%）	5. 人员管理制度（30%）		26. 拍卖透明度（20%）

---

① 参见最高人民法院：《关于全面深化人民法院改革的意见——人民法院第四个五年改革纲要》（2014—2018）（法发〔2015〕3 号），中国法院网，http://www.chinacourt.org/law/detail/2015/02/id/148096.shtml，2015 年 2 月 4 日。

续表

一级指标	二级指标	一级指标	二级指标
人事管理公开（5%）	6.人员基本信息、审判业绩、奖惩情况（30%）	执行流程公开（20%）	27.执行款物管理、处置透明度（20%）
	7.离任、近亲属从事律师职业情况（20%）		28.执行人失信信息曝光度（10%）
	8.法官申报个人财产（20%）		29.执行裁决听证率（5%）
财务管理公开（5%）	9.财务制度及相关文件（30%）		30.特定人员、单位参与执行（5%）
	10.诉讼费收支、罚没款项公开（30%）		31.减刑、假释、监外执行公开（10%）
	11.年度财务预算与决算、政府采购（20%）	裁判文书公开（20%）	32.网上公开、更新、撤换情况（30%）
	12.法院"三公"经费（30%）		33.检索渠道、查询便利（10%）
审判流程公开（30%）	13.立案窗口服务（5%）		34.裁判文书说理（40%）
	14.诉讼或执行指南及网上立案服务（5%）		35.技术处理、不上网审查（10%）
	15.12368诉讼热线服务（5%）		36.裁判文书意见反映渠道（10%）
	16.案件流程信息查询及电子送达（20%）	保障机制（10%）	37.组织机构设置（10%）
审判流程公开（30%）	17.开庭、质证、听证公告（10%）		38.制度建设（20%）
	18.诉讼权利义务和重大程序事项告知（20%）	保障机制（10%）	39.诉讼服务中心规范化建设（20%）
	19.庭审与听证旁听便利度（20%）		40.信息化建设（30%）
	20.同步录音录像（5%）		41.司法公开投诉渠道（10%）
	21.审判委员会审议案件告知（5%）		42.司法公开责任与考评（20%）

注：

1. 指标 5"人员管理制度"指针对法院工作人员（主要是法官）的评价、问责、惩戒、退出与保障制度；

2. 指标 17、25、29 的评估内容含听证公开，故听证公开不作为一级指标单独设立；

3. 指标 19、22 的评估内容含为媒体参与旁听、报道庭审情况提供便利；

4. 指标 22、30 用以测评法院接受监督情况。"特定个人"指人大代表、政协委员、执法监督员、机关团体代表和群众代表等。"特定单位"指人大、检察机关、人民政协、民主党派、工商联等；

5. 指标 22 的评估内容包括，法院审理重大案件是否及时发布权威信息，是否主动、及时、全面、客观地回应群众关切与疑惑，是否逐步形成审判与舆论的良性互动，用以测评法院舆论引导工作开展情况；

6. 指标 23"诉讼诚信记录"指针对虚假诉讼、恶意诉讼、无理缠诉行为，将上述三类行为信息纳入社会征信系统。"诉讼诚信惩戒"包括支持虚假诉讼、恶意诉讼的受害人就损害提起赔偿之诉；

7. 受评法院为基层法院时，不使用指标 31"减刑、假释、监外执行公开"；

8. 指标 39"诉讼服务中心规范化建设"涉及诉讼服务大厅、网上诉讼服务平台、12368 司法服务热线运行情况，网上预约立案、送达、公告、申诉等工作机制运用情况，远程调解、信访的视频应用情况；

9. 指标 40"信息化建设"包括"天平工程"、"三大平台"、法院门户网站、数字化或科技化法庭、诉讼档案电子化、执行指挥系统建设等内容。电子档案包括领导干部干预司法活动的信息记录；

10. 指标 42"司法公开责任"指因过失导致司法信息公开出现重大错漏，造成严重后果的，追究有关人员责任。"司法公开考评"指将司法公开工作纳入到绩效考评范围，在最高法院出台考评办法前，各级法院可先行制定考评制度。

二级指标设立采取保留、整合、新设三种方式：第一，保留原指标名称及评估内容，即指标 7、8、9、11、12、20、21、31，共 8 项；第二，保留评估内容并将其整合进其他指标，即指标 1、2、3、6、10、13、14、16、17、18、19、22、24、25、26、27、29、32、37、38、39、40，共 22 项；第三，增加评估内容并设定新指标，即指标 4、5、15、23、28、30、31、33、35、36、41、42，共 12 项。如下司法信息属于内部公开事项范围，暂不纳入司法透明指数的评估内容：第一，分案内部公示制度执行情况，变更审判组织或承办法官理由说明及公示；第二，发回重审和指令再审文书的公开释明机制，以及案件信息反馈情况；第三，院、庭长在监督活动中形成的文书入卷存档情况；第四，审判委员会会议材料、会议记录，审判委员会决议事项的督办、回复和公示情况，审判委员会委员履职考评及内部公示。

在坚持"整体性、层次性、开放性"评估原则的前提下，司法透明指标调整与优化应充分考虑司法公开的现实条件和状况：一方面，具体指标设置应尽可能设定最具代表性、典型性的指标，将当下司法公开工作的重点和短板作为重点评估内容，并加大这一类指标权重，用以测评司法公开的实际水平；另一方面，兼顾各地、各级法院司法公开工作开展情况的差异，保证指标体系实施的可行性、便利性。根据二级指标的重要性和可行性，笔者将其分为核心指标、重要指标和参考指标：在审判流程公开、执行流程公开、裁判文书公开、工作机制中，占上述一级指标权重 20% 以上的二级指标均为重点指标，即指标 16、18、19、24、26、27、32、34、38、39、40、42，共计 12 项；人事管理公开和财务管理公开中除指标 5 "人员管理制度"、指标 6 "人员基本信息、审判业绩、奖惩情况"外，指标 7、8、9、10、11、12 均可作为参考指标，共计 6 项；除核心指标和参考指标外，其他指标均为重要指标，即指标 1、2、3、4、5、6、13、14、15、17、20、21、22、23、25、28、29、30、31、33、35、36、37、41，共计 24 项。核心指标与重点指标设计主要根据最高法院《关于推进司法公开三大平台建设的若干意见》(2013)、《关于人民法院在互联网公布裁判文书的规定》(2013)、《关于人民法院执行流程公开的若干意见》(2014)、《四五改革纲要》。鉴于试点单位吴兴区法院司法公开工作进展顺利、成果显著，除了指标 31 "减刑、假释、监外执行公开"外，其余 41 项指标均用于后一阶段该院的评估工作。其他法院可仅使用核心指标和重要指标，或使用参考性指标，但评估结果不纳入考核范围。

结 语

中国司法公开改革目标定位于"以公开促公正"、"以公正立公信"、"以公信树权威"。司法公开改革进展及其成效，现已成为具有全局性、战略性、前瞻性的司法理论与实践问题。司法公开评估的首要作用在于，对司法公开工作进行动态监测。指标设计是开展评估的前提，亦是评估工作成效的决定因素。科学合理的指标体系应具备当前当地的适应性和实用性，既能客观反映司法公开的基本状态，又能发挥诊断、反馈作用。因此立足司法公开改革实践，结合司法政策要求，明确司法公开的内容、性质、范围、对象和载体，在此前提下调整和优化指标体系，有助于健全司法公开机制，深入推进司法公开改革，促进改革预期目标的实现。司法透明指数评估为司法公开评估提供了可资参照的案例，并使司法公开实践与理论研究有所提升。

后 记

本文是我担任首席专家的国家社科基金重点课题"司法透明指数研究"的阶段性成果，发表在《浙江大学学报》（人文社会科学版）2015 年第 4 期，由浙江大学博士后肖建飞副教授与我合作完成，肖建飞副教授为第一作者。

本文考察司法透明指数吴兴实验、浙江法院阳光司法指数、河北法院阳光司法指数三个案例，着重分析其指标体系的共性与差异。当下司法透明指数评估的目标应定位于，持续推进司法公开，督促法院保障公民获得公正裁判权与知情监督权；指标设计的前提在于，明确司法公开的内容、性质、范围、对象和载体；适应评估实效性要求，调整评估维度，优化、完善具体指标设计。调整、优化后的司法透明指标体系具有普遍适用性和推广应用价值。

中国信息公开的实证考察

——中国法治实践学派的实验

2013 年 11 月 12 日中国共产党第十八届中央委员会第三次全体会议通过的《改革决定》指出："让人民监督权力，让权力在阳光下运行"；"推行地方各级政府及其工作部门权力清单制度，依法公开权力运行流程。完善党务、政务和各领域办事公开制度，推进决策公开、管理公开、服务公开、结果公开。"可见，信息公开是未来中国深化改革的极其重要的内容。那么，《政府信息公开条例》颁布以来，实施成效如何？实践中存在什么问题？我以中国法治实践学派的实验为例来谈谈看法。信息公开，归根结底是一个法治问题。信息公开，从根本意义上说，是为了公民的权利的实现。而保护公民的权利，则是法治的目标。

一、中国法治实践学派的由来

（一）中国法治实践学派的界定

我需要先对中国法治实践学派做个解释，因为中国法治实践学派是一个新名词，有的朋友可能还没听说过。这个名词是我 2012 年 12 月 15 日在杭州召开的中国法治国际会议上提出来的。2012 年 12 月 16 日，我又在北京召开的中国社会科学论坛上阐述了中国法治实践学派。这个概念引起了中国法学界的讨论。

1999 法治入宪以前，学者们对法治的研究一般围绕意义、必要性等问题的探讨，"经院式"研究为主。1999 年以后，很多学者仍然习惯于"经院式"研究。也有一批学者表现出"批判式"特点，主张直接搬用西方法治的价值和模式。中国法治实践学派既不停留于"经院式"，也不滑向"批判式"，而是充分表现了一种"实践式"特点。中国法治实践学派强调理论，也强调实践；主张借鉴，但考虑中国现实；也有批判，但更注重实际建树。[①] 当然，这样的划分是相对而言的。而且，各种研究方式都有其优势，中国法治的发展来自"实践式"、"经院式"、"批判式"等多元的贡献。

我用这个名词概括一个致力于中国法治研究、具有"实践"特点的中国法学家群体。我这样定义这个学派："中国法治实践学派是以中国法治为研究对象，以探寻中国法治发展道路为目标，以实验、实践、实证为研究方法，注重现实、实效，具有中国特色、中国气派、中国风格的学术群体的总称。"[②] 中国法治实践学派有三个关键词：中国，法治，实践。

（二）中国法治实践学派直接源于法治指数实验

这个学派的提出源于我主持的若干实验性的研究。

2006 年 2 月 8 日，时任浙江省省委书记的习近平同志到杭州市余杭区调研"法治浙江"建设工作。余杭区响应习近平同志的调研精神，启动"法治余杭"建设工程，并聘我为顾问，同时被聘请的还有国内其他 9 位学者专家。我向余杭区委区政府提出一个建议，研究出台一个量化法治的

---

① 钱弘道：《中国法治实践学派正在形成》，载《中国社会科学报》2013 年 2 月 7 日。
② 钱弘道：《中国法治实践学派的兴起和使命》，载《浙江大学学报》（人文社会科学版）2013 年第 5 期。

评估体系，测定法治指数。余杭区委区政府采纳建议，并委托我主持该课题。2007 年，中国第一个全方位的法治评估体系出台。2008 年，中国内地第一个法治指数发布。

从 2006 年至今，我们一直深入持续地在余杭开展实验和研究。余杭因此被司法部领导称为"全国法治试验田"。法治指数实验被评为浙江改革开放 30 年百件大事之一。法治评估体系、法治指数成为"法治余杭系统工程"的引擎，直接推动了余杭法治的发展，当然也直接推动了余杭区的信息公开工作。当然，其意义远不局限于余杭地区。我们是把余杭作为法治浙江、法治中国的试验田。余杭法治指数的实践是法治中国的探索和见证。①

令人欣喜的是，《改革决定》第 30 条将"建立科学的法治建设指标体系和考核标准"作为推进法治中国建设的重要内容。我们觉得，我们为这个重大决定作出了贡献，不管贡献大小如何。这个决定体现了习近平同志的政治经验。特别在法治问题上，离不开"法治浙江"的实践经验。

多年来，我们在浙江的法治实验形成了一些鲜明的特点：走出书斋，正视中国现实，参与社会实验和实践，与政府协同创新，讲究实证方法，追求实际效果，探寻中国法治发展道路。我们在法治实验中形成共识，一致认为提出中国法治实践学派是水到渠成，时势使然，意义重大。或者说，我们提出中国法治实践学派，也是为了提出一个今后的努力方向和行动纲领。

实际上，1999 年后，在全国各地，许多法学家开始注重实地调查，运用实证研究方法，讲究实际效果，甚至直接参与了各地法治的创新实践。我们将这样一个具有相同研究对象、研究方法、研究旨趣的法学家群体称为中国法治实践学派，有助于在推进法治中国建设中形成合力。中国当前的法治建设，更需要的是学者和政府形成合力，协同创新。从某种意

---

① 钱弘道：《法治指数：法治中国的探索和见证》，载《光明日报》2013 年 4 月 9 日。

义上讲，中国法治实践学派在中国的出现是一种必然。

中国法治实践学派正在形成的过程中。许多问题并不成熟，有待深入研究。中国法治实践学派的形成有赖于理论的深化，这种理论深化必须立足于更多的法治创新实践。电子政府发展指数、司法透明指数等项目正是中国法治实践学派在法治指数实验后试图推进法治中国创新实践的新的努力。

二、政府信息公开和电子政府发展指数

（一）电子政务水平是信息公开状况的晴雨表

《政府信息公开条例》是 2008 年 5 月 1 日起施行的，至今 5 年多实践了，效果如何？

政府信息公开方式一般包括：电子政务；政府公报或者其他报纸、杂志；政府新闻发布会以及广播、电视等新闻媒体；在政府机关主要办公地点等地设立的公共查阅室、资料索取点、政府信息公告栏、电子等场所或者设施。比较而言，电子政务信息公开及时，成本低，内容全面，可以满足不同的需要。[①] 发展电子政务，可以促进政府与民众的有效互动，促进政府信息公开，向社会提供优质、规范、透明、符合国际水准的管理与服务，推动法治政府、善治政府、效能政府目标的实现。比起传统电子政务，微博更具有双向沟通的优势，正在创新一个全新的电子政务时代。政务微博将在提高政府信息公开化、扩大公众参政议政途径以及创新社会管理模式等方面发挥越来越重要的作用。电子政务正在成为信息公开的最重要的途径。电子政务水平是信息公开状况的晴雨表。

---

① 参见陈堭建：《电子政务与信息公开》，http://www.doc88.com/p-985344049658.html。

（二）电子政府发展指数

中国政府的电子政务究竟达到什么水平？电子政务是否具备良好的条件？

我们启动了中国第一个电子政府发展指数——杭州电子政府发展指数的实验。这也是中国法治实践学派的一个重要实验案例。这项实验的目的是测度电子政府发展的水平。这里我们使用"电子政府"这个概念，因为从涉及主体范围看，"电子政府"比"电子政务"更广，电子政务往往局限于行政机关。电子政府是一种实体，而电子政务是一种过程或行为。

通过这项课题的实证研究，我们发现，政府信息公开的水平很大程度上受制于电子政府发展指数的三个评估维度：电信基础设施指数、人力资本指数、在线服务指数。通过"电信基础设施"、"人力资本"、"在线服务"三方面的评估，我们能清楚地评估某区域电子政务的水平、发现问题以及需重点改善的方面。

我们对杭州市13个县市区进行了大量实地考察调研和动态观察。客观地讲，《政府信息公开条例》颁布后，杭州市的13个县市区的电子政务信息公开是有很大进步的。这表现在各县市区在围绕电子政务的各种创新实践上。各县市区都在积极探索政务公开的内容、方式、渠道，探索发展电子政务的基础设施建设。无论是经济、社会事务还是政府决策，基层政府都通过政府网站强化了政府与企业、与普通百姓之间的交流和对话，加深了民众对政府工作、政府事务的了解程度，提高了民众的知情权、发言权、参与权、监督权。

我们当然也发现了问题。根据2012年电子政府发展指数测定的情况来看，杭州市各地区的电子政务发展水平普遍较低，处于中下水平。13个地区电子政务指数的均值仅为0.5875。仅有不到一半（6个地区）的电子政务指数在平均分以上。得分在良好（指数在0.75分以上）的仅有三个地区，不到总数的三分之一。超过一半的地区（排名后7位的区县）的电子政务指数得分在"及格线以下"。四个地区(淳安县、临安市、桐庐县、富阳市）电子政务总指数不足 0.5 分。

杭州市电子政务发展水平存在着严重的地区不均衡，电子政务发展的先进地区与落后地区差距相当大。不同地区在电子政务水平上的离散性远远大于其趋同性。在 13 个地区中，无论是电子政务水平最高的拱墅区（总指数为 0.8709 分）和电子政务水平最差的淳安县（总指数为 0.3220）相比，还是排名前三位的地区（均值为 0.8005）和排名后三位的地区（均值为 0.3677）相比，水平较高的地区都约是水平较差地区的电子政务指数的 2 倍多。

以"电信基础设施"这一指标为例。有超过半数的地区在"电信基础设施"这一指标上的得分都不到 13 个地区平均水平的一半。城区明显优于郊区、市、县。6 个城区在电信基础设施的投入比较乐观，且 6 城区之间的情况差距不大。

地理位置与自然条件、社会环境、政府财政收入与居民收入水平等有关具体因素会影响各地区电信基础设施建设。我们正在做进一步的分析。

再以"在线服务指标"为例。杭州市政府在运用门户网站提供公共服务方面还有很大的提升空间。例如，从 13 个地区在"在线服务指数"方面的总得分来看，有超过半数的地区"在线服务指数"的得分偏低，有 7 个地区的指数分值在 0.6 分左右，甚至更低，还有零分。

（三）通过调研和电子政府发展指数测评的几点认识

通过调研和指数测评，我们看到：

第一，一个区域的电子政务发展绝不能仅仅取决于该区域的政府网站。例如，某一区域的政府网站有先进的"在线服务"，但该区域相对缺乏"电信基础设施"，导致大部分市民缺乏上网设施；或该区域的"人力资本"根本不足，即大部分市民根本不懂上网、利用网上资讯。

第二，《政府信息公开条例》对有些地方并没有发挥导引作用。主要原因有两个方面：其一，信息公开状况差的地方一般受制于电子政府发展的基础条件；其二，信息公开水平往往决定于主要领导特别是"一把手"的决策。

第三，各地的电子政务存在普遍而严重的割据现象。电子政务条块分割和分散化倾向明显，政务网络资源整合利用难度较大[1]，各个部门之间的信息不交换、不共享，无法进行有效的信息资源整合，缺乏统一规划、组织和协调[2]，存在部门保护主义、地方保护主义。

要解决上述问题，中国各级政府必须树立一个共识：

以法治为根本目标，以保障民众的知情权、参与权、发言权、监督权为根本诉求，通过电子政务充分体现程序的透明和对权力的约束，充分体现电子时代政府治理的民主性，努力实现《政府信息公开条例》和建设"法治中国"的要求，而不能把电子政务当作增加政府负担的累赘。

（四）关于电子信息的法律和政策的一点考虑

信息公开需要一个良好的电子信息法律恶化政策。一个好的制度才会产生效率。当前，中国的法律和政策不能及时满足电子信息发展的需求。电子政府发展指数测评中所反映的问题，有些是需要法律和政策及时调整的。法律和政策准备不足，"电信基础设施"、"人力资本"、"在线服务"这三个领域的发展就会有障碍。中国的法律和政策对电子政府发展的准备是不足的。这可以从经济学人的电子准备度测评中得到反映。经济学人智库与 IBM 研究院从 2000 年开始合作，在电子准备度这一基本概念和范畴下每年对全球 70 多个国家和地区的电子信息条件进行测评（英文叫作 The Economist Intelligence Unit e-readiness Rankings）。中国历年排

---

[1]　于施洋：《对新时期我国电子政务发展几个问题的思考》，载《电子政务》2008 年第 1 期。

[2]　邹永利、王春强：《解析我国电子政务中的"信息孤岛"现象》，载《农业图书情报学刊》2008 年 3 月。

名都靠后。如 2009 年电子准备度中国分值为 4.33，在 69 个国家和地区中排名 56。其中，中国电子信息环境的制度性指标——法律环境（legal environment）分值 5.10，排名 55；政府政策和愿景（government policy and vision）分值为 4.75，排名 557，都很靠后。而这两个指标的权重分别占 10% 和 15%，综合权重占据了电子准备度分值计算一级指标的 1/3。由此可见，中国要真正提升电子政务水平，真正做到信息公开，要高度重视用法律和政策支持电子政务的发展。决定和影响一国电子信息未来发展的，更主要在于适当的制度设置和政策引导以及先进的立法理念等软实力的提升。

从实际情况看，电子信息立法中高位阶法律法规数量较少，仅有 3 部——《中华人民共和国电子签名法》、《全国人大常委会关于维护互联网安全的决定》（2000.12）和《全国人民代表大会常务委员会关于加强网络信息保护的决定》(2012.12)，且其中两部是更具临时性和权宜性的"决定"。

美国 1996 年即制定了《电子信息自由法》（Electronic Freedom of Information Act）。而中国到 2008 年才有《政府信息公开条例》，还没有上升到《信息公开法》这个位阶。此外则主要是部分省市自行制定的地方政府规章，如《广州市政府信息公开规定》、《上海政府信息公开规定》、《杭州市政府信息公开规定》等。

至于电子民主方面更是薄弱。例如，依托电子信息技术而形成的较高形式的数字化民主方式，如网上选举、电子政府论坛、通过电子信息技术参加政府会议等方面的立法基本阙如。

三、司法公开的努力和局限

（一）司法公开原则和中国法院的行动

司法公开是一项宪法原则。《中华人民共和国宪法》第一百二十五条规定:"人民法院受理案件,除法律规定的特别情况外,一律公开进行。"司法公开是一项基本的诉讼制度。司法公开是衡量法治的标尺,是法治社会的本质要求。

那么,中国法院是如何贯彻司法公开原则的?

最高法院采取了一系列行动,推进司法透明改革。这突出地表现在最高法院发布一系列与司法公开有关的文件,这些文件构成司法公开改革的依据和机制。这些文件主要有:《关于严格执行公开审判制度的若干规定》(1999)、《关于人民法院执行公开的若干规定》(2006)、《关于加强人民法院审判公开工作的若干意见》(2007)、《关于司法公开的六项规定》(2009)、《关于人民法院接受新闻媒体舆论监督的若干规定》(2009)、《司法公开示范法院标准》(2010)、《关于人民法院在互联网公布裁判文书的规定》(2010)、《关于人民法院直播录播庭审活动的规定》(2010)。

总体来看,司法透明改革已成为中国司法改革的重点内容。

(二)司法透明指数的推出

2011年,我向浙江省高级人民法院提出测定司法透明指数(也叫阳光司法指数)建议,被采纳,并受浙江省高级法院委托主持司法透明指数研究。我提这个建议的初衷是解决全国法院普遍存在的司法公开华而不实的现象。虽然,最高法院有《司法公开示范法院标准》,但各地法院都是局限于自己系统内部考核,成绩都很高,都能拿90多分。这种法院内部司法公开考核形成不了有力的督促机制。司法是否公开透明不是法院自己说了算,而应该是公众说了算。

司法透明指数成为中国法治实践学派的又一个实验项目。我们选取浙江省湖州市吴兴区法院为试点,并邀请吴兴区法院的一些法官参与课题研究。我们在省内外进行了大量调研。2012年12月,我们发布了中国第一个司法透明指数——吴兴区法院司法透明指数为0.616,司法透明水平刚过及格线,处于初级阶段。

这项研究得到了最高法院院长周强的高度肯定。周强院长希望浙江省的司法透明指数实践能在全国产生示范作用。我们与浙江省高院合作完成的司法透明指数测定方案得到了实践应用。从 2013 年起，浙江省高院委托中国社会科学院对全省 103 多家法院开展司法透明指数的测评。

（三）中国司法公开的局限

通过这项实验，我们发现，当前中国的司法公开内容是有较大局限的。最大的局限是轻视并且忽略了法院的行政管理公开。

我们将司法透明定格在两个维度上：一是行政管理；二是司法过程。司法透明既要求司法过程必须透明，也要求法院行政管理必须透明。当然，在指标权重分配上可以向"司法过程"倾斜。根据行政管理和司法过程这两个维度，我们设定六个一级指标。行政管理包括：人事管理，财务管理，公众交流。司法过程包括：立案公开，审判公开，执行公开。

最高法院《关于司法公开的六项规定》将司法公开的目标确定为"立案、庭审、执行、听证、文书、审务"六个方面。它主要考虑司法过程的公开，没有体现法院行政管理方面的公开。

法院的工作重心当然是审判，但任何法院都离不开行政管理。离开行政管理，审判就难以运行。法院审判主体是法官，对法官的管理是行政管理的要害。法院为什么公信力不高，缺少权威？因为法官腐败让公众失去信心。

中国法院的一个典型特征是行政管理色彩特别浓厚，这种法院行政管理模式实质上影响着司法过程的运行，并影响着司法过程的结果。例如，某法院院长接到领导批示，启动再审程序，指示法官对已经生效的判决进行改判。当事人不服，申诉到更高层级的法院，再次赢回官司。这个当事人是香港人。他打完这个官司感慨万千。

中国法院将每个法官都纳入一种行政化的体系之中。官阶的设计套用行政体系级别、科级、处级、厅级，省高院的院长是副省级。法官接受庭长、副庭长的领导，庭长副庭长接受院长、副院长的领导，院长听从上级党委领导。法院内部基本上是与行政机关一样的等级模式。这种行政色彩浓厚的特点更需要我们深入思考法院行政管理透明问题。行政管理是否透明，直接影响司法过程透明。

裁判文书公开是司法公开的一个要害。专家学者呼声很高。我们研究了很多裁判文书，发现裁判文书普遍存在一个问题：质量不高，特别是裁判理由不充分。重要案子的裁判文书理由不足，更不要说那些普通的案子了。例如，辽宁黑社会老大刘涌案二审改判的判决书就没有充分阐述之所以改判的理由，裁判理由"简单而又模棱两可"①。"薄熙来案"的初审判决书的理由相对于该案复杂的事实陈述来说，显得很单薄。

（四）司法透明指数测评发现的其他问题

通过司法透明指数的测定和数据分析，我们也发现了吴兴法院司法公开中存在的问题，主要表现在：

（1）司法公开程度的把握认识不统一。如不少社会公众认为法院应当将人事任免、奖惩情况、财务开支、诉讼费收取等内容都予以公开，但一些法院干警认为上述内容有些指标超前。

（2）司法公开工作的深入推进存在阻力。一些法官思想僵化，固步自封，对法院司法公开的新要求和信息化建设适应能力差，积极性不高。不少干警有畏难情绪，甚至部分干警有抵触情绪。比如裁判文书上网，不少法官担心文书公开后差错和瑕疵被曝光而不愿意公开，文书审核部门也因为审核工作量太大而存在畏难情绪。

（3）司法公开的创新举措实效不强。不少司法公开的举措，社会公众知晓度较低，一些设施的利用率也不高。例如，吴兴法院在门户网站开设在线诉讼服务中心，主要是为方便外地群众咨询吴兴法院诉讼服务内容，

---

① 宋英辉：《刘涌案的法理思考》，载《政法论坛》2003年第5期。

但不少外地群众对吴兴法院的这些服务内容并不了解。

（4）司法公开的机制保障不到位。尽管吴兴法院针对司法公开制定出台了不少文件规定，但司法公开涉及范围广泛，不少内容还是欠缺制度规范。另一方面，尽管司法公开的内容很多都纳入了绩效考核的范围，但是由于考核的相应激励机制欠缺，责任追究和惩处手段不强硬，不少规定流于形式，措施的落实得不到保障。

（五）中国司法公开改革值得期盼

司法透明指数的测定已经产生倒逼效应。中国社会科学院法学所已经完成了 103 家法院的测评。有些排名在后的法院已经感到紧张。有的长时间不更换网站内容的法院已经感到火烧眉毛了。我们的试验点吴兴区法院总分排名第一。我们有理由相信，中国司法公开改革会有重大进步。2013年 11 月 28 日，全国法院司法公开推进会在广东省深圳市召开。最高法院院长周强在会上说，推进审判流程公开、裁判文书公开、执行信息公开三大平台建设，全面深化改革，努力实现阳光司法，不断提高司法公信力，让人民群众在每一个司法案件中都感受到公平正义。周强还强调，推进司法公开要着力实现"四个转变"：变被动公开，为主动公开，变内部公开为外部公开，变选择性公开为全面公开，变形式公开为实质公开。周强的意见是司法公开的利好消息。

结　语

尽管《信息公开条例》颁布以来，信息公开工作许多方面不尽人意，但我们还是充满信心的。因为中国共产党已经清醒地认识到，信息是否公开，直接影响执政的正当性。中共中央十八届三中全会关于改革的重大决定将信息公开作为重要内容，表明中国信息公开的未来前景是值得乐观的。如果信息公开工作让公众失望，那么法治就不会有好的前途，中国改革就不会有大希望。正在形成中的中国法治实践学派，作为法学界的一个群体，将更深入地进行一些实验、实践、实证性的研究，推进中国信息更加公开，推进法治中国建设。中国法治实践学派应该责无旁贷地成为推动法治中国的重要力量。

Ⅰ 后 记

本文发表在《中国法律》（中英文版）2014 年第 3 期。

本文原是我 2013 年 12 月 5 日在"中美关系、信息公开与治理：中国内政与外交政策热点问题的思考"国际研讨会上的演讲（香港）。研讨会由北京大学传播与文化研究所、北大全球治理研究中心、国际战略研究会主办，香港大学政治与公共行政学系、《镜报月刊》、《亚洲周刊》等机构协办。

网络社会的基本特征和治理创新

　　网络社会的兴起正在深刻地改变传统社会的交往模式。网络社会带来诸多治理难题。公众对公共事务表现出前所未有的参与热情。公众通过网络与政府、司法机关之间不断发生质疑、协调、谈判、回应的博弈事件。雷洋案就是典型。把握网络社会的特征，进而实现治理创新，是全面深化改革的重大课题。实现治理现代化目标的一个路径是社会共治。网络社会比实体社会更需要强调社会共治。网络社会的虚拟性、与实体社会的不可分割性、公众参与的广泛性三个特征指向的治理模式就应当是共治。为了实现网络社会共治目标，必须清楚界定公权和私权，必须强调责任和信用，必须创新公众参与机制。

　　网络社会最基本的特征可以概括为三点：第一，网络社会具有虚拟性。什么叫"网络社会"？顾名思义，它是"网络的"，是通过互联网连接起来的；它是一个"社会"，是通过网络形成个人、组织互相联系、互相依存的关系集合。网路社会带有虚拟性，所以有人把它称为"虚拟社会"。相对于"实体社会"或"现实社会"而言，它是有硬件、软件所构成的信息网络为表现形态。第二，网络社会和实体社会存在不可分割性。网络社会和实体社会同属于一个社会，无法分割。人类社会发展到今天，社会的整体性特点从来没有改变过，也永远不会改变。社会永远只有一个。离开实体社会，网络社会就不可能存在。网络社会的主体仍然是实体社会的主体，网络社会的一切交流、交换都离不开实体社会。换言之，网络社会与实体社会存在着与生俱来的不可分割性。第三，网络社会具有广泛的公众参与性。与实体社会相比，公众通过网络参与社会活动更便捷，更快速，更有效率。网络社会因此迅速占据实体社会领地，迅速占据人们生活和思维的空间，由此形成公众广泛参与的特点。

界定公权和私权边界是网络社会共治的条件。不清晰界定公权和私权，就无法实现社会共治。网络社会发展的一个必然结果是公权和私权的界分出现了模糊状态。政府的困惑是：我该不该管？公众的困惑是：你凭什么管我？或者他人侵犯了我的权利，政府为何不管？法治的本质是公权和私权、私权和私权之间的博弈。网络社会意味着，公权和私权之间、私权和私权之间的博弈出现了新的表现形式，已有制度对公权、私权的界分出现了空白。原因就是在公权和私权之间、私权和私权之间出现了一个网络平台，出现了一个新的"虚拟世界"。

网络社会带来的公权和私权、私权和私权之间的博弈新内容、新形态对制度设计提出了新要求。例如，互联网金融如何监管、互联网商品交易如何监管、互联网思想表达需不需要监管等等构成了大量的制度缺失。客观上，"互联网+"已经成为当代社会潮流，制度创新已经不能滞后，否则就会积累大量社会矛盾，积重难返。

责任和信用是网络社会的主题。正因为网络社会和实体社会是不可分割的，是同属于一个社会的，所以，实体社会或法治社会的基本原则都适用于网络社会。一个网路社会要称之为法治社会，与实体社会一样，有两样东西不可缺少：责任和信用。

政府、社会组织、企业、公民都应当承担责任。政府必须按权力清单履行自己的责任。权力清单除了按照法律法规清楚地设定权力内容外，还应当根据法治和服务精神设定服务范围，以避免推卸责任。例如互联网金融出现了许多新情况，但有的地方政府无所适从，以法律法规没有规定、权力清单未设定为借口，不主动作为，听之任之，以至于大量案件发生。当然，政府不是全能的。法治政府的目标也不是"全能政府"，而是"有限政府"，这就是为什么正在进行的改革把简政放权作为关键内容的原因。不应该由政府承担的责任，全部交给社会，交给社会组织、企业和公民来承担。如果社会组织、企业、公民不能或者没有很好的机会承担责任，网络社会将会是乱象重生。

信用应当成为网络社会的关键词。网络社会的信用缺失是一个不争的事实，甚至某些领域已经出现信用危机。信用本质上是一种交往关系。网络社会本质上也是一种交往关系。信用如果用于经济领域，就是一种经济关系。市场经济、信用经济、法治经济是统一的。政务诚信、商务诚信、社会诚信、司法公信等构成社会信用体系。如果社会信用体系不完善，诚实守信不能成为社会的常态，信用就会成为网络社会的奢侈品，网络社会法治化就无从谈起。这就是为什么中央顶层设计将社会诚信制度作为治理现代化重要内容的原因。

公众参与机制创新是网络社会法治化的题中之意。社会共治的根本特征是公众参与。网络社会天然的要求公众参与。如何创新网络社会的公众参与机制，是实现网络社会共治的重点。以互联网金融为例。"互联网＋金融"的发展衍生了一批有别于传统金融的金融新模式，包括互联网众筹、网络借贷、第三方支付、互联网理财等。互联网金融出现诸多监管漏洞，"跑路"、诈骗大案时有发生，受害者众多，一定程度上影响到了社会稳定问题。如何对互联网进行有效监管，引导互联网金融健康发展是当前金融和法治领域的重大问题。设计互联网金融法治建设指标体系，进行法治化水平测评，或许是一种公众参与监督的有效机制。"互联金融法治指数"可以用来测评政府监管互联网金融的水平，也可以测评互联网企业的法治化经营水平。科研机构、社会组织、行业协会、公民个人都可以通过互联网金融法治指数的研究和具体测评不同程度地参与监督，并且促使互联网金融法治指数成为可持续的常态监督机制和倒逼机制。这样，各种公众参与机制发挥有效作用，单纯的政府监管就被以公众参与为特征的社会共治取代，网络社会就会逐步走向真正意义上的法治社会。

| 后　记

本文是我在 2016 年 5 月 28—29 日第二届"法治社会·长江论坛2016——网络社会治理法治化"上的演讲（武汉）。

主要观点发表在 2016 年 6 月 6 日的《光明日报》的"圆桌论坛"：《互联网不是法外之地》。

走向大数据法治时代

我们身处于一个正在发生深刻变化的时代。互联网、大数据、云计算正在改变我们的思维方式。互联网提出了新课题：互联网法治，"互联网＋法治"。大数据提出了新课题：大数据法治。

一、思维方式的改变

以前，我们无法想象优步、滴滴打车、网上购物、互联网金融，无法想象马云居然凭借互联网创造了一个商业王国。今天，网上购物已经成了一种习惯，不经意间我们发现自己居然已经生活在微信圈里，发现在一个实体社会之外还创造了一个网络虚拟世界。虽然，虚拟世界主体的实体性决定了它无法脱离实体世界，但是，一个无法否认的事实是，虚拟世界给人类带来的变化是革命性的。中央政府提出"互联网＋"行动计划，人们开始编织"互联网＋"的梦想，人们将"互联网＋"付诸行动，人们被"互联网＋"搅得热血沸腾。

互联网思维已经从各个方位进入人们的头脑。与互联网思维相伴而生的是大数据思维。大数据的特点就是"大"。大到什么程度？大到海量。当然，大数据的特点不仅仅是"大"。大数据的数据产出是高速的，数据类型是多样的，数据来源是多渠道的。大数据的核心特质是对大规模的数据集合进行专业化处理，通过"加工"实现数据"增值"。大数据好比"人脑"的智能，是具有生命力的。由于数据采集、存储、分析技术的突破性发展，前大数据时代的样本思维正在转向大数据时代的总体思维。以前，由于条件限制，我们不得不采用样本分析方法。今天，我们能够获得与研究现象有关的海量数据甚至所有数据，而且方便、快捷。我们可以不再依赖于采样。前大数据时代的样本分析很难或者不可能反映事物之间普遍性的相关关系，大数据时代的海量数据分析恰恰可以做到这一点，可清晰呈现事物之间的相关关系。大数据之所以超越以前的样本思维，是因为它的全样本思维。大数据思维是一种智能思维，是一种定量思维、相关思维、实验思维。"智能"、"智慧"是大数据时代、大数据思维的显著特征。一个结论，我们的传统思维模式正在被大数据思维打破。长期以来，中国法学的数据思维是缺位的，我们需要填补这种缺位。

二、面临的重大课题

大数据给中国法治带来了什么？大数据带来一个重大课题，这个重大课题的名称，可以用"大数据法治"来概括。所谓大数据法治，是指将大数据技术运用于法治建设、用大数据技术推动法治的各项工作的开展，而不是仅仅对大数据本身的规范。

以司法为例。互联网司法、"互联网＋司法"已经引起理论和实践界的重视。例如：全国司法系统的司法公开主要借助互联网平台，已经取得良好发展；浙江省高级人民法院和阿里巴巴合作建立了"网上法庭"，便利了当事人诉讼，提高了审判效率；最高人民法院中国应用法学研究所、浙江法官学院与阿里巴巴合作成立了中国应用法学研究所互联网司法研究中心，对互联网带来的司法制度创新问题展开深入研究。在互联网融入司法的过程中，大数据也必然走进司法。从全国法院来看，每年1000多万个案件，10 年就有 1 亿多个案件的电子数据。司法公开的大量数据"趴"在平台上是资源的巨大浪费。怎么办？我们需要对海量的司法数据进行类型化的数据分析。挖掘数据之间的逻辑结构，揭示数据之间的相关关系，发现数据背后隐藏的司法规律，这就是"大数据司法"所要解决的问题。笔者曾向浙江省人民检察院领导提出用大数据技术支持检察工作的建议。日前，浙江省检察院与阿里云计算有限公司签署战略合作协议，双方将在浙江检察数据中心和检务云平台建设应用方面开展深入合作，通过数据上云、应用上云，更好地利用大数据服务检察机关决策、办案。用大数据思维服务侦查办案，实现远程办案协助、数据资源积累、平台资源共享，将成为检察工作的重大课题。

实际上，整个中国法治与司法面临着同样的问题。法治是一个庞大的系统工程。这个系统工程是制度、文化、精神等多要素的组合，同时它也必须以一个庞大的数据分析系统作支撑。抓住大数据这根神经，许多法治难题迎刃而解。例如，"同案不同判"的问题就可以通过大数据解决。一句话，法治系统工程离不开大数据，国家治理现代化离不开大数据。可以断言，互联网法治、"互联网＋法治"、大数据法治一定会深刻影响中国法治的发展，一定会深刻影响国家治理能力现代化。

三、促进大数据法治发展

面对互联网时代、大数据时代，面临互联网法治、"互联网＋法治"、大数据法治，我们无法回避，我们必须及时调整自己，我们必须付诸行动。2015 年 8 月 3 日，国务院印发了《促进大数据发展行动纲要》，提出建立"用数据说话、用数据决策、用数据管理、用数据创新"的管理机制，实现基于数据的科学决策，推动政府管理理念和社会治理模式的进步。政府在行动，学界也要行动，学界要努力推动政府加快行动的步伐。法学界已经有一些学者围绕自己的领域开展了与大数据相关的研究。中国法治研究院大数据研究中心的成立是一个行动的例子。该中心是国内第一个明确以"大数据法治"为研究对象的研究机构。中心组建包括数据分析、计算机、统计等相关专业人才参加的跨学科研究团队，着力推进一系列大数据法治的课题研究。随着学界对大数据的深入研究，"大数据法学"将会成为一个新兴领域。大数据法学将实现大数据和法学的科学融合，法学将因此产生新的活力。

"法治浙江"十年中出现了法治指数、司法透明指数、电子政府发展指数等典型法治事件，实际上已经昭示了大数据法治进程的开始。换言之，大数据法治概念的提出是法治指数、司法透明指数、电子政府发展指数等实验的必然逻辑结果。"中国法治实践学派"概念同样渊源于法治指数、司法透明指数、电子政府发展指数等实验。两者同出一源。"大数据法治"的关键词是"大数据"，"中国法治实践学派"的关键词是"实践"，"大数据"源于"实践"又用于"实践"。"大数据法治"可以成为"中国法治实践学派"的强有力支撑，两者是一个逻辑整体，共生共荣。

牛津大学网络学院舍恩伯格（Viktor Mayer-Schönberger）教授说："大数据开启了一个重大的时代转型，就像望远镜让我们感受宇宙、显微镜能够让我们观测到微生物一样，大数据正在改变我们的生活以及理解世界的方式，成为新发明和新服务的源泉，而更多的改变正蓄势待发。"中国正处于全面变革的时代，全面深化改革、全面推进依法治国是中国大变革时代的主题曲。我们可以把大数据看作大变革主题曲的强有力的音符。"大数据法治"提出了各种挑战，我们必须接受挑战，我们必须立刻行动起来，我们必须走进实践，以实践为师，知行合一，从中国实际出发，破解大数据法治难题，探寻中国法治发展道路，这正是中国法治实践学派反复强调的宗旨。

| 后 记 --

本文载于 2016 年 8 月 17 日《中国社会科学报》法学版头条。

"大数据法治"是我 2016 年 7 月 3 日在中国比较法学研究会年会上公开提出的新概念、新表述、新构想，用以概括描述法治建设的大数据战略。本文即我在中国比较法学研究会年会上的演讲。

在法治指数、司法透明指数、电子政府发展指数等实验的十年过程中，我多次谈到从法治指数到"大数据法治"的发展思路。以往，理论和实践界并未用"大数据法治"这一概念来概括描述未来中国法治的一个基本方向，并未用"大数据法治"对未来中国法治建设提出大数据战略构想。我同时提出"大数据司法"，用以描述"大数据法治"的一个正在发生深刻变化的重要方面。

治国理政的新飞跃

党的十八大以来，中国在治国理政上出现了新的飞跃。协调推进"四个全面"战略布局这一重大治国理政方略是新飞跃的集中表现。习近平同志强调："法治是治国理政的基本方式。"中国共产党把国家治理体系和治理能力现代化作为全面深化改革的目标，进而提出了全面推进依法治国方略，作为全面深化改革的保障，是长期执政经验的总结，是符合中国实际的科学决策，把握了治国理政的规律和要害，必将深刻影响中国的未来发展。

一、全面推进依法治国是必由之路

改革，最本质的意义，就是制度创新。离开制度创新，改革就是空话。国家治理现代化，其一表现为一整套现代化制度的安排；其二表现为是否具有执行这一整套制度的能力。这一整套制度安排，包括经济、政治、文化、社会、生态文明以及党的建设等各个方面。其中，以《宪法》为核心的法律体系是最核心的制度安排。国家治理能力是执行各项制度安排的能力，包括改革发展稳定、内政外交国防、治党治国治军等各个方面。其中，法治能力是核心能力，即治理主体运用法治思维、法治方式的水平。因此，全面推进依法治国本身就是全面深化改革的内在要求，直接决定改革的成败。

全面推进依法治国是巩固执政党地位的必由之路。实行法治是执政党确保执政正当性的最佳途径。执政是否具有正当性，取决于人民是否拥护。人心向背决定执政前途和命运。习近平同志指出："一个政党、一个政权，其前途和命运最终取决于人心向背。"人心向背关键看人民利益是否切实得到保护。只有依靠法治，才谈得上人民利益能够得到保护；只有全面推进依法治国，才能最大程度上保护人民的根本利益。

法治，不会削弱党的领导；相反，法治是执政党强基固本的科学方法。在中国，坚持党的领导、加强党的领导与法治是一致的。坚持党的领导、加强党的领导一直是中国法治的题中之意。党的十八届三中、四中、五中全会更加突出地强调了党的领导和依法治国的一致性问题。党的领导不是离开法治原则和精神的领导，而是遵守一切法律原则和规定的领导。如何坚持党的领导、改善党的领导、加强党的领导，使党的领导更加符合法治的要求，是中国法治理论和实践的特有课题。

二、坚持依法治国首先要坚持依宪治国

"坚持依法治国首先要坚持依宪治国"。如果宪法得不到贯彻，依法治国就失去了实质内容。

宪法确立了中国特色社会主义制度。"中国特色社会主义制度是中国特色社会主义法治体系的根本制度基础，是全面推进依法治国的根本制度保障。"中国特色社会主义制度的核心内容是人民当家作主，即人民是国家的主人，国家的一切权力属于人民，人民依法参与国家和社会事务的管理。

宪法确立了中国共产党作为执政党的合法地位，进而确立了依法治国的基本路线。习近平同志在关于《法治决定》的说明中明确指出，"坚持

党的领导，是社会主义法治的根本要求，是党和国家的根本所在、命脉所在，是全国各族人民的利益所系、幸福所系，是全面推进依法治国的应有之义。"

宪法作为根本大法，是国家一切法律法规产生的依据，由此确立了宪法实施的基本方式。习近平同志在纪念现行宪法公布施行 30 周年大会上提出："宪法的生命在于实施，宪法的权威也在于实施。"因此，我们必须通过建立与健全宪法监督、宪法解释、备案审查、宪法宣誓等一系列制度来保障宪法的有效实施。

在我国首个宪法日大会上，习近平同志指出："维护宪法权威，就是维护党和人民的共同意志的权威。捍卫宪法尊严，就是捍卫党和人民的共同意志的尊严。"唯有确保宪法的应有地位，才能有效树立宪法的权威，才能抓住依法治国的关键突破点。

三、依法治国已取得不少成就

习近平同志强调："治理一个国家、一个社会，关键是要立规矩、讲规矩、守规矩。"党的十八大以来，以习近平同志为核心的党中央紧紧围绕全面依法治国方略，通过一系列实践创新和制度创新，提出了一系列治国理政的新理念、新思想、新要求和新举措，并持续性推进实施，从而在立法、执法、司法与守法方面取得了重要进展。

第一，科学立法。习近平同志指出，科学立法是处理改革和法治关系的重要环节。例如：为保障中央重大决策部署的贯彻落实，健全了立法工作向党中央请示报告制度；为适应国家深化改革需要，全面启动了对我国法律体系的补充与修改；为更大程度上体现民意，普遍建立了立法机关和社会公众沟通机制；为保证立法质量的切实提高，开始实施立法前与立法后评估机制。

第二，严格执法。习近平同志强调，全面推进依法治国，必须坚持严格执法。例如：为发挥市场机制在资源配置中的决定性作用，国家大力开展行政审批事项的取消或下放；为有效约束政府权力，地方政府开始推行行政裁量权基准、权力清单等制度；为保障人民群众的切身利益，行政决策与执法中开始全面实施共商共治；为提高执法效能，不断推进综合执法改革与加强基层执法力量；为提高执法透明度，全面推进政务公开。

第三，公正司法。习近平同志强调，公正司法事关人民切身利益，事关社会公平正义，事关全面推进依法治国。例如：为推进司法管理体制改革，司法机关开始试点实行人财物统一管理制度，设立跨行政区划的司法机关、巡回法院、知识产权法院，完善司法人员分类改革管理和职业保障制度，健全防止人为干扰司法的制度；为保障人权，全面废除了劳动教养制度，健全了错案防止、纠正、责任追究机制；为保证司法权有序运行，推行司法责任制与司法公开，大力拓宽公众参与渠道；为便民利民，开始推行立案登记制改革，健全国家司法救助制度，完善法律援助制度。

第四，全民守法。习近平同志指出，各级领导干部在推进依法治国方面肩负着重要责任，全面依法治国必须抓住领导干部这个"关键少数"。例如：为提升领导干部的法治思维，确立了各级领导干部带头学法尊法守法用法制度、新的政绩考核指标体系和干部考察机制。依法治国重在全民守法。党的十八届四中全会指出："法律的权威源自人民的内心拥护和真诚信仰。"为帮助全民树立法治意识，确立了"谁执法谁普法"制度，健全了依法维权和纠纷化解机制，使全民在学法与用法中提升法治信仰。

四、如何推进依法治国进程

法治是一项牵涉到方方面面的庞大的系统工程。它的确是一场深刻的革命，它需要全国人民的智慧和力量。中国虽然已经有了一套法律法规体系，但离法治精神的要求还存在很大距离；在法治建设上取得了一定成就，但还有很多法治难题尚待破解。

中国的宪法实施机制尚不健全，立法工作的体制和机制尚不科学，权利公平、机会公平、规则公平的法律制度尚不完善，市场法律制度存在种种缺陷，民主政治法治化没有充分体现，生态环境、食品安全、医疗卫生、社会保障等一些重点领域的法律制度的建设没有让人民真正满意。这一系列问题摆在我们面前，需要我们挑起重担、担当责任。

立法要强调系统工程意识。要整体审视中国的法律制度体系，不能"一叶障目，不见森林"，不能"头痛医头，脚痛医脚"。立、改、废、释并举，增强法律法规的及时性、系统性、针对性、有效性。例如，互联网金融出了不少问题，光"叫停"不是办法。政府不能出现问题再介入，这时候为时已晚。如何通过立法，及时有效地解决互联网金融难题就是法治在金融领域的迫切问题。再如，虽然2014年我国对《环保法》进行了修订，但环保立法工作仍然任重道远，土壤污染、化学物质污染、生态保护、遗传资源、环境损害赔偿、环境监测等系列问题，需要从立法方面加以认真研究。

立法的民主性还远远不够。立法是少数人的事情并不是件好事。立法不仅要让更多的学者参与，还要让公民参与立法、监督立法。这既是培养全社会法治理念和法治精神的有效途径，也是真正实现立法科学化的可靠途径。立法以人为本，以民权、民生为上，就应当让公民广泛参与。

法治政府建设要强调法治政府建设的主体责任，要真正落实用法治成效考核领导干部的政绩。要制定科学的法治政府建设指标体系、法治社会建设指标体系。既要运用法治评估实现科学管理，更要通过第三方评估倒逼政府法治建设，从而实现法治和善治的目标。党内监督、人大监督、民主监督、行政监督、司法监督、审计监督、社会监督、舆论监督都应当充分发挥作用，而不是停留在形式上的监督。要创造各种制度和机制让人民群众参与到监督政府权力运行的各个环节。

司法要更加公开。目前，"三大平台"公开还存有很大局限。司法的行政和财务管理都应该公开。浙江省高级法院的"阳光司法指数"是具有创新价值和示范意义，可以在全国推广应用。河北省高级法院、江苏省宿迁中级法院等已经借鉴浙江省高院的做法，委托第三方测评"阳光司法指数"。实践表明这一做法是有效的。

目前进行的司法制度的各项改革，缺少科学的评估。每项改革，试点前必须经过反复论证评估。改革过程中也要进行效果评估。推广应用前都必须经过效果评估。效果好的推广应用，效果不好的可以舍弃，继续试验或替换方案。

目前执法、司法方面正进行的改革存在政府机关、司法机关过于自信的倾向，学者发挥的作用远远不够。法治是需要合力、需要协同创新的。一方面，实践界要主动邀请学者真正担任智囊，要充分发挥各种智库的作用；另一方面，学者要主动走进实践，走进基层，走进田野。学者要有强烈的中国法治实践问题意识，要真正掌握运用实证和实验方法，要追求理论研究的实际效果。我正是在这个意义上提出了"中国法治实践学派"这个概念。从世界范围看，中国走了一条有别于其他国家的法治发展道路。中国伟大的法治实践一定会为人类法治文明作出贡献，一定会催生出具有中国特色、中国风格、中国气派的法治理论和学派。中国的学者一定能够改变世界法学流派的格局。

| 后 记 ··

本文基于《中国社会科学报》记者采访写成。我的观点见2016年3月23日第931期《中国社会科学报》头版头条：《积极推进全面依法治国》。博士后方桂荣副教授参与修改讨论。

"法治浙江"的实践和经验

党的十八届四中全会专题讨论法治问题，并作出《法治决定》，对全面推进依法治国作出了高屋建瓴的布局谋篇。这是本届领导人让世界刮目相看的大手笔。这个大手笔与习近平同志关于法治的论述是分不开的。习近平同志有关法治的论述由来已久，全面推进依法治国是他长期思考法治、实践法治的必然产物。担任党的总书记之前，习近平同志在推行"法治浙江"建设实践过程中，已经为后来"法治中国"的提出和中共中央出台《法治决定》做好了充分的实践和理论准备。习近平同志的法治论述可以在他推动"法治浙江"建设进程中找到清晰的脉络。

一、法治建设以人民根本利益为出发点和落脚点

习近平同志关于"法治浙江"建设的论述主要体现在他的相关讲话、文章以及 2006 年《法治浙江决定》中。仔细分析上述文献，我们会发现，习近平"法治浙江"的根本特征是以人民根本利益为出发点和落脚点，一切法治建设工作都围绕这个宗旨展开。中央《法治决定》确定全面深入推进法治建设以"坚持人民主体地位"为基本原则之一。在具体贯彻落实以人民根本利益为出发点和落脚点这个宗旨上，我们可以用一个字概括习近

平同志的"法治浙江",这个字就是"实"。"实"字当先,从实际出发、强调实践、重视实效,成为早期"法治浙江"建设和当下"法治中国"建设的重要特征。

(一)"法治浙江"的顶层设计

习近平同志一直非常重视法治建设,尤其重视法治建设的顶层设计。在主持浙江省委工作期间,习近平同志将"法治浙江"置于浙江工作整体布局中以极为重要的地位,并在实践中不断丰富法治思想。

根据党的十六大和十六届三中、四中、五中全会精神,围绕落实科学发展观和构建社会主义和谐社会的要求,坚持社会主义法治理念,总结近年来依法治省的实践经验,全面分析当前的形势和任务,着重研究了建设"法治浙江"的若干重大问题,2006年4月26日,中共浙江省第十一届委员会第十次全体会议作出了《法治浙江决定》,在全国率先启动地方法治建设的顶层设计。《法治浙江决定》着眼于推进经济、政治、文化和社会建设的法治化,总共提出了十个方向、三十七个具体方面的工作;同时明确提出建设"法治浙江"是一项长期任务,是一个渐进过程,是一项系统工程。

《法治浙江决定》是浙江省委法治智慧的结晶,与习近平同志作为法治"第一责任人"的密切关联。《法治浙江决定》是在依法治国的大背景下,在习近平同志的主持下,"总结近年来依法治省的实践经验,全面分析当前的形势和任务"①,遵循"从群众中来,到群众中去"的工作方法,提出省域范围内的法治顶层设计。在指导思想、总体目标、目标分项等多个方面,中央《法治决定》与《法治浙江决定》一脉相承。《法治浙江决定》

---

① 《关于贯彻〈中共浙江省委关于建设"法治浙江"的决定〉的意见》(2006年5月17日),中国政府公开信息整合服务平台——浙江省分站,http://govinfo.nlc.gov.cn/zjsfz/xxgk/zjssft_13225/201112/t20111206_1152603.html?classid=439#,最后访问日期:2015年6月18日。

为中央《法治决定》奠定了基础。

（二）通过法治维护群众根本利益

习近平同志在浙江工作期间的文章和讲话都从不同角度强调法治建设要"以人民根本利益为出发点和落脚点"。例如，习近平同志在《坚持科学维权观》（2005 年 9 月 26 日）一文中提出"坚持科学维权，关键是要做到以人为本、依法办事、统筹协调……"在《法治：新形势的新要求》（2006 年 5 月 10 日）一文中提出"社会主义民主政治和公民参与的发展对落实依法治国提出新要求"；在《和谐社会本质上是法治社会》（2006 年 5 月 15 日）一文中提出"法治通过调节社会各种利益关系来维护和实现公平正义，法治为人们之间的诚信友爱创造良好的社会环境，法治为激发社会活力创造条件，法治为维护社会安定有序提供保障，法治为人与自然的和谐提供制度支持"。上述观点都是站在人民根本利益角度阐述法治建设的重大意义和重要议题。习近平同志担任总书记后，更加强调法治建设要依法保障全体公民享有广泛的权利，努力维护最广大人民根本利益，保障人民群众对美好生活的向往和追求。这既突出了法治的核心价值，也使社会主义法治建设具有广泛深厚的群众基础。

《法治浙江决定》的全部内容都围绕人民根本利益这条主线。例如，在"建设'法治浙江'的总体要求"部分提出，"以执法为民为本质要求，以公平正义为价值追求"、"在浙江全面建设小康社会和社会主义现代化建设进程中，通过扎实有效的工作，不断提高经济、政治、文化和社会各个领域的法治化水平，加快建设社会主义民主更加完善、社会主义法制更加完备、依法治国基本方略得到全面落实、人民政治经济和文化权益得到切实尊重和保障的法治社会，使我省法治建设工作整体上走在全国前列"。又如，在"建设'法治浙江'的基本原则"部分提出"坚持以人为本，坚持一切权力属于人民，以最广大人民的根本利益为出发点和落脚点，尊重和保障人权，做到执法为民"和"坚持公平正义。在立法、执法、司法活动中维护社会公平正义，做到公开、公平、公正，维护群众权益，维护国家利益"。再如，《法治浙江决定》明确指出在"十一五"时期"法治浙江"建设要"着眼于维护和实现人民群众的根本利益，完善维权机制，深入持续开展依法维权活动，重点做好妇女、未成年人、老年人、残疾人、农民工等社会群体的维权工作"。

（三）从"实"字上做文章

中共中央党校出版社出版了习近平同志的《干在实处　走在前列——推进浙江新发展的思考与实践》一书，辑录了习近平同志 2002 年至 2006 年担任中共浙江省委书记期间的重要报告、讲话、文章和批示。从这本书可以看出，强调"务实"，要求"干在实处"，是习近平同志一贯倡导的作风。他反复讲"实干兴邦，空谈误国"的道理，大力提倡尊重实际、注重实干、讲求实效的务实精神。他强调抓工作一定要"实"，要在深化细化具体化和实抓实干求实效上下功夫，有善作善成的韧劲，坚持不懈地抓下去。① 尊重实际、注重实干、讲求实效被称为习近平同志的"三实"。

习近平同志法治论述的特点是"实"。一切以人民利益为出发点，就要坚持从实际出发，就要一切付诸实践，就要一切见实效，就要让人民群众在法治建设中真正得到实惠。具言之，包括以下三个方面。

第一，从实际出发。习近平同志一直强调从中国实际出发。"坚持从中国实际出发"，这被中央《法治决定》确定为全面推进依法治国的原则之一。中国共产党的领导是中国最强有力的政治实践，习近平同志在浙江工作期间，多次强调要坚持中国共产党的领导。习近平同志在《党的领导是法治的根本保证》（2006 年 5 月 22 日）一文中指出："法治建设绝不是削弱党的领导，而是要从理念上更好地强化党的意识、执政意识、政权意

---

① 参见冷溶：《学习〈干在实处走在前列〉要领悟五点》，http://opinion.haiwainet.cn/n/2014/0827/c456318-21014379.html，最后访问日期：2015 年 6 月 16 日。

识，从制度上、法律上保证党的执政地位，通过改善党的领导来更有效地坚持党的领导、加强党的领导，通过完善党的执政方式来更有效地提高党的执政能力、保持党的先进性。"中央《法治决定》将"坚持中国共产党领导"确定为必须坚持的首要原则，即"党的领导是中国特色社会主义最本质的特征，是社会主义法治最根本的保证。把党的领导贯彻到依法治国全过程和各方面，是我国社会主义法治建设的一条基本经验"。

法治建设不能脱离实际条件。《法治浙江决定》开篇分析实际情况指出："当前，我省正处在全面建设小康社会的攻坚阶段。这一时期既是发展的战略机遇期，又是社会矛盾的凸显期。社会主义先进生产力的发展、经济体制改革的不断推进、人民群众民主法制意识的不断增强，对法治建设提出了新的更高要求，对党的执政能力特别是坚持科学执政、民主执政、依法执政提出了新要求。""法治浙江"建设是立足于"发展的战略机遇期"、"社会矛盾的凸显期"的经济、社会大背景，作出战略规划并稳步推进的。习近平同志推动"文化大省"、"美丽浙江"、"平安浙江"等工作都是基于实际条件的分析而展开的。

第二，强调实践。习近平同志非常重视实干。干在实处、走在前列，是习近平同志在浙江工作期间（2002年至2007年）对浙江各项工作提出的总要求、总方向、总目标。①《法治浙江决定》明确了法治建设的工作目标，并且将法治建设渗透到基层法治、经济建设、"平安浙江"、"美丽浙江"等各项具体实践中。《法治浙江决定》明确提出"'十一五'时期，'法治浙江'建设要突出抓好"的八项工作，包括着眼于为浙江经济社会全面协调可持续发展提供法制保障、着眼于加强对权力的制约和监督、着眼于维护司法公正、着眼于提高全民法律素质、着眼于维护和实现人民群众的根本利益、着眼于推进地方依法治理、着眼于坚持和发展基层民主、着眼

---

① 浙江日报特约评论员：《以走在前列要求引领全面深化法治浙江建设——一论深入学习贯彻浙江省委十三届六次全会精神》，载《浙江日报》2014年12月8日。

于促进企业依法经营、诚信经营。

习近平同志是马克思主义实践观的坚定的信仰者和行动者。他强调从群众中来，到群众中去。他重视从实践中总结法治经验，形成法治理论，反过来指导实践。他的法治论述立足于实践，付诸具体行动。习近平同志担任总书记后，一如既往地强调实践，实践，再实践。中央《法治决定》的出台为深入贯彻依法治国思想、全面推进法治中国建设设定了时间表。

第三，注重实效。习近平同志强调要在国家统一的法制模式框架下，根据已经具备的条件和能够创造的条件，主动把做得到的事情积极做好、作出实效。要围绕维护人民群众根本利益，把解决人民群众最关心的问题，作为推进"法治浙江"建设的切入点，使"法治浙江"建设一开始就惠及群众，让群众感受到实际效果。

惠之于民是一以贯之"法治浙江"与"法治中国"建设的目标，人民群众能否享受法治带来的真正实惠是衡量法治效果的核心指标。习近平同志强调，"地方和部门工作也一样，要真正做到一张好的蓝图一干到底，切实干出成效来。我们要有钉钉子的精神，钉钉子往往不是一锤子就能钉好的，而是要一锤一锤接着敲，直到把钉子钉实钉牢，钉牢一颗再钉下一颗，不断钉下去，必然大有成效。"[①] 中央《法治决定》同样表现了注重实效的特点：既重视顶层设计，又强调切实管用；既讲近功，又求长效。

二、法治建设工作重心下移、力量下沉

在"法治浙江"建设中，高度重视基层法治建设是习近平同志"以人民根本利益为出发点"的法治论述的一个突出表现。习近平同志在浙江工作期间，一再强调基层法治建设。习近平同志有关基层法治建设的论述在

---

① 《习近平在中共十八届二中全会第二次全体会议上的讲话》（2013 年 2 月 28 日），载《习近平谈治国理政》，中国共产党新闻网—理论—理论书库，http://theory.people.com.cn/n/2014/1225/c391839-26275167.html，最后访问日期：2015 年 6 月 2 日。

浙江产生了良好效果。"法治浙江"也充分展现了基层法治的成绩,许多工作在全国走在前列,并成为全国其他地方学习的样本。习近平同志关于维护人民群众根本利益为出发点的基层法治建设思想实验于浙江,成熟于浙江,并最终走出浙江向全国普遍推行。中央《法治决定》提出:"全面推进依法治国,基础在基层,工作重点在基层。"

(一)坚持法治建设工作重心下移

坚持法治建设工作重心下移、力量下沉,才符合法治的出发点是为了人民的根本利益这样一个宗旨;坚持法治建设工作重心下移、力量下沉,才能真正建成"法治中国"大厦的基石;坚持法治建设工作重心下移、力量下沉,是产生法治建设实际效果的必由之路。

习近平同志在推进法治浙江的整个过程中,都一直非常重视基层法治建设。从 2005 年开始,习近平同志主持建设"法治浙江"这一省委年度重点调研课题,调研足迹遍及全省四十多个乡村、社区。"法治建设重在基层"正式呈现于习近平同志 2006 年 2 月 8 日在杭州市余杭调研时发表的讲话中,"加强基层依法治理工作,就是要完善基层执政方式,建立和规范基层利益协调、矛盾处理、社会建设和社会管理机制。引导基层组织和基层干部依法办事,引导基层群众以理性合法的形式表达自己的利益要求,从而促进社会的和谐与稳定。"习近平同志强调,"在建设'法治浙江'进程中,各级党委、政府要从坚持科学执政、民主执政、依法执政的战略高度,进一步提高推进基层法治建设重要性和紧迫性的认识,坚持工作重心下移,把基础放在基层、重点放在基层、关爱送到基层,切实加强基层依法治理工作,不断巩固党在基层的执政基础。"

基于此,2006 年,浙江省委在《法治浙江决定》中明确规定:"着眼于坚持和发展基层民主,以提高基层工作法治化水平为目标,以推进农村法治建设为重点,继续深化民主法治村和民主法治社区创建活动。"

在浙江任职时的基层法治论述,对习近平同志后来治国理政产生了深远影响。习近平同志担任党的总书记后多次强调要加强基层法治建设。中央《法治决定》有关基层法治的内容与习近平同志的法治论述是一致的。中央《法治决定》规定，要"建立基层立法联系点制度"，"逐步解决基层和欠发达地区法律服务资源不足和高端人才匮乏问题"，"推进基层治理法治化"，"全面推进依法治国，基础在基层，工作重点在基层。发挥基层党组织在全面推进依法治国中的战斗堡垒作用，增强基层干部法治观念、法治为民的意识，提高依法办事能力。加强基层法治机构建设，强化基层法治队伍，建立重心下移、力量下沉的法治工作机制，改善基层基础设施和装备条件，推进法治干部下基层活动。"

（二）余杭："全国法治试验田"

习近平同志有关基层法治的重要论述直接指导和推动了"法治余杭"这一系统工程，也直接促成了全国第一个法治评估体系、内地第一个法治指数的出台。

余杭实验的突出特点是用法治评估机制推动基层法治工作。在习近平同志关于基层法治思想的指导下，余杭领导干部与来自司法部、浙江大学、中国社会科学院、中国人民大学、国家统计局等各单位的专家学者一起商讨"法治余杭"建设的具体推进计划和各项措施。结合学者的建议，余杭主要领导委托浙江大学等单位展开法治评估体系和法治指数的研究，并于 2007 年年底完成了全国第一个系统性的法治评估体系的设计，2008 年发布内地第一个法治指数，引发了理论界和实践界对法治评估与法治指数的广泛讨论。余杭因此被称为"全国法治试验田"。余杭法治指数实验的一个突出特点是让人民群众参与法治评估，让人民群众评判法治水平，这直接体现了维护人民根本利益的法治宗旨。

实践表明，余杭法治指数实验是成功的。它不仅在余杭当地直接推动了法治建设，而且产生了辐射效应，影响了全国其他地方。全国许多地方的领导干部纷纷赴余杭考察学习，借鉴余杭的做法。不少地方、不少部门系统开展了法治的综合评估或司法公信力、食品安全透明指数测评等专项法治评估。

余杭法治评估实验也成为法治评估机制上升为国家治理改革和全面推进依法治国方向的一个因素。中共中央十八届三中全会《改革决定》规定："建设科学的法治建设指标体系和考核标准。"中央《法治决定》规定用法治成效考核领导干部的政绩。可见，以余杭实验为代表的基层法治评估考核上升为顶层设计的重要内容。不仅如此，习近平同志关于基层法治的论述以及"法治浙江"的推进，也成为中国法治实践学派的缘起。[①] 正是参加"法治余杭"和"法治浙江"建设的专家学者们，通过进行法治指数、司法透明指数、电子政府发展指数等实验性研究以及总结"法治余杭"、"法治浙江"等实践经验，才合乎逻辑地提出"中国法治实践学派"这个重大学术概念，并在国内外学术界引发了热烈讨论，也引起了实践界的高度兴趣。中国法治实践学派适应了建设中国特色社会主义法治理论的迫切需要。[②]

（三）枫桥：浙江基层法治经验

"枫桥经验"是全国政法综治战线的一面旗帜，习近平同志在浙江工作期间非常重视"枫桥经验"，并把创新发展"枫桥经验"作为推进法治浙江建设的一项重要工作。

《法治浙江决定》明确提出，"总结、推广和创新枫桥经验，建立健全矛盾纠纷疏导化解机制、打防控一体化工作机制和基层管理服务机制，完善社会治安综合治理的方法和途径，积极推进综治网络建设，把综治工作覆盖到全社会。"在法治浙江建设的推进下，"枫桥经验"从枫桥一地逐步走向浙江基层法治。"枫桥经验"的特点在于，强调依法化解基层矛盾纠纷。

---

① 参见钱弘道：《法治指数：法治中国的探索和见证》，载《光明日报》2013 年 4 月 9 日。

② 参见钱弘道、王朝霞：《论法治评估的转型》，载《中国社会科学》2015 年第 5 期。

通过联动调解复杂的矛盾纠纷，立足于小、立足于早，不伤和气、程序简单、成本低廉地化解基层矛盾。

2013年，习近平同志在"枫桥经验"五十周年时作出重要指示："各级党委和政府要充分认识'枫桥经验'的重大意义，发扬优良作风，适应时代要求，创新群众工作方法，善于运用法治思维和法治方式解决涉及群众切身利益的矛盾和问题，把'枫桥经验'坚持好、发展好，把党的群众路线坚持好、贯彻好。"

习近平同志对"枫桥经验"的批示，突出强调要"善于运用法治思维和法治方式解决矛盾"，这与早年法治浙江建设的思想相统一。新时期，在习近平法治思想的引领下，"枫桥经验"开始向"法治枫桥经验"转型。①

（四）民主法治村（社区）建设实践

习近平同志深刻认识到，"法治建设，根在基层"。习近平同志在浙江工作的第二年（2003年），就领导浙江在全国率先开展"民主法治村（社区）"创建工作，紧紧围绕健全民主选举、民主决策、民主管理、民主监督等制度，全面实行村务、政务公开，大力推进基层民主法治建设。2004年，浙江省有十三个村获得司法部、民政部评选的首批全国"民主法治示范村"荣誉称号。2006年2月，习近平同志又专门对"民主法治村（社区）"创建工作作出指示："基层依法治理工作就是在基层推进'法治浙江'建设的一项好的载体。要加强'民主法治村'、'民主法治社区'创建工作，不断总结经验，强化创建意识，创新创建内容，完善创建标准。"

在2004年到2006年之间，浙江省内涌现了大量创建"民主法治村（社区）"的典型案例，如武义村务监督委员会制度、温岭"民主恳谈"、常山"民情沟通日"、绍兴地区的"夏履程序"、"八郑规程"、"董村典章"、"村务简报"等民主治村模式。"民主法治村（社区）"的创建工作，是推进"法

---

① 钱弘道2015年在诸暨调研枫桥经验时提出"新枫桥经验"、"法治枫桥经验"。

治浙江"建设的一个重要载体，其对加强基层民主建设力度、增强干部群众的法律思维、有效维护社会稳定等方面发挥着积极作用，从而有效提高了基层法治化水平。

基层法治建设的重要资源就是发挥乡规民约的"软法"约束力和规范作用。习近平同志在浙江工作期间，虽然没有明确提出要把推广乡规民约作为推进法治浙江建设的重要内容，但是他强调"法治与德治相结合"、"切实加强思想道德建设与社会主义法律规范相协调、与中华民族传统美德相承接的社会主义思想道德规范"，对基层法治产生了重要影响。《法治浙江决定》规定了"坚持法治与德治相结合"的原则，即"坚定不移地实施依法治国的基本方略，充分发挥以德治国的重要作用，在加强社会主义法治建设的同时，进一步加强社会主义道德建设"。浙江省委推行"法治浙江"时重视乡规民约的方向是明确的。

浙江基层本身就具有制订乡规民约的习俗，如淳安县枫树岭镇下姜村的村规民约有着 600 年的历史，诸暨市枫桥镇先后制订过《1977 年枫桥区檀溪公社泉四大队治安公约》、《1987 年枫桥区乐山乡大溪村村规民约》、《2001 年枫桥镇勤农村卫生公约》。2006 年 12 月，结合法治浙江建设的要求，枫桥镇陈家村与中南财经政法大学法律文化研究院合作，起草与制订了《陈家村村规民约》。从当时的实际情况来看，乡规民约事实上已经成为法治浙江建设的组成部分。

现在，乡规民约已经成为法治建设顶层设计的组成部分。2014 年 10 月，中央《法治决定》明确规定："发挥市民公约、乡规民约、行业规章、团体章程等社会规范在社会治理中的积极作用。"2014 年 12 月，浙江省委十三届六次全会《关于全面深化法治浙江建设的决定》也把"村规民约"作为"推进基层民主法治建设"的重要内容。2015 年 3 月，浙江省综治委、省委组织部、省民政厅、省司法厅又联合下发了《关于全面开展制订修订村规民约社区公约活动的通知》，在全省范围内推进村社"两约"制订修订工作，并要求在今年年底前全省所有的村（社区）完成村规民约、社区公约制度工作，进一步加强基层党组织的领导核心地位，增强基层社会发展活力，加强基层法治建设，为法治浙江建设奠定了坚实基础。

三、以法治推进市场经济

人民群众最关心、最直接、最现实的利益问题是民生问题。浙江经济就是"老百姓经济"，时任浙江省委书记的习近平同志的这一市场经济观体现了对人民利益的关怀。习近平同志在浙江工作期间，高度重视用法治方法推动市场经济稳健发展，他指出："必须大力提高经济社会的法治化水平。"在发展市场经济的过程中，必须同时加强法治建设，通过"你中有我，我中有你"的互动，实现彼此的相生相长。"如果不从法律上确认经济实体的法人资格，企业就不能成为真正的市场竞争主体。如果缺乏维护市场秩序的法治保障，市场行为就会失当，市场信息就会失真，公平竞争就会失序。如果缺乏对不正当市场行为进行惩防的法治体系，守信者利益得不到保护，违法行为得不到惩治，市场经济就不能建立起来。"[1]"改革的深化和各种利益关系的不断调整，对从法律和制度上统筹兼顾各方面利益提出了新的要求。"[2] 为此，习近平同志明确提出："市场经济就是法治经济。"这个观点正是改革开放以来在学界形成的一个共识。习近平同志这些关于法治和市场经济关系的阐述指引了浙江的市场经济发展，也成为他后来担任党和国家最高领导人后推动全面深化改革、全面依法治国工作的思想基础。

---

[1]　习近平:《市场经济必然是法治经济》，见《之江新语》2006 年 5 月 12 日，浙江人民出版社 2007 年版，第 203 页。

[2]　习近平:《法治：新形势的新要求》，见《之江新语》2006 年 5 月 10 日，浙江人民出版社 2007 年版，第 202 页。

（一）划清政府市场边界

社会主义市场经济本质上是法治经济，那就必须通过法律的手段将政府权力和市场边界划分得更加清晰。这正是习近平同志提出"市场经济就是法治经济"的出发点。

政府与市场的关系是经济体制改革的核心问题。习近平同志在主政浙江时对这一问题就有过明确的阐述，深化市场取向的改革，关键是要处理好政府与市场的关系，即"看得见的手"与"看不见的手"这"两只手"之间的关系。"两只手"应该是这样的关系：在经济社会协调上，市场这只手更多地调节经济，政府这只手则强化社会管理和公共服务的职能；在经济运行上，市场这只手调节微观领域的经济活动，政府这只手用来制定游戏规则、进行宏观调控。① 习近平同志将其关于法治经济的精神贯彻到了浙江的经济发展，2003 年 7 月，习近平同志在中共浙江省委十一届四次全会上明确提出"八个优势"和"八项举措"。② 这"八个优势"是对浙江改革发展具体实践的高度凝练，而"八项举措"则是引领浙江改革发展向更高更新目标迈进的战略指向。"八个优势"和"八项举措"后来被简称为"八八战略"。围绕"八八战略"，浙江省委先后作出了平安浙江、法治浙江、文化大省、生态省建设和加强党的执政能力建设等决策部署，有

---

① 参见习近平：《之江新语》，浙江人民出版社 2007 年版，第 182—183 页。

② 进一步发挥浙江的体制机制优势，大力推动以公有制为主体的多种所有制经济共同发展，不断完善社会主义市场经济体制；进一步发挥浙江的区位优势，主动接轨上海、积极参与长江三角洲地区合作与交流，不断提高对内对外开放水平；进一步发挥浙江的块状特色产业优势，加快先进制造业基地建设，走新型工业化道路；进一步发挥浙江的城乡协调发展优势，加快推进城乡一体化；进一步发挥浙江的生态优势，创建生态省，打造"绿色浙江"；进一步发挥浙江的山海资源优势，大力发展海洋经济，推动欠发达地区跨越式发展，努力使海洋经济和欠发达地区的发展成为浙江经济新的增长点；进一步发挥浙江的环境优势，积极推进以"五大百亿"工程为主要内容的重点建设，切实加强法治建设、信用建设和机关效能建设；进一步发挥浙江的人文优势，积极推进科教兴省、人才强省，加快建设文化大省。

机构成了浙江经济、政治、文化和社会建设"四位一体"的总体布局。"八八战略"、"四位一体"都涵容了习近平同志重视用法治方法推进市场经济发展的思想。

市场和政府"两只手"要发挥好作用，离不开法治保障。对此，习近平同志明确提出"市场经济必然是法治经济"，要发挥市场经济固有规律的作用和维护公平竞争、等价交换、诚实守信的市场经济基本法则，需要法治上的保障。他要求浙江省在法治建设上走在前列，更多运用法律手段来调节经济、实施监督，从实际效果来看，正如习近平同志所言，浙江省党委、政府尊重群众的首创精神，稳步推进了市场取向改革，并使市场化程度走在全国前列，这是浙江经济取得成功的基础。

习近平同志关于市场与政府关系的法治经济观通过党的十八届三中全会的《改革决定》进一步明确并凝练，旗帜鲜明地提出"市场在资源配置中起决定性作用"。在关于经济"新常态"的阐述上，明确指出全面深化的经济体制改革，其核心是处理好市场和政府的关系，实质就是建立公权力的约束机制。而简政放权、政府清单、降低市场准入门槛、以新《预算法》规范政府行为、加强事中事后监管、构建市场主体信用体系等一系列改革措施均为贯彻法治经济的具体措施，目的在于找准市场功能和政府行为的最佳结合点，充分发挥市场和政府的优势，做好市场的"守夜人"。

（二）平等保护不同产权

产权制度是社会主义市场经济的基础，产权的界定及产权的保护是促进资源是否能得到最佳利用的关键要素。产权关系的明晰可以降低交易费用，提高经济效率，通过法律界定主体利益可以形成稳定激励，促进财产的自愿交易，将资源配置到最有效率的主体，实现产权利用最优，这在国企改革及农村土地改革中尤为重要。

习近平同志在浙江工作时提出要促进民营资金加入到基础建设，在法律上确认经济实体的法人资格，使企业成为真正的市场竞争主体，并平等保护不同产权。在《之江新语》一书中有近二十篇文章特别关注"三农"问题，鼓励城乡融合，认为"工业化、城市化、市场化和农业农村现代化的齐头共进，是从根本上解决'三农'问题的不二法门"，①并认为在深化改革上，应当把建立有利于新农村建设的体制机制作为重中之重。这些执政观点的实质是要求在非公经济发展及"三农"改革方面进行市场化的机制体制创新，而产权保护正是其中的应有之义。中共中央十八大以来深化改革的系列措施可以作为诠释这一思想的注脚。

对于产权，《改革决定》明确指出，要使市场在资源配置中起决定性作用和更好地发挥政府作用，必须以保护产权、维护契约、统一市场、平等交换、公平竞争、有效监管为基本导向，完善社会主义市场经济法律制度。我国要创新适应公有制多种实现形式的产权保护制度，加强对国有、集体资产所有权、经营权和各类企业法人财产权的保护。国家保护企业以法人财产权依法自主经营、自负盈亏，企业有权拒绝任何组织和个人无法律依据的要求。

对于产权的平等保护，《改革决定》指出，保证各种所有制经济依法平等使用生产要素、公开公平公正参与市场竞争。废除对非公有制经济各种形式的不合理规定，消除各种隐性壁垒。

（三）法治经济的目标是公平经济

经济发展的目的是什么？习近平同志在浙江工作时已给出了清楚的答案："发展，说到底是为了社会的全面进步和人民生活水平的不断提高。"②"'小康不小康，关键看老乡'，不让一个贫困地区、一个民族、一个老区掉队。"③在市场与政府的"两只手"配合上，习近平同志认为政

---

① 参见习近平：《之江新语》，浙江人民出版社 2007 年版，第 168 页。

② 参见上书，第 73 页。

③ 参见中共中央宣传部：《习近平系列重要讲话读本》，人民出版社 2014 年版，第 68—70 页。

府这只手应该更多关注公平，他在浙江工作时提出干部考核不能唯 GDP，应既看经济指标又看社会指标、人文指标和环境指标。"缩小地区发展差距，实现区域协调发展是我省'十一五'时期的一项重大历史任务。要实现这一任务，必须贯彻落实科学发展观，注重抓'两头'，把促进发达地区加快发展与欠发达地区跨越式发展有机统一起来。"① 习近平同志强调，在二次分配中应当发挥政府的作用，并提出要真正解决公平问题，必须扩大中等收入者的比重，橄榄型的社会结构最为理想。在深化价格形成机制改革中，一味强调配置效率，低收入者可能不能接受，还需要按照社会公平原则制定有关配套措施，对低收入人群的生活给予保障。市场经济的内在价值追求是平等、自由、正义和效率。可见，习近平同志法治经济思想要义在于，以市场高效配置资源，明晰产权以提高经济效率，构建信用社会降低交易成本，制定市场规则以确保公平竞争秩序，以公平正义为改革方向。

党的十八大以来，从三中全会《改革决定》的深化改革到四中全会《法治决定》的依法治国，再到"四个全面"的提出，习近平同志法治经济的思想脉络已然清晰。正如他在福建调研时所强调的，全面深化改革、全面推进依法治国，是为全面建成小康社会提供动力和保障。一切的发展均应当以人为本，法治经济不仅强调竞争公平、市场配置、产权明晰，更强调公平公正。法治经济的终极依归是解决民生问题，全面建成小康社会，法治经济是小康社会的重要内容和目标，也是制度动力和根本保障。

《改革决定》中"公平"一词共出现了 20 次，非常引人瞩目。例如，在城乡建设用地方面，《改革决定》指出，"建立城乡统一的建设用地市场。在符合规划和用途管制前提下，允许农村集体经营性建设用地出让、租

---

① 习近平：《法治：新形势的新要求》，见《之江新语》2006 年 5 月 10 日，浙江人民出版社 2007 年版。

赁、入股，实行与国有土地同等入市、同权同价。建立兼顾国家、集体、个人的土地增值收益分配机制，合理提高个人收益。"在公共服务方面，《改革决定》指出，"推进城乡要素平等交换和公共资源均衡配置。稳步推进城镇基本公共服务常住人口全覆盖，把进城落户农民完全纳入城镇住房和社会保障体系，在农村参加的养老保险和医疗保险规范接入城镇社保体系。"在机会平等方面，《改革决定》指出，"健全促进就业创业体制机制。规范招人用人制度，消除城乡、行业、身份、性别等一切影响平等就业的制度障碍和就业歧视。建立集聚人才体制机制，择天下英才而用之。"在收入分配改革方面，《改革决定》指出，"建立个人收入和财产信息系统，保护合法收入，调节过高收入，清理规范隐性收入，取缔非法收入，增加低收入者收入，扩大中等收入者比重，努力缩小城乡、区域、行业收入分配差距，逐步形成橄榄型分配格局。"在社会保障改革方面，《改革决定》指出，"建立更加公平可持续的社会保障制度。推进机关事业单位养老保险制度改革。整合城乡居民基本养老保险制度、基本医疗保险制度。推进城乡最低生活保障制度统筹发展。"

对于司法公正这一重要的引领力量，《改革决定》指出，"深化司法体制改革，加快建设公正高效权威的社会主义司法制度，维护人民权益，让人民群众在每一个司法案件中都感受到公平正义。坚持法律面前人人平等，任何组织或者个人都不得有超越宪法法律的特权，一切违反宪法法律的行为都必须予以追究。"《法治决定》特别指出，"公正是法治的生命线。司法公正对社会公正具有重要引领作用，司法不公对社会公正具有致命破坏作用。必须完善司法管理体制和司法权力运行机制，规范司法行为，加强对司法活动的监督，努力让人民群众在每一个司法案件中感受到公平正义。""努力让人民群众在每一个司法案件中感受到公平正义"正是习近平同志批示纠正冤假错案的原话。

四、以法治护航"美丽浙江"建设

"人民对美好生活的向往，就是我们的奋斗目标"；"良好生态环境是最公平的公共产品，是最普惠的民生福祉"；"走向生态文明新时代，建设美丽中国，是实现中华民族伟大复兴的中国梦的重要内容"。习近平同志关于生态文明建设的论述透射出他的人民利益观与治国理政观。习近平同志在 2002 年至 2007 年在浙江工作期间，一直致力于生态文明建设，使浙江从"绿色浙江"发展到"生态浙江"，再从"生态浙江"蜕变为"美丽浙江"，[①] 期间的风雨历程都突出强调法治的保驾护航作用。不仅如此，以法治护航"美丽浙江"建设的理念已经升华发展为"美丽中国"建设的精神内核，集中体现了习近平法治论述的重要内容。

（一）以法治护航"美丽浙江"建设理念的初步践行

人民利益只有在和谐社会中才能得以真正实现。"天有其时，地有其财，人有其治，天人合一。"[②] 习近平同志的和谐社会观强调：人与自然的和谐是构建和谐社会的重要方面。"绿水青山就是金山银山"，在此理念指导下，2003 年 1 月，时任浙江省代省长的习近平同志在浙江省第十届人民代表大会第一次会议报告中提出："以营造绿色环境、法治绿色经济为

---

① 浙江省以生态省建设为龙头，在践行科学发展观、推进生态文明建设的进程中，相继提出了"绿色浙江"、"生态浙江"、"美丽浙江"等战略目标，这三者一脉相承，互为一体，是我省环境保护实践和认识的重要结晶，昭示着我省生态文明建设的脉络和方向。"绿色浙江"代表了绿色发展的路径选择，"生态浙江"是生态立省方略的目标归宿，"美丽浙江"则是生态文明建设的外在表现。参见徐震：《着力建设绿色浙江、生态浙江、美丽浙江》，《浙江日报》2013 年 4 月 12 日。

② 叶辉：《和谐社会需要平安——访浙江省委书记习近平》，《光明日报》2006 年 3 月 19 日。

主要内容，加强生态省建设为主要载体，全面建设绿色浙江。"①

习近平同志充分肯定法治在"美丽浙江"建设中的重要保障作用，要求"进一步加强法制建设，保证生态省建设的权威性、严肃性和连续性"。② 为有效贯彻落实"绿色浙江"的建设任务，2003 年 9 月，浙江省政府印发的《浙江生态省建设规划纲要》提出"研究制定政策法规，为生态省建设提供法治保障"，并具体部署了"制定和完善相关的法规和规章"、"加强生态省建设的政策引导"、"加大执法检查力度"三方面举措。由此，以法治护航"美丽浙江"建设的理念初步形成。

2003 年至 2004 年间，是初步践行以法治护航"美丽浙江"建设理念的阶段。浙江省为全面落实以法治护航"美丽浙江"建设的决定，首选集中开展制度建设工作。生态危机的根源在于制度危机，生态文明建设的出路在于制度创新。建设资源节约型、环境友好型和气候友好型的美丽浙江，必须加大制度创新的力度。③ 浙江省人大常委会和省政府先后制定与修订了《浙江省水资源管理条例》、《浙江省核电厂辐射环境保护条例》、《浙江省大气污染防治条例》、《浙江省海洋环境保护条例》、《浙江省农业自然资源综合管理条例》、《浙江省鉴湖水域保护条例》、《浙江省森林管理条例》、《浙江省村镇规划建设管理条例》、《浙江省陆生野生动物保护条例》、《浙江省矿产资源管理条例》、《浙江省人民政府关于进一步加强环境污染整治工作的意见》、《浙江省建设项目环境保护管理办法》等地方性法规和规章，为"美丽浙江"建设创造了良好的制度环境。

在法治保障的基础上，"美丽浙江"建设有序高效地进行着，很好地实现了人民利益。浙江省 2003 年开始实施"千村示范万村整治"工程与

---

① 《浙江日报》2003 年 1 月 27 日。

② 习近平：《生态兴则文明兴——推进生态建设打造"绿色浙江"》，《浙江日报》2003 年 7 月 3 日。

③ 沈满洪：《生态》，载《今日浙江》2013 年第 5 期。

农村环境"五整治一提高"工程①，2004 年又启动"811 环境整治行动"。习近平同志在全省"千村示范万村整治"工作现场会上强调："实施'千村示范、万村整治'工程三年多来，给我省农村带来了村容村貌和农村生态环境的深刻变化，带来了农民生活质量和生活方式的深刻变化，带来了农村生产条件和生产方式的深刻变化，带来了农村精神风貌和农民文明素质的深刻变化，带来了干部作风和干群关系的深刻变化，带来了政府职能的转变和城乡关系的深刻变化。"②

（二）以法治护航"美丽浙江"建设理念的深化落实

以法治护航"美丽浙江"建设的理念明显呈现出进一步深化落实的取向，这主要受时任浙江省委书记习近平同志法治论述不断深化发展的影响。在 2005 年 3 月 3 日举行的浙江省十届人大三次会议上，习近平同志提出："法治是和谐社会的重要基础和必要保障。推进法治建设，最根本的是把坚持党的领导、人民当家作主和依法治国三者有机统一起来，使社会主义民主得到充分发挥，依法治国基本方略得到切实落实，各方面的积极因素得到广泛调动。"③习近平同志在生态省建设领导小组全体会议上又进一步强调："建设生态省，要与建设'法治浙江'结合起来。要不断推进机制创新，建立和完善生态省建设的长效机制。"④ 显然只有强化法治在"美丽浙江"建设中的保障作用，才能将"美丽浙江"建设更持续地开展下去，才能更好地实现人民利益。

---

① 整治畜禽粪便污染、生活污水污染、垃圾固废污染、化肥农药污染、河沟池塘污染，提高农村绿化水平。

② 周咏南：《发挥"千村示范万村整治"工程龙头作用 推进社会主义新农村建设深入开展》，载《浙江日报》2006 年 8 月 31 日。

③ 习近平：《全面贯彻科学发展观努力构建社会主义和谐社会》，载《浙江日报》2005 年 3 月 4 日。

④ 周咏南：《在发展中保护生态 在保护中促进发展》，载《浙江日报》2006 年 3 月 25 日。

　　2005 年至 2007 年间，是深化落实以法治护航"美丽浙江"建设理念的阶段。在此阶段，时任浙江省委书记习近平同志提出"要抓紧制定和完善促进资源节约使用、有效利用的法律法规，建立健全各项规章制度，坚持科学管理和严格管理，坚决改变各种浪费资源的现象"。[①] 为此"美丽浙江"的法制建设继续推进，浙江省人大常委会和省政府先后制定和修订了《浙江省渔业管理条例》、《关于全面推进社会主义新农村建设的决定》、《行政执法责任制实施方案》、《浙江省固体废物污染环境防治条例》等地方性法规和规章。

　　除此之外，最为重要的是浙江省开始强化环境执法力度，并开始探索以多元化的法治方式来解决"美丽浙江"建设中的难题。在 2005 年的全省环境执法会议上，浙江省环保局明确要求全省各级环保部门从自身找原因，切实转变思想观念，用足用好现有的法律法规，切实提高执法力度，维护人民群众的环境权益。当年，罚没款就比上一年翻了一番。[②]2005 年浙江省政府出台了全国首部《关于进一步完善生态补偿机制的若干意见》，尝试以法治方式来解决"美丽浙江"建设的资金之忧。以法治护航"美丽浙江"建设的理念，还体现于"发展循环经济 991 行动计划"、生态工业示范园区、企业清洁生产示范工程等具体行动中，为此浙江省专门颁发了《循环经济发展纲要》、《关于进一步推进浙江省开发区（工业园区）生态化建设与改造的指导意见》等规范性文件。

　　"法治浙江"的提出是深化落实以法治护航"美丽浙江"建设理念的系统体现。2006 年，时任浙江省委书记的习近平同志在浙江省委十一届十次全会上作出了建设"法治浙江"的重大决策，会议审议通过了《法治浙江决定》，从立法、执法、司法与公众参与等各方面确立了以法治护航"美丽浙江"建设的必要性。2006 年 5 月 15 日，习近平同志在其《之江新语》第五

---

①　习近平：《加快推进节约型社会建设》，载《经济日报》2006 年 2 月 20 日。

②　梁孟伟、鲍洪俊：《浙江环保执法挺起"脊梁"》，载《人民日报》2007 年 3 月 1 日。

篇《和谐社会本质上是法治社会》中提到"法治为人与自然的和谐提供制度支持"。在 2007 年 2 月 3 日举行的浙江省十届人大五次会议上，习近平同志又强调："全面落实建设'法治浙江'的决策部署，增强全社会的法治意识，加快法治建设步伐，不断提高各方面的法治化水平，努力为推进科学发展、促进社会和谐提供强大的支撑。"[1] 以此系统表达了其在"美丽浙江"建设中的法治观。在习近平同志的领导下，浙江省坚持不懈地推进平安浙江、法治浙江建设，取得了明显成效，全省经济平稳健康发展，社会和谐安定有序，人民群众安居乐业，为浙江现代化建设奠定了扎实基础。[2]

（三）以法治护航"美丽浙江"建设理念的升华发展

2007 年习近平同志离任浙江省委书记后，以法治护航"美丽浙江"建设继续留在了浙江并得以进一步贯彻落实。2010 年浙江省第十二届委员会第七次会议通过的《中共浙江省委关于推进生态文明建设的决定》提出"强化推进生态文明建设的法治保障"，强调从立法、执法与宣传教育三方面强化"美丽浙江"的法治保障；2014 年浙江省十二届人大常委会第十一次会议通过的《关于保障和促进建设美丽浙江创造美好生活的决定》提出"加强法治保障"，强调从健全立法、加强执法、完善标准、推行认证等方面来构建"美丽浙江"建设的法治保障体系。无论是在美丽乡村建设中，还是在"三改一拆"、"五水共治"等浙江重大决策的贯彻落实中，法治已经成为保驾护航"美丽浙江"建设的常规举措。近年来，浙江"三改一拆"、"五水共治"等重点工作，与立法、执法、司法、普法统筹结合，为经济社会发展提供法治保障、制度支撑。[3]

---

① 习近平：《努力在又好又快发展中推进浙江和谐社会建设——在省十届人大五次会议闭幕时的讲话》，载《浙江日报》2007 年 2 月 4 日。

② 夏宝龙：《认真学习贯彻习近平重要指示精神　全力推进平安浙江法治浙江建设再上新台阶》，载《法制日报》2013 年 1 月 28 日。

③ 江南：《法治托起美丽浙江》，载《人民日报》2014 年 10 月 21 日。

不仅如此，习近平同志关于以法治护航"美丽浙江"建设的论述已发展为国家战略。习近平同志一直非常关注生态文明建设，把美好环境作为人民的根本利益来抓。他在云南省考察时强调："要把生态环境保护放在更加突出位置，像保护眼睛一样保护生态环境，像对待生命一样对待生态环境。"① 在参加江西代表团审议时，他又强调："环境就是民生，青山就是美丽，蓝天也是幸福。"② 在习近平同志生态治国理念的影响下，"美丽浙江"建设升格为"美丽中国"建设。中共十八届三中全会提出："努力建设美丽中国，实现中华民族永续发展。"

"美丽中国"建设必须得到法治的保驾护航。提出建设美丽中国，就是决心不走先污染后治理的老路，这就需要借助于法律的动力和护卫，依靠法治化的制度安排和运行机制。③2013 年 5 月 24 日，习近平同志在中央政治局第六次集体学习讲话中指出："只有实行最严格的制度、最严密的法治，才能为生态文明建设提供可靠保障。"为此，十八届四中全会提出："用严格的法律制度保护生态环境，加快建立有效约束开放行为和促进绿色法治、循环法治、低碳发展的生态文明法律制度，强化生产者环境保护的法律责任，大幅度提高违法成本。"十八届四中全会确立了以法治护航"美丽中国"建设的理念：就是通过实行最严格的干部考核评价制度，把握生态文明建设的正确方向；通过实行最严格的责任追究制度，保持生态文明建设的持久性；通过实行最严格的环境损害赔偿制度，减少对环境的污染和破坏；通过建立最严密的环境执法体制，严格执行相关法律。④2015 年 3 月，中共中央政治局审议通过的《关于加快推进生态文明

---

① 《坚决打好扶贫开发攻坚战　加快民族地区经济社会发展》，载《人民日报》2015年 1 月 22 日。

② 邱玥：《环境就是民生　青山就是美丽　蓝天也是幸福》，载《江西日报》2015年 3 月 11 日。

③ 于静：《美丽中国，以法治之》，载《南方日报》2012 年 11 月 22 日。

④ 赵建军：《最严格的制度，最严密的法治——学习习近平关于生态文明建设的重要论述》，载《光明日报》2013 年 12 月 2 日。

建设的意见》正是将"美丽中国"建设纳入法治化轨道的全面体现。由此，以法治护航"美丽浙江"建设理念升华发展为以法治护航"美丽中国"建设理念，更大范围、更大程度地发挥着保障人民利益的作用。

五、从"平安浙江"到"四个全面"的不断超越

"境安民富"是广大人民群众最朴素、最现实、最切身的诉求。坚持以人为本的为政理念，践行保障"大民生"的为政理想，积极回应人民群众对平安建设的需求和期盼，任浙江省委书记期间，习近平同志亲自倡导十一届浙江省委于 2004 年年初作出建设"平安浙江"的重大战略决策。"平安浙江"建设与"法治浙江"建设获得同步全面深入推进，前者以后者为引领与保障，后者确保前者沿着法治轨道行稳致远。"法治浙江"建设是"平安浙江"建设的重要内容。"平安浙江"建设战略与实践成为"依法治国"、"平安中国"，尤其是"四个全面"的理论渊源与实践基础。当下"平安浙江"建设以"四个全面"为纲领和指南，浙江省委、省政府沿着习近平同志开创的"平安浙江"、"法治浙江"建设道路砥砺前行。

（一）"平安浙江"以"法治浙江"为引领和保障

2004 年 8 月 4 日，习近平同志在浙江省委建设"平安浙江"领导小组第一次全体会议上明确要求，把建设"平安浙江"贯穿于加快浙江全面建设小康社会、提前基本实现现代化的全过程。"平安浙江"中的"平安"，不是治安好、犯罪少的狭义"平安"，即"小平安"；而是涵盖经济、政治、文化和社会各方面、宽领域、大范围的"平安"，即"大平安"。"平安浙江"建设战略实施之初目标定位于，"促进浙江经济、政治、文化协调发展和社会和谐稳定"。①

---

① 习近平：《建设"平安浙江" 构建和谐社会》，载《领导科学》2007 年第 6 期。

国泰民安法为本，"现代政治文明发展的一个重要成果就是法治，就是用法律来规范各个社会主体的行为"。① 习近平同志强调，"法律是治国之重器"，"法治是治国理政的基本方式"，"法治是国家治理体系和治理能力的重要依托"②，号召"开创依法治国新局面"。③2006 年 4 月，习近平同志主持召开省委十一届十次全会，此次会议审议通过了《法治浙江决定》，率先开始"法治中国"建设在省域层面的实践探索。"平安浙江"建设开局之年（2004 年），浙江在全国率先建立乡镇（街道）综治工作中心，此后综治工作机制不断健全完善，综治工作中心现已全部"转型升级"为"社会服务管理中心"，后者有效整合综治、司法行政、信访、警务、安全生产等公共资源。期间，社会组织和群众成为"平安浙江"建设的重要参与力量，浙江社会组织获得了健康有序发展，群众依法通过社会组织实行自我管理、自我服务的能力不断提高，浙江社会治理方式不断创新，德治、自治、法治相结合的基层治理机制进一步健全。随着"法治浙江"建设的不断推进和公共法律服务的全面覆盖，浙江逐步建立起系统治理、依法治理、综合治理、源头治理的社会治理体系，"办事依法、遇事找法、解决问题用法、化解矛盾靠法"逐渐成为人民群众的自觉选择。④

"平安浙江"建设最重要的经验在于，"坚持发挥法治引领和保障作用，不断提升平安浙江建设水平。法治是平安建设的重要保障，平安是

---

① 习近平：《建设"平安浙江" 构建和谐社会》，载《领导科学》2007 年第 6 期。

② 习近平：《关于〈中共中央关于全面推进依法治国若干重大问题的决定〉的说明》，新华网，http://news.xinhuanet.com/2014-10/28/c_1113015372.htm，最后访问日期：2014 年 10 月 28 日。

③ 《习近平用典》"法治篇"，中国共产党新闻网—理论—理论书库，http://theory. people.com.cn/n/2015/0316/c394175-26697262.html，最后访问日期：2015 年 6 月 2 日。

④ 朱海兵：《平安中国的先行样本——建设平安浙江 10 周年回眸》，载《浙江日报》 2014 年 3 月 31 日。

法治建设的重要目标"。① 只有同步深入推进"平安浙江"建设与"法治浙江"建设，才能全面扎实推进浙江社会治理体系现代化。质言之，"法治浙江"建设既是"平安浙江"建设的重要内容，也是"平安浙江"建设的引领与保障。

（二）"平安浙江"是"四个全面"的重要前期实践

现代治理理念内涵极为丰富，既是党和政府的领导与多元主体参与公共事务的统一，也是法治与德治、管理与服务、常规管理与非常规管理（即应急管理）的统一。② 在"平安浙江"十一年建设实践中，上述现代治理内涵均有充分体现与大胆探索。"平安浙江"建设是一项系统工程，在十一年不懈探索中，浙江总结自身的十大创新做法，即民主恳谈聚人心、领导下访解民忧、综治中心促稳定、村务监督更阳光、老乡警察管老乡、法律服务一体化、应急联动保民安、邻里中心激活力、网格管理强服务、新老村民乐相处。③ 目前"平安浙江"建设与"法治浙江"建设的阶段性目标已基本实现，即安全稳定的社会环境、公平正义的法治环境和优质高效的服务环境。④

"四个全面"即"全面建成小康社会、全面深化改革、全面依法治国、全面从严治党的战略布局"，是以习近平同志为核心的党中央治国理政的高度概括，是中国特色社会主义伟大事业的顶层新设计，是马克思主义与中国实践相结合的新飞跃。2015 年 2 月 2 日，在省部级主要领导干部学习贯彻中共中央十八届四中全会精神全面推进依法治国专题研讨班开班仪

---

① 《中共浙江省委关于全面深化法治浙江建设的决定》(2014 年 12 月 4 日中国共产党浙江省第十三届委员会第六次全体会议通过)，载《浙江日报》2014 年 12 月 15 日。

② 习近平：《建设"平安浙江" 构建和谐社会》，载《领导科学》2007 年第 6 期。

③ 陆海旻：《平安浙江的不懈探索：十大创新做法》，载《浙江日报》2014 年 3 月 21 日。

④ 夏宝龙：《全面提升平安浙江法治浙江建设水平》，浙江在线—浙江新闻，http://zjnews.zjol.com.cn/system/2014/03/25/019929409.shtml，最后访问日期：2015 年 4 月 12 日。

式上，习近平同志集中论述了"四个全面"战略布局的逻辑关系，即全面建成小康社会是国家战略目标，全面深化改革、全面依法治国、全面从严治党是三大战略举措。当下"全面依法治国"与"全面深化改革"在"四个全面"这一宏大战略布局中互为"姊妹篇"，两者形成"鸟之两翼、车之双轮"。①

考察"平安浙江"与"法治浙江"建设历程可以得出如下结论，即"平安浙江"与"法治浙江"建设战略与实践成为"依法治国"、"平安中国"，尤其是"四个全面"的理论渊源与实践基础：一方面，"四个全面"战略布局是以"平安浙江"建设战略为基础的创新、升华、超越；另一方面，以"平安浙江"为重要前期实践，"四个全面"是习近平同志更加完整、趋于成熟的治国理政总体框架。

（三）"四个全面"指导当下"平安浙江"建设

2004 年以来，浙江各级党委、政府始终坚持把"平安浙江"建设作为"一把手"工程。"平安浙江"建设被纳入经济、政治、文化、社会和生态文明建设"五位一体"的总体布局中来予以谋划和推进。"平安浙江"建设"符合广大人民群众的意愿，是关系浙江改革发展稳定大局的一项长期的战略性任务"②。得益于"平安浙江"建设的有效实施和逐步推进，浙江经济社会发展与平安建设水平获得同步提升，刑事发案、信访总量、生产安全事故总量连续实现"零增长"，人民群众安全感、幸福感不断增强，2014 年人民群众安全感满意率达 96.2%③，浙江被公认为全国最安全的省

---

① 《人民日报》评论员：《引领民族复兴的战略布局——论协调推进"四个全面"》，载《人民日报》2015 年 2 月 25 日。

② 习近平：《推进"平安浙江"建设，促进社会和谐稳定》，载《人民论坛》2004 年第 7 期。

③ 许梅：《获得感：2014 平安浙江创建关键词我省群众安全感满意率达 96.2%》，载《浙江法制报》2015 年 4 月 7 日。

份之一。当下"平安浙江"建设以让人民群众有更多获得感为目标，细微至"房檐下的安宁和舌尖上的安全"①。广大人民群众既是浙江社会和谐稳定的受益者，又是"平安浙江"的建设者。

目前，浙江各级党委和政府以"四个全面"战略为政治纲领和行动指南，致力于提高"平安浙江"、"法治浙江"建设现代化水平，努力在推进"平安中国"、"法治中国"建设的进程中走在前列。2015 年 3 月 31 日在建设"平安浙江"工作会议上，浙江省委书记、建设"平安浙江"领导小组组长夏宝龙指出，"四个全面"战略布局均与"平安建设"密切相关。浙江各级党委和政府应着眼"四个全面"的战略布局，紧紧围绕全面建成小康社会这一战略目标，不断提高"平安浙江"建设现代化水平；坚持向全面深化改革要动力，不断推进浙江社会治理体系和治理能力现代化；坚持以"法治浙江"建设为保障，不断提升"平安浙江"建设的法治化水平；坚持以全面从严治党为保证，不断提升党领导平安建设的能力和水平。②

无论是主政一方，还是领导一国，习近平同志都坚信，"政贵有恒"，"为官一方，为政一时，当然要大胆开展工作、锐意进取，同时也要保持工作的稳定性和连续性"。③ 经过十一年一以贯之的落实与坚持，"平安浙江"建设呈现出民富与民安齐头并进、和谐发展的态势。从"平安浙江"到"平安中国"建设、从"平安浙江"、"法治浙江"到"四个全面"是习近平同志治国理政理念的逐级提升和不断完善。"平安浙江"建设现已成为"平安中国"建设的先行样本，"平安浙江"、"法治浙江"的建设成效为"平安中国"建设、"法治中国"建设提供了宝贵经验和鲜活样本。

---

① 详见浙江在线——"平安浙江"系列访谈，http://zjnews.zjol.com.cn/system/2014/03/24/019928141.shtml，最后访问日期：2015 年 6 月 2 日。

② 夏宝龙：《着眼"四个全面"提高平安建设水平》，载《浙江法制报》2015 年 4 月 7 日。

③ 《习近平在中共十八届二中全会第二次全体会议上讲话》（2013 年 2 月 28 日），载《习近平谈治国理政》，中国共产党新闻网—理论—理论书库，http://theory.people.com.cn/n/2014/1225/c391839-26275167.html，最后访问日期：2015 年 6 月 2 日。

| 后 记 --

本文载《桂海论丛》2015年第6期,《中国社会科学文摘》2016年第5期转载,转载时题目为:《"法治浙江"的实践和经验》。

本文是我 2015 年 6 月 21 日出席中国社会科学院法学研究所举办"习近平全面推进依法治国思想研讨会"提交的论文。以下同志参加写作和讨论:辽宁大学副教授刘大伟,浙江绍兴市委党校副教授卢芳霞,浙江大学博士后李嘉副教授,浙江大学博士后方桂荣副教授,浙江大学博士后肖建飞副教授,浙江大学博士生杜维超。

中国法治的浙江考察

中共中央十八届四中全会推出《法治决定》以来，随着改革的全面深化，中国法治建设的步伐大大加快，各项法治方面的改革措施相继问世。中国法治既与顶层设计密切相关，也与地方长期来的创新实践分不开。在"法治中国"提出之前，江苏、浙江、广东均先后提出"法治江苏"、"法治浙江"、"法治广东"，开展了各种创新实践。本文试图通过对浙江省的考察，来分析反映"法治中国"的脉络以及中国法治的若干特点。浙江省是中国经济相对发达地区，具有典型性。特别是，习近平同志在担任中央总书记之前，较早在全国推出"法治浙江"，并且直接影响着后来的法治决策，因而更具代表性。

一、"法治浙江"推出的背景

在前期法治建设的基础上，2004 年 12 月，浙江省委决定把"法治浙江"建设作为重点调研课题，并由时任省委书记习近平同志亲自主持，全面开展相关理论和实践问题的研究工作。在省人大、省政协和各民主党派以及理论工作者的积极参与支持下，"法治浙江"的建设思路得以明确。2005年 8 月 26 日，习近平同志在省法制办调研时阐明了省委提出"法治浙江"

建设的目标设想。2006 年 2 月 5 日，习近平同志在省委理论学习中心组会议上，从经济、政治、文化、社会建设"四位一体"的角度，详细阐述了"法治浙江"建设的重大意义。同年 4 月，浙江省委十一届十次全会审议通过了《法治浙江决定》，表现了浙江推进国家法治建设的强大使命感，作出了推进浙江持续发展的路径选择，也确定了法治浙江建设的科学方法。依法治国方略的推出、可持续发展的战略选择以及习近平同志对地方法治建设的探索是"法治浙江"的三个主要背景。

（一）依法治国方略的推出

1999 年 3 月，九届全国人大二次会议正式把"实行依法治国，建设社会主义法治国家"这一治国方略写入了宪法修正案。中共中央十五大报告指出："依法治国，就是广大人民群众在党的领导下，依照宪法和法律规定，通过各种途径和形式管理国家事务，管理经济文化事业，管理社会事务，保证国家各项工作都依法进行，逐步实现社会主义民主的制度化、法律化，使这种制度和法律不因领导人的改变而改变，不因领导人看法和注意力的改变而改变。"这个表述十分抽象宏观，真正付诸实施则是一项牵一发而动全身、困难重重庞大的系统工程。"法律条文的规定和事实上发生的事情之间的不一致随处可见，这就是中国通常所说的不依法办事、有法不依、执法不严、违法不究或不重视不遵守法律等等严重现象。"[①] 在中国，与法治背道而驰的现象司空见惯，这是推行依法治国方略的显性障碍。中国存在文化传统与法治的冲突、区域间法治发展的差异性难题以及地方与部门的保护主义，这些构成法治发展的隐性障碍。如何克服各种显性和隐性障碍并没有现成的模式可以照搬，中国只有通过实践才能找到可行的适合中国的方案，才能解决中国法治建设的难题。在此背景下，"法治浙江"的提出一方面是贯彻中央的依法治国方略，另一方面则是为法治

---

① 沈宗灵：《依法治国，建设社会主义法治国家》，载《中国法学》1999 年第 1 期。

中国建设探索道路并积累经验，以便为法治中国建设提供方案，使依法治国方略的实施更加丰满具体、更具可操作性。因此，"法治浙江"是法治中国建设的有机组成部分，是依法治国方略在浙江的具体而生动的实践。

（二）浙江可持续发展的战略抉择

"浙江经济社会发展走在全国前列的同时，也遇到了一些先发早发的矛盾和问题，特别是经济体制深刻变革、社会结构深刻变动、利益格局深刻调整、思想观念的深刻变化。"[①] 作为经济强省，如何克服发展中的矛盾和问题，如何取得全面协调发展，取决于发展战略的科学抉择与创新。"法治浙江"战略的确定和实施，虽然从表面来看主要着眼于民主和法治的推进，但实际上是推进浙江经济、社会、文化、环境等诸多领域可持续发展的深谋远略。党的十六大以来，浙江省委相继作出了"八八战略"、"平安浙江"、"文化大省建设"、"绿色浙江"等发展战略决策，为的就是协调推进浙江经济、社会、文化、环境等方面的可持续发展。面对如何有效保障浙江的可持续发展难题，浙江省选择了法治这一路径，旨在强调以法治保障浙江的可持续发展，在可持续发展中提高浙江的法治化水平。正如《法治浙江决定》在对"法治浙江"任务部署方面所规定的："为全面落实'八八战略'、'平安浙江'、文化大省等重大战略部署，顺利实施'十一五'经济社会发展规划，实现全面建设小康社会目标提供法治保障。"由此可见，"法治浙江"不仅是一项富有远见的战略抉择，还是一项尽显智慧的战略创新。"法治浙江"绝非依法治省的简单翻版，而是一项推动浙江经济、政治、文化和社会全面发展的战略决策，而且在理念上更加接近于"权利本位"、"权力制约"、"程序至上"等法治理念和精神。[②]"法治浙江"因为切合可持续发展的内在需要，所以具备了上升为"法治中国"战略的内

---

① 李波、舟来：《谱写法治浙江建设新篇章》，载《今日浙江》2007 年第 9 期。
② 参见陈柳裕：《"四位一体"解读"法治浙江"》，载《浙江人大》2006 年第 5 期。

在逻辑。

（三）习近平对地方法治的探索

习近平同志对法治的探索有一个渐进的过程。从河北正定到福建宁德，习近平同志担任县、市一级领导的时候就表现出对民主和法制工作的重视。例如，早年在正定工作时就提出，从全国来看农村法制建设特别要针对非法宗教活动、封建宗族势力、黑恶势力加以防范，露头就打。在宁德，他强调民主的问题要在法制的轨道上加以解决，坚决反对绝对化的"大民主"。习近平同志在担任中共中央总书记之前，最主要的探索实践当然是在浙江。他对"法治浙江"的探索，直接成为他后来提出"法治中国"的基础。

早在1996年，中共浙江省委就结合浙江省的实际情况作出了依法治省的决定，该决定曾经一度对浙江发展起到了积极推进作用，但也显现出它在实施依法治国方略上的局限性。法治建设的诸多困难并没有得到有效解决。如何推进依法治国方略的有效实施，考验着浙江省委的智慧，当然最主要的是考验着"一把手"的法治智慧。2002年，习近平同志开始主政浙江，他充分认识到浙江已经具备发展法治的先行条件。浙江经济较为发达，市场化程度高，推进法治建设具有良好的物质基础和社会条件，完全有能力、有必要、也有责任在法治建设方面走在前面。① 这是习近平同志推行"法治浙江"的客观前提条件。

二、"法治浙江"的务实特征

"在具体贯彻落实以人民根本利益为出发点和落脚点这个宗旨上，我

---

① 参见周咏南：《认真学习研究社会主义法治 不断推进"法治浙江"建设》，载《浙江日报》2006年2月6日。

们可以用一个字概括习近平同志的'法治浙江'思想，这个字就是'实'。'实'字当先，从实际出发、强调实践、重视实效，成为早期'法治浙江'建设和当下'法治中国'建设的重要特征。""法治浙江"的突出特征就是务实，尊重实际，注重实干，讲求实效。正是这种"务实"的法治思想成就了"法治浙江"，也深远地影响了法治中国建设。务实，就意味着"法治浙江"必须确立准确的目标与路径，发掘强有力的推进机制，采用解决实际问题的科学方法，切切实实推进法治建设的实效目标，否则，"法治浙江"将难免落入形式主义的俗套。"法治浙江"的务实特征主要表现在：切实维护人民利益，着力于制度创新，追求法治实效。

（一）切实维护人民利益

法治是否务实，关键就看人民群众是否切实享受到了法治建设带来的好处。"法治浙江"的各项工作，正是在切实维护人民根本利益这一宗旨的指导下展开的。

浙江在法治建设中特别强调"民主"的重要性，就是为了体现切实维护人民利益这个宗旨。通读《法治浙江决定》全文就会发现，"民主"是其中最重要的主题词之一。"法治浙江"之所以选择向"民主"聚焦，是因为民主是人民群众利益维护与公众参与权力运行的共同表达。离开人民群众谈法治，无论从哪个层面都是讲不通的。"民主，最为通俗的理解是'人民当家作主'。民主的核心是人民作为一切权利的拥有者参与国家管理，民主的内容体现为民主权力和民主权利。前者指人民通过自己的代表行使的管理国家的权力，后者指宪法法律赋予并保护的关于公民安全、财产、人身、人格、自由的权利。"[1] 民主虽然不同于法治，但两者无法割裂。

---

① 姜彦君：《历史性突破：浙江法治建设的价值探索》，浙江大学出版社 2008 年版，第 73 页。

人民利益成为法治建设的目标指向和行动指南。习近平同志说:"实现好、维护好、发展好人民群众的根本利益,做到权为民所用、情为民所系、利为民所谋,是我们思考问题和开展工作的根本出发点和落脚点。"①维护人民利益成为浙江法治建设的首要任务。《法治浙江决定》规定,"坚持一切权力属于人民,以最广大人民的根本利益为出发点和落脚点,尊重和保障人权,做到执法为民。"《法治浙江决定》要求各地各部门秉持法治为民理念,努力解决群众最关心、最直接、最现实的利益问题,在法治建设中改善民生,使人民群众共享法治发展成果。这个要求被贯彻到法治行动的各个方面。例如,在法治政府建设方面,推进行政服务中心规范化建设,构筑公共服务平台,方便群众办事;在公正司法方面,落实诉讼费减免缓政策,推行巡回审判制度,实行司法救助制度,法律援助工作进镇入村;在权力监督方面,把征地拆迁、食品质量、安全生产、环境保护作为人大执法检查和政协民主监督的重点,推动了群众关心的热点问题的解决;在依法治理方面,扩大群众自治范围,落实基层群众民主权利,加强对村(居)公共事务的管理。②

维护人民利益,就要让人民直接参与民主和法治建设,法治水平高低由人民群众来评判。在法治建设中,浙江省委高度重视公众参与。习近平同志说:"为民办实事对象是'民',要把群众的呼声作为第一信号,问需于民、问计于民、问情于民,掌握民情、分析民意,民主决策、科学安排,落实好为民办实事项目,做到让人民群众参与、让人民群众做主、让人民群众受益、让人民群众满意,真正使群众成为利益的主体。"③《法治浙江决定》作出了一系列保障性规定:"民主立法","加快推进决策科学化民主化","强化社会监督","保证人民群众依法实行民主选举、民主决

---

① 习近平:《干在实处 走在前列 推进浙江新发展的思考与实践》,中共中央党校出版社 2006 年版,第 451 页。

② 参见沈宗:《"法治浙江"建设取得新成效》,载《今日浙江》2008 年第 18 期。

③ 习近平:《之江新语》,浙江人民出版社 2007 年版,第 245 页。

策、民主管理和民主监督", 等等。

浙江出现了许多全国典型的创新实践。余杭诞生了中国第一个法治评估体系、内地第一个法治指数, 湖州诞生了中国第一个司法透明指数——吴兴法院司法透明指数, 杭州诞生了中国第一个电子政府发展指数。自2002 年开始, 浙江全省在大力开展"转变作风"与"调查研究"等先期活动的基础上, 开始了基层民主法治建设的创新实践。"民主法治村（社区）"建设是浙江基层民主法治建设中出现最早的实践模式, 涌现了温岭"民主恳谈"、常山"民情沟通日"、武义村务监督委员会制度等典型案例。在这一民主法治建设模式中, 选举、决策、管理、监督都纳入民主轨道, 村民参与到村务决策中。"枫桥经验"在解决关涉群众切身利益矛盾和问题方面发挥了重要作用, 从而也成了浙江民主法治建设的一种重要实践模式。

（二）致力于实践创新

法治建设不应当停留于口号, 不应当作表面文章, 不应当搞形式主义。如何区别真假法治的关键在于实践创新。法治的持久动力也依靠实践创新。这里既包括思想创新, 也包括制度和活动创新。思想创新是前提。制度创新是核心。制度就是生产力。法治的发展有赖于大、中、小各种制度形成链条, 使公权得到有效限制、私权得到切实保护。

要使"法治浙江"建设不停留于"口号"层面, 就离不开切实有效的创新性法治推进机制。为了确保"法治浙江"重大决策的贯彻实施, 浙江省组建了由党委领导, 人大、政府、政协分工负责, 各部门分工实施, 全社会共同参与的法治推进组织体系; 在此基础上, 加强制度建设, 明确工作职责。浙江省出台了加强政法工作的意见、加强人民法院和人民检察院工作的意见、加强司法救助工作的意见、加强新形势下人民调解工作的意见等一系列文件, 建立了省、市、县三级互动的工作网络, 及时报送相关信息, 创建了良好的工作交流环境。

在浙江省委出台的《关于开展创建法治市、县（市、区）工作先进单位活动的实施办法》的激励下，各省级部门积极投入法治创新探索工作中。例如，省委政法委集中开展执法规范化建设活动，省委组织部广泛开展增强干部法治观念的教育培训活动，省高院着力破解执法不公与"执法难"问题，省检察院强化规范法律监督行为，省公安厅努力提高维护社会稳定能力。市、县、区各地方也积极参与到创新活动之中，各地都有不同的创新实践，例如，宁波积极尝试运用行政合同等方式来推进法治政府建设；温州不断探索民间金融创新，用法律规范民间融资活动；等等。

传统的动力机制是政治性推动，即通过不断制定各种中央文件和法律法规，对政府行为提出具体要求，以改变政府行为方式，实现预先确定的目标。[①] 这种动力机制虽然具有推动力度大与见效快的优点，但其缺陷也是非常明显的。实践中，因为领导层的频繁人员变动或者领导注意力的转移，导致政府行为无法持续的现象非常普遍；政府的科层制架构容易使法治政府建设重建设而轻应用，从而出现形式主义；政治推动因为缺少与社会公众的互动而活力不足；等等。这里的每一个问题都是政治推动机制的致命缺陷之所在。传统的动力机制不足以使"法治浙江"建设持续向前推进，创新性的动力机制有待破解。

法治评估就是一种有益的制度创新。建立地方法治评估体系，对于把握地方法治建设的目标、维护国家法治统一、判断法治化程度、发现法治建设中存在的问题、预测法治发展、推进法治进程都具有重要意义。[②] 我们应该从经济 GDP 转向重视"法治 GDP"。[③] 评估机制可以激发地方与部门间的良性竞争。科学的法治评估机制能够产生动力。这在浙江省开展的

---

① 参见周汉华：《构筑多元动力机制　加快建设法治政府》，载《法学研究》2014 年第 6 期。

② 参见李燕霞：《地方法治评估体系论纲》，载《浙江社会科学》2006 年第 2 期。

③ 参见马怀德：《让"法治 GDP"成为依法行政的动力引擎》，http://news.xinmin.cn/rollnews/2011/04/01/10043585.html，2015 年 8 月 28 日浏览。

多年法治评估实验中得到了证明。法治评估机制作为一种创新机制，在我国已经在多领域得到推广应用。

（三）追求法治实效

法治是否务实，就要看是否出现良好的法治效果。法治建设能否出现良好效果，取决于法治方法是否科学。

调查研究是发掘与解决实际问题的科学方法之一。调查研究是谋事之道、成事之基。加强调查研究工作，必须积极探索新时期调查研究工作的特点和规律，努力在提高调查研究对象的广泛性、调查研究内容的针对性、调查研究方法的科学性、调查研究成果的有效性上下功夫，不断提高调查研究工作的质量和水平。① 只有高水平的调查研究才称得上是发掘与解决实际问题的科学方法。"只有通过调查研究，才能了解实际情况，总结基层经验，为作出正确决策创造条件，为检查决策的偏差和实施过程中的问题提供第一手材料。"②"法治浙江"的重大决策正是在调查研究的基础上被提出与推进的。

浙江省委在推进"法治浙江"建设中高度重视调查研究。2005 年，习近平同志等省领导就有计划、有步骤地开展一系列法治调查研究活动。例如，6 月份，习近平同志亲赴金华市武义县调研基层民主法治建设情况；8 月份再赴义乌调研依法维权工作情况，赴德清和安吉调研信访工作情况，赴各省级部门调研依法执政、依法行政、依法办事能力等情况。2006 年 2 月，习近平同志又到省女子监狱、省戒毒劳教所、杭州市公证处和余杭区闲林镇调研基层民主法治建设问题；等等。在调查研究中，深入基层问计于群众，问计于基层干部，问计于专家学者。

实验是法治建设的科学方法。实验，即通过开展地区性试验，在试错

---

① 参见习近平：《干在实处　走在前列：推进浙江新发展的思考与实践》，中共中央党校出版社 2006 年版，第 447 页。

② 同上书，第 446 页。

中发现法治建设的具体经验，再在全省推广应用。实验是一项融调查研究于一体的科学方法。法治建设，实际上也是一项社会科学实验。

我国属于单一制国家，省、自治区、直辖市是隶属国家内部的普通行政单位，其法治框架、原则与精神从应然角度来讲都应与中央保持一致。但实践中如何实现这一一致性目标是一个巨大难题。一些学者担忧地方法治实验或先行先试可能会引发出一些危险倾向，即割裂法治单元体，割裂法律体系的完整性和统一性，导致法治观念发生偏差并最终肢解法治的理念，形成法治的地方割据。① 虽然这种担忧有一定道理，但如果因为此种担忧而使国家的法治建设止于行动贻害更大。随着地方法治在向前推进中不断取得的可喜成绩，近几年的质疑之声明显减弱，在地方开展法治实验的可行性与有效性逐步得到了认可。实际上，中国的改革开放就是通过不断实验走过来的。改革，就是需要不断试验。邓小平说："胆子要大一些，敢于试验，不能像小脚女人一样。看准了的，就大胆地试，大胆地闯。"② 在当前法治建设中需要的就是大胆开展法治实验。这意味着法治建设必须打破自上而下的完全依赖于顶层设计和唯理主义建构观，重视和发掘地方经验，在地方法治试验中总结第一手经验，时机成熟时填补国家法治的内涵缺陷，使地方法治试验成为法治国家建设的重要推动力之一。③

"法治浙江"建设中采用法治实验方法是具有典型性的。例如，在浙江率先开展的"法治指数实验"、"司法透明指数实验"、"电子政府发展指数实验"都体现了这种典型性。法治实验对"法治浙江"的成效与开展科学的法治实验是密切相关的。

---

① 参见杨解君、赵会泽：《法治的界域：由"法治ＸＸ（区划）"引发的思考》，载《湖南社会科学》2004 年第 4 期。

② 《邓小平文选》第三卷，人民出版社 1993 年版，第 372 页。

③ 参见周尚君：《国家建设视角下的地方法治试验》，载《法商研究》2013 年第 1 期。

三、"法治浙江"例证之一：法治指数实验

发生在杭州市余杭区的法治指数实验是"法治浙江"系列创新的典型实例。法治指数测评从 2008 年开始至今已有八次，这在全国产生了广泛而持久的影响，并引起了国外学者的高度兴趣。

（一）余杭法治指数出台的条件

余杭法治指数是在习近平同志推出"法治浙江"的背景下问世的。"法治浙江"直接催生了余杭法治指数。2006 年，杭州市余杭区委区政府接受笔者的建议，启动"余杭法治评估体系"研究项目，并委托笔者主持。2007 年，笔者主持完成中国第一个全方位的法治建设指标体系的设计。2008 年，笔者主持完成中国内地第一个法治指数——余杭法治指数的测定。

余杭法治指数也是世界法治评估兴起的必然产物。在余杭发布中国内地首个法治指数以前，国内香港地区以及国外已经开展相应的测评活动和研究。

世界银行从 1996 年开始便连续推出年度《全球治理指数报告》，包括不同国家的法治指数，反映不同国家的法治状况。该指数通过把法治内涵分解成能够展现法治基本内涵的一套指标，然后向公司、家庭、非政府组织、多边国际组织以及其他公共机构征集指标的相关信息与数据计算而得。

世界正义工程（the World Justice Project，WJP）于 2008 年 7 月设计并发布了第一个具有专门性的国际法治指数。WJP 法治指数通过对法治理论的重新审视，经过 100 多个国家的上千名专家反复推敲，最终确立了一个全面而具可操作性的法治定义："一个以规则为基础、由四个普适性原则支撑的系统；这四个原则分别是：第一，政府及其官员、代表负有法

律责任；第二，法律明确、公开而稳定，保障人身安全和财产安全在内的基本权利；第三，法律制定、实施与执行的程序是可接近的、公平而高效的；第四，审判者、律师或代理人、司法官员具有实现正义的机会，他们人员充足，能干、独立而有德性，有着充分的资源，体现了他们所服务的共同体的构成。"[1] 在此基础上，WJP 将法治内涵分解成九项一级指标，它们分别是限制政府权力、根除腐败、开放政府、基本权利、秩序与安全、监管执法、民事司法、刑事司法、非正式司法。[2] 在指标体系确立之后，WJP 通过问卷调查专家与社会公众对法治运行状况的感知，获取相关资料与数据并最终计算出法治指数。

中国香港地区开展的法治指数测评也是国际上开展法治指数测评活动的产物。2005 年香港大学有关学者开始研究具有体制性进路特征的法治指数，将法治内涵分解成七项主要指标，它们分别是法律的基本要求、依法行政、不许有任意权力、法律面前人人平等、公正地施行法律、司法公义人人可及、程序公义。香港法治指数课题组利用官方数据与外部评估数据核算出法治指数。

（二）余杭法治指数的测评

余杭法治指数是在借鉴国际法治指数与中国香港法治指数经验的基础上作进一步优化设计而来。笔者主持的课题组结合余杭法治发展的现实情况进行了一些创新，设计出余杭法治评估指标体系和指数测评方法。余杭法治指数包含九项一级指标，它们分别是党委依法执政、政府依法行政、司法公平正义、权利依法保障、市场规范有序、监督体系健全、民主政治完善、全民素质提升、社会平安和谐。在这九项一级指标的基础上，采用德尔菲法，通过匿名的方式将事先设计好的指标及权重打分表以信函方式

---

[1] 孟涛：《法治的测量：世界正义工程法治指数研究》，载《政治与法律》2015 年第 5 期。
[2] 参见鲁楠：《世界法治指数的缘起与流变》，载《环球法律评论》2014 年第 4 期。

交由专家评价，并最终细化为 27 项主要任务、77 项评估内容。

　　余杭法治指数可操作性强的特征主要体现在 149 模式上，即 1 个法治指数，是以一个指数对年度余杭法治发展水平进行最直观简练的评价；4 个层次为总指标、区级机关指标、乡镇指标、农村社区指标；9 项群众满意度调查包括党风廉政建设、政府行政工作、司法工作、权利救济、社会法治意识程度、市场秩序规范性、监督工作、民主政治参与、安全感。① 这种模式的法治指数既体现了法治指数的统一性，也照顾到了评估对象的差异性，还突出了社会公众参与的重要性。余杭法治指数的数据资料来源于法律统计数据与调查数据，前者具有一定客观性，后者则具有主观性。这种将客观数据与主观数据进行组合计算所得的法治指数，可以弥补单一方法获取数据的片面性与信息不完整或失真性缺陷。

　　余杭法治指数评估过程主要是由独立的第三方专业评估主体来完成。从 2007 年起，余杭区委托中国法治研究院作为第三方每年进行法治指数的测定。笔者担任评审组召集人。法治指数测评组完全独立于余杭区委区政府，虽然评估过程中余杭区司法局给予了必要协助，但能够最大程度地保证法治评估结果的公信力。余杭法治指数实验以余杭区为实验场域，以量化性、科学性、指导性、前瞻性、公众参与性为特点，以"149= 一个指数 + 四个层面 + 九个目标"为模式，通过变虚为实，变抽象为具体，综合宏观与微观，把法治原则和要求转化为易判别、可操作的具体标准，勾画出余杭区法治状况的整体轮廓，对余杭区的法治水平作出相对客观的评估。

（三）余杭法治指数的意义

　　余杭法治指数推动了余杭当地的法治发展，也在全国树立了一个样板，对全国的法治发展也起到了推动作用。余杭法治指数开中国法治量化

---

　　① 参见钱弘道等：《法治评估及其中国应用》，载《中国社会科学》2012 年第 4 期。

评估先河。法治指数的测定能有效培育公民法治观念和精神，促进社会管理创新，促进社会的民主和法治转型。目前，广东、江苏、云南、北京、上海、湖南等地方都在积极推进法治评估工作。余杭成为全省乃至全国的法治标兵和法治试验田，发挥了法治建设的旗帜性作用。余杭法治指数实验为中国其他地区的法治建设提供了有益经验的借鉴。

第一，法治指数对余杭来说，是"法治余杭"系统工程的引擎。

从 2007—2014 年余杭法治总指数的发展趋势来看（具体请看表 15），除了 2013 年因杭州中泰九峰垃圾焚烧厂事件受到影响之外，总体上是呈上升态势的。

表 15 2007—2014 年余杭法治指数详表

年度分项得分	2007	2008	2009	2010	2011	2012	2013	2014
总指数	71.6	71.84	72.12	72.48	72.56	73.66	71.85	74.01
公众满意度	76.96	71.99	68.79	66.38	67.15	70.20	70.16	70.79
内部评估组评分	68.27	73.67	78.91	79.66	76.93	75.96	78.61	76.66
外部评估组评分	64.18	69.80	75.27	78.29	73.54	74.13	73.14	79.50
专家组评分	71.61	71.77	69.83	72.02	75.75	76.08	69.89	73.02

从公众满意度得分来看，虽然前四年一直处于下降趋势，但 2011 年公众对余杭法治建设的满意度开始出现一定程度的回升。在引入法治建设评估机制之后，政府相关部门树立了明显的法治意识，并且体现在各种法治行动中。每年，法治指数测评完成，课题组都会根据数据进行分析，从数据资料中总结分析余杭当期法治建设中可能存在的问题和原因，给出改进的合理化建议，引导余杭法治措施的改进和完善。法治指数客观上已经成为余杭法治建设的动力机制。

第二，法治评估已经成为国家治理的创新性工具。

《改革决定》提出了"完善和发展中国特色社会主义制度，推进国家治理体系和治理能力现代化"的重大任务。现代国家治理强调在公权力限制与私权利保护中体现政府与民众的友好互动和合作，其内涵直指法治的内核，体现了对法治化治理方式的推崇。[1]法治实际上已成为国家治理体系和治理能力现代化工程中最核心的内容，而法治评估作为法治建设的增长点，必定在其中发挥关键作用。法治指数本身是一项制度创新，它把各种法律规定用量化的指标形式体现出来，作为法治工作的一个指南、指针和标准，是通过法治连接在一起的制度，是关系到整个法治中国的一项制度创新实验。[2]从余杭法治指标体系来看，九项一级指标基本上概括了地方治理的核心内容，二级指标以及更细化的三级指标则更具体生动地体现了中国内地县区的具体治理状况；从余杭法治指数评估过程来看，民主参与已经成为地方治理中十分重要的环节；从余杭法治指数结果的公布与反馈来看，逐步强化透明度与回应性已成为地方治理的发展方向；从余杭法治指数下降引发的官方反应来看，法治指数已经成为地方治理中极为受重视并行之有效的工具。客观上，余杭法治评估实验已经影响国家治理工具的选择。《改革决定》提出的"建立科学的法治建设指标体系和考核标准"就是体现。

四、"法治浙江"例证之二：司法透明指数实验

司法透明指数实验是继法治指数实验之后另一项在浙江开展的重要法治实验。作为中国的第一个司法透明指数，也是第一次向世界用指数形式展示中国法院的司法透明状况，在国内产生了重要影响，也与法治指数一样引起了国外学者的高度兴趣。

---

① 参见钱弘道、王朝霞：《论中国法治评估的转型》，载《中国社会科学》2015 年第5 期。

② 参见钱弘道：《中国法治实践学派》，法律出版社 2014 年版，第 199—201 页。

（一）司法透明指数产生的条件

法治指数的实验是司法透明指数概念出现的基础。笔者正是在法治指数实验的基础上向浙江省高级人民法院提出司法透明指数测评建议的。2011 年 8 月，浙江高院院长齐奇主持召开"深入推进阳光司法专家意见征询会"。笔者在会上介绍了余杭法治指数和杭州市电子政府发展指数的实验，首次提出"司法透明指数"和"阳光司法指数"概念。齐奇院长当场采纳笔者建议。2012 年，"阳光司法指数"成为浙江省高级法院重点项目。笔者受浙江省高级法院委托，开展司法透明指数研究，并选取浙江省湖州市吴兴区人民法院作为实验点。2012 年 12 月，在笔者的主持下，中国第一个司法透明指数——吴兴区法院司法透明指数问世。

最高法院司法公开改革的推行和浙江司法公开工作的积极推进是前提条件。司法公开是中国宪法规定的基本原则。司法公开可以使公众最大限度地了解司法权力的运作方式和运行结果，参与司法活动，监督司法活动，从而有效地消除公众的猜疑，使司法正义变成看得见、摸得到的正义，最终实现提高司法公信力，维护司法权威。[①] 其时，最高法院力推司法公开改革，由此带动了全国法院的司法公开工作。浙江省高级人民法院领导高度重视司法公开工作。2009 年浙江省高级人民法院作出了"抓好八项司法、服务科学发展"的工作部署，阳光司法就是其中一项至关重要的内容，作为推动浙江法院各项工作全面发展的基础性工程。上述全国和地方的司法公开改革背景为司法透明指数的产生创造了良好条件。

（二）吴兴人民法院司法透明指数的测评

课题组对国内外的司法公开文献进行了广泛而深入的研究。司法透明

---

① 参见田禾：《司法透明度指数及其研究方法》，载《中国法律》2014 年第 4 期。

指标体系的设计具有鲜明的创新色彩，超越了最高法院司法公开范围的局限性。

司法透明指数包括动态监测指数和民意调查指数两部分。司法透明动态监测指数从"行政管理"与"司法过程"两个维度进行评估。基于"司法过程"对司法公开公正的重要性以及当前法院"行政管理"公开尚存在客观困难，权重向"司法过程"倾斜，占总分值55%的比重，而行政管理的权重仅为15%。在"行政管理"之下设人事管理、财务管理、公众交流三项一级指标，在"行政过程"之下设立案公开、审批公开、执行公开三项一级指标，在上述一级指标之下再细化分解出47项二级指标。司法透明动态监测数据资料主要来源于随机抽取的法院电子卷宗、裁判文书、庭审录像，此外，还包括来源于法院的审判管理信息系统、"三大平台"、门户网站、座谈会等方面的数据信息。

在司法透明指数中设置民意调查指数，旨在让人民群众积极参与到司法中来，体现司法民主、司法为民的理念，同时培育着公众的法治观念。民意调查指数可以弥补司法透明动态监测指数有可能出现的偏差，保证司法透明指数的准确度与公信力。人民群众是司法透明的最终评判者，将公众评价纳入司法透明指数评估中来显然是一种合理的做法。从47项二级指标中选取与民众知情权、监督权紧密相关的十项指标作为民意调查问卷内容，民调对象主要是学校、社区、街头、企业的人员，另外政协委员、人大代表、律师、当事人也占了一定比例，一般在10%左右。

司法透明指数由独立的第三方机构完成。由法院自我评估与独立第三方机构评估的差别是巨大的，评估主体在一定程度上决定着司法透明指数的公信力。比如，在法治政府建设评估中，当前大多数地方还是由政府部门自己完成，这种评估属于政府内部"管理"范畴。司法透明指数评估一开始就由独立的第三方主体主导评估全过程，但由司法部门专门机构配合协助，属于社会参与的"治理"方式。这种评估主体的安排是最合理也是最有效的。吴兴区人民法院委托浙江大学与中国法治研究院共同开展测评工作。浙江大学开展多年的法治指数研究工作；中国法治研究院属于民间研究机构，具有从事法治评估的多年经验。

（三）司法透明指数实验的意义

司法透明指数，或称"阳光司法指数"，它通过设计一套司法透明指标和评估方法对司法运行透明状况进行相对客观的量化评估机制。司法透明指数的测评旨在建立起对司法公开工作进行动态监测、评估、引导、规范的长效机制。从吴兴司法透明指数的实验来看，指数测评确实能发挥长效机制的作用。

司法透明指数直接推动了吴兴法院的司法公开工作。从 2012 年至 2014 年，司法透明指数实验已在吴兴区人民法院开展了整整三年时间，它所发挥的作用十分明显。课题组根据司法透明指数测评中获得的各种数据进行分析，从中发现司法公开中可能存在的问题及原因，提交反馈给吴兴法院。法院根据这些合理化建议，积极改进以取得司法公开实效。

从 2012—2014 年吴兴区人民法院司法透明指数的发展情况来看（具体请参看表 16），总指数和各分项指数都呈现了明显的上升态势，表明吴兴法院司法透明水平的提高状况。

表 16　2012—2014 年吴兴区人民法院司法透明指数详表

年度分项得分	2012 年度	2013 年度	2014 年度
司法透明总指数	0.616	0.729	0.798
民意调查指数	62.61	63.84	65.05
行政管理透明指数	50．00	56.82	61.36
司法过程透明指数	64.29	82.14	92.86

司法透明指数测评对吴兴区人民法院司法公开具有明显的激励或倒逼

作用。从 2013 年度开始，浙江省高级人民法院运用浙江省高级法院和浙江大学合作完成的司法透明指数研究成果，委托中国社会科学院法学所对浙江全省一百多家法院开展的阳光司法指数测评看，吴兴区人民法院竟以 70.44 分高居榜首，这与吴兴法院在此前就已经作为司法透明指数的实验田是分不开的。吴兴区人民法院院长周文霞坦言："司法透明指数的指标设计具有前瞻性和指导性。法院要达到及格线并不容易，需要通过努力才能达到。这样的指标设计更能倒逼法院改进工作和管理，促进司法公开公正，从而改变以往法院内部考核中很多法院都拿高分甚至满分的情况。"① 这充分证明了司法透明指数机制具有倒逼司法公开的功能。

吴兴司法透明指数实验和浙江省的阳光司法指数测评在全国产生了重大影响，对全国司法公开工作产生了重要推动作用。中央政法委书记孟建柱、最高法院院长周强、最高法院常务副院长沈德咏均高度肯定司法透明指数的示范作用和探索意义。2015 年，浙江省高级人民法院和浙江大学联合研制的阳光司法指数指标体系的实践应用被写入最高人民法院《中国法院的司法公开》白皮书。

客观地说，司法透明指数实验，积极创新司法公开机制，拓展司法公开平台，开司法公开评估实践之先，是一项富有远见的具有填补空白意义的举措，同时对"阳光司法工程"建设具有长远意义。② 中国司法公开正在有力推进。2013 年年底召开的全国法院司法公开工作推进会首次提出建设司法公开三大平台，经过短短两年的时间，中国审判流程信息公开网、中国裁判文书网、中国执行信息公开网这三大平台均已建成并投入运行。2014 年，《法治决定》提出"构建开放、动态、透明、便民的阳光司法机制"。司法公开因为事关司法公正，所以备受关注。司法公开关系到整个司法改革的成效。实践中出现了庭审过程公开、裁判文书公开、案件

---

① 彭波：《用看得见的方式实现公正》，载《人民日报》2012 年 11 月 21 日。

② 参见肖建飞、钱弘道：《司法透明指数评估指标探讨》，载《浙江大学学报》（人文社会科学版）2015 年第 4 期。

信息查询、公众开放日等形式多样的司法公开方式，但问题的关键是司法公开的效果。司法公开很大程度上可能演变成"口号"。司法透明指数就是防止司法公开滑向形式主义，实现司法真正公开的有效机制。司法透明指数可以使司法公开走向量化，促使司法公开科学化、制度化、实效化。它对司法公开具有指引作用，是司法改革的突破口，是公众行使权力、监督司法的理性通道，是提高司法公信力、树立司法权威的长效机制。[①]

五、"法治浙江"例证之三：电子政府发展指数实验

杭州电子政府发展指数实验也是继法治指数实验之后在浙江开展的一项具有典型意义的法治实验。这是中国首次开展电子政府发展指数的测评实验。这对杭州地方、浙江省乃至全国的电子政务、政府信息公开以及法治同样产生了积极的推动作用。

（一）杭州电子政府发展指数实验开展的条件

法治指数实验同样是杭州电子政府发展指数实验开展的基础。杭州电子政府发展指数实验引起了国外学者的兴趣。2008 年，笔者与斯坦福大学法学院熊美英博士开始一起讨论中国的法治指数实验和中国法治的发展诸问题。之后，2011 年，在杭州市委市政府的支持下，笔者与熊美英博士共同主持启动杭州市电子政府发展指数项目的研究工作。2012 年公布中国第一个电子政府发展指数——杭州市 13 个县市区的电子政府发展指数。

电子政府发展指数的实验与中国政府信息化建设、"法治浙江"的推行是分不开的。2014 年，《法治决定》规定："加强行政执法信息化建设和

---

① 参见钱弘道：《司法透明指数的指向与机制》，载《中国党政干部论坛》2015 年第 4 期。

信息共享，提高执法效率和规范化水平。""推进政务公开信息化，加强互联网政务信息数据服务平台和便民服务平台建设。"上述规定与多年来中国政府追求公开透明、发展电子政务、推动政府信息化建设等目标紧密相连。多年来，从中央到地方，各级政府部门纷纷建立起自己的门户网站，但与民众需求存在很大距离，电子政府发展水平并不高。据联合国对其成员国 2005—2012 年电子政务发展情况的测评结果与排名，中国电子政府发展指数仅略高于世界平均水平，而且在近几年名次呈现持续下滑态势。这意味着全世界都在加强电子政府建设，而中国的建设力度还不够大。

这个实验项目的测评对象是杭州 13 区县，它们分别是拱墅区、上城区、下城区、江干区、滨江区、西湖区、余杭区、萧山区、临安市、富阳市、建德市、桐庐县、淳安县。与法治指数实验、司法透明指数实验所不同的是，这场实验不仅具有一定的国际研究背景，还有多位联合国电子政务发展指数测评专家担任顾问。从 2003 年起联合国就启动了对 193 个成员国电子政务发展情况的调查，并每两年发布一次电子政务发展指数（EGDI），为杭州电子政府发展指数测评提供了大量成熟经验；研究阵容庞大，不仅有杭州市委、市政府的大力支持，还有浙江大学、国际善治、中国法治研究院三个单位共同合作来完成。这些因素综合决定了这场实验的重要性与高端性。

（二）杭州电子政府发展指数的测评

课题组借鉴联合国电子政府发展指数测评经验，以中国电子信息化建设的方针政策为依据，紧密结合杭州 13 区县电子政务发展的实际情况，设计出一套反映杭州电子政府发展实际情况的指标体系。杭州电子政府发展指数的测评指标是电信基础设施指数（TII）、人力资本指数（HCI）、在线服务指数（OSI）三方面的加权平均值。

课题组考虑到，如果政府单方面加强了在线服务，但却因为电信基础设施不足或者公民缺乏上网知识，无法接受在线服务，公民很难从中受益，从而违背了电子政府发展的初衷，就不应视为有良好的电子政府发展水平。这与电子政府发展目标的多元性息息相关，它不仅要提高政府的执政能力，还要强化其服务观念，推进民主政治建设，而后者又是至关重要的。

杭州电子政府发展指数的测评以最大程度地实现评估的科学性为目标，主要采用了定量评估，这是区别于法治指数与司法透明指数的一个特点。"电信基础设施指数"和"人力资本指数"的测算数据主要来自于各区县的报送，而"在线服务指数"的测算数据是课题组通过对杭州13个区县的政府官方网站网测而得，主要评估政府与民众的互动水平，以此衡量人民群众是否能够通过网站得到政府的高效服务以及能否通过网站有效监督政府。此外，杭州电子政府发展指数在保证评估结果公正性方面采用了由独立的第三方主体进行评估的策略。浙江大学、国际善治与中国法治研究院联合完成测评工作，它们都是独立于杭州市政府的第三方主体，其中的专家都具有丰富的评估经验，可以保证不受被评估方的干扰，通过评估和分析找出杭州电子政务发展中所存在的问题。从表17来看，杭州电子政府发展指数评估中，有不少地区在某些环节甚至整体得分比较低，有些地方得分远低于平均线，这种现象在官方自评中是难以见到的。

表 17　杭州电子政府发展指数的总体水平：13 区县
2012—2013 年度比较 ①

区县	电信基础设施指数（TII）		人力资本指数（HCI）		在线服务指数（OSI）		中国电子政府发展指数（CEDI）	
	2012	2013	2012	2013	2012	2013	2012	2013
滨江区	0.8194	0.8194	0.7533	0.5193	0.7089	0.3159	0.7605	0.5515
淳安县	0.0029	0.2865	0.1277	0.1494	0.8354	0.5529	0.3220	0.3296

①　本表数据来源于钱弘道与熊美英共同主持完成的 2012 年度与 2013 年度杭州电子政府发展指数报告。

续表

区县	电信基础设施指数（TII）		人力资本指数（HCI）		在线服务指数（OSI）		中国电子政府发展指数（CEDI）	
	2012	2013	2012	2013	2012	2013	2012	2013
富阳市	0.2346	0.5422	0.5421	0.3253	0.6456	0.2254	0.4741	0.3643
拱墅区	0.8788	0.8788	0.8353	0.5909	0.8987	0.5735	0.8709	0.6811
建德市	0.1293	0.3887	0.4767	0.2495	1.0000	0.7319	0.5353	0.4567
江干区	0.8605	0.8605	0.7282	0.5018	0.7215	0.4984	0.7701	0.6202
临安市	0.2686	0.5749	0.4022	0.1783	0.3544	0.5493	0.3418	0.4342
上城区	0.8497	0.8497	0.8529	0.633	0.1519	0.7921	0.6182	0.7583
桐庐县	0.2080	0.5054	0.4643	0.2406	0.6456	0.4107	0.4393	0.3856
下城区	0.8653	0.8653	0.8788	0.6494	0.0000	0.6697	0.5814	0.7281
萧山区	0.2734	0.9005	0.4869	0.2733	0.9620	0.7662	0.5741	0.6467
西湖区	0.8368	0.8368	0.8809	0.6579	0.3291	0.3439	0.6822	0.6129
余杭区	0.6670	0.7946	0.7289	0.5155	0.6076	0.7577	0.6678	0.6893
标出的灰色框内数据是表示 2013 年相对 2012 年有所上升								

（三）杭州电子政府发展指数的意义

杭州电子政府发展指数实验不仅创设了明显具有民主特征而又适合中国国情的电子政府发展指数评估体系，也对杭州市电子政府发展情况作出了准确定位，并给出了促进其未来发展的建设性意见，整体上促进了杭州电子政府的发展。

杭州电子政府发展指数实验只开展了 2012—2013 两个年度。虽然实验周期较短，但其成效是非常明显的。从杭州电子政府发展指数两个年度报告进行比较来看（具体请看表 17），多地总指数呈现出明显上升趋势（因为人力资本指数与在线服务指数很难在短时间内改观，加之这些地区受人员流动影响较大，人力资本指数与在线服务指数呈现不稳定现象也属正常）。

很明显地改观体现在 13 个区县的电信基础设施指数上，除了六个区县保持未变之外，其他区县都有明显上升，这与电信基础设施建设可以通过短时间的努力就能得以推进不无关联。这一现象表明电子政府发展指数在 13 区县电子政务发展中发挥了明显的驱动作用。从 2012 年与 2013 年度杭州电子政府发展指数与联合国对中国电子政务发展指数的测评比较来看，杭州高于全国平均值。2012 年与 2013 年度杭州地区电子政府发展总指数分别是 0.5875 与 0.5583，而联合国电子政府发展指数调查报告显示，2012 年与 2014 年度中国电子政府发展指数分别为 0.5359 与 0.5450，虽然两者之间不具有绝对可比性，但在一定程度上能够反映出杭州市电子政府发展的整体水平。这一点在 2014—2015 年度中国城市电子政务发展水平调查报告中得到了证实，这两年杭州市都闯入了全国电子政务发展排名前十，分别位居第八与第七位。这样的位次说明杭州市电子政府发展有向好趋势，当然还有上升空间。在此背景下，进一步加大电子政府发展力度是杭州市的必然选择。因此，课题组向杭州市委市政府提出建议：在人力资本与在线服务两个方面狠下功夫以提升这两方面的指数，是提高其总指数的必由之路。

电子政府发展指数的目标在于建设法治政府、善治政府与效能政府，以现代信息技术创新政府管理模式，来满足公民需求并促进社会发展。从测评实验看，电子政府发展指数具备推动电子政府发展、进而推动法治政府建设、实现善治的功能。从更大的场域看，电子政府发展指数的测评不仅是推进中国法治建设的一场实验，还是努力实现与国际接轨并争取国际话语权的一场实验。

六、从"法治浙江"到"法治中国"

改革开放以来，浙江法治建设一直常抓不懈。特别是 2002 年至 2007 年间，习近平同志主政浙江，全力开展"法治浙江"建设，取得了可喜的法治成效，也形成了丰富的法治思想。在习近平同志担任中央总书记后，法治建设成为国家发展的重中之重，使"法治浙江"获得了走向"法治中国"的契机。"法治浙江"为"法治中国"积累了丰富的经验。举例说，从前述"法治浙江"的务实特征和三大典型事例来分析，"法治浙江"至少在以下三方面为"法治中国"提供了地方实践经验。

（一）强化民主在法治建设中的表达和实现

法治指数、司法透明指数、电子政府发展指数三大实验都围绕民主这个中心思想展开，力求探索出真正维护人民群众根本利益的法治经验。电子政府发展指数实验直接从"为民"的视角来衡量杭州电子政府的发展状况；法治指数与司法透明指数实验则从"公众怎么看"的视角来分别衡量浙江余杭法治建设状况与吴兴法院司法公开状况。它们都是民主法治建设的典型样本，为"法治浙江"走向"法治中国"提供了有益的经验积累。

2006 年 5 月 10 日，习近平同志在其《法治：新形势的新要求》一文中提出"社会主义民主政治的不断发展和人民政治参与积极性的不断提高，对进一步落实依法治国基本方略提出了新的要求"。[1] 这一要求正是党的十八届四中全会所提到的，"为了保障人民民主，必须加强法治，必须使民主制度化、法律化。"实现民主政治目标必然是法治建设的关键任务；否则，所实现的法治只能是残缺不全的，甚至不能被称之为"法治"。习近平同志在推出"法治浙江"时强调民主，《法治决定》也同样强调民主，两者是一脉相承的。相比而言，《法治决定》对实现民主的目标与路径做了更为深入细致的规定，其中很多内容与《法治浙江决定》一致（具体见表 18）。

---

[1]　习近平：《之江新语》，浙江人民出版社 2007 年版，第 202 页。

表18 《法治浙江决定》与《法治决定》有关民主内容比较表

《法治浙江决定》	《法治决定》
1.以最广大人民的根本利益为出发点和落脚点	1.以保障人民根本权益为出发点和落脚点
2.坚持民主立法、科学立法	2.深入推进科学立法、民主立法
3.加快推进决策科学化民主化	3.把公众参与确定为重大行政决策法定程序
4.强化社会监督	4.加强社会监督
5.扩大基层民主	5.完善和发展基层民主制度
6.司法为民	6.坚持人民司法为人民,努力让人民群众在每一个司法案件中感受到公平正义
7.建立健全能够全面表达社会利益、有效平衡社会利益、科学调整社会利益的利益协调机制	7.建立健全社会矛盾预警机制、利益表达机制、协商沟通机制、救济救助机制,畅通群众利益协调、权益保障法律渠道

不仅如此,为推进民主法治建设,浙江的"基层民主"、"平安浙江"、"美丽浙江"等各项重大举措,都无一例外地上升为"法治中国"建设不可缺少的内容或相关联的重要组成部分。实际上,"法治中国"建设只有强化民主在法治建设中的表达和实现,才能真正实现中国人的法治梦。

(二)充分挖掘制度创新的动力功能

法治的一个主要推动力来源于制度创新。"法治浙江"的一个经验也就是制度创新。以法治评估为例,法治评估就是制度创新产生动力的典型例子,是未来中国法治建设的增长点。

法治指数、司法透明指数以及电子政府发展指数的实验表明,这三大指数因为具备激发竞争与产生压力的特质,成为一种倒逼机制,能够分别在法治建设、司法公开与电子政务发展方面发挥明显的动力功能。余杭法治指数实验,形成了一套较为可行的法治评估方法和有效的制度约束,促使政府在社会管理工作上有的放矢,预防行政行为产生偏差,激励各部门推动法治建设，在社会管理中发挥了引导、激励、规范和创新的作用，为创新社会管理进行了有益尝试。[1] 江平教授说："余杭区出台法治指数，将法治建设纳入科学轨道，是对全国各地法治建设量化的推动，是对民主法治建设的推动，非常有意义。"[2] 法治指数、司法透明指数与电子政府发展指数三大实验带动了量化法治的发展，直接催生和推动了法治政府、司法公信力、司法文明水平、食品安全透明、法治环境、行政决策风险、法治国情[3]等多项评估的研究和活动的开展。客观上，法治评估已经应用于法治建设的多个领域，开始发挥强大的多方面的动力功能。

尤其重要的是，法治评估已经上升为国家所高度认可并广泛适用的动力机制。《改革决定》规定："建设科学的法治建设指标体系和考核标准。"这意味着，法治评估已经成为国家治理中替代单纯政治推动的现实动力机制。法治量化评估一开始遭到质疑，现在我们所面对的不再是要不要法治评估的问题，而是如何充分发挥法治评估机制功能的问题。虽然目前我国在理念上已经接受了法治评估，但是在理论和实践中，还存在理论和实践方面的问题有待破解。[4] 未来法治研究的一项重要任务就是深入挖掘法治评估的动力功能，使之真正成为推进法治中国建设的重要推动力。

（三）广泛采用法治实验方法

发生在浙江的法治指数、司法透明指数以及电子政府发展指数的实验提供了一个启示：实验是法治建设的一个路径。

虽然浙江不是最早开始地方法治建设的省份，但却是抓住"法治浙江"这一契机而最早开展法治指数等富有特色的法治实验的省份。习近平同志

---

① 参见钱弘道：《法治指数：法治中国的探索和见证》，载《光明日报》2013 年 4 月 9 日。

② 缪伟国：《余杭出炉"法治指数"》，载《杭州日报》2008 年 6 月 16 日。

③ 参见蒋立山：《中国法治指数设计的理论问题》，载《法学家》2014 年第 1 期。

④ 参见屈茂辉、匡凯：《社会指标运动中法治评估的演进》，载《环球法律评论》2013 年第 3 期。

对实验或试验是支持的。2003 年他就曾说过这样的话："要坚持点上试验，面上推广，先易后难，先浅后深，因地制宜，不搞一刀切，不求齐步走。在先行的试点中要鼓励成功，宽容失误，注意保护好干部群众的改革热情；在全面推进时则要以成熟的经验引路，避免反复，减少失误，尽可能把改革的风险和代价降到最低限度。"① 法治指数实验虽然与他支持试验并无关系，但却与他强调基层法治建设直接相关。2006 年 2 月 8 日，春节刚过，习近平同志在杭州专题调研建设"法治浙江"工作。他先后到省女子监狱、省戒毒劳教所、杭州市公证处和余杭区闲林镇等处调研。当时闲林镇由综治办牵头，集司法所、信访办、治安巡防队、流动人口管理办、警务工作室等为一体，实行联调、联防、联勤，综治工作已经取得了明显成效。在此基础上，习近平同志提出，基层工作必须善于在法治轨道上解决各种矛盾和问题。习近平同志要求，在建设"法治浙江"进程中，各级党委、政府要从坚持科学执政、民主执政、依法执政的战略高度，进一步提高推进基层法治建设重要性和紧迫性的认识，坚持工作重心下移，把基础放在基层、重点放在基层、关爱送到基层，切实加强基层依法治理工作，不断巩固党在基层的执政基础。正是在这样的背景下，余杭区委和这批专家学者合作，结合实际，在全省率先作出了"法治余杭"的战略决策。《中共余杭区委关于建设法治余杭的意见》和《"法治余杭"量化考核评估体系》先后出台，自此，拉开了"法治余杭量化评估"的序幕，法治指数实验因此开展。

法治指数、司法透明指数以及电子政府发展指数实验都是选择特定的实验点，运用实验方法，结合建构理论，开展广泛深入的田野调查，经过反复试错与纠错，逐步建立起理想的评估体系，为法治建设提供了量化衡量标准。实践证明，"法治浙江"建设中所探索应用的实验方法，具有明显的科学性。这是三大指数实验最终成功并在全国得到经验推广应用的关

---

① 习近平：《之江新语》，浙江人民出版社 2007 年版，第 17 页。

键所在。

现在法治实验已然成为法治中国建设的一条路径。党的十八届三中全会提出："鼓励地方、基层和群众大胆探索，加强重大改革试点工作，及时总结经验，宽容改革失误，加强宣传和舆论引导，为全面深化改革营造良好社会环境。"十八届四中全会《法治决定》还在立法与司法体制完善的两个具体方面分别用了"先行先试"与"实行体制改革试点"这样的表述。目前，全国各地开始不断涌现出层次不同与类型有别的法治实验，譬如法治城市试点、法治乡镇试点、法治型党组织试点、法治文化试点、法治工商试点等等。特别是在十八届四中全会之后，司法改革领域出现在江苏的"法官责任制"实验、北京的"跨区域法院"实验、上海的"法官员额制"实验等等，这些实验都很好体现了中国当前法治建设的实验特征。实践中涌现出的各项实验一方面是切实贯彻中央精神的具体表现，另一方面也是肯定实验方法可以在法治建设领域广泛应用的最好回应。全面推进依法治国，要"坚持从中国实际出发"，科学运用法治实验方法。对于法治研究工作者来说，要及时跟上法治实践的需求，积极采用法治实验的科学方法，因为"法治试验田的研究最符合法治中国的现实，最有实效，最有意义"[①]。笔者因此倡导实验主义法治，实验主义法治观强调法治评估在实验主义框架中的核心位置，并促使其从绩效考核向路径实验转型。[②] 通过法治评估产生内生压力，提升官员积极性，倒逼地方法治建设是十分必要的，但实验主义法治观注重法治评估的评估、比较、促进学习的准决策方法作用，在实验主义框架内部，法治评估体系主要是作为路径实验和政策中转的平台而存在的。

---

① 钱弘道：《中国法治试验田孕育法治评估与实践学派》，载《中国社会科学报》2014年5月7日。

② 参见钱弘道、杜维超：《论实验主义法治——中国法治实践学派的一种方法论进路》，载《浙江大学学报》（人文社会科学版）2015年第5期。

七、"法治浙江"的理论产物：中国法治实践学派的基本逻辑

在法治指数、司法透明指数以及电子政府发展指数的基础上，通过观察"法治浙江"以及全国的法治的一系列实践，通过比较分析中国和国外的法治理论，笔者提出中国法治实践学派这一概念。中国法治实践学派是"法治浙江"实践的理论产物。

（一）中国法治实践学派概念的提出和阐释

中国法治实践学派的产生具有深刻的时代背景，这个背景就是转型期波澜壮阔的改革实践。中国改革带来了政治、经济、社会的巨大变化，这种变化在治理领域首先表现为法治革命时代的到来。

中国法治实践学派的概念直接产生于习近平同志推行的"法治浙江"实践。"法治浙江"成为一大批法学家深入基层法治实践、进行协同创新的一个契机，法治指数的实验因此成为法治创新实践的一个样板。正是发生在浙江的法治指数、司法透明指数、电子政府发展指数等一系列法治实验，孕育了中国法治实践学派。

从世界范围看，中国的法治道路与其他任何国家的法治道路是不一样的，也不可能一样。从世界范围看，基于中国法治实践产生的理论必然区别于其他国家的一切法治理论。从世界范围看，针对中国法治实践问题，中国学者一定会创造出一个区别于世界上一切流派的法学流派。这个学派正在形成。这个学派，我们把它称为"中国法治实践学派"，或者"法治实践的中国学派"。中国法治实践学派，顾名思义，它是一个问题性学派，研究的问题是"中国法治实践"；它也是一个地域性学派，这个地域是中国。

中国法治实践学派，是以中国法治实践为研究对象，以探寻中国法治

发展道路为目标，以创新中国法律制度和法治中国理论为具体任务，以实践、实证、实验为研究方法，注重实际、实效，具有中国特色、中国风格、中国气派的学术流派。一个"实"字可以概括中国法治实践学派的全部特征。所谓"实"，就是指中国法治实践学派注重"实际"、"实践"、"实证"、"实验"、"实效"、"实学"。中国法治实践学派追求理想主义、现实主义、实践主义的科学结合，既强调思想，又强调行动。中国法治实践学派践行实事求是、知行合一的思想，是实践理想主义者。

具体言之，中国法治实践学派具有这样几个特点：第一，以法治为研究对象而形成求真务实的学术传统；第二，研究紧扣中国的法治实践，并与政府、社会各界共同推进中国法治发展；第三，不是一味批判，而是更多地强调建设，特别是致力于探索中国特色的法治模式；第四，具有国际视野，参考古今，博稽中外，融会贯通，不存偏见，吸收人类一切有价值的法治研究成果；第五，在民众参与还不那么充分的转型期，这一派学者对中国法治的发展将发挥尤为重要的作用。①

（二）中国法治实践学派的方法论

中国法治实践学派有一个鲜明的特色，就是在其概念中赫然植入"实践"这个词汇。中国法治实践学派提出的初衷，就是倡导以"实践"为导向的若干法治研究的基本精神，完善法治中国理论，引导和支撑法治中国伟大实践。实践哲学是中国法治实践学派的哲学基础。

没有人愿意说自己的研究是远离实践的，但不是所有人都具备中国法治实践学派所倡导的基本精神。虽然法治在本质上是实践的，而且任何人的法治研究多少都会与实践相关，但他未必就能旗帜鲜明地把实践观作为其哲学基础，未必就具有强烈的中国法治问题意识，未必就具有强烈的使

---

① 参见钱弘道：《中国法治实践学派正在形成》，载《中国社会科学报》2013年2月6日。

命感，未必就具备实践精神和行动力量，未必就能把实证方法作为常规的研究方法，未必就能科学运用实验方法，未必就能将实效作为研究的评判标准。

中国法治实践学派把解决全面推进依法治国重大实践问题作为自己义不容辞的时代责任。问题导向是中国法治实践学派实践观和方法论的具体运用。中国法治实践学派是问题性学派，其问题或关键词就是"中国法治实践"。中国法治实践是一个巨大的难题，是一个不是单凭借鉴或移植就能解决的难题。一系列的法治实践难题需要中国法治实践学派及时给予研究解决，一系列的法治实践经验需要中国法治实践学派及时概括和提炼。解决这样一个区别于世界上其他一切国家的难题，要求研究者必须具有强烈的问题意识，必须具有强烈的时代使命感。没有强烈的问题意识，没有强烈的使命感，中国的法学家就无法完成党的十八届四中全会提出的法治理论建设任务，就无法及时引导和支撑法治实践。

中国法治实践学派倡导以彻底的实践精神推进法治中国理论创新。彻底的实践精神要求中国法治实践学派始终立足于实践角度来考察和思考中国法治发展道路，从实践的角度论证法治发展规律，并以之指导法治中国伟大实践。实践精神不是所有学者都具备的。学者研究的问题带有实践性，并不意味着他就具有实践精神。中国法治实践学派的实践观是超越实践哲学的行动哲学。中国法治实践学派是全面推进依法治国的智库力量，这种力量具体表现为参与法治实践的一系列行动。中国法治实践学派的学者们为法治实践出谋划策，成为法治中国建设的重要推手，以至于一切法治中国的重大决策和实践都凝结着他们的智慧与贡献。

中国法治实践学派倡导在法治研究中充分运用实证方法。中国法治实践学派的学者们走进实践，深入实际，深入群众，调查研究，取得详细的实践材料，然后加工、制作、提炼、升华为理论。中国法治实践学派特别注重科学运用实验方法。中国是当今世界上最具个性的法治实验场域。客观上，中国法治改革本身无疑具有实验特色，当前正在进行的各种司法改革"试点"就是典型的实验模式。学界和政府协同实验创新是一种有效模式。一切实验都要讲究实验效果，而法治评估就是检验实验效果的方法。从这个意义上讲，我们应当从更广泛的意义上理解和运用法治评估方法。法治评估不能局限于法治指数、司法透明指数等测评机制的运用，而是应该用来检验评估各种法治实验的效果。只有这样，学者才能创造出切实管用的法治理论；只有这样，中国特色的社会主义法治理论体系才能得到不断发展和完善。

法治中国必须进行许许多多的渐进实验，每一个法治进步都是许许多多实验和小改进的结果，每部法律法规的制定和每一项法治方法的发展都必须经过反复社会实践和实验，经过不断调整而获得逐步完善。① 法治实验的内在规定性是中国法治实践学派所尤为关注与重视的。法治实验的特点是自觉地以科学理论为指导，以特定法治场域为实验点，以社会调查、量化分析为方法，以探索和认识法治实践活动的本质和规律、探寻最优化法治道路为目的，反复试验观测法治方案的效果。② 在法治实验的基本原理中，中国法治实践学派锁定的是最终获得科学、真实与可适用的实验结果这一目标。"中国法治实践学派努力的方向应该是寻找最优化、最可行、最有实际效果的法治道路。"③

（三）中国法治实践学派的任务

《法治决定》清楚地诠释了中国法治实践学派的基本特征和当前任务。《法治决定》指出："坚持从中国实际出发。必须从我国基本国情出发，同改革开放不断深化相适应，总结和运用党领导人民实行法治的成功经验，围绕社会主义法治建设重大理论和实践问题，推进法治理论创新，发展符

---

① 参见钱弘道：《中国法治实践学派及其界定》，载《浙江大学学报》（人文社会科学版）2014 年第 5 期。

② 参见同上。

③ 同上。

合中国实际、具有中国特色、体现社会发展规律的社会主义法治理论，为依法治国提供理论指导和学理支撑。汲取中华法律文化精华，借鉴国外法治有益经验，但决不照搬外国法治理念和模式。"这一内容与中国法治实践学派的宗旨完全一致。

中国法治实践学派致力于探寻中国法治发展道路。中华民族不是一个亦步亦趋的民族，中国历来都有自己鲜明的风格，中国下定了决心、坚定了信心要走一条有自己特色的法治道路。因此，中国法治实践学派义不容辞地以探寻中国法治发展道路为使命。中国法治发展道路必须植根于中国社会，符合中国现实国情，反映中国人民意愿，顺应世界潮流。法治有客观规律，规律有不同的表现形式。中国法治道路是世界法治规律的中国经验，是世界法治规律的中国表现形式。中国法治道路的核心要义是坚持中国共产党的领导，坚持中国特色社会主义制度，贯彻中国特色社会主义法治理论。这个核心要义确立了中国法治发展的方向。在法治征途上，我们刚迈开步子，道路还很长，新的道路还需要不断探寻，不断开辟；在法治道路问题上，我们无法依赖别人，我们不能全盘照搬任何国家的制度，摘抄任何国家的路线图。我们需要虚怀若谷地借鉴，但更需要自己的智慧、实践和经验。

中国法治实践学派致力于创新中国法律制度。法治首先意味着有一套良好的法律制度，良法是善治的前提。中国已经有一套法律制度体系，但并不完善，存在种种缺陷，与法治需要的良法还有很大距离。公权力腐败、私权得不到保护、国家治理体系存在种种弊端等都与法律制度缺陷密切相关。中国法治实践学派就是要以创新和完善以宪法为核心的法律制度体系为己任。中国的宪法实施机制尚不健全，立法工作的体制和机制尚不科学，权利公平、机会公平、规则公平的法律制度尚不完善，市场法律制度存在种种缺陷，民主政治法治化没有充分体现，生态环境、食品安全、医疗卫生、社会保障等一些重点领域的法律制度建设没有让人民真正满意。这一系列问题摆在我们面前，需要我们挑起重担，担当责任。中国法治实践学派应当也必须拿出学术勇气和智慧来回应转型期法治建设面临的各种制度创新难题。

中国法治实践学派致力于创新法治中国理论。法治中国理论是法治中国的重要内涵，有什么样的法治理论，就有什么样的法治中国。法治理论是全面推进法治中国建设的行动指南，中国法治实践学派就是要担当起为法治中国的伟大实践进行理论总结、提供理论指导、提供学理支撑的重任。中国法治实践学派的目标是"推进法治理论创新，发展符合中国实际、具有中国特色、体现社会发展规律的社会主义法治理论"。中国法治实践学派要科学阐述全面推进依法治国的若干原则，要为完备的法律规范体系、高效的法治实施体系、严密的法治监督体系、有力的法治保障体系、完善的党内法规体系提供科学的论证，要为依法治国、依法执政、依法行政的共同推进和法治国家、法治政府、法治社会的一体建设提供坚实的理论支撑，要为实现科学立法、严格执法、公正司法、全民守法，促进国家治理体系和治理能力现代化竭尽全力。中国法治实践学派毫不隐讳地宣称，它的一切理论就是直接服务于法治中国的伟大实践。中国法治实践学派在创新法治中国理论的过程中，自始至终坚持实践特色，即一切理论都来源于法治中国的实践，都要经过实践检验，都以产生实效为依归。中国法治实践学派的学者们通过亲历实践、协同创新、田野调查等方法，从实践中取得第一手材料，综合运用社会科学甚至自然科学的各种研究方法，以实证研究为鲜明特色。中国法治实践学派倡导运用社会科学的实验方法，通过一系列法治实验，从而以一反三，以点带面，促使成功经验的普遍实施。中国法治实践学派致力于构建符合中国实际、具有中国特色、体现社会发展规律的法治理论，中国法治实践学派有足够的信心为法治中国实践提供理论指导和学理支撑。

中国法治实践学派致力于弘扬法治精神。法治精神是法治的灵魂，一切制度的实施、一切思想理论的实践都有赖于法治精神的弘扬。法治精神是法治观念、法治素养、法治信仰等内容的综合形态，它渗透于法律制度，表现于人们的行为，沉淀于一个国家的文化之中。法律的权威来自人民的真诚信仰，法治只有成为信仰，成为自觉，才能彰显力量。中国的传统不是法治传统，不少人尚不习惯法治思维，人治思维、潜规则思维仍然顽固。中国法治精神的培育面临巨大困难，任务十分艰巨。中国法治实践学派把弘扬法治精神作为学术思想传播的一种实践行动。中国法治实践学派是法治精神的布道者，是法治精神的践行者。

八、结　语

"法治浙江"是中国地方法治的一个有代表性的实践。国家层面的法治推进往往来源于地方经验，顶层设计离不开地方经验。顶层设计是指导性的框架设计。中国正在进行全面推行的依法治国系统工程，一如既往地依靠地方法治的创新实践。法治指数、司法透明指数以及电子政府发展指数的实验表明，实验是推进中国法治的有效途径。中国法治理论的一个根本特点是，它将主要渊源于实践或通过实践的检验。中国法治实践学派是对中国法治实践的及时回应，它将成为中国法学的主流学派，也将为法治中国理论建设作出突出的贡献。

| 后　记

该文发表于公丕祥主编、法律出版社出版的区域法治发展研究丛书——《区域法治发展研究》第 1 卷，2016 年 3 月出版。

2015 年 6 月 21 日，我出席中国社会科学院法学研究所举办"习近平全面推进依法治国思想研讨会"。会议期间，江苏省人大常委会副主任公丕祥教授向我约稿，希望我写一篇关于"法治浙江"的文章。浙江大学博士后方桂荣副教授、辽宁大学法学院刘大伟副教授参与写作讨论。

这篇文章不仅是对"法治浙江"十年的一个总结，也是中国法治研究院和南京师范大学中国法治现代化研究院合作的开始。2016 年，中国法治实践学派研究基地（江苏）成立，落户中国法治现代化研究院。

本文最后落脚在中国法治实践学派，认为中国法治实践学派是"法治浙江"的理论产物，因为中国法治实践学派这个概念渊源于浙江的法治实践。但更准确地说，中国法治实践学派是"法治中国"的产物。

大数据法治

——法治的一种新形态

客观上，我们应当正视一个事实，一个大范围生产、共享和应用数据的时代已经来临。大数据已经不再是美好的愿景而是正在发生的智慧实践。2015 年，国务院出台的《促进大数据发展行动纲要》就是标志。因此，大数据法治已不完全是一种理论构想，而是正在具有鲜明时代背景的实践命题。大数据法治实质上是量化法治的一个跃升阶段，是法治的一种新形态，是一种智慧型法治、精准型法治、效率型法治。

一、大数据法治是什么

根据学界对大数据和治理或法治的论述，我们可以对"大数据法治是什么"这一元命题 X 进行层层分解。这一命题的理解大致可以有如下若干子命题构成：

命题 X1= 大数据法治是正在到来的法治理想形态。

命题 X2= 大数据法治是基于数据驱动的国家治理工具。

命题 X3= 大数据法治是量化法治的跃升阶段和发展形态。

命题 X4= 大数据法治是正在发生的制度性实践。

......

命题 X1 将大数据法治视为一种新型的法治理想形态。长久以来，法治理想类型的形塑体现为一种观念层面的图景描述与勾勒。对于法治理想类型的描述存在着重描述而轻实证分析的泛化现象。而大数据法治作为法治理想形态，依托于大数据的技术支撑和模式创新，使得理想图景变得可靠真实。命题 X2 则是从工具主义的视角探究大数据法治的实践功能定位。大数据是基于数据驱动的创新决策工具，大数据分析作为一种新兴的研究范式和决策辅助方法，能够为实现公平正义、优化法治资源、预测司法运行规律、推动国家治理能力现代化提供前瞻性的规律分析和科学规划。命题 X3 阐释了大数据法治作为新兴的法治分析范式，脱胎于量化法治，进一步拓宽了量化法治的理论空间和实践面向。大数据法治对量化法治的创新和超越体现在如下方面：在思维方式上，大数据法治颠覆了以往的思维方式和数据采集模式，从追求因果关系向相关性分析转换；在技术支撑上，大数据法治采用全样本的数据分析，能够精确地预测法治运行规律；在实施效果上，大数据法治更加关注法治实施的实际成效，体现了理论逻辑和实践逻辑的统一。命题 X4 则是从实效的角度将大数据法治视为正在发生的经验真实和制度实践，它是以实效法治观为导向的制度性实践。

前述大数据法治的理论命题或是从建构的视角探讨理想状态下的大数据法治，或是从实证的角度探讨大数据法治的实施路径。我们可以根据上述分析，梳理出一个更为融贯周严的大数据法治概念：从语义学的角度可以将大数据法治理解为"大数据的法治"，其语义隐涵可以概括为"大数据的技术维度"+"法治内涵的实效维度"。在此意义上，大数据法治强调的是经由大数据这一工具性手段分析法治的实践运行，提升法治的实施效果，实现基于数据的科学决策，助力法治效能的实现。由此可见，大数据法治打破了现有法治话语模式和实践运行模式，开启了基于数据驱动的决策变革，能够凸显传统实证研究无法展现的关联关系，为政府决策提供精准的规律分析和路线。

根据上述分析，我们在理解大数据法治内涵时，应当把握如下两点核心要义：（1）大数据法治在理论基石上体现为一种实效法治观，在内涵界定和构成要素上有别于以往规范法治观的分析范式；（2）大数据法治在技术手段上体现为数据驱动的经验真实，关注法治实施的真实效果和运行规律。大数据的应用本质上是提升法治实施效能的一种技术手段，其本身并不是目的。

大数据法治作为一种正在发生的制度事实，它是一种综合性集成智慧，意味着法治决策实现了从依靠自身判断转变为依靠数据判断、从法治无标准变成依据标准，从口号法治、形式主义法治转变为追求实效法治而不是文本法治。

二、大数据法治的特征

大数据法治作为法治的一种新样态，当然具有不同于传统法治的鲜明特征。描述大数据法治的特征有三个关键词：智慧、精准、效率。

首先，大数据代表一种智慧，大数据法治首先是一种"智慧型法治"，我们可以把它叫作"大成智慧"。20世纪90年代以来，美国抓住了数字革命的机遇，创造了十多年的经济繁荣。欧洲、日本等地区和国家也紧紧追随美国，积极推进数字革命，产生了巨大的经济成效。数据可以治国强国，谁抓住了大数据，谁就把握了发展的先机。大数据在新工业革命中体现出来的智慧特点同样会在法治建设中表现出来。近年来，有的地方运用大数据和人工智能，启动了智慧城市建设。智慧城市的实质是利用先进的信息技术，实现城市智慧式管理和运行。智慧城市的核心是大数据。一个城市的管理和运营需要科学的决策，只有依托大数据支撑才能保证智慧城市的真正运行。同理，智慧法治的核心就是看法治建设中如何运用大数据技术，如何把大数据变成推动法治发展的力量。大数据帮助政府实现市场经济调控、公共卫生安全防范、灾难预警、社会舆论监督、预防犯罪、实现智慧交通、提升紧急应急能力等等，表现出来的都是智慧。大数据可以成为"法治大脑"，人的大脑在法治建设的局限可以通过大数据克服。

其次，精准是数据的本质特征，大数据法治是一种"精准型法治"。长久以来，中国法治建设一直属于粗放型、植入型的实践样态。运用大数据技术，有望实现精准法治。《促进大数据发展行动纲要》计划在未来5至10年通过推动大数据发展逐步实现"打造精准治理、多方协作的社会治理新模式"。因此，《促进大数据发展行动纲要》实际上也为未来中国提出了精准法治的目标和方法，可行的方法就是借助大数据技术。《促进大数据发展行动纲要》中规定，"推动改进政府管理和公共治理方式，借助大数据实现政府负面清单、权力清单和责任清单的透明化管理，完善大数据监督和技术反腐体系，促进政府简政放权、依法行政。"这些规定目标就是通过大数据技术实现从粗放式管理到精准式治理的转型。

再次，大数据改变资源配置方式，大数据法治是一种"效率型法治"。从经济方面讲，大数据将改变传统的生产方式和经济运行机制，将显著提升经济运行水平和实际效能。大数据将深刻影响社会分工协作的组织模式，促进生产组织方式的集约和创新，推动社会生产要素的网络化共享、集约化整合、协作化开发和高效化利用。从法治运行来看，大数据技术将成为法治发展的新增长点，成为推动法治发展的新动力机制。大数据将深刻影响公权和私权的配置、法治政府建设的进程、司法体制改革的方向，逐步提升法治实施效能。法治是一种资源配置的方式，是一种配置公权和私权的方式。法治资源配置得当，就会产生效率。运用大数据技术，进行法治决策分析、合理配置法治资源，从而降低法治成本，提升效能。数字经济的关键是速度，速度迫使企业必须加强合作。合作才能节约成本，有效规避风险，从而能够发挥核心优势。大数据法治的理论构架和实践应用，也同样必须通过合作来加以完成。法学家难以同时精通计算机和数据分析，而精通计算机和数据分析的人也难以同时拥有法治的宏观分析和微观视角。大数据法治必然是资源有效配置的合作型和效率型法治。

| 后 记 --

　　本文原载于 2017 年 5 月 31 日《法制日报》。本文由我与博士后康兰平合作完成。2016 年 8 月 17 日，我在《中国社会科学报》发表《走向大数据法治时代》一文。此前，我在 2016 年中国法学会比较法学研究会年会以及其他多个场合提出大数据法治的基本思想。之后，我们成立了中国法治研究院大数据法治研究中心，博士后康兰平参与了我主持的大数据法治课题的研究。2017 年 5 月 13 日，我在《中国社会科学》杂志社和中国政法大学在北京友谊宾馆联合举办的第三届"法学前沿论坛"上就大数据法治的一些基本问题发表了自己的观点。会后，《法制日报》发表了我发言的部分观点。

中国法治评估的兴起和未来走向

法治评估在中国的兴起不是偶然的，有其自身的土壤和时代使命。各地的法治评估实践和各个学术机构的法治评估研究，无论评估方法是否存在局限还是指标设计是否科学，都在客观上推动了法治评估的发展和法治中国的进程。法治评估正在转型，主要原因在于顶层设计对法治评估的定位和大数据、人工智能将深刻影响法治评估的格局。

一、中国法治评估的兴起：步入量化法治阶段

虽然法治评估缘起于国外，但其在中国的热度已经超过国际任何国家，法治评估"热"在中国有其深刻的时代背景。

法治评估在中国兴起的根本前提条件是中国发起了新的改革。这场改革从 1979 年中共十一届三中全会开始，步步推进，"法治""治理体系和治理能力现代化"成为这场改革的主旋律。这场改革为各个领域的创新营造了条件，为各个领域的创新成为"热门"营造了条件，为各个领域的创新规模超过其他国家营造了条件。例如，互联网、大数据、人工智能在中国的势不可当；再如，1999 年的《宪法修正案》、2013 年的中共中央《改革决定》、2014 年的《法治决定》、2016 年的《中共中央关于全面从严治

党若干重大问题的决定》等成为法治评估"热"在中国的制度和政策基础。法治评估之所以"热"在中国存在其必然的逻辑和内在机理。

法治评估在中国兴起无疑受到国外指标运动的重要影响。从最直接的影响看，世界银行报告中的法治指数、世界正义论坛的法治指数和国际上的清廉指数以及其他经济、社会等各个领域的指数测评都不同程度地影响了中国的法治评估。笔者在2006年启动中国内地第一个法治指数——杭州市余杭区法治指数的实验，最直接的影响就来自于世界银行报告。之后，笔者查阅了大量其他领域的指数测评资料，也曾赴香港专门调研香港法治指数的测评情况。国外指标运动对国内法治评估的影响主要是第三方评估。在余杭区法治指数诞生以前，中国内地并没有第三方法治评估。余杭法治指数的诞生迅速影响了国内第三方评估的发展，也当然影响了内部考评。

法治评估在中国的兴起也是中国法学研究方法发生变革的结果。长期以来，中国法学研究方法单一，存在各种弊端。一方面，中国市场经济改革必然推动法治建设，法治实践必然要求变革法学研究方法，各种实践难题必然要求法学界作出及时回答；另一方面，经济学侵入法学，经济分析法学或法律经济学兴起的一个结果是实证研究方法对中国法学研究变革产生了重要影响。笔者之所以启动余杭法治指数实验，与此前研究经济学和经济分析法学存在密切的关系，实证研究方法极大地影响了本人的学术研究。当然，影响中国法学研究的不仅仅是经济学，社会学以及其他学科都不同程度影响和推动了中国法学研究方法的变革。法治评估扮演了这样一个角色，它既是中国法治实践不断推进和法学研究方法发生变革的一个产物，也是推动中国法学研究方法变革的一个重要因素。

2006年，笔者在启动"法治余杭"系统工程的最早一次研讨会上提出"量化法治"概念，提出关于制定法治评估指标体系和测评法治指数的建议。余杭法治指数可以作为中国法学研究进入数据思维和量化法治阶段的标志。有学者后来将法治研究划分为"正名阶段"、"定义阶段"和"量化阶段"，笔者认为是恰当的。在余杭法治指数诞生以前，中国没有量化法治概念。法治评估代表的是一种数据和量化思维。量化法治意味着中国法学从规范到实证的转型，意味着以问题为导向和以效果为导向的确立。

二、法治评估的定位及意义

法治评估实际上是一种法治的推进机制，也是一种制度创新。笔者曾在《中国社会科学》发表文章《法治评估及其中国应用》[1]，对法治评估的定位和对中国法治发展的意义进行了基本阐述。从机制或制度角度看，法治评估应当贯穿法治建设的全过程，成为法治建设的基本机制或制度。

法治评估为法治建设确立目标。法治评估的第一步是要设计指标。这个指标设计的工作改变了以往法治研究只注重定性的研究方法，改变了以往法治研究的宽泛性和模糊性。法治指标设计要求定性和定量相结合，要求精准，要求能够量化，要求能够实际应用于测评。指标设计要求化繁为简，要把庞大的法律法规变成一系列指标和考核标准，而且必须落脚于"实际的法治"。这个指标设计的过程是法律法规的"浓缩"，是制度的再创新。我们说，法治评估是法治建设的一个"抓手"，这个"抓手"的意义，首先在于为政府、司法机关设定了目标。目标的设定在相当程度上避免了"口号法治"的形式主义弊端，避免了法治建设的"面子工程""形象工程"的资源浪费，避免了法治建设的盲目性。因此，指标设计是否科学就成为法治评估的焦点，也是中央顶层设计的重点指向。中共中央《改革决定》规定"建设科学的法治建设指标体系和考核标准"，其意义就在于此。

法治评估是一种法治建设的倒逼机制。从功能上讲，法治评估机制能够倒逼法治建设的各项工作。所谓"倒逼"，是指法治评估结果必然会

---

[1] 钱弘道等：《法治评估及其中国应用》，载《中国社会科学》2012 年第 4 期。

给法治建设的各地方或各部门带来压力，由此逼使各地方和各部门改善法治建设方法，弥补法治薄弱环节，注重法治效果。这种倒逼机制一旦成为常态，就能够有效推进法治的各项工作。从倒逼机制角度看，法治评估应当贯穿立法、执法、司法、守法各个环节。立法工作既需要"立法前评估"，也需要"立法后评估"。近几年来，"立法前评估"和"立法后评估"已经逐渐得到重视，今后应当成为立法工作的常态。执法、司法、守法都应当用法治评估方式来测评效果，来"倒逼"各个环节的具体工作。以余杭法治指数测评为例，评估组出具评估报告都有具体的数据分析，都会根据数据反映的问题提出整改建议，余杭区委区政府根据这些建议进行整改，这就是倒逼机制的作用。余杭法治指数以及之后笔者主持完成的中国首个"司法透明指数"和首个"电子政府发展指数"出台后，媒体在报道时比较一致地用了"倒逼机制"这个词来描述法治评估的功能。

法治评估是一种公众参与机制。法治水平如何，最终要看公众是否满意。法治需要合力，需要公众参与。法治离开公众参与是没有前途的。中国法治的脆弱有多种因素，公众参与不足是重要原因之一。如何让公众发挥作用，是亟待破解的难题。第三方法治评估是政府以外的第三方力量的参与，是一种有效的形成法治合力的公众参与机制。第三方法治评估是一种有序的公众参与，是一种通过第三方机构动员各方力量参与监督的民主参与机制。这一点，正好符合中国式民主的有序参与要求，也是一种有效的法治精神培养方式。目前，全国正在进行的法治评估大都采用了民意调查方式，民意调查就是具体参与机制。

从上述三方面看，我们可以推断，法治评估是未来中国法治的增长点。这在过去的评估实践中已经得到反映，也将在未来法治发展过程中得到更好的证明。但法治评估是否能够真正成为未来中国法治增长点，关键在于理论界和实务界是否能够真正贯彻落实中央的顶层设计。这一点，我们尚不能盲目乐观，需要拭目以待。

三、法治评估模式及其数据获取

法治评估一般可以分为两种模式：内部考评和外部评估。内部考评即政府和司法机关内部自上而下的考核评估。外部评估即第三方评估。未来法治评估的基本趋势是：内部考评和外部评估两种模式在中国将长期存在；第三方评估从弱到强，逐渐成为常态。① 内部考评是中国政府推进法治绩效管理的基本方式。这一点，中国的法治评估模式有别于其他国家。内部考评之所以在中国会长期存在，与政府主导型的法治模式相关。政府主导推进法治，必定自上而下，必定重"管理"，重"绩效"，重行政手段。当中央顶层设计明确规定"建设科学的法治建设指标体系和考核标准""用法治成效考核领导干部"之后，任何地区、任何部门的官员都会把推进法治作为政治任务去推动，都会用行政手段去推动，都会从管理绩效角度去看待法治评估，并且可能选择直接采用自上而下的传统考评方式。由此可见，内部考评有其存在的政治基础以及正当性。例如，迄今为止，国务院法制办推动的全国各地的法治政府评估基本上采用了自上而下的内部考评方式。再如，浙江省、江苏省都采用了内部考评方式。内部考评的优势是，领导重视，能够动员足够的资源，有足够的资金支持，数据获取相对容易，评估结果一旦与领导干部考核挂钩就会引起足够重视。内部评估的缺陷是容易做表面文章，容易导致形式主义。

外部评估或第三方评估将成为未来的常态模式。虽然外部评估应用于中国不过十余年，但形成共识已不是难题。目前中国外部评估方式可以分为以下三种：第一种是"完全独立"；第二种是"准独立"；第三种是"合作型"。"完全独立"是指没有委托方、不需要委托方资金的评估模式。"准独立"是指受政府或司法机关的委托、使用委托方资金开展评估的模

---

① 钱弘道、杜维超：《法治评估模式辨异》，载《法学研究》2015 年第 6 期。

式。"合作型"是指政府或司法机关与第三方合作完成评估。余杭法治指数的测评可以归类为"准独立"模式。余杭区政府委托中国法治研究院和浙江大学开展测评，浙江湖州市吴兴区法院也委托中国法治研究院和浙江大学开展测评司法透明指数，提供一定的课题经费，可以归类为"准独立"模式。这种"准独立"模式目前比较可行，符合中国当下的实际条件。中国民间组织并不发达，大学科研机构作为第三方受到资金限制，"完全独立"模式的发展受到明显制约。内部评估的优势正是外部评估的劣势。外部评估难以动员足够的资源，缺乏足够的资金支持，数据获取相对困难。内部评估的劣势正是外部评估的优势。外部评估最大的特点是客观中立。

内外部评估在指标设计上是有区别的。内部评估的指标设计相对全面，因为是给庞大的政府各部门设定法治目标和任务，往往会面面俱到。外部评估指标一般相对简单，否则数据获取就会出现困难。无论内部还是外部评估，都需要在对法治作出基本定性的前提下，根据中国法律体系和顶层设计的法治框架来设计。例如，根据中央顶层设计，我们可以把一级指标确定为"依法执政、科学立法、依法行政、公正司法、法治社会、机构队伍"六大板块，再层层分解出更细化的指标和考核标准，就是可行的选择。

与评估模式相关的是数据获取方式。目前数据获取基本上有以下几种：第一种方式是"官方数据"；第二种方式是"民调数据"；第三种方式是"网络抓取数据"。余杭法治指数测评中有一项"与法治相关的数据"就是由政府提供的。河北政法委 2017 年开始在地市级以上测评法治指数，部分数据也由官方提供。杭州市电子政府发展指数测评中的主要数据来源于网络监测，也有部分数据来源于官方。余杭法治指数测评中用的民意调查方法就是为了获取"民调数据"。浙江省湖州市吴兴区法院司法透明指数测评中的"民调指数"也是通过民意调查方法获取。政府或司法透明指数的测评一般采用网络监测和"网络抓取"获得数据。

四、大数据法治和法治评估的未来走向

法治评估面临转型。一方面，中央顶层设计为法治评估转型奠定了基础。法治评估经历了从质疑到共识形成阶段，从此进入如何按照顶层设计深化发展的阶段。另一方面，大数据时代的到来为法治评估转型带来新的契机。未来中国法治评估，一方面会按照目前模式继续发展，另一方面会在利用大数据、人工智能等方面取得突破。法治评估转型是中央顶层设计带来的必然结果。① 中央顶层设计的出台标志着法治评估不再是地方政府的个别创新行动，也不是学界少数人的研究兴趣，而是作为中央决策前提下全国范围的普遍应用，作为法治中国建设的一种推进机制。在这样的前提下，法治评估无疑面临全方位转型。无论指标设计还是方法完善，无论是实践推行还是理论升华，无论是评估模式选择还是量化难题破解，法治评估都面临转型。从实践看，"建设科学的法治建设指标体系和考核标准"必须得到贯彻，"用法治成效考核领导干部"的要求必须变为现实。一些地方政府围绕"建设科学的法治建设指标体系和考核标准"，开展了各具特色的具体评估活动。有的地方已经将法治评估结果按一定的比分计入考核领导干部的内容。从理论看，法治评估进入理论化阶段，法治评估学开始创立，指导法治评估实践的理论正在逐步形成。

法治评估转型是大数据时代到来的必然结果。笔者曾用"大数据法治"一词描述大数据支撑下的法治系统工程。② 为了论证并推动"大数

---

① 参见钱弘道、王朝霞：《论中国法治评估的转型》，载《中国社会科学》2015 年第 5 期。

② 参见钱弘道：《走向大数据法治时代》，载《中国社会科学报》2016 年 8 月 17 日；钱弘道、康兰平：《大数据法治：法治的一种新形态》，载《法制日报》2017 年 5 月 31 日。这两篇文章，可以代表笔者对十余年法治评估或量化法治实验进行总结后得出的一个结论，代表笔者经过总结后提出的一个预判。

据法治"，笔者启动了新的实验。以前十余年，笔者先后主持开展了法治指数、司法透明指数、电子政府发展指数三大法治评估实验。现在启动的新实验也有三项：一是"余杭法治指数再创新"；二是"中国智慧法务实验"；三是"企业信用第三方评估"。这三项实验跟以前的实验路数不一样。为了完成上述实验，我们建立了中国法治研究院大数据研究中心，建立了"大数据法治实验室"。针对"余杭法治指数创新实验"，我们在杭州市余杭区建立了中国法治实践学派调研基地（余杭），又专门建立了杭州弘道社科数据技术有限公司。针对"中国智慧法务实验"和"企业信用第三方评估"，专门建立了浙江万世弘道数据技术有限公司和浙江万世弘道法务咨询有限公司。我们还把智慧法务研究基地直接建到律师事务所，发起建立"万世弘道法治联盟"，以智慧法务为技术平台。大数据法治的实验无法依靠"作坊式"的研究完成，无法依靠几个人完成，也无法单靠法律学者独立完成。大数据法治的实验是新兴的跨学科、交叉学科的研究，需要协同创新。大数据法治的实验性研究需要相当的投入，否则根本无法开展任何大数据法治实验。这就是为何把商业模式融入大数据法治实验的理由。这可以作为创新法学研究方法的另一种尝试。目前，大学科研机构的人才安排、科研资助、经费使用等方面都存在重大缺陷，很难满足重大交叉学科研究的需求，这无疑成为大数据法治研究的重大障碍。有的大学将少量资金"撒胡椒"似地资助一些年轻的学者，这些学者都没有能力组织学科团队，结果可能是连大数据法治的门槛都难以跨入。

　　基本可以预言，中央顶层设计和大数据时代的到来将从根本上影响未来中国法治评估的大格局和具体走向。法治量化难题的根本克服有待于大数据、人工智能的充分运用。知识结构的局限、研究方法的落后、资金的不足、资源配置的不当等因素构成突破难题的具体困难。因此，从根本上突破量化难题需要时间。

五、法治评估和中国法治实践学派

中国法治评估经过十余年的发展，从无到有，已成为中央顶层设计内容，成为法治建设工作的抓手，成为法治发展的增长点。依托于法治评估实践，根植于法治评估理论，中国法治实践学派诞生。中国法治实践学派超越法治评估，为法治评估理论化确立学术路线，为法治评估实践设计具体路径。

从大背景看，中国法治实践学派之所以产生当然源于中国的改革和法治实践。更具体一点讲，中国法治实践学派这个概念的产生与习近平主政浙江时实施"法治浙江"战略密切相关。一批学者正是在这样的背景下参与了"法治浙江"实践，启动了余杭"法治指数"实验。中国法治实践学派就是在一批学者开展法治指数、司法透明指数、电子政府发展指数等实验性研究的基础上提出来的。实验性的研究启发了学者。2012 年，在中国首个司法透明指数——"浙江湖州市吴兴区法院司法透明指数"发布会之后，学者们在弘道书院经过讨论形成了关于中国法治实践学派的共识。笔者在 2012 年 12 月召开的中国法治国际会议和中国社会科学论坛上分别公开提出中国法治实践学派。中国法治实践学派一经提出，实际上就不局限于法治评估，就超越了法治评估。

中国法治实践学派是指整个法学界具有鲜明"实践"特色的群体。法治评估领域是最先提供学术灵感和思想的领域，为中国法治实践学派的问世创造了条件。但中国法治实践学派包容力极大，是对中国法学发生重大转向——"实践转向"的总体概括。① 中国法治实践学派很快就在理论界和实务界产生了反响。虽然像任何新生事物一样，中国法治实践学派也遇

---

① 参见钱弘道：《中国法治实践学派正在形成》，载《中国社会科学报》2013 年 2 月 6 日。

到了质疑和不解，但它得到了大批学者的支持。其原因是中国法治实践学派这个概念恰当地概括了法治的"中国实践""中国理论""中国道路"三个重要元素。中国法治实践学派的"三观"——"道路观""系统观""实践观"所指向的法治理论范式区别于任何国内外已有的法治理论。"道路观＋系统观＋实践观"可以作为构架中国法治实践学派理论范式的基本结构。"实践＋实证＋实验"可以构成中国法治实践学派的方法论以及方法论创新的路线图。这个方法论会给中国法学研究方法的变革带来重要影响。"实践"是实践哲学意义上的方法论表达，在中国有特别的含义。"实证"方法虽然是一种借鉴，但中国法治实践学派的方法论不是单纯的实证。作为实证研究方法的一种——"实验"方法一旦与中国的法治实践接轨，其内涵、路径和技术就不同于其他国家的法学实验方法。

中国法治实践学派是以中国法治为研究对象，以探寻中国法治发展道路为目标，以创新法治中国规范体系和理论体系为具体任务，以实践、实证、实验为研究方法，注重实际和实效，具有中国特色、中国风格、中国气派的法学学派。中国法治实践学派倡导"实践主义法治"，坚持以问题为导向、以效果为导向，倡导走进实践、以实践为师，倡导"知行合一"精神。没有法治评估，中国法治实践学派或许难以诞生；没有中国法治实践学派，中国法治评估的发展一定有局限。中国法治实践学派的实践性将指导、引领法治评估的未来发展。

后 记

这篇文章是《中国法律评论》的约稿，首发于《中国法律评论》2017年第4期。本文可以视为我对中国法治评估十余年的一个总结。在不长的篇幅里，我对中国法治评估的兴起、定位、模式进行了分析，对未来法治评估走向进行了预测。

责任编辑：张伟珍

装帧设计：周方亚

责任校对：马　婕

图书在版编目（CIP）数据

法治评估及其中国应用／钱弘道　著 . — 北京：人民出版社，2017.8
　（2018.8 重印）
（中国法治实践学派书系／钱弘道主编）

ISBN 978－7－01－018026－7

I.①法…　 II.①钱…　 III.①法治－评估－中国　 IV.① D920.4

中国版本图书馆 CIP 数据核字（2017）第 197341 号

法治评估及其中国应用

FAZHI PINGGU JIQI ZHONGGUO YINGYONG

钱弘道　著

人 民 出 版 社 出版发行
（100706　北京市东城区隆福寺街 99 号）

北京新华印刷有限公司印刷　新华书店经销

2017 年 8 月第 1 版　2018 年 8 月北京第 2 次印刷
开本：710 毫米 ×1000 毫米 1/16　印张：26.5
字数：366 千字

ISBN 978－7－01－018026－7　定价：82.00 元

邮购地址 100706　北京市东城区隆福寺街 99 号
人民东方图书销售中心　电话：（010）65250042　65289539